求真·求通·立德

——徐蓝学术论文集

徐 蓝 著

人民出版社

目　录

第一部分　国际关系史研究

（一）第一次世界大战研究

（二）第二次世界大战与中国抗日战争研究

第二部分　理论探讨

代序言：在现代国际关系史上的
继承与拓展——访徐蓝教授 *

邹兆辰教授问（以下简写为"问"）：徐老师：好久没有机会与您交谈了。我知道您实在是很忙，很难有这个时间。我记得在 20 世纪 80 年代，您还没有考博士的时候，我们一起去顺义的大专班上课，那时有充分的时间聊天，那时恐怕也想象不到会有今天的情况。我们曾经聊到您报考大学，还聊到您在黑龙江兵团军垦的情况，曾经有过非常惊险的经历，至今我还记忆犹新。我们这次谈话，想以您对现代国际关系史研究的继承与拓展为主线，其他的问题就先不谈了。

徐蓝答（以下简写为"答"）：好的。我们真的是有很长时间没有聊天了。

一、进入国际关系史研究领域

问：我觉得考齐先生的博士是您这一生的重要转折点，也是您学术

＊ 本文根据首都师范大学历史学院邹兆辰教授的访谈整理而成，原文载于《历史教学问题》2015 年第 4 期。

活动的起点，如果没有这个经历可能就不会有今天您的成就。您没有读过硕士，怎么就成了博士生了呢？

徐：情况是这样的，萌生考博的想法还得从留校任教开始。您也知道我们上大学的年代，正是国家开始实行改革开放政策的时候。随着国人再一次开眼看世界，随着国家对外交往的不断扩大，我对世界史的关注也越来越多，尤其对世界近现代历史和国际关系史感兴趣。但是真正能够开始世界史的教学、研究，还是在留校任教之后。

1982年1月我毕业留校任教，在历史系主讲世界近代史。但是由于当时师资比较缺乏，所以我作为本科教学的"主力"之一，在1982—1986年的这几年时间内还承担了校内和校外的世界通史、美英法德意日等大国历史、世界现代史和世界当代史等的教学，包括您说的顺义大专班的课。尽管这些教学工作占用了我的大量时间，教学内容也远远超出了世界近代史，但是经过几年的教学，我对世界通史、世界近代史、世界现代史和当代史的基本内容有了大体的了解，为我今后的教学和研究打下了比较厚实的基础。后来我研究的一些重要课题，大多是从教学中，从学生的疑问以及与他们的探讨中形成的。

大量的教学工作使我深感自己的知识严重不足，特别是对国际学术界研究状况的了解十分有限，这就激起了我继续学习的热情和决心。在专业上我也有继续学习的强烈愿望。1979年国家恢复了研究生招生制度，一开始我也想报考日本史的研究生，但家人还是希望我能够接受完整的本科阶段的教育，就放弃了这个想法。到大学四年级的时候，又遇到了毕业后是否要继续硕士阶段学习的问题。可是我当时对国际关系史更感兴趣，不想局限于学习一国的历史，但又受到外语的限制，所以我最终放弃了报考研究生，做好了去中学做一名历史教师的准备，并打算自学英语，继续我的爱好。由于毕业后留校任教，这就给了我继续学习的条件。于是我尽可能旁听了世界史研究生的课程，认真完成作业，收获颇多。特别是田农先生教我们如何使用工具书，大大提高了我的查找资料的能力。1983 年，我得知历史系获得了世界近现代史和国际关系史的博士学位授权，1984 年开始招生。可我没有硕士学位，无法报考，不免遗憾。但是第二年教育部就下发了以同等学力报考博士研究生的文件，其中规定：以同等学力报考博士研究生的考生要有公开发表的学术论文和硕士研究生的学习成绩，而我正符合这些条件。我还一直在自学英语，就报考了齐先生的博士研究生。1986 年 2 月，我开始师从齐世荣先生在职攻读博士学位，同时开始为本科生讲授现代国际关系史，后来又开设了战后国际关系史课程。这可以说就是我考博士的动机和过程。

问：大家都知道您今天所以能走上现代国际关系史研究的道路，除了您自身的条件外，最重要的是得到了齐世荣先生的指导和帮助，能具体谈一下他是如何引领您走上这条路的？

徐：齐先生是国内世界现代史和现代国际关系史学科的重要奠基者之一，尤其在绥靖政策的研究方面有开创性的贡献。我在正式跟从齐先生读博士以前，就开始在他的指导下从事这方面的研究了。在学习世界现代史的过程中，我也找到了一个可以深入研究的问题，就是把第一次世界大战前的德国与英国的矛盾与对立，作为我学术研究的起点。这就是在齐世荣先生的指导下完成并于 1985 年发表的我的第一篇论文《试论围绕修筑巴格达铁路的德英之争》。

后来，齐世荣先生布置给我的核查资料的工作，对我进入这个领域的研究起了重要作用。我记得那是在 1984 年夏天，齐先生准备参加 1985 年第 16 届国际历史科学大会，这也是中国代表团第一次正式出席这个大会，为了撰写长篇论文《论中国抗日战争在第二次世界大战中的地位和作用》，希望我核查一些日文资料并做必要的书面翻译。为此，整个暑假我几乎每天都待在北海旁边的北京图书馆里，"早八晚八"，借阅了大量日文资料集和专著。正是循着齐先生的研究路径，我初步学会了治史方法，受益无穷。

在他的指导下，我的英文阅读大有进步，开始通过阅读大量原著了解国际学术界的研究动态。我发现，从 20 世纪 60 年代后期至 20 世纪 70 年代，国际学术界对 30 年代英国绥靖政策的研究已经从英国对德国和意大利的绥靖政策扩展到英国对日本的绥靖政策，出版了一些重要专著，其中存在着英国的对日政策是"绥靖政策还是绥靖行动""是否存在远东慕尼黑"等等的争论；对该政策形成的原因也从"传统派"向"修正派"发展，即从较为简单地论述张伯伦等人"对凡尔赛条约的罪恶之感""对希特勒所追求的目标的错觉"以及"避战求和"，转向了依据解密档案研究更为复杂的英国的政治、军事、经济、意识形态、民意舆论、英帝国、国际组织等等方面，而这些问题，也正是我在教学中遇到的问题。但是国内学术界的研究除了齐先生的几篇重要论文之外，仍然较少涉及这些问题，一些涉及该问题的论述也重点强调"祸水东引""避战求和"；另一方面，国际学术界关于英国对日本的绥靖政策的研究主要建立在梳理英国方面的原始资料的基础之上，相对缺乏日本和中国方面的资料，因而也存在着史料的缺陷。在齐先生的鼓励和指导下，我便以 20 世纪 30 年代英国在日本侵略中国的情况下对日本采取的绥靖政策作为我的博士论文选题。

问：《英国与中日战争 1931—1941》可以说是您进入现代国际关系史领域中的标志性的成果。能否说说这部书是怎样写成的？

徐：我以英、日、美、中等国的原始资料为基础，借鉴已有的研究成果，从 1931—1941 年这 10 余年来围绕日本侵略中国所展开的英日关系中的 20 多个历史事件和历史现象入手，逐一进行个案微观考察，最终写成了约 35 万字的博士学位论文《英国与中日战争 1931—1941》。在整个研究过程中，最花时间的是搜集资料。当时获得资料远没有今日便捷，我在上课之余，在北京图书馆（今国家图书馆）、科学院图书馆、北大图书馆、社科院近代史所图书馆、上海图书馆等图书馆复制了大量资料，到华东师范大学图书馆复制了潘人杰先生从国外带回的英国内阁档案的缩微胶卷，到南京第二历史档案馆抄录了相关的中华民国时期的档案，到南开大学复印了余辛焞先生从日本带回的远东国际军事法庭审判的记录，这些资料涉及英、美、德、日、中等国家的文献，奠定了这篇论文的史料基础。1989 年 12 月 25 日，我的论文通过答辩。我还记得答辩委员杨生茂先生因病未能参加我的答辩，但却寄来了他要提的问题，这些问题装在一个密封的信封里，当场拆阅提问，还要在答辩后看看我的回答如何。杨先生的认真与严格，令我既紧张又钦佩。1990 年 1 月，我获得了历史学博士学位。此后一年，我一边完成紧张的教学任务，一边修改补充我的博士论文。1991 年 7 月，在当时经费相当紧张的情况下，这本 40 多万字专著得到了校长出版基金的资助，得以出版。在目前十分强调国际史，即强调利用多国档案和多元资料进行跨国或多国的政治、军事、外交、经济、文化等方面的综合研究的情况下，一些学者认为我的这部专著就已经在国内率先做出了这样的研究。

问：如果概括地谈一下，您从齐先生那里学到了哪些东西？

徐：如果从上本科算起，我跟随齐先生学习和工作已经 37 年，直到今天，我仍然不断得到他的指点、支持和帮助。齐先生高度的马列主义理论水平和广博的知识，他的严谨求实的学风和一丝不苟的治学态度，使我终生受益。对他多年来对我的思想上和学术上的关心与教诲，我的感激之情无以言表。正是在齐先生的引领下，我才走上了学习、研究国际关系史的道路。还要特别说明的是，实际上，正是我在本科学习中选修的齐先生开设的现代国际关系史课程，领我进入了历史研究领域。当时这门课以专题讲述，使我第一次接触了大量外文史料和西方学者的学术观点，对如何用马克思主义的唯物史观来分析问题，对如何解读、分析史料，有了一些切实的感受。我也初步认识到，对历史的研究不仅要勾勒通史的发展，还要对许多重要问题进行个案深入探讨，而后者正是前者的重要基础和支柱。同时我对史学的实证研究方法也有了一些了解，这为我以后研究世界历史打开了一扇门。

二、关于 20 世纪上半叶的国际关系

问：在您的第一本专著出版后，您又从这个时期中日关系的探讨中转向了英美关系的研究，为什么会有这种转向？

徐：在我撰写博士学位论文的过程中，有两个有所提及但没有展开的研究课题，一个是美国与中日战争的关系，另一个是美国与英国的关系特别是两国之间的同盟关系，而后一个课题既涉及政治外交，还涉及军事外交和经济外交以及文化与意识形态等方面的问题，当时国内很少研究第二次世界大战期间的军事外交问题，而这个问题既是国际关系史的一个重要且较新的领域，也是当时国际学术界的研究前沿，于是在我完成了博士论文的修改后，便决定研究第二个课题。1992 年 8 月—1993 年 7 月，通过学校推荐和美方的选拔，我得到美国亚洲高等教育基督教联合董事会的资助，到美国弗吉尼亚州林奇堡学院（Lynchburg College）做高级访问学者，这给了我收集资料并与美国同行交流的便利条件。我先后到马歇尔图书档案馆（位于弗吉尼亚军事学院内）、美国海军历史研究中心（位于华盛顿海军大院内）、美国国会图书馆、罗斯福图书馆等地查找资料，收获颇多。出国前和回国后发表了系列专题论文，如《评 1941 年英美参谋会谈》《评 1938 年初英格索尔的伦敦之行》《从"橙色"计划到"彩虹"计划》《关于 1940 年"驱逐舰换基地"协定的历史考察》等 9 篇长篇论文，获得学术界的好评。本来计划用以后两年的时间写成专著《走向同盟：1937—1942 年的美英关系》，也已经完成了 20 万字左右，但随后就参加了吴于廑先生和齐先生共同主编的 6 卷本《世界史》的现代史部分的写作，接着又参加了齐先生和廖学盛先生主编的《20 世纪的历史巨变》的写作以及 6 卷本的修订版、齐先生主编的 4 卷本《世界史》的现代部分和当代部分的写作，所以这本

书的写作就拖了下来。

问：您刚才所谈到的研究主要涉及的是三四十年代的国际关系，后来您的研究成果中又扩展到 20 年代的国际关系，这是由于什么原因呢？

徐：实际上，自从我开始讲授世界近代史、现代史和现代国际关系史，就开始关注并讲授 20 世纪 20 年代的国际关系了。后来我作为齐世荣先生的助手，参加了吴于廑、齐世荣主编的 6 卷本《世界史》的讨论，并在齐先生的要求下撰写了"凡尔赛—华盛顿体系"和"20 年代国际关系"的一些内容，也促使我思考第一次世界大战和第二次世界大战之间的关系，思考 20 年代的国际关系与 30 年代的国际关系之间的区别与联系。另一方面，在我研究 30 年代国际关系的时候，也已经涉及 20 年代的内容了。在我看来，两次世界大战之间的确存在着一定的因果关系，国际学术界关于第二次世界大战是第一次世界大战的继续的观点，是很有道理的。

问：能够参加这套《世界史》的编写对于您来说受益很大吧？

徐：那是肯定的。对我来说，参加讨论和编写这套教材的过程，也是一个不断解惑、不断认识世界史这门学科的过程。

前面已经讲到，我留校后上了很多课，既有给历史系、政法系上的断代史，如世界近代史、世界现代史、世界当代史等，也有给外语系上的世界通史、英法美德意日等大国的历史等。断代史和世界通史的教学，使我注意到了一些重要的历史问题。例如：我对当时的世界通史划分断代的标准产生了困惑。由于中国的世界史学科基本上是在苏联史学的基础上建立起来的，而改革开放初期国内对西方著作的译介也还有限，因此中国的世界通史教学除了一些各校自编的教材之外，最重要最基本的参考书是苏联 10 卷本《世界通史》（实际上是 13 卷，我们习惯上仍然称为 10 卷本），以及由周一良、吴于廑为总主编的新中国第一部 4 卷本《世界通史》，即后来人们所说的"周吴本"，及其相对应的 4 卷资料选辑。这些基本的教科书，主要以五种社会经济形态作为划分历史阶段的标准，以阶级斗争为纲，以人民群众为主角，把世界各国、各民族、各地区的历史排列起来，分时期按国别地叙述了从人类起源到第一次世界大战结束的世界历史的发展，而且不包括中国的历史，成为名副其实的外国史。在这样的划分标准指导下，当时的世界近代史从 1640 年英国资产阶级革命开始，至 1918 年第一次世界大战结束；世界现代史从 1917 年俄国十月社会主义革命开始，至 1945 年第二次世界大战的结束而结束；1945 年以后为世界当代史。但是在实际进行世界近代史和世界现代史的教学中，就带来了一些重要问题，例如：将英国的一场内战作为世界历史从封建社会向资本主义社会的重要转折点是否合适？如何认识 15、16 世纪（即所谓的中世纪晚期和近代早期）欧洲的各种社会变化？将第一次世界大战和十月革命分为两个阶段的终点和起点是否说得通？十月革命与第一次世界大战是什么关系？战争与革命之间是什么关系？将两次世界大战截然分开的论述是否科学？两次世界大战是否有其内在的连续性？法西斯运动的产生以及西方民主国家对法西斯侵略扩张采取的绥靖政策是否与第一次世界大战及其结果有关？等等。

另一方面，我也注意到，我在教学中参考的一些西方学者的著作，如英国学者 H. G. 威尔斯的简明世界通史读本《世界史纲》、德国学者奥斯瓦尔德·斯宾格勒的相当艰深的《西方的没落》、根据美国学者威廉·兰格主编的《世界史百科全书》翻译的《世界史编年手册》、英国历史学家杰弗里·巴勒克拉夫主编的《世界史便览：公元前 9000 年—公元 1975 年的世界》等重要的通史类参考书对世界历史的看法和分期显然与国内的主流看法不同。我还注意到中国学术界对世界历史也有了一些不同的看法，其中最重要的就是吴于廑先生的几篇相互关联的重要论文，以及他对"世界历史"这门学科的阐述，对我很有启发。吴先生曾写道："我仿佛看到世界史是历史学科中一门有限定意义的分支学科，这门学科的探索目标在于世界由古及今经历了怎样的历史演变过程，怎样由原始的、闭塞的、各个分散的人群集体的历史，发展为彼此密切联系的形成一个全局的世界历史。"① 不过当时我作为一个初学者，只是觉得这个对"世界历史"学科的定义的提法与过于强调"世界历史上的社会形态演变"的提法有所不同，似乎更强调世界各地区的相互联系，但我也只是隐隐约约地感到了它的重要性。

1987 年，受国家教委委托，吴、齐两位先生开始共同主编新的《世界史》，后来人们就将其称为"吴齐本"。在多次倾听两位总主编的循循善诱的讲解和说明以及他们与其他前辈学者特别是分册主编刘家和、王敦书、朱寰、马克垚、王觉非、刘祚昌、彭树智、张象以及高等教育出版社的于渊、王方宪等先生的讨论中，我终于理解了这套书的重要性：在阐释人类历史发展为世界历史的过程中，既要重视世界历史的纵向发展，也要重视世界历史的横向联系，也就是说，既要揭示人类物质生产史上不同生产方式的发展演变而引起的不同社会形态的更迭，又要揭示人类历史从各地区之间的相对闭塞到逐渐开放、从彼此相对分散到逐步密切联系，最终发展为息息相关的整体的世界历史的客观过程；与此同时，世界历史的这种纵向发展与横向发展之间又是一种相互交叉的互动的关系，从而体现吴于廑先生所给出的关于"世界历史"这门学科的定义："世界历史是历史学的一门重要分支学科，内容为对人类历史自原始、孤立、分散的人群发展为全世界成一密切联系整体的过程进行系统探讨和阐述。世界历史学科的主要任务是以世界全局的观点，综合考察各地区、各国、各民族的历史，运用相关学科如文化人类学、考古学的成果，研究和阐明人类历史的演变，揭示演变的规律和趋向。"② 据此编写的世界史，不同于"周吴本"，不仅将中国放入其中，而且在近代史编和现代史编中，以 1500 年作为世界近代史的起点，以 19 世纪

---

① 吴于廑：《世界史学科前景杂说》，《内蒙古大学学报》1985 年第 4 期。

② 见《中国大百科全书·外国历史卷》中的"世界历史"条。

末 20 世纪初作为世界现代史的开端，等等。这些在世界通史编写体例方面的重要变化和创新，不仅更符合世界历史的客观发展过程，也解开了我的困惑，初步回答了上述提出的各种疑问，并提供了更多的至今我都希望进一步深入研究的问题。

在参与"吴齐本"的写作过程中，我对马克思主义的唯物史观也有了进一步认识。当我重读经典作家关于人类社会发展的论述时，就发现他们在论述人类历史的发展规律时，不仅注意到生产方式的变化引起社会形态的变化，也注意到世界形成一个整体即世界历史的形成过程，这使我对作为唯物史观组成部分的马克思主义世界历史观有了新的认识。

从社会发展形态的演变来看，马克思在 1859 年为《政治经济学批判》所写的序言中指出："大体说来，亚细亚的、古希腊罗马的、封建的和现代资产阶级的生产方式可以看做是经济的社会形态演进的几个时代。资产阶级的生产关系是社会生产过程的最后一个对抗形式，这里所说的对抗，不是指个人的对抗，而是指从个人的社会生活条件中生长出来的对抗；但是，在资产阶级社会的胞胎里发展的生产力，同时又创造着解决这种对抗的物质条件。"①

从世界形成一个整体即世界历史的形成来看，甚至早于上述关于经济的社会形态演进的论述，马克思和恩格斯在 1845—1846 年撰写的《德意志意识形态》中就已经指出，资本主义"大工业创造交通工具和现代的世界市场"，从而"首次开创了世界历史，因为它使每个文明国家以及这些国家中的每一个人的需要的满足都依赖于整个世界，因为它消灭了各国以往自然形成的闭关自守的状态"；"各个相互影响的活动范围在这个发展进程中越是扩大，各民族的原始封闭状态由于日益完善的生产方式、交往以及因交往而自然形成的不同民族之间的分工而消灭得

---

① 《马克思恩格斯文集》第 2 卷，人民出版社 2009 年版，第 591—592 页。

越是彻底，历史也就越是成为世界历史。……历史向世界历史的转变，不是'自我意识'、世界精神或者某个形而上学幽灵的某种纯粹的抽象行动，而是完全物质的、可以通过经验证明的行动，每一个过着实际生活的、需要吃、喝、穿的个人都可以证明的行动。"①

马克思、恩格斯关于社会发展形态演变和世界历史形成的论述，以及物质生产是社会形态变化和世界历史形成的共同的推动力量的论断，鲜明而深刻地批判并突破了西欧中心论，是世界史观的一次重大变革，形成了马克思主义的世界历史理论，即马克思主义的"世界历史观"。

带着这样的认识再来看世界历史的发展，我觉得对世界历史的发展脉络和对国际关系史的研究就更清晰也更深刻了。

三、进入冷战史研究

问：这表明您的国际关系史研究的领域在一步步地扩大，时间的跨度也在延长，后来您又参与了二战以后的冷战史的研究，这是通过什么机会呢？

徐：早在 20 世纪 80 年代，我曾经讲过当代世界史，其中就包括冷战的历史。90 年代，我开设了战后国际关系史课程，冷战更是其中的重要组成部分。1998 年，我作为世界史学科的负责人（当时是北京市重点建设的学科），曾主办过国内第一次关于冷战起源的学术研讨会。2002 年，我应邀参加徐天新先生主持的《国际冷战中的大国战略关系研究 1949—1972》的研究工作，撰写美苏冷战的基本进程。这个研究的成果，是 2011 年出版的专著《冷战前期的大国关系：美苏争霸与亚

---

① 《马克思恩格斯文集》第 1 卷，人民出版社 2009 年版，第 566、540—541 页。

洲大国的外交取向（1945—1972）》的第一章内容。我之所以对冷战感兴趣，不仅是从学术的角度，也是从冷战与中国的关系和冷战对世界的影响的角度。因为冷战作为一个历史阶段已经过去了。作为史学来说，恰恰有一个历史的镜头可以去回看它，然后去研究它，看看它是怎么发生的？它有什么样的特点？它和我们国家有什么样的关系？它对冷战中的世界和冷战后的世界有什么样的影响？我觉得这是非常有意思的，也是一个非常学术的问题。

问：我曾看到您在凤凰大讲堂讲冷战问题，二次世界大战后，为什么会出现冷战呢？

徐：冷战实际上是 20 世纪 40 年代中后期到 90 年代初，以美苏两个超级大国为首的两个集团之间，在政治、经济、军事、文化、意识形态，乃至于科学技术等一切方面的一种既非战争又非和平的全面对峙和竞争状态。就是说它既不是战争，它又不是和平，所以叫它冷战。这场冷战持续了 40 多年，构成了第二次世界大战后，也就是说 20 世纪后半期的国际关系的主旋律。自冷战爆发以来，其实人们就在探讨冷战为什么会爆发？为什么美国和苏联这两个在第二次世界大战当中同仇敌忾抗击法西斯的盟国，在战争之后短短几年之内就变成敌人了、变成对手了。所以研究冷战的起源，实际上是国际、国内学术界的一个非常重要的课题，无论是从学术角度还是从现实角度来说，都是非常重要的课题。

冷战的起源实际上是美国和苏联这两个超级大国的国家大战略之间的对立互动。二战之后，美国的国家大战略是一个全球扩张的大战略，这个大战略和美国的政治、经济、军事、意识形态等都是有关的。二战使美国一跃成为世界上最强大的政治、经济和军事强国。当时它拥有的财富占全球的 50% 以上，它还控制着西欧、控制着美洲、控制着日本，它有制空权、制海权，而且一度掌握、垄断原子武器。因此，美国具有这样的巨大优势，加上它战后经济发展的需要，以及美国有一种要把美国的政治制度和价值观推广到全球的所谓天定使命感，所以这就形成了美国的全球扩张的大战略。

但是美国在推行这个战略的过程中遭遇到苏联的大战略。二战之后，苏联的大战略是什么呢？我认为它是维护国家安全的大战略。苏联在二战以后是唯一能够和美国相抗衡的政治和军事大国。苏联最关心国家安全，由于苏联（包括沙俄时期）在历史上有几次被外敌入侵，都是经过西部，经过它的西部边界，拿破仑战争、一战、二战都是如此，所以斯大林把保持它的西部边界安全视为最重要的事。因此，苏联在战后最重视的是东欧地区，其中最重要的是波兰。斯大林曾经在雅尔塔会议上，在讨论波兰问题的时候，对罗斯福和丘吉尔非常明确地说，波兰问题，对于苏联来说，对俄国人来说，不仅仅是一个荣誉问题，而且是一个安全问题。他说，波兰对于苏维埃国家来说是一个生死攸关的问题。所以在三巨头召开的一系列国际会议上，斯大林对波兰是寸步不让的，而且苏联决心用自己所拥有的军事力量，把东欧地区从原来危险的入侵走廊，变成一个维护国家安全的安全带，这一点其实是苏联的国家安全战略。但是，正因为如此，所以苏联当时也利用它的有限的军事力量，把它的权势推出了它的国土，实际上苏联也是在向外进行了一些扩张。这样的两个战略，在二战以后就迎头相撞。所以我觉得如果探讨冷战的起源，我认为主要还是国家大战略的冲突，并因此而引起了它们在对外政策上一系列的敌对互动。

它们在很多的问题上都有这种敌对互动。比如说，苏联当时凭借它的军事力量，在东欧建立了一系列和苏联友好的国家，排除了西方的势力，就引起了美国的不满。在德国问题上，德国是一个非常重要的地区，对于美苏来说都是很重要的地区。但是当时在德国统一的问题上，两国的看法完全不同，美国是希望经济上先统一，苏联希望政治上先统一，双方谈不拢，美国首先就合并西战区，这就形成了西方分裂德国的很重要的一步。后来我们知道，德国成了一个冷战的激烈战场。在中近东，在伊朗、在土耳其都有争夺，比如在伊朗的争夺其实主要是石油问题，但是形式是一个撤军问题。当时苏联拒绝在美英军队已经陆续撤出的时候按期撤兵，造成了伊朗对苏联的反感，伊朗就一状把苏联告到了联合国，结果联合国第一次大会讨论的第一个议题就是苏伊争端，所以使苏联外交非常被动。在土耳其也是，其实它主要争夺的是黑海海峡的控制问题，但是苏联多次要求在海峡建立军事基地，当然土耳其就很不高兴，也遭到美国和英国的反对。所以你可以看出，苏联在中近东的政策失误其实催生了冷战。总之，当第二次世界大战结束后，当美、苏这两个战时盟友的共同敌人——法西斯被消灭之后，美苏两国的国家大战略针锋相对，社会制度、外交政策以及行为方式都不相同，于是在贯彻战时达成的一系列协定，即我们所说的雅尔塔体系的过程中，就必然是美苏之间的一系列的敌对互动，最终导致双方的冷战政策出台。当然，就冷战的发动者来说，是美国首先向苏联发动了冷战，苏联基本上是防御性的。

问：原来冷战是这么回事，它是和对立双方的战略利益密切联系的。这样看来，您对国际关系史的研究实际上已经扩展到整个 20 世纪，情况是这样吧？

徐：是这样的。在完成了"吴齐本"中分配给我的写作任务后（1995 年出版），1997 年，齐世荣先生和廖学盛先生开始主持国家社科基金"九五"规划重大课题"20 世纪的历史巨变"的研究工作，分配我撰写 1900—1990 年的国际关系部分。这个任务是对我的一次挑战，因为在此之前，我从来没有写过如此需要宏观把握的问题，于是我停下了正在撰写的专著，转到这个课题领域。在我以往的教学与科研的基础上，我首先进行中观研究，把两次世界大战放在一起进行比较，分析它们在起源方面的共性和个性，找出它们之间的联系，写出近 3 万字的论文《战争与和平：两次世界大战的比较研究》作为中期的研究成果（见齐世荣、廖学盛主编的论文集《20 世纪的历史巨变》，人民出版社 2000 年版），然后再从两次世界大战对 20 世纪国际格局演变的影响的角度，适当运用国际关系理论，论述这 90 年的国际关系变化，重点是两次世界大战与国际格局演变之间的关系，使研究得到深化。这些研究成果，成为齐、廖两位先生主编的专著《20 世纪的历史巨变》的第十、第十一章（学习出版社 2005 年版）。通过这个课题的研究，我对研究工作也有了更多的体会：对历史发展过程中重大事件的基于第一手资料的个案微观研究是十分重要的，它有助于我们对中观和宏观历史的更准确的把握，没有这种实证研究的基础，就不可能有真正的宏观考察；但是如果只有微观研究，而缺少站在更广阔的视野上进行宏观考察，就看不清历史发展的整体脉络，也就会影响微观个案研究的深度。因此，只有把两者联系起来，一幅完整的历史画面才会比较清晰地展现在我们面前。这些研究工作，为我进一步研究 20 世纪的战争与和平问题、20世纪国际格局的演变与大国关系的互动研究等课题，提供了前期准备。2000 年，"吴齐本"进行修订，修订版改为 4 卷，总主编齐世荣先生分配我撰写"第一次世界大战""凡尔赛—华盛顿体系""20 年代的国际关系""战后初期国际关系和两极格局的形成""两大阵营的分化""世界多极化趋势与两极格局的瓦解""冷战结束后的世界"等现代卷和当代卷的部分内容，这些章节加起来大约有 22 万字，使我得以将多年的教学与科研的点滴成果写进这些教材当中，并为后来我自己主编的教材《世界近现代史 1500—2007》奠定了基础。

四、关于一战的一百周年

问：今年（2014 年）是一战爆发一百周年，我看到《世界历史》今年第一期上发表了您的一篇长文《第一次世界大战与欧美和平运动的发展》。原来我以为文章是谈一战的，实际上是谈一战前和一战后二战前的"和平运动"，对这个运动形成的背景和意义进行了评价。

徐： 这个问题实际上与两次世界大战之间的关系、与第一次世界大战及其后果、与第二次世界大战的起源有直接关系，也是 20 世纪 20—30 年代国际关系的重要内容。同时在我们研究 20 世纪的战争与和平问题时，这也是一个绕不开的问题。我借鉴了国内外学术界已有的研究成果，提出了自己的一些看法。

我这篇文章分两部分，第一部分谈第一次世界大战前及大战中的和平运动；第二部分谈两次世界大战之间的和平运动。

第一次世界大战前的欧美和平运动，影响非常有限。在战前越来越狂热的帝国主义、民族利己主义、沙文主义和军国主义宣传面前，要求和平的呼声十分微弱，远不足以对现实政治产生重大影响，而当时的大多数政治家和军事家也信奉用战争手段解决争端。大战中诞生的苏维埃俄国的和平外交取向以及列宁提出的和平共处原则，揭开了国际关系史上崭新的一页。大战的极端残酷性使欧美出现了反战、厌战、恐战的社会思潮，并导致和平运动高涨。第一次世界大战后形成的更为广泛的厌战和恐战思潮以及不分是非反对一切战争的和平运动的发展，为绥靖政策的形成和顺利实施奠定了思想与社会基础，对两次世界大战之间的国际关系产生了深刻影响。概括地说，20 年代的和平运动在一定程度上推动了限制与反对战争的国际法的发展。但是，30 年代和平运动的绥靖化对绥靖政策的形成与实施具有不可忽视的影响，成为鼓励法西斯国家不断侵略扩张并最终发动第二次世界大战的重要因素。

问： 我看了您这篇文章觉得很有收获，您对于一战前后的和平运动的梳理很细致，也很深刻，原来这种和平运动在不同历史时期其作用也是不同的。

徐： 的确如此。战争与和平问题，是一个自人类产生以来就存在的问题，是一个古老又现实的问题。在人类社会经历的沧海桑田的历史变迁中，战争连绵不断，而"和平"作为"战争"的对立物，也一直是人类最基本的愿望和诉求，并成为人类追求的最朴素最美好的理想之一。近代以来，随着资本主义的发展，战争的规模越来越大，烈度越来越强，与此同时，也逐渐形成了一种和平主义的社会思潮和与之相伴随的社会运动，有关和平的研究也逐渐开展起来，并初步形成了一门独立的学科——"和平学"。

第一次世界大战前及大战中的和平运动，为和平学研究提供了重要实例，并初步形成了和平学的一些基本理论观点。如：裁军是通往和平的道路，军备与战争密切相关，扩军就增加了战争的可能性，维护和平就必须裁军的理念；通过强制仲裁，和平解决国际争端的理念；必须对战争进行谴责，不仅要发展有关战争的国际法，而且要在战后建立新的国际组织，建立维护和平的新秩序，等等。这些理念，在第一次世界大战后都有所发展。而两次世界大战之间的和平运动，则以其失败的结果，对和平学研究做出了自己的"独特"贡献，并给予人们重要启示：第一，那种认为一切战争都是错误的，不应该以任何形式进行或参与战争的看法，是过于绝对的，因为它有时反而会事与愿违，鼓励战争；那种认为战争既不人道也不合理，防止战争应当永远都是国家政策的首选，但有时进行或参与战争也有其必要性的看法，是更为理智的。在当今时代，同样如此。第二，尽管人们不能完全避免战争，但不断巩固、发展与完善已经存在的各种和平机制，恪守和平共处、和平解决国际争端的理念与实践，将是对世界和平做出的切实贡献。在当今时代，更应如此。

问：我在 2014 年 1 月份的《北京日报》上看到您的一篇文章《一战史研究的新问题新进展新观点》，这篇文章是谈一战本身的。其中谈到一战爆发的远因和近因，我觉得比较新鲜。为什么还要谈远因呢？

徐：今年是第一次世界大战爆发 100 周年。国际学术界非常重视第一次世界大战，他们把爆发于 1914 年的"大战"，当作欧洲历史甚至是世界历史的转折点。欧洲学术界打算从 2014 年开始，连续五年将第一次世界大战作为研究的主题之一，这一学术动态值得我们关注。就我国史学界来说，与第二次世界大战的研究成果相比，对第一次世界大战的研究相当薄弱。

我在文章中说：关于一战爆发的原因，须写一部从 1870 年甚至从 1789 年法国大革命以来的欧洲外交史，才能看清根源。关于一战爆发的原因，除了认同列宁在《帝国主义是资本主义的最高阶段》中所指出的帝国主义是侵略和战争的根源，是第一次世界大战的根源之外，还要研究这场大战爆发的远因和近因。实际上，当列宁在论述帝国主义的形成时，就已经将一战起源的视线关注到 19 世纪下半期了。如果从第一次世界大战与欧洲均势的崩溃的角度来看，一战的远因也就是基本原因来说，就要从更长的历史时段来考察。至少要从法国大革命后建立的维也纳体系所形成的欧洲协调机制的实行和不断演变来考察。实际上，基本原因如此复杂，且年代久远，因此必须写出一部从 1870 年甚至从 1789 年法国大革命以来的欧洲外交史，才能看清它的根源，有些问题需要追溯到路易十四时代，甚至查理曼时代。另一方面，第一次世界大战与交战各国的政治、经济、军事、军国主义、秘密的同盟体系、民族与民族主义、种族、宗教、民主、教育、群众心理、大众宣传等都有关联，因此要从历史方面进行全方位的考察。

问：那么对近因的研究能给我们哪些启发呢？

徐：我以为，对一战爆发的近因的研究告诉我们，对一个突发事件的处理不当，会增加战争的风险，甚至会爆发战争。这里有一个历史发展的必然性和偶然性问题。

就第一次世界大战爆发的近因来说，主要是指对战争爆发的直接责任的问题的研究，其时间和研究对象一般是从 1914 年 6 月 28 日萨拉热窝事件发生到 8 月 4 日英国宣布英德处于战争状态的这 38 天的时间里发生的一系列外交交涉和事件，以探讨和揭示相关各国的战争动机。从这方面的研究中我们可以看到，在这短短一个多月的时间里，尽管列强之间进行了相当频繁紧张而复杂的外交活动，但是各国的决策者都以重新瓜分欧洲和世界、争夺世界霸权为目的，都企图以支持盟国来加强自己的力量。因此，几乎没有人对避免战争做过系统的坚持不懈的努力，也没有人真正打算用妥协的方式解决问题，各国媒体也充斥着所谓"爱国主义"的战争叫嚣，这一切导致战争的机器迅速发动，局势很快发展成没有任何回旋余地，终于以英国借德国入侵中立国比利时为由对德国宣战为标志，把一个欧洲历史上屡见不鲜的暗杀皇族的事件，演变成了一场大战。

由于经年累月的大战一天天激烈残酷，完全超出了当时各国的政治家和军事家的设想和预料。大战爆发之初，各国的文官政府考虑的是如何及时应战，以避免削弱自己，坐大对手；军方则仍然设想通过一场拿破仑式的战争或普法战争等方式的战争，即靠一两次大的战役便见分晓。然而由于时代的不同，战争的进程完全走向大国决策者的愿望和主观意志的反面：他们抱着短期取胜的侥幸心理，却形成了长期阵地战的僵局；他们本以为是单纯的军事较量，却变成了倾注全部国力的长期消耗的总体战。在这种局势下，几乎所有参战国的领导人都发表战争演说，申辩自身的行为无辜，而把发动这场战争的责任推给对方，最后凭着孰胜孰败来决定发动战争的责任。因此，《凡尔赛条约》第 231 条规定：德国及其同盟国应当承担战争的责任。但是，1919 年以后，特别是《凡尔赛条约》签订之后，德国并不承认自己对战争负有责任，加上许多外交文件的陆续出版和名人回忆录的出现，更促进了对大战爆发的近因问题的探讨。这些研究的基本看法是：第一次世界大战的起因，并非仅仅如过去所说，主要归咎于德国和奥匈帝国的军国主义，实际上，俄国、法国和英国同样是发动这场战争的主要责任者，战争的罪责应当由两大帝国主义集团共同承担。正如一战期间上台执政的英国首相劳合－乔治后来所承认的，当年"所有的欧洲国家都滑过沸腾的大锅的边缘而掉进了战争之中"。但是这次大战的结果，却是动摇了欧洲文明的整个基础，为一个新世界的出现带来了曙光。

五、关于 20 世纪的国际格局

问：我看到 2013 年您在《历史教学》上发表的一篇长文——《20
世纪国际格局的演变——一种宏观论述》，这就涉及对整个 20 世纪的国
际格局演变的问题。对于这么大的问题，您是怎么看的呢?

徐：是的。在这篇文章中我主要阐明了国际格局是一个高度抽象的
国际关系理论术语，然而，它的形成和演变又是一个实实在在的历史过
程。鉴于国内学术界对国际格局的理论探讨较多而对其历史演变的论
述不足，所以我这篇文章借鉴国际格局的理论框架，选取 20 世纪历史
时段，相对宏观地勾勒国际格局在这个刚刚逝去不久的世纪中的演变
过程。

我在文章中阐述了这样一个思想：大国和大国集团的力量对比是国
际格局的基本结构和基本内核，决定着国际关系的基本内容，如战争与
和平、和平与发展等等。然而，国际格局并不是一成不变的，大国和大
国集团之间的力量对比变化，是国际格局演变的基础和推动力量，重
大的具有全局性的国际事件，是推动国际格局从量变到质变的决定性
因素。

问：那么什么是影响 20 世纪国际格局演变的重大事件和重要因
素呢?

徐：国际格局的发展变化有一个突出特点，即表现为一个从量变到
质变的过程。在这一过程中，重大的具有全局性的国际事件，是推动国
际格局从量变到质变的决定性因素。20 世纪发生的两次世界大战和一
次冷战，正是这样的重大的具有全局性的国际事件，它们在国际格局的
演变中起到了决定性的作用。这些事件无不集中反映了大国和大国集团

之间的力量对比变化。这一历史时段的国际格局经历了从量变到质变的过程，其变化的基本形态是：经过第一次世界大战，欧洲的世界中心地位发生严重动摇；经过第二次世界大战，欧洲世界中心地位结束；第二次世界大战后发生的冷战，促成了两极格局的形成，但两极格局中孕育着多极化趋势；冷战结束后，世界多极化趋势以"一超多强"的态势继续发展。

国际格局的重要性就在于它实际影响并制约着一定历史时期内的国际秩序。国际秩序是指在一定的历史时期内，国际社会主要战略力量之间围绕某种目标和依据一定规则相互作用运行的机制，是指处理国与国之间关系的准则和行为规范。特定的国际秩序总是与特定的国际格局相对应，并受到国际格局的影响与制约。当国际格局变化时，国际秩序也会发生变化，并影响国家之间的关系变化。

问：我有一个问题不太明白：从二战结束到 90 年代这半个世纪，除了局部战争以外，并没有发生重大事件，为什么把冷战看成影响 20 世纪国际格局的重大事件呢？

徐：我想可以从三个方面来看。

其一，冷战是 20 世纪的重大历史现象，几乎主导了 20 世纪后半期的世界历史发展。无论是资本主义国家还是社会主义国家，抑或是从殖民地半殖民地发展而来的第三世界国家，它们之间的关系和它们自身的发展，都与冷战息息相关，包括我们中国的对外关系和自身的发展，同样如此。

其二，从 19 世纪至 20 世纪乃至 21 世纪的国际格局的发展轨迹来看，19 世纪确立的西欧的世界中心地位，直到二战后才终结；而从一战后开始崛起的欧洲两侧美国和苏联，则是在二战后才真正崛起，并在冷战发生后逐渐形成了分别以美苏为首的两极格局（以 1955 年 5 月西德加入北约，以及其后华约形成为两极格局形成的最后标志）。这在刚才已经谈到过。但是值得注意的是，美苏形成的这个两极格局是不对称和不完全的。首先，美国和它的伙伴国实际上要比苏联集团强大，不过这种优势却从没有大到使美国觉得足以直接向苏联挑战的程度，于是便导致了双方的军事威慑和军备竞赛特别是核竞赛的持续攀升进行。鉴于苏联的经济实力始终远逊于美国，因此在两国对立的整个历史时期中，冷战对苏联的伤害程度远远甚于苏联对美国的伤害程度。其次，即使在冷战最高潮的年代里，两极格局也未能囊括所有的国家和地区。那些处于两个集团之外的国家和地区对两极格局形成了牵制。随着战后非殖民化运动的进行和不发达国家的政治经济发展，不仅在一定程度上缓和了美苏之间最初的对抗，而且在两极格局的基础上不断生长出多极的力量。实际上，正是在冷战进程中，随着欧洲共同体的发展、中国自力更生的发展和日本成为经济大国，在 20 世纪 60 年代末 70 年代初就已经出现了"五大力量中心"（尼克松语），多极化的趋势已经开始显现。这种多极化的趋势，也并没有因冷战的终结而停止，而是继续发展，直到今天。

其三，冷战是 20 世纪历史发展的一个重要阶段。它是经过两次世界大战之后，在世界历史中出现的介于世界大战与世界和平之间的一个过渡阶段。它表明了人类控制战争特别是世界大战的能力大大增强了。我们已经看到，在冷战过程中曾有过几次非常严重的危机事件，如两次柏林危机和古巴导弹危机，特别是后者，几乎到达了核战争的边缘，但是美苏双方都在最后一刻实行了妥协政策。因此，我们所说的冷战的自我控制机制，实际上是我们人类控制战争的能力、也是人类文明的程度的进一步发展。实际上，正是在美苏对峙的两极格局之下，正是在冷战发展的过程中，世界发生了更为深刻的变化。它蕴育了两极解体的力量，蕴育了在政治、经济、文化、意识形态、价值观念等方面的相互宽容态度，蕴育了世界格局多极化的发展方向。

六、总结与反思

问：从您谈到的这些我们不难看出，您对现代国际关系的关注与研究的视角，已经从一个特定时期的特定的事件如1931—1941年的英国与中日关系转向了对整个20世纪国际关系格局的宏观研究，这是您在国际关系史研究从个别到整体、从微观到宏观的拓展。您觉得这种拓展的重要性在哪里？

徐：我想这也是我自己的学术成长过程的一个结果，也应该是一个从事史学研究的学者的一个成长的过程。一般来说，初入学术领域的人都是从一个具体的个案开始研究的，从对这个个案的研究中学习最基本的实证研究方法。从具体的研究选题、理论指导、收集资料、鉴别史料、论文的谋篇布局、逻辑结构、撰写写作提纲、写作过程、文字表达包括外文翻译、标点符号运用等方方面面，来学习研究的基本方法。然后你会发现你的研究是不足的，需要从更宽广的视野，从纵横交错的历史发展过程中来审视你所研究的问题，也就是我们所说的要上、下、左、右地来看你所研究的问题，才能更清楚地看到它的本质。所以，从个别到整体、从微观到宏观的拓展，也是学术研究的一个规律。也就是说，学术研究应该是一个从"点"到"线"、再从"点、线"到"面"的发展过程。另一方面，通过我自己的学术成长，我也更加感到，我们关注并研究的每一个重要的微观课题，都是历史的有机组成部分，正是无数这样的微观课题，组成了波澜壮阔的历史，而这个历史的发展，又是一个不断进步的过程，也是人类自身的一个不断进步、不断文明的过程。

问：刚才您谈到您主编了一部《世界近现代史1500—2007》。请您谈谈这部教材的编写情况，它有哪些特点？都有哪些人参加了编写？现在的使用情况怎样？

徐：我们奉献给读者的这部教材，是我们多年来从事世界近现代史的教学改革和课程建设的一个重要组成部分，也是北京市十一五规划高等教育精品教材建设规划的项目。它的编写人员，都是历史学院从事世界近现代史教学与研究的中青年教师。整部教材的整体框架也是由我们全体写作人员多次讨论决定的，我本人撰写了全书的 1/5 以上的内容，并由我最后修改、统稿、定稿。

如果说到这部教材的特点，我想有几个方面。其一，这是国内第一本以 1500 年至 2007 年为一整个长时间段，系统研究和叙述人类自 16 世纪至 21 世纪初的成长历程的世界近现代史教材。其重要目的，就是以世界全局的眼光，注重人类自身的活动，综合考察人类在这 500 多年的长时段中的世界各地区、各国、各民族的历史，揭示人类历史在这五个多世纪中的时空成长。其二，这本教材作为培养高层次人才的高校教材，坚持马克思主义经典作家对人类社会形态演进的纵向发展的阐述及其对世界历史横向发展为一个息息相关的整体的阐述为理论指导，客观说明人类历史的纵向发展和横向发展互为条件，相辅相成，在世界近现代历史发展上，这种纵向发展与横向发展更为密不可分，而且正是由于这样的发展，才形成了今天的世界。这也正是我们希望让读者能够了解的。其三，该教材在体例结构上采取了新的断代史编写体例。首先以近代早期的世界全貌为背景，然后分别以资本主义、社会主义、亚非拉民族独立国家、国际关系以及西方文化与社会生活五个重大主题为核心，对世界近现代历史的发展进行了整体而又详细的叙述，非常有助于学习者和教师对世界近现代史的把握、理解和认识。这一体例结构，是我们多年来教学改革、课程建设和教学实践的综合成果，从时间和空间上涵盖了世界各地区近代以来的发展变化。这也是该教材的一个突出特点和创新之处。其四，这部教材不仅从上述所说的五个方面经纬分明、详略适当地叙述了人类的发展历程，而且得出了一些重要结论和历史启迪。如：资本主义存在严重问题但具有较强活力，社会主义国家必须正确认识并处理与当代资本主义的关系；苏联的实践证明了在经济落后国家进行现代化建设并不存在固定模式，必须根据国际社会发展和各国具体情况，依靠不断改革完善和制度创新，才能取得最后成功；殖民体系的崩溃是人类历史的巨大进步，发展中国家必须以可持续发展为目标，不断进行自我改革，为建立公正合理的国际新秩序不懈努力；和平与发展仍然是当今时代主题，经济全球化和世界多极化是时代发展趋势，民族国家唯有在参与全球化的过程中不断推进国际政治经济民主化，才能更好地维护自己的主权并获得长足的发展；文化和社会生活作为软实力，在民族国家发展中的作用日益重要；如何发扬本民族优秀文化传统并吸收外来文化的有益成分，是建设有中国特色社会主义过程中的一个必须研究和解决的重要课题，等等。其五，该教材的另一个新意，是将中国近现代历史的发展有机地融入其中，关注中国在世界历史进程中的发展和变化，对中国与世界发生联系的重大史实、中国发生的具有世界影响的重大事件给以论述并揭示其意义，阐明中国和世界的相互关系，勾勒出中国走向世界、世界走向中国的历史轨迹。总之，我们期望，这样编写的世界近现代史教材，可以从不同的方面展示人类的成长历程，并预示未来人类社会的发展方向。

这部教材出版后，使用的学生和学界的反映都不错，认为与其他教材相比，这部教材框架结构新颖、叙事脉络清晰、详略处理得当、重点要点突出、历史启迪明确、拓展阅读书目相当有用，特别是这本教材的叙事时间到 2007 年，比其他世界史教材的时间都更接近学生的现实生活，更便于学生的学习、思考、理解和掌握，具有学术性、可读性和实用性。据统计，自本教材 2012 年 7 月出版后不到 10 个月，已有约1500 本的销量，至今的销量还没有统计，估计应该已有几千本的销量了。2013 年，这部教材被评为北京市高等教育精品教材，也说明了学界的良好反映。

问：最后我想请您总结一下：从 20 世纪 80 年代中期开始投身现代国际关系史的研究到今天，还不到 30 年，您从帮助齐先生查找、翻译中日战争中的日文资料，到现在独立承担并完成诸多涉及 20 世纪国际关系的重大课题，并主编了世界近现代史的新教材，还上了那么多的课包括至今还在讲的本科生课，时间对于每个人来说都是一样的，为什么您会取得这些成果呢？

徐：我想主要是四点吧。一是深感我能作为一个高校教师的不易。您也知道，我作为 1966 年高中毕业的学生，在经历了 10 年"文革"后，在恢复高考后成为 77 级大学生，是十分不容易的。我深深感到，个人的命运是和国家的命运紧密联系在一起的。自上大学以来，我总想把失去的 10 多年的时间补回来（当然是补不回来的），所以时间抓得很紧。留校任教后，更觉得不能辜负领导和学生的信任。二是深知教师是一个良心活儿，要对得起学生，必须在教学和科研方面不断进步，把自己和学界研究的最新成果呈现给学生。三是要做一个好教师，必须心无旁骛。我想我做到了这一点。30 多年来，有人说我做了三件事：教学、科研和社会服务，后者主要是指从事中学教师的培训工作和教育部委托的修订初中、高中历史课程标准的工作以及中学教材的编写等。实际上，这所谓的三件事还是一件事，还是一个工作，那就是做一个好老师。我想只有心无旁骛，才能做好这个工作。四是家人的理解和支持，如果没有家人的理解和支持，我不可能取得这样的成果。我将会继续努力。

第 一 部 分

国际关系史研究

（一）第一次世界大战研究

第一次世界大战与欧美和平运动的发展 *

在人类社会经历的沧海桑田的历史变迁中，战争连绵不断，而"和平"作为"战争"的对立物，也一直是人类最基本的愿望和诉求，并成为人类追求的最朴素最美好的理想之一。近代以来，随着资本主义的发展，战争的规模越来越大，烈度越来越强，与此同时，也逐渐形成了一种和平主义的社会思潮和与之相伴随的社会运动，有关和平的研究也逐渐开展起来，并初步形成了一门独立的学科——"和平学"。① 作为一门相对年轻和相对边缘的学科，国内外学术界对它的核心内容和学科体系并没有一致的意见。就目前总的研究状况来看，和平学研究可以大致概括为三个方面：其一，对历史与现实的各种和平运动的探讨与论述；其二，对和平及其对立面如战争、敌对、暴力、冲突等等的理

---

* 本文原载于《世界历史》2014 年第 1 期。

① 一般认为，该学科在国际学术界建立的标志是 1959 年被誉为"和平研究之父"的挪威学者约翰·加尔通在奥斯陆成立国际和平研究所。1964 年加尔通创办的世界上第一本也是目前学术界最具权威的和平研究期刊《和平研究杂志》，以及同年在英国成立的最具权威且影响最大的"国际和平研究协会"，则进一步推动并指导了该学科的发展。作为一门跨学科的研究，和平学与相对传统的战争与和平的研究注重条约缔结、联盟体系、外交谈判、霸权理论、战略管理、军备控制等不同，它超越了民族与国家的界限，更多地研究更广泛的和平与战争的根源、暴力与非暴力、化解冲突的理论与实践、如何用和平的方式缔造与建设和平等问题，更强调个人、社区和非政府组织的作用。

论探讨；其三，对和平教育的阐述与研究。这三个方面相互联系，相辅相成。

中国学者从 20 世纪 80 年代开始陆续介绍国外的和平学研究。2005年 3 月，南京大学举办了中国首次和平学国际学术研讨会"人类历史上的对抗、冲突与化解"，包括约翰·加尔通教授在内的中国、英国、美国、澳大利亚、日本、墨西哥、挪威等国和澳门地区的 50 多位学者参加会议（笔者有幸在钱乘旦教授的邀请下参加了这次会议）。以这次会议的成功召开为标志，和平学在中国得以正式确立。到目前为止，据不完全统计，中国学术界从和平学的视角举办的国际学术研讨会至少已有4 次①，公开发表学术论文 200 余篇，翻译、撰写的和平学著作几十部。在这些成果中，大部分是引入和介绍国外的和平理论与和平教育研究，少部分是关于各国和平运动的历史考察。② 这种研究状况表明，我国的和平学研究仍处于刚刚起步的初创阶段，无论是对作为理论研究基础的和平运动的研究还是对和平理论的探讨，都还有相当大的发展空间。本文拟进一步探讨并梳理第一次世界大战前后欧美和平运动的发展脉络，揭示其发展的基本趋势，并对和平学理论提出一些自己的看法。

---

① 除了 2005 年 3 月在南京大学召开的会议外，2011 年 5 月在南京大学、2012 年 4 月在陕西师范大学、2013 年 1 月在哈尔滨师范大学，陆续召开了相关主题的会议。

② 韩洪文《二十世纪的和平研究：历史性考察》（当代中国出版社 2002 年版）是国内第一部有关和平学研究的专著；南京出版社出版的"和平学系列丛书"，主要包括 [日] 池尾靖志《和平学入门》（池建新等译，2004 年）、[挪威] 约翰·加尔通《和平论》（陈祖洲等译，2006 年版）、刘成《和平学》（2006 年版）、[美] 大卫·巴拉什《积极和平——和平与冲突研究》（刘成译，2007 年版）、陈仲丹主编《和平档案》丛书（8 本，2006 年版）及其撰写的《圣贤讲和》（2007 年版），等等；译林出版社出版了英国学者安德鲁·瑞格比的《暴力之后的正义与和解》（刘成译，2004 年版）。刘成撰写的《和平学》第一章第一节对和平学研究的历史做了简洁而清晰的勾勒，见该书第 1—3 页；他的《理解历史冲突关注安全威胁探寻和平之路——国际和平学概览》一文发表在 2011年 6 月 2 日的《中国社会科学报》上。熊伟民撰写的《和平之声：20 世纪反战反核运动》是国内第一部关于和平运动的专著。

一、第一次世界大战前及大战中的和平运动

自近代以来，拿破仑战争作为欧洲历史上第一次大规模战争，促进了欧美的和平主义与和平运动的发展。1815 年，第一个和平协会在纽约成立，随后几年，伦敦、日内瓦和巴黎也诞生了类似的和平协会。这些协会的会员"谴责一切战争，甚至谴责对无端进攻进行自卫的战争"。到 19 世纪中叶，这些和平协会已经举行了一系列国际会议，有十几个不同国家的几百名代表参加。尽管他们的呼声在当时并没有达到高高在上的界定外交政策的小集团，但是他们确实影响了各国议会中的一部分最激进的人士。①

随着第一次世界大战前国际形势的日益紧张，和平运动进入了历史上的第一个高潮，主要表现在以下几个方面。

第一，和平运动初步形成世界规模。1889 年在巴黎召开了第一届国际议员大会和世界和平大会，并出版了奥匈帝国女作家、和平运动的先驱贝莎·冯·苏特纳的反战长篇小说《放下武器》，在世界上引起了很大反响。② 以后世界和平大会多次举行，成为大战前最重要的国际和平运动；国际议员大会后来改名为"国际议员联盟"，吸收各国议会中支持和平运动的议员，总部设在伯尔尼，大战前每年举行一次会议；它与两年后成立的国际和平署（总部也设在伯尔尼），成为这一时期最重要的国际和平组织。1895 年，著名发明家诺贝尔在将其 920 万美元的

---

① 参见［英］华尔脱斯《国际联盟史》上卷，汉敖等译，商务印书馆 1964 年版，第 15 页。
② 贝莎·冯·苏特纳是诺贝尔的老朋友，她的小说出版后，据说诺贝尔致信贝莎，称那是一部"值得景仰的杰作"。据研究，诺贝尔之所以设立和平奖，也是受到她的和平运动的影响并由她促成的。1891 年贝莎创立了奥地利和平组织，她本人也于 1905 年获得诺贝尔和平奖。

遗产设立诺贝尔奖金时，列上了一项和平奖，并于 1901 年开始颁授。一般来说，诺贝尔和平奖成为对那些为和平做出突出贡献的人们的最高奖励。①1911 年，美国著名的钢铁企业家安德鲁·卡内基设立了总额为 1000 万美元的卡内基和平基金会，主要用于资助战争与和平方面的研究，美国的大部分和平组织都获得过该基金的资助。据估计，到大战爆发前，欧美国家约有 100 万人参加过为和平募集资金、宣传和平并游说政客等和平活动。②

第二，各国的工人阶级是反战运动的基本力量。在 1900 年第二国际巴黎代表大会上，德国社会民主党左派代表罗莎·卢森堡根据世界经济、政治发生的重大变化，做了题为《世界和平、军国主义、废除常备军》的发言，大会通过的决议"宣布和平是工人阶级解放的首要的和必不可少的条件"，并要求废除常备军。③随着帝国主义两大军事集团的形成，英德海军竞赛的加剧以及列强不断在北非和巴尔干地区制造危机、冲突与局部战争，从 1907 年到 1912 年，第二国际集中开展了反对军国主义和帝国主义战争的斗争：1907 年斯图加特代表大会通过的列宁、卢森堡等人提出的"修正案"明确提出，如果采取了种种措施而仍然爆发战争的话，各国工人阶级及其代表"就应尽一切努力尽速制止战争，并尽力利用战争引起的经济危机和政治危机来唤起受压迫最深的社会阶层，来加速资本主义统治的崩溃"④；1910 年的哥本哈根大会将"裁

---

① 需要指出的是，诺贝尔和平奖也由于评委的政治偏见而发给了一些并不应该获得这一殊荣的人。

② 桑迪·E.库珀：《爱国和平主义：对欧洲的战争作战 1815—1914》（SandiE.Cooper, Patriotic Pacifism：Waging War on War in Europe，1815—1914），牛津大学出版社 1991 年版，第 8 页。

③ 参见《国际共运史研究资料》（增刊·卢森堡专辑），人民出版社 1980 年版，第 214 页；伊·布拉斯拉夫斯基编《第一国际第二国际历史资料·第二国际》，中国人民大学编译室译，三联书店 1964 年版，第 9 页。

④ 伊·布拉斯拉夫斯基编：《第一国际第二国际历史资料·第二国际》，第 138—139 页。

军和世界和平"问题正式列入议程，强调社会主义、无产阶级是世界和平的唯一可靠保证，并号召对年轻一代进行反对军国主义和战争危险的教育；1912 年在巴尔干半岛局势异常紧张的情况下召开的巴塞尔非常代表大会所通过的《国际局势和反对战争的统一行动》宣言即《巴塞尔宣言》，是国际工人运动史上著名的反战文献，它严厉谴责帝国主义国家的备战活动，号召各国人民采用一切手段来反对帝国主义战争，如果战争爆发则利用它来加速社会革命。[1] 在第二国际的领导下，各国的无产阶级政党和工会除了在议会内部进行斗争，拒绝投票通过军事法案和军事预算，拒绝用于侵略殖民地的一切费用之外，也在议会外发动群众进行反战宣传。许多国家的工人举行了反对帝国主义侵略政策的群众大会和示威游行。在俄国，布尔什维克党领导本国的人民进行了反战斗争，谴责帝国主义战争是犯罪行为，为无产阶级革命做着准备。[2]

另一方面，法国和德国的一些和平主义者则力图通过教育和文化交流来加深两国的理解，防止战争爆发。他们希望在两国师生和专家之间建立联系，举办了来自双方青年人的夏令营等活动。一个在柏林出版的法国文化杂志的主编说，1912—1913 年，他的同事们已经带领近3000 名法国人到德国参观访问。[3]

第三，有关战争的国际法有所发展。这主要表现在 1899 年和 1907 年两次海牙和平会议通过的一些限制战争的公约方面。这两次国际会议之所以称为"和平"会议，是因为它们的正式任务都是限制军备和保障和平。尽管列强各自怀着帝国主义目的，使会议在限制军备方面无所作

---

① 该宣言全文见伊·布拉斯拉夫斯基编《第一国际第二国际历史资料·第二国际》，第178—183 页。

② 但是巴塞尔大会后第二国际放松了对战争的警惕。从 1913 年起，各国工人运动的反战活动都表现出沉寂状态。第一次世界大战爆发时，许多社会党改良派领袖违背第二国际的反战决议，支持本国的战争政策，导致第二国际的瓦解和破产，尽管它并未正式宣布解散。

③ 桑迪·E. 库珀：《爱国和平主义：对欧洲的战争作战 1815—1914》，第 181 页。

为，仅仅表示了"限制当前加重世界负担的军费，特别是就使用新型号和新口径的海军武器问题达成协议"以及"限制陆海军和军事预算"的愿望，但是它们还是缔结了一些限制战争的公约。

1899年的海牙和平会议缔结了三项公约：(1)《和平解决国际争端公约》，并据此筹建常设仲裁法院；(2)《陆战法规与惯例公约》；(3)《日内瓦伤者病者公约》①，适用于海战。会议还通过了三项有关限制军事行动的宣言：(1)《关于禁止从气球上投抛炸弹和爆炸物的宣言》；(2)《关于禁止使用专为宣泄毒恶气质的炸弹的宣言》；(3)《关于禁止使用入体膨胀或易成扁形的子弹的宣言》②。1907年的海牙和平会议着重讨论了战争法规问题并缔结了一些公约：(1)《和平解决国际争端公约》；(2)《限制使用武力索债公约》；(3)《战争开始公约》；(4)《陆战法规与惯例公约》；(5)《陆战时中立国及其人民的权利义务公约》；(6)《战争开始时敌国商船地位公约》；(7)《商船改充战船公约》；(8)《敷设自动水雷公约》；(9)《战时海军袭击公约》；(10)《日内瓦公约诸原则适用于海战公约》；(11)《海战时限制行使捕获权公约》；(12)《设立国际捕获法院公约》；(13)《海战时中立国权利义务公约》。会议还通过了关于禁止从飞船上发射炮弹和投掷爆炸物的宣言。这些公约和宣言，被称为《海牙公约》③，在国际法上构成了若干限制战争的手段。例如：禁止使用毒气和达姆弹、保障战时中立国和中立人员的权利、限制敷设水雷和海军炮击等等。从现行国际法的观点来看，这些有关战争的"原则和规范"是必

---

① 日内瓦伤者病者公约签署于1864年，全称"改善战地武装部队伤者病者境遇公约"，简称"日内瓦公约"。

② 即指如达姆弹那样的武器。达姆弹又俗称"开花弹""人身变形子弹"，是一种不具备贯穿力但却具有极高浅层杀伤力"扩张型"子弹。大约在1897年由英国在印度加尔各答附近达姆达姆地方的兵工厂制造。其致伤机理是：通过外露铅心的弹头，射入人体后，铅心从被甲内鼓出，被压扁成蘑菇状，发生扩张或破裂，迅速释放能量，扩大创伤出口，具有类似爆炸弹头的致伤效果，可对人体造成严重伤害。

③ 其中的第12号公约从未生效。

须遵守的。美国学者罗伯特·L.奥康奈尔认为：在海牙召开的两次裁军大会，标志着当代反战主义的起源，或至少反映了相当一部分高层次的人对现代战争潜在后果的忧虑。不过，这个群体人数不多，也没有十分敏锐的洞察力；虽然有些人提到战争不利于经济发展，但反对战争的公开理由仍主要停留在对它的道德谴责上。这种反战倾向很可能确实反映了更深切的恐惧。① 这种看法是有一定道理的。还应该指出，与会各国代表一致同意接受强迫仲裁原则，它们签署的《和平解决国际争端公约》和常设仲裁法院（后来的国际法院前身）的设立，也是国际社会和平解决国际争端的理念上升为具体行动的开始。

但是，在第一次世界大战前越来越狂热的帝国主义、民族利己主义、沙文主义和军国主义宣传面前，要求和平的呼声十分微弱，远不足以对现实政治产生重大影响，而当时的大多数政治家和军事家也信奉用战争手段解决争端，因此，当1914年8月欧洲各国为了一个具体的国家之间的争端而宣布参加到这场帝国主义的战争时，我们看到的是聚集在这些国家首都的人群欢呼雀跃，是支持政府进行战争的所谓"爱国主义"喧嚣。而且在大战中，上述有关战争的"原则和规范"也没有得到完全遵守。

第一次世界大战的爆发是对战前和平运动的沉重打击。但是战争的长期化和极端残酷性使人们越来越怀疑究竟为什么要打这场战争。随着战争引起的交战各国的政治、经济与社会危机的不断深化，反战与和平运动也日益高涨。

1914年12月，在德国国会要求增加军费的投票中，著名社会民主党左派议员卡尔·李卜克内西在700多议员中投下了唯一一张反对票，成为有名的"李卜克内西一票"。1915年4月1日，柏林爆发反战示威。

---

① ［美］理查德·W.布利特等：《20世纪史》，陈祖洲等译，江苏人民出版社2001年版，第282页。

4月28日，国际妇女联合会在海牙正式成立，大会通过20项决议，要求"立即实现永久性的和平"；在学校进行"和平教育"；给予妇女选举权。她们还计划向美国以及所有参战国派遣"和平使者"，呼吁世界各国政府结束这场血腥搏杀，建立公正而持久的和平。1916年7月23日，英国妇女在新成立的"妇女和平十字军"的领导下，在格拉斯哥举行了第一次反战示威。①

大战爆发后，尚未参战的美国也出现了声势浩大的反战运动，各种和平组织纷纷向国会递交请愿书，要求和平，反对卷入欧洲战争。他们将大西洋视为一道隔离战火的坚固屏障，美国驻英国大使沃尔特·H.佩奇在给伍德罗·威尔逊总统的信中写道："感谢上帝赐予我们许多东西——首先是大西洋。"②即使在1915年5月7日英国豪华邮轮"卢西塔尼亚号"被德国潜艇击沉、包括128名美国人在内的1198名乘客死亡的重大事件发生后，美国民众也只是要求总统表达举国一致的道义上的愤慨，而很少有人希望进行战争。③美国民众的反战情绪，是美国在战争开始后实行中立政策的原因之一；威尔逊则迎合大多数美国人的心态，在1916年的大选中，以"他未使我们卷入战争"的口号再次当选为美国总统。

战争期间，拒服兵役是反战的重要表现。1916年英国宣布征兵后，有16500人拒绝服兵役，其中6000人受到军事法庭的审判，800多人因坚持不服兵役而被判两年以上的监禁，一些人还受到死刑的威胁；1917年美国在参战后征兵300万，约有4000人拒服兵役。④前线士兵

① ［英］马丁·吉尔伯特：《二十世纪世界史》第一卷上册，史建云等译，陕西师范大学出版社2000年版，第394、388、456页。

② 伯顿·J.亨德里克编：《沃尔特·H.佩奇的生平与信件》（Burton J. Hendrick ed., *The Life and Letters of Walter H. Page*）第1卷：1855—1918，纽约1922年版，第310页。

③ ［美］托马斯·帕特森等：《美国外交政策》下册，李庆余译，中国社会科学出版社1989年版，第372页。

④ 李巨廉：《战争与和平——时代主旋律的变动》，学林出版社1999年版，第339页。

中也有高昂的反战情绪。1917 年 5 月底，法国西线士兵的哗变扩大，3 万多名法国士兵离开战壕，回到后方，他们说再也不愿为每天的 5 个苏（相当于 1/4 法郎）去送命；在一个城市，哗变者宣布成立"反战政府"。尽管哗变被残酷镇压，但还是不断扩大。[1] 到战争后期，反对战争、要求和平成为一些国家发生革命的重要动力。十月革命前俄国的罢工人数估计有 100 万人，他们的口号是"打倒沙皇！打倒战争！面包！"1917 年，法国大约有 29 万人罢工，罢工的口号之一便是"打倒战争"；德国的罢工人数约 30 万人，他们的要求是放弃兼并、缔结和约、释放政治犯、解除戒严状态，士兵则拒绝继续打仗，英国有 80 多万人罢工，拒绝政府征兵和供应前线；[2] 奥匈帝国境内的各族人民也要求民族独立、退出战争。应该看到，在当时战争灾难特别深重的国家，下层民众对和平的追求，必然首先集中反映在推翻那种给他们带来战争的政府和制度的革命行动上。实际上，"和平、面包、自由"正是 1917 年的俄国革命（包括二月革命和十月革命）、1918 年的德国革命和奥匈帝国境内革命的普遍口号。

战争引起革命，革命制止战争。随着战争引发的革命形势的发展特别是俄国十月革命的胜利，在国际政治领域也出现了要求结束战争实现和平的呼吁，以及争夺和平主导权的斗争。

1917 年 11 月 8 日即十月革命胜利后的第二天，全俄苏维埃代表大会就通过了列宁起草的《和平法令》，指出帝国主义战争是反人类的，建议各交战国政府立即休战，进行公正的、民主的谈判，缔结不割地、不赔款的和约。《和平法令》作为无产阶级登上国际政治舞台后的第一

---

[1] ［英］马丁·吉尔伯特：《二十世纪世界史》第一卷下册，第 505 页。

[2] 1917 年的俄国十月革命对英国工人运动产生了很大影响，正如时任英国首相的劳合－乔治所说："彼得格勒发出的冲击力传到了一切工厂和矿山，首次引起了不安，使征兵工作和前线的供应工作发生了困难。"转引自周一良、吴于廑主编《世界通史·近代部分》下册，人民出版社 1962 年版，第 399 页。

个外交文件，显示了世界上第一个社会主义国家严厉谴责帝国主义战争、实行和平外交政策的基本取向，揭开了世界历史和国际关系史上崭新的一页。该法令在通过后立即向全世界广播，但并未获得其他协约国和美国政府的回应。1918年3月3日，苏俄与德国单独缔结了《布列斯特—立托夫斯克和约》，该条约虽然十分苛刻，但它使苏俄彻底退出了战争，赢得了和平喘息、稳固苏维埃政权的时间。

美国对和平问题也十分关心。大战爆发前后，威尔逊总统曾三次派其密友和顾问豪斯上校赴欧洲调解争端，都没有成功，最终美国也站在协约国一边参战。1917年苏俄的和平建议和一系列和平外交的措施，受到了交战国人民和士兵的欢迎，对帝国主义的战争政策是巨大的打击。英国和美国认为，必须消除苏俄的影响，其办法是由美国总统威尔逊发表一个有关和平政策的声明。英国外交大臣贝尔福在1918年1月5日给豪斯上校的电报中写道："鉴于布尔什维克对世界各国人民的呼吁，如果总统亲自发表一份声明，阐述他自己的看法，这可能是一个吸引人的方针。"[①] 实际上，美国对此早有准备。[②]1月8日，威尔逊便在国会提出了《世界和平纲领》即"十四点计划"。这个计划包括了美国

① 劳合·乔治：《和约真相》（David Lloyd George, *The Truth about the Peace Treaties*）第1卷，伦敦1938年版，第67页；查尔斯·西摩编：《豪斯上校秘录》（Charles Seymour ed., *The Intimate Papers of Colonel House*）第3卷，波士顿1928年版，第340页。相关的详细论述，参见齐世荣《论1917年底至1918年初真假和平的斗争》，《世界历史》1982年第1期，第1—7页；第2期，第48—55页。

② 根据美国日裔历史学家入江昭（Akira Iriye）的研究，他认为，在1914—1917年初期的美国，在有关战后和平问题上已经有三种相互关联的看法：（1）世界和平可以通过多国之间的经济交流来维持和促进。这种看法的基础是美国的经济实力不断增大。（2）创立通过多个国家的共同参与来维护和平秩序的国际组织，在这个组织中，各国要遵守经济国际主义原则，以代替旧欧洲的秘密协定和排他式的军事联盟，来保持多国间的合作关系。（3）在恢复通商、设置国际机构的同时，要在主要国家内部进行改革，才能保证实现上述国际政治的改革。有关的详细论述，参见入江昭《20世纪的战争与和平》，李静阁等译，世界知识出版社2005年版，第45—47页。但是该书封面将其写为日籍，不妥。他是美籍日裔。

认为建立战后和平的若干相互关联的几个原则。第一，通过实行公开外交、航海自由、门户开放、贸易平等、裁减军备等，建立一个开放的世界，以维持和促进和平（第1—4点）；第二，调整殖民地并改革殖民国家的管理，调整欧洲各国的边界并实行民族自治（第5—13点）；第三，创立一个前所未有的具有特定盟约的大小国家都能参加的普遍性的国际组织，以保证各国的政治独立和领土完整，"这是达到永久和平的全部外交结构的基础"（第14点）。[①] 威尔逊认为，"十四点"就是他要在战后建立的维护和平的新秩序。但是，美国的设想并不能完全实现。

当然，关于战后国际新秩序的构想并不只限于美国。在整个世界大战中，法国国际联盟协会曾主持了法国、英国、美国及同盟国的公民团体对战后的协议以及国际新秩序的构想进行辩论并出版了有关这方面的文章；在整个斯堪的纳维亚半岛和南欧，甚至还有亚洲的各种团体聚集在一起，为保证战后和平与安全的国际组织草拟纲领。尽管这些计划来自不同的大陆，但却惊人得相似。[②]

第一次世界大战前及大战中的和平运动，为和平学研究提供了重要实例，并初步形成了和平学的一些基本理论观点。如：裁军是通往和平的道路，军备与战争密切相关，扩军就增加了战争的可能性，维护和平就必须裁军的理念；通过强制仲裁，和平解决国际争端的理念；必须对战争进行谴责，不仅要发展有关战争的国际法，而且要在战后建立新的国际组织，建立维护和平的新秩序，等等。这些理念，在第一次世界大战后都有所发展。

---

① "十四点"及美国官方对它的注解，见齐世荣主编《世界通史资料选辑·现代部分》第一分册，商务印书馆1998年修订第2版，第3—12页。必须指出的是，该文件第6点有关俄国的内容，尽管要求废除布列斯特和约，但又企图通过肢解俄国的办法颠覆刚刚建立的苏维埃俄国。

② 卡列维·J.霍尔斯蒂：《和平与战争：1648—1989年的武装冲突与国际秩序》（Kalevi J. Holsti, *Peace and War, Armed Conflicts and International Order 1648—1989*），剑桥大学出版社1991年版，第175—176页。

二、两次世界大战之间的和平运动

1914—1918 年的"大战",深植于帝国主义的土壤之中,发生在世界已经形成一个相互关联的整体的时代,战争双方以争夺世界霸权和重新瓜分世界为目标,因此使它从一开始就具有影响整个人类社会生活的总体性和牵动全球的世界性,成为世界历史上的第一次世界大战。然而这场战争的发展轨迹却完全超出了战争发动者的预料。大战爆发之初,各国的文官政府考虑的是如何及时应战,以避免削弱自己,坐大对手;军方则仍然设想通过一场拿破仑式的战争或普法战争等方式的战争,即靠一、两次大的战役便见分晓。然而由于时代的不同,战争的进程完全走向战争发动者的愿望和主观意志的反面:他们抱着短期取胜的侥幸心理,却形成了长期阵地战的僵局;他们本以为是单纯的军事较量,却变成了倾注全部国力的长期消耗的总体战,从而使整个社会基础受到了空前的动摇与毁坏。

由于这场战争的主要战场在欧洲,而且以极其残酷的杀戮为主要特点,因此参战双方的兵员死亡人数巨大,接近 1000 万人:德国 180 万,奥匈帝国 130 万,俄国 170 万,法国 140 万,英国及英帝国 100 万,意大利 61.5 万;罗马尼亚、土耳其、保加利亚、塞尔维亚和美国分别损失 33.5 万人、32.5 万人、9 万人、5.5 万人和 48909 人;俄、奥、德、法、英等国共有 1860 多万人受伤;美国有 11.5 万人死亡,20.5 万人负伤。[1]

---

[1] 伤亡的统计数字并不相同。参见约翰·特拉恩《1914—1918 年的大战:图说历史》(John Terraine, *The Great War*, *1914—1918: a pictorial history*),伦敦麦克米伦出版社 1965 年版,第 183 页。[美] 托马斯·帕特森等《美国外交政策》下册,李庆余译,中国社会科学出版社 1989 年版,第 418 页;[英] 马丁·吉尔伯特《二十世纪世界史》第一卷下册,第 587 页;[美] R. R. 帕尔默等《两次世界大战:西方的没落?》,陈少衡等译,世界图书出版公司 2011 年版,第 17 页。据统计,1914 年 20—32 岁的法国男子,一半死于战争;在 1916 年的索姆河战役中,英军第一天的进攻就损失了 6 万人。

西欧各国几乎失去了一代最有才华和最具创造力的青年。因此，欧美社会中充满了反战、厌战的社会情绪，和平运动重新高涨。

（一）20 年代的反战与和平运动

在 20 年代的欧美各国，和平主义成为一种社会潮流。正如英国史学家 W.N. 梅德利科特所说："广大民众当然要求和平，他们希望自由自在，不受外国人和外国危机的干扰；在这个意义上，可以说在许多年间总的潮流是和平主义，甚至是孤立主义。"[1]1919 年，英国在伦敦修建了著名的塞诺塔夫纪念碑，从此，每到第一次世界大战的停战日，人们都会在纪念碑前堆满鲜花和由红色小花做成的花环，缅怀那些在一战中牺牲的人们，表达自己的反战与和平诉求。[2]

民众的和平诉求也反映在反战文艺作品的大量涌现方面，其中最具代表性的是参加过一战的德国作家埃里希·雷马克的《西线无战事》和美国作家海明威的《永别了，武器》（旧译《战地春梦》）；在学术界，战争与和平问题成为许多学者关注和研究的对象，他们出版了大量论著，研究第一次世界大战的起源，探讨避免新的世界大战和保障和平的方法。

在这个反战潮流中，还出现了一些比较重要的国际和平团体。例如：在英国，国际联盟协会、费边社等组织推动者战后的和平运

---

① ［英］W. N. 梅德利科特：《英国现代史 1914—1964》，张毓文等译，商务印书馆 1990 年版，第 118 页。

② 安德鲁·克朗普顿：《塞诺塔夫纪念碑的秘密》（Andrew Crompton，*The Secret of the Cenotaph*），AA 档案 34 号，1997 年，第 64—67 页，PDF 格式，publications@aaschool.ac.uk。另外，据说在一战结束后，欧洲的许多战场上都出现了很多罂粟花，因此英国人在每年的停战日（11 月 11 日）佩戴罂粟花也就成了一个标志，以纪念战争中的死难者，同时也记住战争，祈祷为和平做出更多努力。2010 年 11 月 9 日—10 日英国首相戴维·卡梅伦访问中国期间，代表团的所有成员都佩戴了罂粟花，以表示对战争中死难者的纪念。

动。①1918 年成立的致力于宣传国际仲裁和全面裁军的国际联盟协会，到 1922 年已经拥有会员 20 万人，1932 年则发展到 100 万人②；1921 年成立的坚持绝对和平主义的"不再战运动"，宣传"一切战争都是错误的"，号召其成员不以任何方式参加或支持任何性质的战争，该组织出版的《不再战》刊物一度达 1.5 万份。③ 在美国：1919 年成立的基督教和平团体"国际和解联谊会"，在盛行新教的欧美国家都有分支组织；同年成立的"国际妇女争取和平与自由联盟"，总部设在日内瓦，会员则遍及 48 个国家，在 16 个国家设有分支组织，而最大的分支组织在美国；1921 年成立的颇具影响的和平组织"防止战争全国理事会"，到 1935 年有 21 个成员组织和 10 个协作组织，它通过对国会的游说活动，对华盛顿当局施加影响。④

20 年代的和平运动，对国内政治同样产生了很大影响。英国工党就在 1923 年的大选中迎合民意，把"国际和平、国内繁荣"作为其竞选口号并获得了成功；1924—1929 年温斯顿·丘吉尔任保守党内阁的财政大臣时，其国防预算历年裁减，均获得普遍赞同，⑤ 其中的原因之一就是这种政策也符合和平运动的要求。

在国际政治领域，要求和平的呼声上升到了国际政治的具体运作

---

① 参见乔治·W. 埃杰顿《英国和国际联盟的建立：1914—1919 年的战略、政治和国际组织》(George W. Egerton, *Great Britain and the Creation of the League of Nations：Strategy, Politics, and International Organization, 1914—1919*)，北卡罗来纳大学出版社 1978 年版，第一章。

② [英] 华尔脱斯：《国际联盟史》上卷，第 232 页。

③ 马丁·西德尔：《1914—1945 年的英国和平主义：一种信仰的界定》(Martin Ceadel, *Pacifism in Britain 1914—1945：The Defining of a Faith*)，牛津大学出版社 1980 年版，第 73—74、79 页。

④ 更详细的论述，参见李巨廉《战争与和平——时代主旋律的变动》第六章。

⑤ [英] 基思·米德尔马斯：《绥靖战略》上册，复旦大学国际政治系译，上海译文出版社 1978 年版，第 26 页。另外，由于英国在第一次世界大战后，以"十年规则"即"今后 10 年内不会发生重大战争的假设"为依据拟定军事计划和预算，也导致国防预算逐年削减。

层面，出现了两种不同的建立战后世界和平的主张和行动。一种是列宁提出并开始实践的不同社会制度国家实行和平共处原则，以此带来各国及世界的和平；另一种是英法美等战胜国通过对战败国签订和约的方法，建立一个维持世界和平的集体安全体系。

苏俄退出战争后，遭遇了帝国主义武装干涉和国内内战。尽管如此，列宁在 1919 年就已经预见到，随着战争的胜利，国际关系即将出现"社会主义国家和资本主义国家共存的时期"。1920—1924 年是列宁和平共处思想的重要发展阶段。1920 年 2 月列宁在回答美国《纽约晚报》记者的问题时，第一次较为准确具体地表述了不同社会制度国家和平共处的思想，即建立以互不侵犯为前提，以互通有无，进行商品贸易为主要内容的和平往来的国家关系。当时该报记者访问列宁，当问到列宁对亚洲的计划是什么时，列宁回答："和对欧洲的一样：同各国人民和平共居，同正在觉醒起来的要求过新生活，过没有剥削，没有地主，没有资本家，没有商人的生活的各国工人和农民和平共居。"当记者问到苏俄同美国保持和平的基础是什么时，列宁十分明确地答道："请美国资本家不要触犯我们，我们是不会触犯他们的。我们甚至准备用黄金向他们购买运输和生产用的机器，工具及其他东西。而且不仅用黄金买，还要用原料买。"列宁坚信："有一种力量胜过任何一个跟我们敌对的政府或阶级的愿望、意志和决定，这种力量就是世界共同的经济关系。正是这种关系迫使他们走上这条同我们往来的道路。"1922 年的热那亚会议是苏俄争取与资本主义国家和平共处的一次重大的外交实践，会议期间苏俄与德国签订的《拉巴洛条约》，体现了"两种所有制的实际平等"，是列宁和平共处外交政策的胜利。①1924 年世界上出现了与

---

① 引文依次见《列宁全集》第 2 版第 37 卷第 188 页、第 38 卷第 158 页、第 42 卷第 332 页、第 43 卷第 190 页。1922 年 4 月 10 日—5 月 19 日在意大利热那亚城召开欧洲国家经济会议，29 国加上英国自治领共 34 个国家的代表出席，美国派观察员列席。英法等国虽然邀请苏俄与德国参加，但提出苏俄应偿还沙俄及临时政府所借全部外债 180 多亿金卢

苏联的"建交热"，到 1925 年底，已有 22 个国家与苏联建立了外交关系，苏联与资本主义国家签订的各种条约和协定已达 40 多个。因此，尽管苏联仍然是帝国主义包围下的一个"孤岛"，但是在当时实际上已经形成了不同社会制度国家和平共处的局面。

大战结束后，战胜国通过对战败国签订的一系列和约以及战胜国之间的条约，建立了凡尔赛—华盛顿体系。尽管该体系以强权政治为特征并存在种种弊端，最终未能维护和平，[①] 但是它的裁军要求以及建立一个常设的主权国家的国际组织联盟、通过集体安全来维持世界和平的主张，仍可视为战后对限制战争的一种实际安排。20 年代的和平运动，也主要表现为通过国联所进行的裁军与反战活动，尽管其成果相当有限。

在裁军方面，海军的军备限制有所进展。1922 年在华盛顿会议上美、英、法、意、日签订的《五国海军条约》规定：五国主力舰总吨位的限额分别为：美、英各 52.5 万吨，日本 31.5 万吨，法、意各 17.5 万吨，即 5∶5∶3∶1.75∶1.75 的比率；主力舰的排水量不得超过 3.5 万吨，舰炮口径不得超过 16 英寸；各国航空母舰总吨位限额为美、英各 13.5 万吨，日本 8.1 万吨，法、意各 6 万吨；其他舰只未做限制；条约有效期至 1936 年 12 月 31 日。[②] 该条约被公认为是世界现代史上的第一个裁军协议。1927 年，在美国建议下，美、英、日在日内瓦召开海军会

布的要求，被苏俄拒绝。会议期间，苏俄代表契切林宣布了和平共处原则，并利用帝国主义国家之间的矛盾，在德国代表团驻地拉巴洛与德国签订条约，双方互相承认、放弃赔偿并建交。相关的情况，参见 E. H. 卡尔《苏维埃俄国史：布尔什维克革命，1917—1923 年》（E. H. Carr, *A History of Soviet Russia: Bolshevik Revolution, 1917—1923*）第 3 卷，伦敦 1953 年版，第 28、29 章；安德鲁·罗斯坦《和平共处》（Andrew Rothstein, *Peaceful Coexistence*），伦敦 1955 年版，第 35—36 页。

① 关于凡尔赛—华盛顿体系的矛盾与弊端，参见拙作《凡尔赛—华盛顿体系与两次世界大战之间的国际关系》，《历史教学问题》2000 年第 3 期，第 3—9、18 页。

② 条约还规定：美、英、日三国在太平洋岛屿和领地的要塞维持现状；美国不得在菲律宾、关岛、萨摩亚和阿留申群岛、英国不得在香港及太平洋东经 110 度以东的岛屿修建海军基地和新的要塞，日本则主要承诺不在台湾设防。这一规定使日本在西太平洋保持了海军的巨大优势。

议（法国和意大利不接受邀请，只派观察员列席），美国提出把华盛顿协定的 5∶5∶3 的比例扩大到巡洋舰、驱逐舰和潜水艇等非主力舰的建议，未能实现。1930 年，上述五国再次召开伦敦海军会议，法国反对英美把华盛顿条约的比例扩大到非主力舰的建议，也拒绝意大利提出的与法国对等的要求；日本不满华盛顿条约强加给它的不平等，最终勉强接受将华盛顿比例用于大型巡洋舰，条件是允许它在小型巡洋舰和驱逐舰方面为英美的 70%，在潜水艇方面与英美对等。因此这个限制条约只限于英国、美国与日本；同时五国同意把华盛顿条约延长 5 年。但是列强在限制与裁减其他军备方面却未能进行合作。

实际上，自 1919 年《凡尔赛条约》签订以来，裁军问题就被提到了议事日程。当时协约国向德国承诺，一旦德国解除武装，协约国也将实行普遍裁军，尽管这绝不意味着把它们的军备裁减到德国的水平。为了显示协约国的裁军"诚意"，国际联盟从成立之日起，就把裁军列为其活动的重要内容。1922 年国联第三届大会通过了一个裁军总原则，即"第十四项决议"：第一，只有普遍裁减军备，裁军才能获得成功；第二，只有各国的安全得到令人满意的保证，裁军才有可能；第三，这项安全保证条约应该是普遍的包括一切国家的；第四，只有在各国实行裁军后，这项安全保证条约的条款方可生效。[①] 实际上，这项决议就像一种连环套或兜圈子的游戏，即裁军取决于各国提供相互帮助的保证，而这种保证又取决于各国的有效裁军。但是在当时的情况下根本无法做到，因为各大国在裁军立场上大相径庭。实际上，无论是在 20 年代的咨询讨论和筹备裁军会议期间，还是在 1932—1934 年的裁军大会期间，列强始终同床异梦。法国主张裁军之前必先增进安全，并以安全并未真正获得而拒绝裁军；英国认为只有裁军才有助于安全，特别要求裁减陆

---

① G. M. 盖索恩—哈迪：《国际事务简明史，1920—1938》（G. M. Gathorne-Hardy, *A short History of International Affairs*，*1920—1938*），牛津大学出版社 1939 年版，第 58 页。

军，其目的是削减法国的力量和法国对德国的优势；德国则坚持与其他国家"军备平等"，坚决要求协约国履行诺言，实行裁军，以掩盖自己的重整军备；美国要求普遍裁减陆海军，以防止欧洲各国把大量金钱用于增加军备，却不愿对其他国家的安全做出保证；苏联提出的全面彻底裁军原则也遭到反对。[①] 因此正如1926年5月26日的《真理报》所说，"会议的每一个参加国所考虑的都不是裁减自己的军备，而是裁减别人的军备，从而使自己在军备方面更强大一些。……这不是在裁军问题上，而是在各国武装力量'均势'问题上的一笔交易。而且每一个国家都力求对'均势'作出有利于自己的解释。"[②] 结果经过长达14年的吵吵嚷嚷，最终以希特勒在1933年10月坚决退出裁军会议和国际联盟的行动，宣布了裁军活动的破产。

在反战方面，国联成员国曾提出三个值得一提但并未实施的建议。第一个建议1926年由德国提出。该建议规定国联成员国应预先保证在发生争端时接受并实行行政院为消除战争危机而提出的任何建议，如撤销动员会，撤退军队，如果战事已经开始就要立即停战等。1931年根据该建议形成的"改善防止战争方法总公约"经国联大会全体通过批准，建议所有会员国采纳。但此时正值资本主义经济大危机发作最严重、日本发动对中国东北武装侵略之时，日本无意对这一条约签字，而主导国联的英法等国家也无意为中国伸张正义，致使这个建议就只是一个建议而已。[③] 第二个建议是1926年芬兰提出的一个计划，目的是使那些可能受到进攻的国家能够从其他成员国以优惠条件得到财政援助，这

---

① 对裁军过程最详细的和最简洁的论述，分别见约翰·W.惠勒-贝内特《裁军僵局》（John. W. Wheeler-Bennett. *The Disarmament Deadlock*），伦敦1934年版；E.H.卡尔《两次世界大战之间的国际关系1919—1939》（E. H. Carr, *International Relations between the Two World Wars 1919—1939*），麦克米伦出版公司，香港1986年再版，第九章。

② ［苏］C. Ю. 维戈斯基等编：《外交史》第三卷下册，大连外语学院俄语系翻译组译，三联书店1979年版，第699页。

③ ［英］华尔脱斯：《国际联盟史》上卷，第429—430页。

种援助将是对国联盟约第 16 条规定的拒绝对进攻国家提供财政便利的补充。1930 年，国联大会通过了根据该计划形成的财政援助协定，规定由主要国联成员国信用担保一笔约五千万英镑的款项，在行政院表决通过后就可以用来援助被侵略国；其实施要以裁军协定的签订为条件。但是由于裁军会议从未达成任何实质性决议，因此该协定也始终仅仅是一个计划。[1] 第三个建议是 1927 年波兰在国联大会期间提出的一个"禁止、并将永远禁止一切侵略战争"的宣言并获得一致通过，不过它也仅仅是一个宣言而已。[2]

但是 1928 年《非战公约》的签订，则应视为反战运动的一个值得注意的事件。

1927 年，法国外长阿里斯蒂德·白里安接受了美国和平主义运动的主要代言人、哥伦比亚大学教授、卡内基国际和平基金会董事詹姆斯·T. 肖特韦尔提出的"废弃以战争作为国家政策的工具"的呼吁，特意于 4 月 6 日巴黎举行的纪念美国参加大战十周年的庆祝大会上，发表了一封致美国人民的公开信，歌颂法美友谊，建议两国缔结一项永不相互交战的条约。同年 6 月，白里安照会美国国务卿弗兰克·凯洛格，正式提出缔结法美双边友好条约的草案，建议两国庄严宣布在两国之间废弃以战争作为实行国家政策的工具[3]。但美国认为很难想象任何国家利益能导致法、美之间的战争，该条约对美国没有什么实际意义，却会给法国带来某种声誉，还可能形成一种消极的军事同盟，[4] 使法国成为美国在欧洲的特殊朋友和伙伴，这是美国要避免的。因此，凯洛格在长时间拖延之后，提出了一个反建议作为回答，即已经建议的这个条约应

---

[1] E.H. 卡尔：《两次世界大战之间的国际关系 1919—1939》，第 115—116 页；[英] 华尔脱斯：《国际联盟史》上卷，第 429—430 页。

[2] E.H. 卡尔：《两次世界大战之间的国际关系 1919—1939》，第 117 页。

[3] 雅克·尼尔：《1914—1945 年的法国外交政策》（Jacques Néré, *The Foreign Policy of France from 1914—1945*），伦敦 1975 年版，第 85—86 页。

[4] [英] 托马斯·帕特森等著：《美国外交政策》下册，第 407 页。

当是普遍适用的。尽管法国不太高兴，但是美国的反建议还是被多国所接受。1928 年 8 月 27 日，美国、英国、法国、德国、意大利、日本、比利时、波兰、捷克斯洛伐克以及英国的自治领和印度作为创始国在巴黎签订了《关于废弃战争作为国家政策工具的一般条约》，即《非战公约》（又称《白里安—凯洛格公约》《巴黎公约》），主要内容是：缔约各方"斥责用战争来解决国际纠纷，并在它们的相互关系上，废弃战争作为实行国家政策的工具"；缔约各方之间"可能发生的一切争端或冲突，不论其性质或起因如何，只能用和平方法加以处理或解决"；其他国家均可加入。该公约于 1929 年 7 月 25 日生效，到 1933 年加入者共 63 个国家（包括但泽自由市）。

从字面看，《非战公约》相当冠冕堂皇，但是它对废弃战争、维护和平并没有规定任何明确的责任，也不要求各国为此而做出任何实际的牺牲；它既未涉及当时世人瞩目的裁军问题，也未制定实施公约的办法和制裁违约国的措施，更没有建立或考虑建立任何旨在解释或实行该公约的机构。不仅如此，各签字国还对这个措辞本已十分抽象的公约提出了各自的保留条件，这些条件在它们签字之前的通信中得到了说明。这些说明集中到一点，就是各国都拥有自己"决定情况是否需要诉诸战争以实行自卫"的权利，而不接受不抵抗的和平主义原则。① 例如，英国说明它的自卫权包括有权保卫"世界的某些地区，这些地区的繁荣和完整对我们的和平与安全构成了特殊和巨大的利益"，这些地区指的就是整个大英帝国；美国则认为自卫权包括为阻止侵犯门罗主义而要求采取的任何行动。因此，所谓"自卫权"的保留大大削弱了该公约的普遍性和可行性，根本不能限制帝国主义在借口保卫自身利益的情况下对殖民地附属国和其他国家进行侵略战争和镇压活动。曾任国联副秘书长的华

---

① E. H. 卡尔：《两次世界大战之间的国际关系 1919—1939》，第 118—119 页；参见《现代国际关系史参考资料 1917—1932》，高等教育出版社 1958 年版，第 381—384、203、204、205 页。

尔脱斯对这种"自卫权"的评论可谓一针见血:"既然每个签字国都是自己行动的唯一判断者,既然它们当中的两个最大的国家对这个字眼作了广泛的解释,那么就凯洛格公约而论,采取军事行动的道路还是敞开着的。"① 因此在当时的国际政治现实中,《非战公约》只是一纸集体安全的原则声明,而不是一种责任的规定。

但是作为当时世界上绝大多数国家签字的一项具有普遍意义的国际条约,《非战公约》是一个重要的法律文件。英国已故史学家 E.H. 卡尔认为,"巴黎公约尽管有缺点,但它是一个划时代的界碑。它是历史上第一个几乎全球范围的政治协定","条约的美国发起人使用的'宣布战争为非法'的术语意味着存在一种普世的、未成文的法律,违反这一法律而进行的战争被宣布是一种犯罪。尽管并不存在惩罚侵犯这一法律的行为、甚至也不存在去宣布该法律已被侵犯的任何权威机构,但是这一观念本身已经扎根于国际政治的思想之中。"② 这些看法是有道理的。可以认为,《非战公约》第一次正式宣布在国家关系中放弃以战争作为实行国家政策的工具,和平解决国际争端,从而在国际法上否定了所谓"战争权"的合法性,奠定了互不侵犯原则的法律基础,是国际法的重要发展,并且在第二次世界大战后成为国际军事法庭审判德、日战犯的重要法律依据。

《非战公约》的签订,也表明了 20 年代后半期国际社会所存在的那种和平还能够继续下去的乐观气氛。③ 但是,当日本以"一个自卫行动"为理由发动了侵略中国的"九一八事变"之后,签订《非战公约》的西方大国的反应却是如此软弱无力,它们在国联所做的只是通过了希望

① [英] 华尔脱斯:《国际联盟史》上卷,第 433 页。

② E. H. 卡尔:《两次世界大战之间的国际关系 1919—1939》,第 119—120 页。

③ F. S. 诺斯埃奇:《国际联盟,它的生平与时代,1920—1946》(F. S. Northedge, *The League of Nations, its life and times 1920—1946*),莱斯特大学出版社 1986 年版,第 119 页。

"满洲自治"、维护列强在当地的"门户开放""国际共管"原则,既不制裁日本,也不援助中国。① 正如丘吉尔后来所说:"正当世界局势非常需要国际联盟的活动和力量的时候,国际联盟在道义上的权威却显出缺乏任何实质上的支持。"②《非战公约》已经成为一纸具文,国联标榜的集体安全也已经有名无实。

(二)30 年代和平运动的绥靖化趋势

20 世纪 30 年代,随着德意日法西斯国家侵略扩张的加剧,国际局势日趋紧张,被侵略国抵抗侵略的斗争日益高涨。但是与此形成鲜明对照的是,欧美的和平运动却继续发展成更为普遍的反战、厌战甚至恐战的社会潮流。

在英国,这种潮流有着突出的表现。

1933 年 1 月 30 日,公开宣扬武力征服的希特勒成为德国总理,2 月 1 日他就宣布解散国会,重新大选。2 月 9 日,英国的和平主义者便在牛津大学俱乐部举行了"本议院决不为它的国王和国家而战"的模拟辩论会,这绝不是巧合,而是对英国再次进入战争的担忧和恐惧,因为"为了国王与国家"曾是英国政府在第一次世界大战中进行民族主义动员的响亮口号。这次辩论会吸引了大约 500 人,有 57 名学生要求在会上发言。当时的名作家和讲师西里尔·乔德认为,这次辩论会的动议应该如此表述:"只要政府决定进行大规模屠杀,本议会决不参加。"他描绘了可怕的空战前景:"在对一个西欧国家宣战后不到二十分钟",轰炸机就会飞抵英国上空,"在一枚炸弹就可以毒死四分之三平方英里地区的一切生物的时候",高射炮又有什么用呢?他在结束语中说,1918

---

① 有关的论述,详见拙著《英国与中日战争 1931—1941》,北京师范学院出版社 1991 年版 / 首都师范大学出版社 2010 年再版,第二章。

② [英] 温斯顿·丘吉尔:《第二次世界大战回忆录》第一卷上部第一分册,吴万沈译,商务印书馆 1974 年版,第 130 页。

年的胜利是完全无益的,"我们本来是为了建立一个新世界而战,结果,旧世界却处在经济崩溃的痛苦之中。我们本来是为了使英国成为适合英雄们居住的地方而战,结果,这些英雄现在只能从国家那里得到少得可怜的一点救济金",因此,一旦有人实际入侵而没有武装的英国,"最多也只应该采取一种消极抵抗的政策"。这场辩论会通过了"决不为国王和国家而战"的决议。随后,在曼彻斯特大学、莱斯特大学、爱丁堡大学和另外大约 20 所大学,也通过了类似的决议。①

关于"国王和国家"的辩论生动地反映了英国民众在两次世界大战之间的情绪。对第一次世界大战长期大屠杀的刻骨铭心的惊恐,使人们感到精疲力竭,战后长期的经济不景气特别是经济大危机的发生,也使英国社会各阶层的大多数人们都不想再有新的战争,而不论这种战争是由谁挑起的以及英国是否应该为正义而战。

1933 年 3 月,伦敦召开英国全国反战大会,出席的代表达 1500 多人,他们代表各工会、合作社、独立工党、大学生协会和共产党。20多个英国作家声明拥护这个大会。② 与此同时,一些政治家也持和平主义态度。例如,1933 年秋天,英国下议院补缺选举,英国工党仍然以和平主义作为自己的主要竞选纲领,结果工党从保守党手中赢得了几个重要选区的议席。

1935 年夏天,在英国工党、自由党和"国际联盟协会"会员的赞助下,组织了一次群众性的和平投票。6 月 27 日公布了投票结果:③

---

① 参见 [美] 特尔福德·泰勒《慕尼黑——和平的代价》上册,石益仁译,新华出版社1984 年版,第 312—316 页。这个决议被丘吉尔称为"一个真够丢脸的决议",并使其他国家"深深感到英国已萎靡不振了"。见 [英] 温斯顿·丘吉尔《第二次世界大战回忆录》第一卷上部第一分册,第 125 页。

② [苏] 弗·格·特鲁汉诺夫斯基:《英国现代史》,秦衡允等译,三联书店 1979 年版,第247 页。

③ 此表根据 [英] 约翰·惠勒—贝内特《慕尼黑——悲剧的序幕》,林书武等译,北京出版社 1978 年版,第 265 页的数据制成。作者将这次投票称之为"一个古怪的政治现象"。

参加投票人数	1150 万
赞成全面裁军	1050 万，占 91.3%
赞成用国际协定来保证全面废除航空部队	约 950 多万，占 82.6%
赞成用国际协定来禁止为私人赢利而制造和出售军火	约 1048 万，占 91.1%
赞成准备在必要时采取经济的非军事的制裁	约 1096 万，占 95.3%
赞成准备在必要时甚至采用军事制裁	约 683 万，占 59.3%

在日本继续侵略中国、纳粹德国正大肆扩军备战的情况下，这次投票的结果表明：英国的和平主义者和公众舆论的绝大多数仍然坚决支持国联的裁军活动，尽管也有一半以上的投票者赞成必要时以军事手段对国联谴责的某个侵略者实行制裁，这是相当矛盾的。

当时的英王乔治五世也"切望"找到可以避免战争的妥协办法。1935 年夏天他曾对外交大臣塞缪尔·霍尔说："我已经经历了一次世界大战，我怎么还能经历另一次世界大战呢？如果我继续在位的话，你必须使我们不要卷入战争。"[1] 同年 10 月，意大利发动了侵略埃塞俄比亚的战争，而 11 月英国就要大选。在当时的国际形势下，这次选举本来是应该以一项重整军备纲领为基础的，但是政治家们为了选票，自然迎合公众的要求。鉴于和平投票的结果，即使是 7 月刚刚上台的保守党政府的首相斯坦利·鲍尔温也对和平团体保证说："我向你们保证，不会有任何大规模的军备。"[2]

第一次世界大战后，英国形成更为广泛的厌战和恐战思潮以及不分是非反对一切战争的和平运动的发展，为绥靖政策的形成和顺利实施奠定了思想与社会基础。实际上，1938 年 9 月 30 日首相尼维尔·张伯伦在慕尼黑协定签字后飞回英国时，他受到了巨大而热情的欢迎。在此

---

① ［美］特尔福德·泰勒：《慕尼黑——和平的代价》上册，第 262 页。

② 《泰晤士报》1935 年 10 月 31 日，转引自 ［英］基思·米德尔马斯《绥靖战略》上册，第 26 页。

之后的一段时间里，祝贺这一协定的签订避免了一场战争的信件从英国及世界各地飞到张伯伦的办公室，这些信件装满了几个大盒子，足以说明当时人们恐惧战争的和平主义情绪和对慕尼黑协定的支持。[1]

另外，一些政治家也越来越支持绥靖政策。其中一个典型人物就是"不再战运动"的发起者之一、英国工党领袖乔治·兰斯伯里。他于 1936、1937、1938 年进行了所谓的"和平旅行"，向各国领导人呼吁和平。[2]1937 年，他专程访问了希特勒和墨索里尼，同年 10 月他出任英国著名的和平主义团体"和平誓约联盟"的会长后，宣称该联盟把防止战争的希望建立在"经济绥靖与和解"的基础之上。1938 年，当张伯伦为满足希特勒对捷克斯洛伐克的领土要求而奔走于英、德之间的时候，兰斯伯里竟打电报给捷克斯洛伐克总统贝纳斯，要求他接受希特勒的条款，为欧洲和平做出牺牲。[3]

由此可见，30 年代英国和平运动的主流已经蜕化为不惜任何代价地追求和平，甚至牺牲小国的主权利益，这与张伯伦政府的绥靖政策已经合拍。英国反战与和平运动的绥靖化，标志着该运动的彻底失败。

在美国，和平主义运动也不断发展，并且与国内的孤立主义情绪交织在一起。

在 1933 年 2 月英国牛津大学俱乐部举行"本议院决不为它的国王和国家而战"的模拟辩论会期间，美国的学生会也对 21000 人进行了民意测验，情况表明，其中有 8000 名和平主义者，有 7000 人表示只有在

---

[1]　这些信件，保存在伯明翰大学图书馆的海斯罗普特藏室（the Heslop Room of the University of Birmingham Library），Box：Neville Chamberlain Printed Items：NC9/2/31-62，76，78-81.笔者曾查阅过这些信件。实际上，不仅有贺信，还有鲜花、颂诗、雨伞（张伯伦因随身携带雨伞而使雨伞成了他的象征）、钓鱼竿，荷兰人和比利时人甚至送来了郁金香和勋章，英国各城市的议会还纷纷以他的名字命名街道。

[2]　查尔斯·洛赫·莫厄特：《两次世界大战中的英国，1918—1940》（Charles Loch Mowat, *Britain Between the Wars 1918—1940*），伦敦 1956 年再版，第 538 页。

[3]　马丁·西德尔：《1914—1945 年的英国和平主义：一种信仰的界定》，第 274、318 页。

他们的国家遭到入侵时才会战斗。据估计，在 30 年代和平运动最兴盛的时候，其拥护者有 1200 万人。

1935 年意大利—埃塞俄比亚关系紧张时，由 28 个和平团体联合组成的"全国和平会议"在纽约卡内基音乐厅组织了一次反战集会，支持国会众议员莫里·马弗里克及参议员杰拉尔德·奈和贝内特·克拉克提出的严格中立法案，全国反战委员会还为此举行了一系列的每周广播。[①] 美国普遍存在的憎恨战争、反对卷入欧洲争端而危害美国，以及希望美国保持行动自由等和平主义团体和孤立主义者的压力，促成了 1935—1937 年三个中立法及一个决议案的通过。[②] 这些法案实际帮助了意大利对埃塞俄比亚的侵略和德、意对西班牙内战的武装干涉。

美国的和平主义团体对政治家的影响，还突出表现在 1937 年日本发动全面侵华战争之后。10 月 5 日，罗斯福总统特意选择孤立主义的大本营芝加哥，发表了有名的主要针对日本侵华的"防疫"演说，以试探民意。他明确指出："爱好和平的国家必须作出一致的努力去反对违反条约和无视人性的行为，这种行为今天正在产生一种国际间的无政府主义和不稳定状态，仅仅依靠孤立主义或中立主义，是逃避不掉的。"然后，他把日本的侵华行动比喻为一场如同传染病一样的"流行症"，"不幸的是，世界上无法无天的流行症看来确实在蔓延中"，他呼

---

① ［美］特尔福德·泰勒：《慕尼黑——和平的代价》上册，第 316 页；［美］罗伯特·达莱克：《罗斯福与美国对外政策 1932—1945》上册，伊伟等译，商务印书馆 1984 年版，第 125、150 页。

② 1935 年 8 月 31 日美国国会通过第一个中立法，为期 6 个月，规定对交战双方实施武器禁运，但不禁运钢、石油等战略物资，禁止美国船只运载军用品至交战国，该法案用于 10 月意大利发动的侵略埃塞俄比亚的战争；1936 年 2 月通过第二个中立法，延长第一个中立法至 1937 年 5 月 1 日，补充禁止向交战国提供贷款的条款；1937 年 1 月 6 日通过一项针对西班牙内战双方实行武器禁运的决议案；1937 年 4 月 29 日通过第三个中立法即"永久中立法"，禁止向一切交战国和内战国输出军火物资，但不禁止把武器输出到实际卷入内战的其他国家。

吁，"在生理上的流行症开始蔓延时，社会就会认可并参与把病人隔离起来，以保障社会健康和防止疾病传染"；他还指出，"最为重要的是，爱好和平的国家的和平意志必须伸张到底，以促使可能被诱而破坏协议和侵犯他国权利的国家终止此种行动。必须作出保卫和平的积极努力"。为了不刺激和平主义者和孤立主义者，罗斯福在讲演中多次表示了和平的愿望。①

但是，就在罗斯福讲演的第二天，《华尔街日报》就在头版刊登了题为"停止对外干涉，美国要和平"的社论。《商业金融记事报》也发表义章，声称美国对欧洲和亚洲国家的政治困难没有责任，应该对国际行动保持疏远态度，因为它们只会损害美国的独立、安全和幸福。《商业日报》也警告说，经济制裁将产生"严重后果"，而且对制裁的支持将是"迈向战争的一大步"。特别是美国的六大和平组织联名发起了一场征集 2500 万人的签名活动，要求"避免使美国卷入战争"，众议员菲什甚至提议弹劾总统。有鉴于此，罗斯福只好赶紧缩了回去，宣布"'制裁'是一个难听的字眼，它应当被'抛出窗外'"②，并强调他演说的重点在于最后一行，即"美国积极致力于谋求和平"。③ 在这种情况下，美国在制裁日本和援助中国方面都无所作为，日本的侵略战争步步升级。

1938 年捷克斯洛伐克危机时，鉴于国内的反战情绪，罗斯福拒绝进行斡旋，而是向希特勒呼吁通过谈判避免战争。当他听到张伯伦将亲自前往慕尼黑与希特勒等会谈后，他打电报给这位首相，表示了他的支持，并说张伯伦是"一个大好人"。《慕尼黑协定》签字后，罗斯福将其视为一个避免战争的和平措施而加以接受，国务卿科德尔·赫尔也感到

---

① 该讲演的全文，见关在汉编译《罗斯福选集》，商务印书馆 1982 年版，第 150—155 页。

② 多萝西·博格：《美国与 1933—1938 年的远东危机》(Dorothy Borg, *The United States and the Far East Crisis of 1933—1938*)，哈佛大学出版社 1964 年版，第 391、383 页。

③ [美] 罗伯特·达莱克：《罗斯福与美国对外政策 1932—1945》上册，第 215 页。

宽慰，因为和平已经保住，"大家都觉得松了一口气"①。这种说法的根据之一就是在民众中也有高达 57% 的被调查者赞同《慕尼黑协定》。②

由此可见，30 年代美国在面对德意日法西斯的侵略行径所采取的这些行动，"像英国的绥靖政策一样错误"，甚至"助长了绥靖主义"③。而政府在做出决策时，和平运动和孤立主义者的声音是一个不可忽视的因素。④

第一次世界大战后形成的更为广泛的欧美反战与和平运动，对两次世界大战之间的国际关系产生了深刻影响。概括地说，20 年代的和平运动在一定程度上推动了限制与反对战争的国际法的发展；30 年代和平运动的绥靖化，对绥靖政策的形成与实施具有不可忽视的影响，成为鼓励法西斯国家不断侵略扩张并最终发动第二次世界大战的重要因素。⑤

两次世界大战之间的和平运动，以其失败的结果，对和平学研究做出了自己的"独特"贡献，并给予人们重要启示：第一，那种认为一

---

① 美国国务院编：《美国外交关系文件集，1938 年》（The U.S. Department of State ed., *Foreign Relations of the United States*：*Diplomatic Papers*，*1938*）第 1 卷，华盛顿政府出版局 1955 年版，第 684—685、688、703 页；科德尔·赫尔：《赫尔回忆录》（Cordell Hull, *Memoirs of Cordell Hull*）第 1 卷，纽约麦克米伦出版公司 1948 年版，第 595 页。

② 罗伯特·A. 迪万：《不情愿的交战国：美国进入第二次世界大战》（Robert A. Divine, *The Reluctant Belligerent*：*American Entry into the World War II*），纽约 1979 年版，第 59 页。

③ ［美］托马斯·帕特森等著：《美国外交政策》下册，第 461 页。

④ 一些历史学家认为，罗斯福迫于压力，在接受慕尼黑协定方面不过是自己说服自己相信慕尼黑已经开辟了一条通向新的、更加美好的世界的道路，其实他并不真正相信这一点。见 W. L. 兰格与 S. E. 格里森《向孤立挑战》（W. L. Langer and S. E. Gleason, *The Challenge to Isolation*，*1937—1940*），纽约 1952 年版，第 35 页。

⑤ 英国史学家约翰·惠勒—贝内特认为，慕尼黑协定是"西方民主国家的奇耻大辱"，绥靖主义者是"以和平的名义、绥靖的名义宽恕德国的不义和侵略"，"德国的征服国策，英国的绥靖国策，就像两股并行的溪水在奔流"，它们将在一个交叉点，即"慕尼黑"结合起来，并成了导致第二次世界大战的最重要的因素之一。参见约翰·惠勒—贝内特《慕尼黑—悲剧的序幕》，第 5、212、22 页。

切战争都是错误的，不应该以任何形式进行或参与战争的看法，是过于绝对的，因为它有时反而会事与愿违，鼓励战争；那种认为战争既不人道也不合理，防止战争应当永远都是国家政策的首选，但有时进行或参与战争也有其必要性的看法，是更为理智的。在当今时代，同样如此。

第二，尽管人们不能完全避免战争，但不断巩固、发展与完善已经存在的各种和平机制，恪守和平共处、和平解决国际争端的理念与实践，将是对世界和平做出的切实贡献。在当今时代，更应如此。

对第一次世界大战史研究的一些思考*

战争与和平始终是人类共同关心的最重要的问题，而革命与改革同战争与和平的关系密不可分。战争与和平、革命与改革，是 20 世纪世界史十分突出的主题，因为它们直接导致了人类社会生活的大变化。人类在 20 世纪前半期经历了两次世界大战，在 20 世纪后半期经历了长达 40 多年的冷战和无数次大大小小的局部热战；伴随着这些战争的发生、发展与结束，人类也经历了前所未有的革命或改革。从发生在欧亚大陆的俄国十月革命，到亚非拉国家争取国家独立民族解放的民族民主革命，从西欧北美国家社会改革到社会主义国家的改革与发展，从改变人类对于世界认知的科技革命到方兴未艾的信息化革命，无不对世界的和平与发展产生了至关重要的影响，并共同塑造着人类历史的新面貌。因此，如何从历史的角度回顾与思考战争与和平、革命与改革、发展与合作等重大课题，既是历史学家的责任，也是对历史学家的挑战。

从这样的认识出发，第一次世界大战无疑是探讨这些问题的一个不可绕开的研究视角。实际上，国际学术界非常重视第一次世界大战，

---

* 本文根据 2012 年在教育部社科委员会上的发言整理而成，原载于南开大学世界近现代史研究中心编《世界近现代史研究》第 9 辑，社会科学文献出版社 2012 年版。

他们认为，爆发于1914年的"大战"①，是欧洲历史甚至是世界历史的转折点。这一看法值得我们思考。尽管欧洲学术界一直就比较注重对第一次世界大战的研究，但是在第一次世界大战爆发100周年即将到来之际，欧洲学术界仍然打算从2014年开始，连续五年将第一次世界大战作为研究的主题之一这一学术动态也值得我们关注与重视。

就我国史学界来说，与第二次世界大战的研究成果相比，对第一次世界大战的研究相当薄弱，无论是微观的个案研究还是宏观的理论探讨都不充分。因此，在对第一次世界大战的学术研究方面，存在着广阔的学术创新空间。在这里，仅就大战爆发的原因和结果问题，提出一些值得进一步研究的问题。

第一，第一次世界大战爆发的原因。

第二，除了认同列宁在《帝国主义是资本主义的最高阶段》中所指出的帝国主义是侵略和战争的根源，是第一次世界大战的根源② 之外，还要研究这场大战爆发的远因和近因。就远因也就是基本原因来说，要从更长的历史时段来考察。实际上，基本原因如此复杂，且年代久远，因此必须写出一部从1870年甚至从1789年法国大革命以来的欧洲外交史，才能看清它的根源，有些问题需要追溯到路易十四时代，甚至查理曼时代。另外，第一次世界大战与交战各国的政治、经济、军事、军国主义、秘密的同盟体系、民族与民族主义、种族、宗教、民主、教育、群众心理、大众宣传等，都有关联，因此要从历史方面进行

---

① 1939年以前，人们从未使用"第一次世界大战"这个术语，而是将1914—1918年的战争称为"大战"（Grand war），直到1939年大战再度来临，才有了"第一次世界大战"这个术语。

② 列宁的具体论述，见《列宁专题文集·论资本主义》，人民出版社2009年版，第97—213页。其基本观点是：垄断是第一次世界大战最深厚的经济根源；垄断资本的形成孕育着世界性战争；资本主义经济政治发展的不平衡的绝对规律必然导致帝国主义重新瓜分世界；20世纪帝国主义在资本主义各国普遍出现时，空前规模的经济危机的结果之一是导致各国相互转嫁危机，争夺市场、原料产地、投资场所，从而促成战争爆发。

全方位的考察。

就近因来说，主要是指对战争爆发的直接责任的问题的研究，其时间和研究对象一般是指从1914年6月28日萨拉热窝事件发生到9月4日英国宣布英德处于战争状态的这38天的时间里发生的一系列外交交涉和事件，以探讨和揭示相关各国的战争动机。由于经年累月的大战一天天激烈残酷，完全超出了当时各国的政治家和军事家的设想，因此所有参战国的领导人都发表战争演说，申辩自身的行为无辜，而把发动这场战争的责任推给对方，最后凭着孰胜孰败来决定发动战争的责任。因此，《凡尔赛和约》第231条规定：德国及其同盟国应当承担战争的责任。但是，1919年以后，特别是《凡尔赛和约》签订之后，德国并不承认自己对战争负有责任，加上许多外交文件的陆续出版和名人回忆录的出现，便促进了对大战爆发的近因问题的探讨。这些研究的基本看法是：战争的责任并不全在德国，协约国也负其责；有些学者甚至认为协约国的责任大于同盟国。在这里，仍然有大量的个案值得并需要通过解读大量档案资料做出新的探讨。

第二，第一次世界大战的结果和影响。

我国学术界对这个问题已经从各个角度进行了一些重要考察，但仍然有许多问题值得进一步研究。

1. 对于第一次世界大战与俄国十月革命、德国十一月革命、匈牙利革命等革命之间的关系，以及第一次世界大战与"民族自决"原则在欧亚大陆广泛传播，并引起欧洲四大帝国的瓦解，以及"第五帝国"即英、法等殖民帝国开始解体的关系问题，都是战争引起革命的一些典型问题，在这些问题上仍然有很多研究的空间。

2. 对这场战争在西欧主要参战国家所引起的经济社会变革及其战后的社会改革问题，我国学术界的研究也不够充分。例如：大战与政府职能的变化。旷日持久的大战使各国政府都加强了对经济生活的干预，从而政府机构的职能有所改变。战争初期，由于没有一个国家预料到这会是一场长期战争，因此也没有哪一个国家对国内的经济活动进行调节。随着战争的延长，到 1916 年，各国都不得不建立起一整套政府的专门机构，包括各种局、署机关和专门委员会等，以便有效地利用全国的人力物力。这些机构干预私人企业投资方向，负责分配政府订单，控制原材料的供应，调整各种经济关系，垄断对外贸易，从总体上控制经济生活。另外，为了掩盖长期的无效战斗和骇人听闻的人员伤亡，使民众支持战争，各国政府也都极力控制社会舆论，从而控制人们的思想。他们还禁止罢工，提倡节衣缩食，将民用品特别是奢侈品的生产降到最低限度，力图将整个社会的财富、资源甚至道德取向都引向赢得战争胜利的唯一目标。又如：大战与妇女地位的变化。这是大战使交战国社会发生的另一个重要变化。旷日持久的战争使男人长期服役，大量的伤亡又需要不断补充兵员，因此就连原来可以免服兵役或体质不健康的男子也要应征入伍，这就使大量妇女进入工厂和管理部门，接替了许多过去被认为只有男子才能承担的工作。以英国为例：大战中的英国妇女甚至组成了军队妇女团队（在俄国军队中也有女兵服役）。尽管妇女得到的工资相对较低，但是千百万妇女的个人生活与眼界从家庭转向国家的经济和政治生活，成为社会劳动大军的重要组成部分，妇女的社会地位获得了提高。1918 年 30 岁以上的英国妇女获得了选举权。

3. 第一次世界大战对反战与和平运动的推动。这是战争与和平关系问题中的一个十分具体而重要的问题。它至少涉及四个问题：其一，要求和平和进行革命之间的关系。随着战争的长期化和极端残酷性以及交战各国经济危机的加深，人民的反战情绪日益高涨。在后方，许多人拒绝服兵役；在前方，一些士兵拒绝执行作战命令。到战争后期，反对战争、要求和平成为一些国家发生革命的重要动力。"和平、面包、自由"是 1917 年的俄国革命、1918 年的德国革命和奥匈帝国境内革命的普遍口号，并成为促进战后欧洲社会主义运动的发展和各国民主化进程的推动力量。其二，涉及欧美各国战后和平运动的发展。大战的爆发使战前的和平运动遭受沉重打击，战后欧美各国的反战与和平运动得到了大发展。例如，1919 年，英国在伦敦修建了塞诺塔夫纪念碑，从此，每到第一次世界大战的停战日，纪念碑前都堆满了鲜花和由红色的小花做成的花环，前来缅怀那些在一战中牺牲的人们，并表达自己的反战与和平诉求。另外，由于据说是在第一次世界大战结束之后，当时在欧洲很多主要的战场上，都出现了很多的罂粟花，后来在英国佩戴罂粟花也就成了一个标志，以纪念战争当中的死难者，同时也记住战争，祈祷为和平做出更多的努力。其三，涉及国际联盟的建立。第一次世界大战的爆发以及战争的长期性和残酷性，不仅使各国人民渴望和平，也使一些政治家考虑建立一个具有特定盟约的、能够保障和平从而保护列强利益的国际组织。这个组织就是国际联盟。尽管国际联盟并没有能够真正维护和平，但是它的和平解决国际争端的理念、促进国际合作并实现国际和平与安全的基本职能，还是值得充分肯定的。其四，涉及 20 世纪 30 年代英法等国家对法西斯国家的绥靖政策。正是由于第一次世界大战的极端残酷性和欧洲人口因大战而大量死亡，使欧洲的民众感到精疲力竭并产生了厌战情绪。在英国，更由于大战后长期的经济不景气，使英国民众和他们的领导人都不想再有新的战争，而不论这种战争是由谁挑起的以及英国是否应该为正义而战。这种民意，对英国 30 年代的绥靖政策的形成奠定了重要的思想与社会基础。实际上，当张伯伦在 1938 年9 月 30 日《慕尼黑协定》签字后飞回英国时，他受到了隆重而热情的欢迎，他还骄傲地展示了一个由希特勒和他本人签署的文件，该文件宣布了这两个国家希望避免所有可能的争执之源并为欧洲的和平做出贡献的强烈愿望。尽管达拉第没有这样一个相似的文件，但是他在法国也受到了同样的欢迎。特别是在《慕尼黑协定》签订之后的一段时间里，祝贺这一协定的签订避免了一场战争的信件从英国以及世界各地飞到首相尼维尔·张伯伦的办公室，这些信件装满了几个大盒子，足以说明当时人们的和平主义情绪和对《慕尼黑协定》的支持。①

4. 第一次世界大战对战后国际关系的影响。对这个问题的研究至少有以下几个方面：其一，对第二次世界大战的影响。第一次世界大战曾被当时的人们称为"结束一切战争的战争"。然而，仅仅过了 20 年，另一场大战就在 1939 年爆发，而第二次世界大战的规模，就其广度、深度和破坏程度而言，可以说是超过了人类历史上一切战争的总和。一些严肃的历史学家和政治家认为，第二次世界大战是第一次世界大战的继续。A. J. P. 泰勒在其名著《第二次世界大战的起源》中明确指出："第二次世界大战就是从第一次世界大战的种种胜利成果中生长出来的，是从运用这些胜利成果的方式中生长出来的。"② 美国历史学家 H. 斯图尔特·休斯在其颇有影响的著作《欧洲现代史》中认为："正是第一次大战，使得欧洲社会不可能在旧基础上重建。这次战争为未来洗好了牌；它造成一种人们无法维持国内国际稳定的局面，从而下一次大战终于不可避免。"③ 在关于第二次世界大战起源的个案研究上，这些看法颇具启发性。第二次世界大战与第一次世界大战在因果关系上的继承性，的确是应当研究的一个大问题。其二，与上一个问题相联系，对凡尔赛—华盛顿体系的研究。这里至少要研究两个方面：(1) 凡尔赛—华盛顿体系作为一战后的和平安排，为什么没有能够长久地维持和平。第二次世界大战的一个重要根源，即在于第一次世界大战后战胜国对世界做出的和平安排之中。正如英国学者理查德·拉姆所说："第二次世界大战的种子深植于 1919~1920 年签订的凡尔赛、圣日耳曼和特里亚农条约的条款之中。"④ 曾任英国首相的丘吉尔也曾尖锐地把凡尔赛体系称为"胜利

---

① 笔者在伯明翰大学从事研究工作时，曾查阅过这些保存在该大学的信件。

② A.J.P. 泰勒：《第二次世界大战的起源》，潘人杰译，华东师范大学出版社 1991 年版，第 15 页。

③ H. 斯图尔特·休斯：《欧洲现代史 1914~1980 年》，陈少衡等译，商务印书馆 1984 年版，第 49 页。

④ Richard Lamb, *The Drift to War 1922—1939*, London, 1989, p.3.

者所做的蠢事"，此话颇有见地。对于凡尔赛—华盛顿体系，应该做出深入的个案探讨。(2) 第一次世界大战对各国外交政策的影响。上面已经谈到，30 年代以英国为首的英法等西方民主国家所实行的绥靖政策，与第一次世界大战也密切相关。美国在战后的孤立主义思潮及其代表"中立法"，也与一战密切相关。其三，第一次世界大战对战后的国际体系、国际格局、国际秩序的影响。尽管这是一个相对宏观的问题，但是它不仅有赖于一系列微观的个案探讨，而且更能够从理论的高度对 20 世纪的战争与和平之间的关系做出深层次的论述。

以上只是有关第一次世界大战研究的一些方面，挂一漏万。总之，希望在第一次世界大战爆发 100 周年即将到来之际，国内学术界能够重视并重新思考这场大战的爆发和结局，不仅会使人类更加深刻地认识战争、和平、革命、改革、发展、合作等问题，也会对 20 世纪的国际体系、国际格局和国际秩序的变迁，对我们今天生活在其中的国际体系、国际格局和国际秩序有更为深刻的感受与认识。

国际史视野下的第一次世界大战 *

　　战争是文明碰撞的一种手段。1914 年爆发的第一次世界大战不仅是欧洲历史的转折点，也是世界历史的转折点。对这场被称为"结束一切战争的战争"的研究，不仅会使人类更加深刻地认识战争、和平、革命、改革与发展问题，也会对国际秩序的发展有着更为清晰的感受。

　　近年来，国内外学术界对第一次世界大战的研究，运用了一种新的研究视野和研究方法，即国际史的研究方法。国际史是自 20 世纪后期以来美国学术界逐渐兴起的一种史学研究方法，目前已经形成一股潮流并正在向包括中国在内的世界其他地区发展。其主要特点是：打破以往历史研究中"民族—国家"的约束，以整个国际体系或者文化背景作为研究的参照系；研究的范围涵盖跨国或多国的政治、军事、外交、经济、文化、物质、消费、情感等方面；强调利用多国档案和多元资料，以"自下而上"的方法，以"文化"因素、"弱势群休"等作为研究的突破口。当然，国际史也同样运用于对传统国际关系的考察。总的说来，将国际史引入对一战的研究，要求研究者从一个跨国家、跨地区的角度来讨论某一国家或某一地区与一战之间的关系，并重点考察该国家或该地区与一战作为一个整体发展之间的关系。从目前的研究成果来

＊　本文原刊于《光明日报》2014 年 7 月 9 日，第 15 版。

看，主要在以下三个方面取得了一些新的进展。

第一，总体战研究。就战争本身来说，第一次世界大战是世界上第一场总体战争。从更长的时段和更广泛的空间来看，这场工业化大国之间的首次战争，并不仅仅涉及欧洲的民族国家，而是各个殖民帝国之间的战争。各大殖民帝国不断将来自全世界的人力、物力和各种资源投入这场冲突，迅速将战争从欧洲蔓延到全球，同时产生了一种被称为"总体战"的新的战争模式。研究者通过对具体国家的考察，层层描述这个不断将全球资源投入冲突的过程，并从根本上揭示出列强在将这些资源转化为全球范围内的战争武器的同时，不断扩大国家权力的过程。例如，一些学者通过对英国、意大利、法国等国家在战争期间的食品供应，以及为保证市场上一般食品如面包的价格低廉而制定的消费法律法规的研究，揭示国家对战争物资的调节与控制系统的运作及其成效。同时指出，从全球范围来看，这些国家正是依靠英国的海上霸权和它们的海外殖民地（以后还依靠美国）所提供的包括食品在内的各种战争资源，才不致被饿死并能坚持作战；而德国战败的重要原因之一是相对缺乏这种全球性的资源。国际史关于总体战的研究成果，从一个方面挑战了直至20世纪90年代西方学术界的主流看法，即认为第一次世界大战主要是欧洲自己的事情，是欧洲民族国家之间的一场"欧洲战争"的看法。

第二，与总体战研究相联系，大战引起了国际秩序的变化。研究成果主要体现在两个方面。

其一，从全球来看，提出了不同于19世纪旧秩序的新秩序。主要是探讨1918年1月8日美国总统伍德罗·威尔逊在其《世界和平纲领》即著名的"十四点原则"中所提出的世界新秩序的设想，以及这些设想对印度、朝鲜、埃及、中国等殖民地半殖民地国家的深刻影响。有学者认为，该纲领提出的包括公开外交、公海航行自由、自由贸易、在殖民地实行"门户开放"、裁减军备、民族自决、成立国际联盟、抵制苏俄影响等原则，是美国企图冲出美洲，对长期以来欧洲列强主宰世界的国际格局和国际秩序发出的公开挑战和冲击。尽管这些原则以美国的国家利益为基本出发点，但对殖民地半殖民地的人民来说，是可以利用的争取民族解放的斗争武器。

其二，从各个殖民帝国来看，这场全球战争改变了 19 世纪列强建立起来的核心—边缘权力关系即帝国主义宗主国和殖民地半殖民地的传统关系，并通过结束商品、资本和人口的自由贸易和流动，通过在殖民地半殖民地征集人力物力的过程，迅速破坏了帝国主义的世界秩序。例如，英国作为宗主国，就将印度、非洲殖民地、加拿大、澳大利亚等国家的数以百万计的"帝国臣民"投入西线作战，英国和法国还使用了至少 14 万中国劳工帮助自己进行战争。有学者具体探讨 1914 年成为英国殖民地的非洲国家尼日利亚如何为宗主国英国的战争进行准备，而在战争结束之后该国又如何在政治、经济、教育等方面进行改革，从而强化了自己的民族国家身份认同。有学者从研究印度诗人泰戈尔的作品出发，说明一战推动了泰戈尔的思想转变，将他推到了复杂的反对殖民主义和反对战争暴力的立场。特别值得指出的是一些学者考察了中国与第一次世界大战之间的互动，认为一战给积贫积弱的中国既带来了可能受制于日本的"危险"，又带来了争取成为国际社会平等一员的"机会"。大战期间，中国的民族资本主义获得了一定的发展，具有思想启蒙精神的新文化运动广泛开展，特别是自民国以来一批接受过现代教育的职业外交家开始走上外交舞台。在他们的努力下，中国通过"以工代兵""以工代战"策略，参加了大战，使这场大战成为中国历史的重要组成部分和转折点。正是中国的参战，才使中国能够第一次以一个战胜国的身份参加相继在巴黎和华盛顿召开的建立战后国际秩序的大型国际会议，中国的新外交从此起步：中国开始了修改不平等条约的历程，开始成为构建战后新的亚太地区国际格局与国际秩序的一个不容忽视的力量。

另外，一些学者将研究的视线投向一战中的中立国阿根廷。指出阿根廷虽然保持中立，但和以德国为首的同盟国存在经济合作，并有数百名志愿军加入德国作战；与此同时，阿根廷国内的自由主义、社会主义、民族主义也有所发展，这一切都表明了阿根廷同样希望借助一战，界定自己在国际舞台上的地位和民族国家的身份。

第三，大战爆发的直接原因研究。这是国际史在传统外交、重要人物以及政府决策等层面的研究成果。一些学者通过研读大量相关国家的档案和其他资料，认真考察从 1914 年 6 月 28 日奥匈帝国皇储弗兰茨·斐迪南夫妇遇刺的萨拉热窝事件发生，到 8 月 4 日英国最终决定参战的这段时间内的形势发展，以探讨和揭示相关各国的战争动机。由此发现，在这短短一个多月的时间里，尽管列强之间进行了相当频繁、紧张而复杂的外交活动，但是各国的决策者都以重新瓜分欧洲和世界、争夺世界霸权为目的，都企图以支持盟国来加强自己的力量。因此，几乎没有人对避免战争做过系统的坚持不懈的努力，也没有人真正打算用妥协的方式解决问题，各国媒体也充斥着所谓"爱国主义"的战争叫嚣，这一切导致战争的机器迅速发动，局势很快发展成没有任何回旋余地，终于以英国借德国入侵中立国比利时为由对德国宣战为标志，把一个欧洲历史上屡见不鲜的暗杀皇族的事件，演变成了一场大战。通过这种国际视野的比较研究，学者们认为，第一次世界大战的起因，并非仅仅如过去所说，主要归咎于德国和奥匈帝国的军国主义，实际上，俄国、法国和英国同样是发动这场战争的主要责任者，战争的罪责应当由两大帝国主义集团共同承担。正如一战期间上台执政的英国首相劳合·乔治所承认的，当年"所有的欧洲国家都滑过沸腾的大锅的边缘而掉进了战争之中"。另一方面，一战的发展轨迹却完全超出了各国政治家和军事家的预料。大战爆发之初，各国的文官政府考虑的是如何及时应战，以避免削弱自己，坐大对手；军方则仍然设想通过一场拿破仑式的战争或普法战争等方式的战争，即靠一两次大的战役便见分晓。然而由于时代的不同，战争的进程完全走向大国决策者的愿望和主观意志的反面：他们抱着短期取胜的侥幸心理，却形成了长期阵地战的僵局；他们本以为是单纯的军事较量，却变成了倾注全部国力的长期消耗的总体战，从而动摇了欧洲文明的整个基础，为一个新世界的出现带来了曙光。

大战争与大变化：第一次世界大战
与中国的崛起 *

　　自鸦片战争以后，古老的中国就被逐渐纳入到资本主义的世界殖民体系当中，饱受民族屈辱和苦难。中国的巨大领土、人口和丰富的资源，使之成为资本主义列强竞相瓜分的目标。当 19 世纪行将结束时，英国、法国、德国、俄国、日本等列强已经在中国划分了它们各自的势力范围，美国也在其中获得了大量经济利益。与此同时，列强围绕瓜分中国的争斗和中国人民的抗争，也成为亚太地区国际关系的主要内容，而第一次世界大战的爆发、中国加入协约国一方作战并作为战胜国参加构建战后国际秩序的巴黎和会和华盛顿会议，则带来了亚太地区国际关系的大变化，并成为 20 世纪中国崛起的重要一步。①

———

　　1914 年，为了重新瓜分世界而内斗不断的欧洲列强，最终将一个

＊ 本文原刊于《团结报》2014 年 7 月 24 日第 7 版，刊发时的标题为"第一次世界大战与民国初年外交"，删去了注释和一些内容，增加了小标题，保留了主体内容。

在欧洲历史上屡见不鲜的暗杀皇族的事件演变成一场世界大战。但是这场大战在亚太地区特别是在日本、美国和中国造成的一些重要变化，则是列强所没有料到的。

对日本来说，这场战争给日本在中国的进一步扩张带来了机会。日本借列强忙于欧战无暇东顾的"天赐良机"，几乎独占了中国东北的市场，并以"英日同盟"为由很快对德国宣战，迅速占领了德国在中国山东的租借地青岛和所谓的保护领地胶州湾并拒绝交还中国，随后又以陈兵山东的有利时机，于 1915 年向袁世凯政府提出了严重损害中国主权的"二十一条"要求。不仅如此，日本还利用战争的发展形势，与俄国、英国、美国分别达成了后者同意日本占领中国山东和一些太平洋德属岛屿的秘密协定。

对美国来说，这场大战不仅使美国发了战争财，而且随着战局的发展，美国也将其视为宣誓自己对战后世界秩序看法的好机会。1917 年 4 月美国对德国宣战，1918 年 1 月威尔逊总统在国会演说中发表了《世界和平纲领》即著名的"十四点原则"。主要内容是：废除秘密外交，公海航行自由，消除一切经济壁垒，门户开放；抵消苏俄的布尔什维主义影响；恢复并建立一批民族国家；成立国际联盟等。该计划反映了美国企图以其经济实力和"道义"力量，在全世界扩张自己的势力，进而通过国际联盟控制战后国际局势，是美国对长期以来欧洲列强主宰世界的国际秩序发出的公开挑战和冲击，也是美国对华门户开放政策的再次宣示。

对中国来说，这场大战也直接或间接地造成了中国社会的几个重要变化。其一，中国的民族资本主义获得发展。一战期间，欧洲列强忙于较量，暂时放松了对中国的压迫，甚至在一定程度上依赖中国在军需生活用品等方面的支持，中国的民族资本主义尤其是纺织、面粉、钢铁、运输等行业出现了短暂的快速发展，中国的无产阶级队伍也因为民族资本主义工业的发展而不断壮大。其二，在思想文化领域，新文化运动广泛开展，中国民众的思想空前解放、空前活跃，出现了甚至可以称之为思想启蒙的运动。民族主义得以在中国各阶层快速传播，人们通过各种形式探索反帝救国之路。其三，自民国以来一批接受过西方教育的职业外交家开始走上外交舞台，他们既有中国传统文化的根底、强烈的爱国之情和民族民主意识，又有比较丰富的国际政治和外交知识，善于并勇于以西方通行的国际法为依据和西方列强打交道。

在这样的大背景下，尽管无论是袁世凯政府还是后来的北京政府（即北洋政府）都未能对日本的侵略行径做出实质性的反抗，但是随着战局的发展，中国国内还是出现了站在协约国一方参战以解决收回山东主权问题的主张，特别是在美国参战之后协约国的获胜趋势已经越来越明显的情况下。正如当时的驻美公使顾维钧在其回忆录中所说："当时的局势在我看来，不难理解，为使山东问题获得妥善解决，为在战争结束时提高中国的国际地位，中国必须参加协约国。"[①]

1917年8月14日，中国段祺瑞政府宣布对德奥集团作战。中国主要是"以工代兵""以工代战"的形式参战。真正代表中国参战的是以中国农民为主组成的中国劳工，被协约国称为"中国劳工旅"，他们为协约国西线战场提供了重要的劳动力。无论是军工企业，还是战争的最前线，凡战争所需，华工几乎无处不往、无所不为，而且从事的都是最艰苦、最繁重的工作。他们挖掘战壕、修筑工事、筑路架桥、解运给养、装卸物资、清扫地雷、野战救护、掘埋尸体……据不完全统计，仅派往法国的华工就有约14万人，有近万名华工因为疾病、敌人的攻击或恶劣的医疗条件而长眠在异国的土地上。中国的劳工为协约国的胜利做出了贡献。

特别要指出的是，尽管中国到了战争后期才宣布参战，但这对于

---

① 中国社会科学院近代史研究所译：《顾维钧回忆录》第1分册，中华书局2013年版，第144页。

新生的中华民国来说是极为重要的。正是中国的参战，才使中国能够第一次以一个战胜国的身份参加相继在巴黎和华盛顿召开的建立战后国际秩序的大型国际会议，从而使中国的新外交开始起步，并使中国成为构建战后新的亚太地区国际格局与国际秩序的一个不容忽视的力量。

二

巴黎和会成为中国新外交的第一个舞台。中国第一代职业外交家开始以国际法为武器，为恢复国家的主权与列强展开抗争。例如，顾维钧就认为中国应该在和会上"向各国鸣不平，以争回某些失去的权利"，应"借此谋求某种程度的公平待遇，并对过去半个世纪以来所遭受的惨痛后果加以改正"；他力劝北京政府：中国应当在和会上理直气壮地提出山东问题。[①] 当然，中国也希望美国和协约国在和会上能够帮助中国收回山东主权甚至废除一些不平等条约，这种希望又被威尔逊的"十四点原则"所鼓舞。新文化运动的前驱人物陈独秀就曾经认为协约国战胜德国是"公理战胜强权"，认为威尔逊主义就是讲公理不讲强权，并大为称赞威尔逊是"世界上第一个好人"。[②] 这种"公理战胜强权"的乐观情绪也一时洋溢于中国社会。

但是巴黎和会却使中国遭受了重大打击。中国在山东问题上的要求完全没有被列强考虑。日本声称为协约国的胜利做出了贡献，坚持无条件获得德国在山东的一切权利和财产的要求；它公开了战争期间英法俄等国与日本达成的承认日本继承德国在山东权益的秘密协定，还借口

---

① 中国社会科学院近代史研究所译：《顾维钧回忆录》第1分册，第154—156页。

② 陈独秀为《每周评论》撰写的发刊词，见胡明编选《陈独秀选集》，天津人民出版社1990年版，第71页。

1915年中日《关于山东之条约》①和1918年中日关于山东问题的换文以"证明"中国"同意"了日本在山东的权益。②

但是，面对如此困难局面的中国代表顾维钧在会上据理力争，指出"胶州租借地胶州铁路及其他一切权利，应直接交还中国。青岛完全为中国领土，当不容有丝毫损失。三千六百万之山东人民，有史以来为中国民族，用中国语言，信奉中国宗教。……以文化言之，山东为孔孟降生中国文化发祥之圣地。……是以如就本会承认之民族领土完整原则言之，胶州交还中国，为中国当有之要求权利"；他呼吁和会"尊重中国政治独立，领土完整之根本权利"，并进一步指出，如"割让中国人民天赋之权利"给他人，必将播下"将来纷争之种子"。顾维钧还指出1915年中日《关于山东之条约》是在"中国所处地位极为困难"的情况下被迫签署的，是"不得已而允之"，其基础是不合法的；他还以国际公法公理为依据，说明由于中国对德国宣战，"中德间一切约章，全数因宣战地位而消灭"；"德国在山东所享胶州租借地暨他项权利，于法律上已经早归中国矣。"面对中国有理有据的发言，日本不得不表示愿

---

① 1915年1月18日日本向中国提出"二十一条"（共分五号）要求后，袁世凯政府以向国际社会泄露内容并拖延谈判等办法，希望迫使日本让步。但在当时欧战正酣的情况下，奏效不大。最终在5月7日，日本向中国提出删去了对中国最为不利的第五号的最后通牒，要求中国接受，并对其陆海军下达了准备出动作战的命令。在此情况下，袁世凯政府接受了最后通牒，并于5月25日与日本签订了《关于山东之条约》等条约和换文，七章条约2件，换文13件。关于"二十一条"要求，参见王芸生编《六十年来中国与日本》第6册，三联书店1980年版，第74—76页；关于条约和换文，见该书261—273页。

② 1918年9月24日，日本外相后藤新平向中国驻日公使章宗祥发出照会提出：胶济铁路沿线日军，除一部留济南外，全部调至青岛；胶济铁路之警备由中国巡警队负责，巡警队费用由胶济路提供；巡警队本部和巡警养成所应聘用日本人；胶济铁路所属确定后归中日两国合办经营，等等。章宗祥在复照中表示"中国政府对于日本政府上列之提议，欣然同意"。参见王芸生编《六十年来中国与日本》第7册，第166—167页。必须说明的是，这一换文，承认了日本对部分地区的占领和胶济路的特权，并给了日本在巴黎和会上大做文章的借口，使中国争取收回山东权益变得更为困难。后来章宗祥在五四运动时遭到痛打，也与此有关。

将山东交还中国，但坚持应先由德国交与日本，再由日本交还中国。顾维钧则立即表示："归还手续，我中国愿取直接办法，盖此事为一步所能达，自较分为二步为直捷。"①

但是，英法等列强受制于它们在战争期间与日本的秘密条约或协定，再加上对俄国革命的精神正在向欧洲蔓延的深深忧惧，所以尽管它们担心日本在中国的迅速扩张不利于它们的在华权益，也只有暂时对日本妥协；而美国总统威尔逊把建立国际联盟放在第一位，认为日本是国联的一个不可缺少的支持者，也借口受到过去协约国与日本的种种条约之限制，自己未能使英法解除这些密约的束缚为由，建议将这一问题的解决留给还没有成立的国联。因此最终还是"公理莫敌强权"，在对德和约（即《凡尔赛条约》）中不仅仍然把德国在山东的权益悉数交与日本，也只字未提中国所要求的确定日本应将山东归还中国的时间。

值得注意的是，中国代表团并没有就此接受列强的安排。当中国代表团于 1919 年 5 月 3 日得知对德和约草案中关于山东条款完全采取日本的要求后，团长陆征祥即在致国内的电文中表示："此次和会专制办法，实为历史所罕见。现除再尽力设法外，详加讨论，当然不能签字。"② 随后，中国代表进行了相当艰苦的努力敦促列强修改条约草案，并在北京政府态度并不明朗的情况下向列强提出希望至少对山东条款声明保留的要求。在此期间，中国国内的民众也充满失望和愤怒，爆发了声势浩大震惊中外的"五四运动"，人们高喊"还我山东""废除二十一条""拒签和约""外争国权、内惩国贼"口号，火烧亲日派交通总长曹汝霖住宅，痛打正在该处的驻日公使章宗祥；国会议员、各派系将领、各地议会和商会等也纷纷表示应该拒签；随后有更多民众参与的"六三运动"，迫使北京政府内阁更迭，而临时代理国务总理的龚心湛则让中

① 参见王芸生编《六十年来中国与日本》第 7 册，第 265—267 页。

② 中国社会科学院近代史研究所《近代史资料》编辑室主编、天津市历史博物馆编：《近代史资料专刊·秘笈录存》，中国社会科学出版社 1984 年版，第 147 页。

国代表团对和约签字问题，"审度清醒，自酌办理"。① 顾维钧、王正廷、施肇基等代表在力争保留未果的情况下，终于做出了拒签和约的举动。

今天，当我们从历史的长镜头回看中国代表拒签和约的历史事实时，深感其意义之深远。首先，它是中华民族的民族自决意识彻底觉醒的标志。正如当时的美国驻华公使芮恩施所说："从巴黎和会决议的祸害中，产生了一种令人鼓舞的中国人民的民族觉醒，使他们为了共同的思想和共同的行动而结合在一起。"法国公使波勃（又译柏卜）也意识到"我们正面临着一种前所未有的、最令人惊诧的事情，那就是中国为了积极行动组织了一种全国性的舆论。"② 其次，它是中国外交的第一次大进步，它标志中国外交开始冲破"始争终让"的惯例，在中国第一代职业外交家和国民的共同努力下，开创了一个敢于抗争的先例。正如力主拒签条约的王正廷所言："造成吾国外交史上之新纪元者，则巴黎和会是也。该是会虽然失败，而吾民族自决之精神，与夫国民外交意志之真实表现，均得显示于世界各国之眼前。而列强亦遂知我民族非无外交政策，非无自由意志与独立精神，终究非可轻侮，非可蔑视，则其收益盖亦大矣。"③ 第三，由于中国拒不承认日本对中国山东权益的继承，日本对这些权益的占有就始终不具合法性，中国就保有要求重新讨论和收回的权利。这就为后来在华盛顿会议上再次提出这个问题并得以解决奠定了基础。

对日本来说，在中国拒签的情况下，日本并没有取得继承德国在山东权益的法理依据，但日本拒绝对归还设定一个明确期限，更拒绝对美英做出任何保证，日本所想的是在不得不归还山东主权给中国的同

---

① 《龚代阁与西报记者谈话》，《申报》1919 年 6 月 26 日。转引自邓野《巴黎和会中国拒约问题研究》，载《中国社会科学》1986 年第 2 期，第 131—146 页。

② ［美］保罗·S. 芮恩施：《一个美国外交官使华记》，李抱宏等译，商务印书馆 1982 年版，第 285 页。

③ 转引自王建朗《中国废除不平等条约的历程》，江西人民出版社 2000 年版，第 69 页。

时，如何为自己留下更多的"特殊权益"。

对美国来说，威尔逊总统在山东问题上对日本的妥协，成为美国国会拒绝批准《凡尔赛条约》的重要原因之一。顾维钧在其回忆录中写道："中国的抗议和拒签则在舆论界和参、众两院议员中间得到普遍支持。换言之，美国人民对国联盟约的愤懑原已郁积心头，而和会未能对中国山东问题公平处理一事，无异于对此火上浇油"，"我深信，美国，特别是如果共和党在 1920 年的选举中获胜的话，不管对国联盟约如何，必将寻求某种有利于中国的办法来修改山东条款"。① 这个办法就是召开华盛顿会议。

三

华盛顿会议是中国新外交的第二个舞台。中国的第一代职业外交家立刻抓住这个机会，继续以国际法为武器，为恢复国家的主权与列强展开抗争。

中国在这次会议上的主要对手是日本。中国非常盼望马上解决山东问题，立即废除那些不平等条约，废除不平等条约在当时尤其是针对日本，要免受日本在中国大陆推行领土扩张和经济渗透政策之害，确保中国的安全。为此中国外交家审时度势，利用美、英对日本在亚太地区的实力明显增强和它独占中国的势头迅速发展的极度不安，以及美国对"门户开放"政策的坚持，积极进行穿梭外交，终于使美、英在一定程度上支持了中国解决山东问题的要求。

在华盛顿会议上，中国的外交努力取得了一定的成功。主要包括：

第一，在涉及各国关于对中国的政策原则方面，以美国代表鲁特

---

① 中国社会科学院近代史研究所译：《顾维钧回忆录》第 1 分册，第 212、214 页。

（又译罗脱）根据中国提出的十项原则而提出的四项原则作为处理中国问题应适用之原则：（一）尊重中国主权与独立及土地与行政之完整。（二）予中国最完美即最无窒碍之机会，使得自行发展及维持一强固之政府，以期因变更历久帝制之政体而发生之困难得以免除。（三）各国尽力设法实行建立及维持各国在中国全国之工商业机会均等主义。（四）不得利用中国现在状况，以要求特别权力和利益，至有减损各友邦人民之权利，并不得有赞助妨碍各该国安全之行动。① 这些原则在经过文字删改后，成为《九国公约》第一条的内容，也成为会议处理中国问题的基础。尽管各国对"行政完整"做出了不同的解释，要求保留从不平等条约中获得的特权和利益，但是尊重中国主权、独立及领土与行政完整的原则获得通过并将其写进条约，这对于一个饱受列强侵略之苦并丧失了部分主权的中国来说，无论如何都是一个历史的时代的大变化大进步，并成为以后中国反对日本侵略、争取国际援助的国际法基础。另一方面，这一原则，也为华盛顿会议上的中国代表争取收回山东主权以及一些失去的国权提供了依据。

第二，收回了丧失的山东主权。在会议期间，中国代表利用美国为捍卫"门户开放"政策而原则上支持中国，同时美英又不愿得罪日本的矛盾心理，接受了在会议之外进行的、一直有美、英观察员列席的中日双边会谈的形式，最终在中日之间签订了《解决山东悬案条约》及《附约》等文件。规定：日本应将胶州德国旧租借地交还中国，中国将该地全部开为商埠；日本撤退驻青岛、胶济铁路沿线及支线的军队；青岛海关归还中国；日本将胶济铁路及其支线及一切附属产业归还中国，中国补偿日本铁路资产价值 53406141 金马克，在未偿清之前，车务长和会计长应由日本人担任；前德国享有开采权的煤、铁矿山由中日合资经营。《附约》中规定了对日本人和外国侨民的许多特殊权利，从而使

---

① 《近代史资料专刊·秘笈录存》，第 407 页。

日本在山东仍保留不少权益。尽管如此，中国收回山东主权和胶济铁路利权，是对《凡尔赛条约》有关山东问题的不公正条款的重要修正，这是中国人民坚持斗争所取得的重大外交成果；美、英的协调和压力也是日本被迫让步的一个因素。

对中国来说，如果说巴黎和会开创了一个中国敢于抗争的先例，那么在华盛顿会议上中国则争回了一些民族权利。中国正是以这种独特的方式参与了东亚乃至世界格局和秩序的重构。中国继续在废除不平等条约、争取民族完全独立的道路上前进，崛起之势不可阻挡。

日本的扩张野心遭到中国人民的坚决抵制和美英的遏制，不得不暂时收敛。但是日本独霸中国并在亚太地区继续扩张的既定国策不会改变，在以后的年代中它不断寻找机会准备最终冲破《九国公约》的束缚，侵略中国。与此同时，中国要坚决捍卫自己的主权完整并争取民族的完全独立，英国力图保持《九国公约》所确立的现状并维持、发展在华利益，美国则作为《九国公约》的主要规划者和潜在保证者，力求保持以"门户开放"为基石的亚太地区的新均势，这些诉求，尽管出发点完全不同，但是均与日本的"独占中国"、建设"大东亚新秩序"的野心针锋相对。因此，当日本悍然发动全面侵华战争并最终挑起太平洋战争之后，中美英三国共同进行了坚决抵抗。当中国人民取得了抗日战争的最后胜利，并在中国共产党的领导下建立了中华人民共和国的时候，一个完全崛起的新中国已经屹立于世界东方。

世界历史进程中的第一次世界大战 *

20 世纪以前，人类历史上从未有过"世界级"的大战。自 19 世纪初的拿破仑战争之后，世界已有 100 年没有打过任何大型战争，但是 1914 年爆发的"大战"① 却席卷了当时的每一个强国，将 30 多个国家卷入其中，约 1850 万人死亡，经济损失超过 3000 亿美元，被当时的人们称为"结束一切战争的战争"。然而，仅仅过了 20 年，大战就再次爆发。第二次世界大战使全世界所有独立国家几乎无一幸免，约 6000 万人死亡，经济损失超过 40000 亿美元，数千年的人类文明几乎毁于一旦。

今天，当我们以百年的历史长镜头来观察一战，以近 80 年的时间长度来观察二战的时候，我们发现，两次世界大战之间的联系是如此紧密，从世界历史发展的角度来看，二战就是一战的继续。正因为如此，在纪念一战爆发 100 周年的日子里，全面回看这场大战的前因后果，就成为我们理解今日世界的一面镜子了。

---

* 本文原刊于《经济观察报》2014 年 8 月 4 日，第 48—49 版。

① 1914—1918 年的战争被称为"大战"（Great War），第二次世界大战爆发后，才被称为第一次世界大战。

一、人们为什么而战

战争的历史与人类社会的历史一样久远，战争的规模与社会生产力的发展水平直接相关。不同的社会生产力发展水平，规定了战争的动力和内容，也规定了战争的形式与规模。因此，真正的世界大战，即具有影响整个人类社会生活的总体性和牵动全球的世界性战争，是20世纪世界形成一个息息相关的整体的产物。当20世纪初社会生产力和资本的规模已经遍布全球，资本主义各国之间已经结成覆盖全球的层层利害关系的网络之时，他们之间的竞争与争夺，就必然会影响到全球，而最终为争夺世界霸权所引发的战争，也极易发展为世界大战。

从这一视角出发，我们看到第一次世界大战根源于资本主义发展到垄断阶段，即帝国主义。

它们不仅要争夺市场和原料产地，还要独占这些地区。1880—1914年，英国、法国、德国、意大利和比利时疯狂地卷入对非洲的迅速瓜分之中，并导致90%的非洲领土落入欧洲列强的统治之下；与此同时，这些国家与日本和美国一道，也同样狂热地在亚洲进行领土争夺。正如当时的一位法国政治家所说："要保持一个大国的地位，或成为一个大国，你就必须开拓殖民地。"它们把这种对小国、弱国和前工业化国家的残酷进攻并把它们变成殖民地的帝国主义的争斗，看成是为本国的福利、生存和在国际上权势增长而进行的斗争，当这种争夺不能用谈判来解决时，列强就会兵戎相见。

1900年，当时最强大的德意志银行首席行长乔治·冯·西门子就曾在《民族》杂志上撰文，认为德国与英国关系紧张，两国之间太有可能进行战争，并因此要求建立强大的德国交易所为战争做准备。事实上，英法在北非的争夺是在1898年的法绍达冲突中结束的①，而日俄在亚洲的争夺则最终演化为1904—1905年的一场战争。

一战发生的另一个决定性因素，是帝国主义政治经济发展不平衡规律的作用。与自由资本主义时期相比，垄断资本主义的一个重要特点，就是各国在经济发展速度上具有较强的跳跃性，从而导致各国实力对比的变化具有较大的突变性，从而使按照旧的实力对比瓜分世界的格局很快过时，使按照新的实力对比重新瓜分世界的问题日益尖锐。

从1880—1913年各大国在世界工业品出口中所占份额的变化来看：德国在短短23年中就大大超过了法国并以接近英国的份额而占世界的第二位；从1887—1912年的对外贸易来看：德国的增长率几乎为英国的两倍。正是这种经济发展状况和经济发展潜力，使德国把英国列入"日趋衰落的国家"行列，并认为德国不仅应该拥有一个与之相称的帝国，在欧洲大陆上也能赢得无可争辩的领导地位。

一战起源的另一层面，是民族主义在西方恶性发展的结果。产生于19世纪的现代民族主义，随着法国大革命的胜利开始了从西欧向世界的传播过程。但是到19世纪末，西欧的民族主义发生了蜕变。资本主义的迅速发展，使欧美各国的国内市场相对狭小，以武力开拓国际市场成为列强竞相选择的发展道路。资产阶级利用本国人民的民族主义情感，利用本民族是"上帝独选之子民"的迷信，做狂热的民族优越论甚至种族优越论的宣传，以为本民族"谋利益"和"传播文明"的名义，对东方众多弱小与落后国家和地区进行殖民扩张和掠夺，把亚非拉的广大地区变为它们的殖民地和附属国，从而对整个世界进行瓜分，建立起帝国主义的殖民体系。

早已建立了殖民大帝国的英国和法国自不必说，后起的德国民族

---

① 1898年英、法两国为争夺非洲殖民地，在苏丹的法绍达村发生的一场战争危机。最后双方达成妥协，以尼罗河和刚果河为界，英国占领苏丹东部和尼罗河流域，法国占领苏丹西部。

主义者野心更大，他们宣称，"我们是所有民族中的精华……最有资格统治其他民族"，德国"要在旧欧洲狭窄的边界之外完成重要任务"。俄国也急欲完成"占领海峡控制君士坦丁堡这样的大斯拉夫主义的'历史任务'"。

当这些国家堂而皇之地瓜分世界其他国家的领土或肆意划分势力范围的时候，它们以世界的主宰自居，全然不考虑被侵略被瓜分国家的民族情感和民族利益。因此，随着19世纪的逝去，西方国家的民族主义已经失去了维护本民族正当权利和利益的进步性，蜕变为维护资产阶级统治集团利益的极端民族主义、民族沙文主义、殖民主义、帝国主义，并给人类带来了第一次世界大战的灾难。与此同时，尽管东欧和东南欧的各个少数民族也有着不断高涨的民族主义愿望和行动，然而它们国小力弱，内部纷争，又为大国所利用，为争自由保独立而苦苦挣扎，还无法完全主宰自己的民族命运。

欧洲列强在竞相扩张的同时，出于各自的掠夺和争霸目的，都在寻求同盟者，以壮大自己的力量并压倒对方，逐渐形成了两大对立的帝国主义军事集团：德国、奥匈帝国和意大利组成的"三国同盟"与法国、俄国、英国组成的"三国协约"。一战爆发前，国际政治舞台上发生的所有重大事件无一不是这两大集团恶性互动和冲突的体现。

二、大战如何来临

列强在建立军事同盟的同时，竞相扩军备战，刷新军事技术，发展海军军备。从1889年到1914年，德国至少四次扩充海军，英国也不甘落后，不断建造吨位和大炮口径更大的新型战列舰"无畏舰"。英德两国的海军竞赛呈现不断攀升的激烈态势，使和平日益渺茫。

伴随军备竞赛的是不断出现的政治危机与军事冲突。1905年和

1911 年法国和德国两次争夺摩洛哥所引发的危机曾使两国到达了战争边缘。俄国和奥匈帝国对巴尔干地区的明争暗斗与该地区的民族独立运动和内部争斗交织在一起，使巴尔干的形势异常复杂多变：1908 年由奥匈帝国宣布兼并波斯尼亚和黑塞哥维那造成的危机几乎酿成战争；1912 年和 1913 年的两次巴尔干战争，虽然使巴尔干各族人民摆脱了土耳其的统治，但其背后都有列强的插手并实际反映了两大军事集团的对立。这一切进一步毒化了国际关系，使欧洲越来越处于全面战争的阴影之中。

与此同时，各国都在制定战争计划。德国制定了先迅速击败法国、再转攻俄国的"施里芬计划"；奥匈帝国制定了配合德国、主要针对俄国和塞尔维亚的战争计划；俄国制定了配合法国、同时对付德国和奥匈帝国的"第 19 号计划"；法国针对德国制定了进攻性的"第 17 号计划"；英国针对德国制定了海上作战计划。这些相继出台的战争计划无不强调以短期的激烈交战一决胜负，但是战争的实际进程却没有遵循军事家们的设想。

在国际形势日益紧张的同时，世界和平运动也进入了历史上的第一个高潮。但是，在越来越狂热的民族利己主义、帝国主义、沙文主义和军国主义宣传面前，要求和平的呼声十分微弱，远不足以对现实政治产生重大影响。另一方面，两大军事集团形成以来所发生的每一次危机与冲突，都给双方留下了越来越多的猜忌与仇恨，从而使发生战争的可能性越来越大。于是，一个具体的国家间的争端，很快就导致了一场大战的爆发。

1914 年 6 月 28 日，奥匈帝国皇储弗兰茨·斐迪南夫妇在波斯尼亚首府萨拉热窝被塞尔维亚青年加弗利尔·普林斯普枪杀。这一事件立即成为两大军事集团以战争手段重新安排世界的导火索。在此后不到 40天的时间里，尽管列强之间进行了相当频繁紧张而复杂的外交活动，但是在各国的决策者当中，几乎没有人对避免战争做过系统的坚持不懈的努力。相反，双方在各自极大野心的驱使下，都企图以支持盟国来加强自己在竞争中的力量，都没有真正打算用妥协的方式解决问题，于是战争的机器迅速发动，局势很快发展成没有任何回旋的余地。随着7月28日奥匈对塞尔维亚宣战，8月1日和3日德国分别对俄、法宣战，8月4日英国对德国宣战，一个在欧洲历史上屡见不鲜的暗杀皇族的事件，终于演变成一场以德奥同盟国为一方，以英法俄协约国为另一方相互厮杀的大战。

三、大战性质与进程

大战爆发后，交战各国政府纷纷发表官方文书，甚至删改外交文件，把发动战争的责任推给对方，同时掩盖战争的帝国主义性质。奥匈帝国宣称"皇家政府为维护其权利，不得不采用武力"；俄国宣称它是因为"斯拉夫兄弟的尊严受到奥匈帝国的侮辱"并为了"保卫俄罗斯的荣誉、主权"而战；德国声称是为了"保卫祖国，反对沙皇制度，捍卫文化发展和民族发展的自由"而战；法国号召要为"保卫法兰西"和"保卫欧洲的自由"而战；英国则宣称为"履行国际义务"和维护比利时的中立而战。

但是，战争的性质是由战争的目标决定的。就第一次世界大战来说，它与以往的任何战争都不相同，因为那些战争的目标都是有限的，而一战的交战双方都把整个世界作为其争夺的自然边界。

仅以英国和德国这两个主要对手为例。德国要成为一个大殖民帝国的野心和英国对其殖民帝国不断衰落的担心之间的不可调和，最终使它们用战争解决问题。德国认为，德意志殖民帝国应当包括萨摩亚、新几内亚、马达加斯加、北婆罗洲、中国台湾，还应对中东和近东进行商业渗透，为此必须"粉碎英国的霸权，以有利于德国"。但是，如果德国得逞，国势日衰的老牌殖民帝国英国的地位将更趋低落，甚至将"下跌成一个三等国"。于是，当德国提出并着手建立一支大海军舰队的时候，为了维护英国的海上霸权，英国与德国的直接对抗就不可避免了。因此第一次世界大战是一场世界霸权争夺战，是一场帝国主义之战。

不仅如此，战争开始之后，交战双方都从自己将会夺取最后胜利的设想出发，制定了重新瓜分世界的计划。德国要建立中欧帝国和中非殖民帝国，奥匈帝国打算将大部分巴尔干地区据为己有，英法俄意等国则达成了一系列瓜分"奥斯曼帝国遗产"的秘密协定和备忘录。

在战争进程中，交战双方为了争取盟友，还签订了诸多牺牲敌国和弱国的领土和利益的秘密协定。如1915年协约国以意大利在战后将获得奥匈帝国部分领土为交换条件而使意大利参战的《伦敦密约》，同盟国以保加利亚取得奥斯曼帝国部分领土为交换条件而使保加利亚参战的《德保秘密协定》；1916年俄国同意日本占领山东和一些太平洋德属岛屿的《俄日秘密协定》，协约国以罗马尼亚占领匈牙利领土为交换条件而使罗马尼亚参战的《布加勒斯特条约》；1917年英国和日本瓜分一些太平洋德属岛屿并承认日本有权继承德国战前在中国山东特权的《英日密约》，美日协调两国在中国行动的《兰辛—石井协定》，还有1915年日本企图将中国变为其殖民地的"二十一条"要求，等等。这些密约和协定，同样证明了这场战争的帝国主义性质，而且在战争结束后战胜国围绕是否兑现这些分赃密约而展开的争斗，也决定了战后国际政治的某些重要内容。

但是，一战的发展轨迹却完全超出了各国政治家和军事家的预料。大战爆发之初，各国的文官政府考虑的是如何及时应战，以避免削弱自己，坐大对手；军方则仍然设想通过一场拿破仑式的战争或普法战争等方式的战争，即靠一两次大的战役便见分晓。然而由于时代的不同，战争的进程完全走向大国决策者的愿望和主观意志的反面：他们抱着短期取胜的侥幸心理，却形成了长期阵地战的僵局；他们本以为是单纯的军事较量，却变成了倾注全部国力的长期消耗的总体战，从而使整个社会基础受到了空前的动摇与毁坏。

大战的战火首先在欧洲大陆燃烧起来，并很快蔓延到中近东、远东和非洲等地，但战争主要在欧洲的四条战线上进行。西线：英、法、比军队与德军的对抗；东线：俄军与奥匈、德军作战；巴尔干战线：主要是塞尔维亚、门的内哥罗、罗马尼亚、希腊军队与奥匈、保加利亚军队作战；意大利战线：意军在英法支持下对抗奥匈军队。另外还有英军与土耳其军队对抗的近东战线和俄军对抗土军的高加索战线，以及海上战役和空中战斗。各个战场之间既相互联系又互相制约，其中西线和东线是主要战场，西线具有决定性作用。

在 4 年零 3 个多月的战争中，一些战役和事件具有关键性作用。

1914 年 9 月法、德在西线进行的马恩河战役，是大战中的第一次大规模战略决战，持续 8 天，双方参战人数 150 多万，以德军失败结束，标志着德军速决战的破产，德国必须面对它最不愿面对的东西两线作战的现实。此后战争转入旷日持久的阵地战。同年 8 月日本参加协约国一方对德宣战，借机出兵占领了德国在中国的租借地青岛和所谓保护领地胶州湾。

1916 年 2 月至 12 月在西线进行的凡尔登战役，是大战中规模最大时间最长的消耗战，伤亡人数 70 多万。这次战役有"绞肉机"之称，使德军士气低落。但是法英联军在 6 月的索姆河战役也没有取得预期成果。同年 5 月英、德在日德兰进行海战，德国未能打破英国的海上封锁。6 月至 9 月俄、奥军队在东线的交战中各损失约 100 万人，把奥匈帝国推到灭亡边缘，也埋下了俄国最终覆灭的种子。

1917 年 4 月美国参战，加强了协约国一方的力量，德奥集团在战略上进一步处于劣势。同年 8 月，中国政府宣布对德奥集团作战。中国的参战，主要是"以工代兵""以工代战"的形式。以中国农民为主组成的约 14 万中国劳工，为协约国西线战场提供了重要的劳动力。凡战争所需，华工几乎无处不往、无所不为，从事最艰苦最繁重的工作，有近万名华工长眠在异国的土地上。同年 10 月俄国十月革命胜利后，列宁即提出"和平法令"，向所有交战国提出休战建议，并宣布俄国退出战争。1918 年 3 月 3 日苏俄政府与德奥集团签订《布列斯特和约》，俄国正式退出战争。美国的参战和苏俄退出战争，加快了大战的结束。

1918 年德军发动多次进攻，均未获胜，同盟国迅速瓦解。同年 11 月 11 日，第一次世界大战结束。

四、大战遗产

从世界历史发展的角度来看，这场人类历史上空前的全球战争是一个历史的转折点。因为这场主要由于欧洲列强的争斗而引发的世界性战争，却从根本上动摇了欧洲的世界中心地位，实际结束了欧洲的全球霸权时代，并预示了未来世界的发展趋势。

第一次世界大战使欧洲的衰落过程完全不可逆转，最终导致欧洲世界中心地位在二战后不复存在。

1914 年秋，正当一个又一个欧洲国家卷入大战的厮杀之际，英国外交大臣格雷爵士就曾沮丧地说道："整个欧洲的灯光正在熄灭；此生不会看到它们重放光明了。"他的话的确很有道理，因为它不仅是那个时代的写照，而且其正确程度比他当时所能预见的还要大得多。

尽管从表面看来这个世界好像仍然是一个以欧洲为中心的世界：英法等战胜国是战后和平方案的主要制定者和监督执行者；它们因获得了更多的殖民地和委任统治地而使其殖民帝国再次扩大；它们由于操纵了 20 世纪第一个全球主权国家的政治组织国际联盟而加强了欧洲对世界的控制。但是在这些表象之下的形势却完全不同，因为没有一个发动战争的欧洲国家是真正的胜利者。

　　战后的欧洲对世界经济的控制力不断减弱。战争使参战各国的经济惨遭破坏，欧洲不仅失去了大量的海外投资，它的海外市场也不断萎缩，欧洲已不再像 19 世纪时那样是世界工场和世界银行家，这两方面的领导权都在向美国转移。大战还给欧洲造成了极其惨重的生命损失：直接死于战争的军人达 900 万，受伤者 2000 多万，终身残废者 350 万，而德、俄、法、奥的伤亡人数就占全部伤亡的 66.6%，战争使欧洲失去了几乎整整一代最有才华和最具创造力的青年，从而在根本上损害了它的经济发展前景。

　　战争对欧洲的政治打击同样沉重。俄国十月革命的胜利，极大地激励了各国人民，并引发了战后欧洲的革命高潮。当列宁领导的苏维埃俄国在进行了极其艰苦卓绝的斗争之后巩固了社会主义政权的时候，欧洲便不再是资本主义的一统天下，而是在地缘政治和意识形态方面被一分为二了。

　　战争给欧洲造成的心理和精神创伤也极其巨大，它使欧洲人第一次深深怀疑西方文明的基本走向，并引发了世界历史上几乎是无与伦比的精神危机。在学术文化领域，发动了对欧洲中心论的猛烈批判。另一方面，第一次世界大战的极端残酷性，也促进了欧美反战与和平运动的发展，并深刻影响了两次大战之间的国际关系。

　　与欧洲世界霸权地位的衰落同步发展的是民族自决权理念的广泛传播，使欧洲所代表的殖民主义连遭冲击。在欧洲内部，俄罗斯帝国、德意志帝国、奥匈帝国，奥斯曼帝国均被消灭，在它们的地域上代之而起的是人类历史上第一个社会主义国家苏俄 / 苏联，以及芬兰、爱沙尼亚、拉脱维亚、立陶宛、德意志、奥地利、波兰（复国）、匈牙利、捷克斯洛伐克、南斯拉夫等资产阶级共和国。在欧洲外部，当宗主国将其殖民地的人民投入战争的时候，"民族自决"原则便跨出欧洲而成为殖民地世界的流行术语和政治口号。殖民地人民高举"民族自决"的旗帜掀起了战后第一次民族解放运动的浪潮，导致扩大到极限的欧洲殖民体系开始了不可逆转的解体过程。

与欧洲的逐渐衰落形成鲜明对照的是美国与苏联的不断崛起。

美国作为一个"参战国"而不是作为一个协约国的成员，在战争的关键时刻站在协约国一边作战，不仅使这场战争进入了真正的全球阶段，而且完全改变了交战双方的力量对比，在保证协约国集团取得最后胜利方面起到了无可替代的作用。这更使美国的地位大大提高。战后的美国，挟其世界第一经济强国的优势和政治上的威望，走出美洲，参与国际事务，不仅要与欧洲分享战后世界秩序规划者的角色，而且要领导世界，威尔逊总统提出的《世界和平纲领》，即"十四点"原则①，就是美国企图领导世界的第一次重要表示。与此同时，在欧洲另一侧的俄国，则通过十月革命的胜利使马克思恩格斯创立的科学社会主义学说变成了活生生的现实，使一个崭新的社会主义制度登上了历史舞台。于是，当一些欧洲人期待着威尔逊的指导时，生活在世界东方的一些民族则以马列主义为武器，以十月革命为榜样，以建立社会主义制度为目标，进行着自己的革命斗争。

美国与苏联这两个几乎同时崛起但又主张不同制度的力量不断发展，不断将追随它们的力量集合在它们各自的旗帜之下，使19世纪争雄世界的欧洲列强相形见绌，使以美、苏为两大力量中心的两极格局初露端倪，尽管它在当时还很不清晰。

除此之外，第一次世界大战导致的最重要的后果之一，是战胜国为重新瓜分世界、维护战胜国利益和维持战后和平而对世界做出的安排，即凡尔赛—华盛顿体系。但是，这一和平安排并没有带来永久的和平与安宁。仅仅20年之后，更大规模的战争就再度来临。致使和平如此短暂的重要原因之一，是凡尔赛—华盛顿体系存在的各种矛盾与

① "十四点"的主要内容有：战后的世界应该是一个开放的世界；实行民族自决和门户开放政策；消除苏俄影响；成立国际联盟等。

弊端。

首先，关于战争的罪责问题，它激起了整个德意志民族的强烈复仇心理。一战是两大帝国主义集团共同挑起的，但是战胜国却根据强权政治原则，明确规定德国及其盟国应当承担发动战争的责任，这自然就给它们堂而皇之地掠夺战败国提供了法律依据。根据这一条款，战胜国对战败国签订的一系列条约极为苛刻，其掠夺性骇人听闻。因此，战败国认为，以《凡尔赛条约》为代表的和平解决方案是一个"强制的和平"，这个"从德国勒索而来的签字画押在道义上对德国没有约束力"。不仅如此，它还在战败国中产生了深远的心理影响。德国虽然被迫接受了《凡尔赛条约》，但从未承认过自己的失败，并对该条约充满仇恨。巴黎和会刚刚结束，德国的复仇主义者就喊出了"打倒凡尔赛条约"的口号。与此同时，新生的魏玛共和国也由于被迫接受了《凡尔赛条约》而成为被仇恨的对象，从而造成了共和国的脆弱。人们怀念帝国，希望出现一个强有力的铁腕人物"重振国威"。正是在整个德国社会各阶层中不断蔓延的极端民族主义和持续高涨的复仇主义，形成了纳粹党发展的土壤，并成为 30 年代希特勒得以上台执政的重要原因之一。

其次，凡尔赛体系的领土安排，它在引发新的民族矛盾的同时，却实际加强了德国的地缘政治的潜在战略优势。战胜国一再标榜以民族自决原则处理领土问题，并为此而几乎改变了欧洲的每一条疆界。但它们主要是根据掠夺战败国和自己的需要，包括满足战时签订的各项密约来实行这一原则的。因此尽管一部分欧洲国家的领土基本上在民族的基础上重新加以划定，可是在捷克斯洛伐克、奥地利、波兰、匈牙利、南斯拉夫等国都产生了诸多的民族矛盾，从而造成了中欧的巴尔干化。这种情况，显然将成为东山再起的德国为打破凡尔赛体系而挑起新的国际争端的温床。实际上纳粹德国正是倚仗自己的这一优势，利用民族问题和领土问题，不断挑起事端，使新的大战步步迫近。

第三，美国退出欧洲政治并拒绝参加国际联盟。美国作为 20 世纪迅速崛起的重要大国，在建立凡尔赛体系的过程中发挥了重要作用，但是它问鼎世界领导权的努力却受到了极大挫折，从此美国置身于凡尔赛体系之外，对欧洲实行了在政治上不承担义务，但力图谋求经济利益的所谓孤立主义的外交政策。在30年代法西斯的挑战已对和平形成现实威胁的情况下，美国的孤立主义，是世界反法西斯统一战线未能及时建立的重要原因之一。

第四，该体系对苏联的根本排斥与敌对。苏俄作为一战后崛起的横跨欧亚大陆的社会主义国家，是影响凡尔赛体系建立的重要因素。帝国主义列强最初以消灭苏俄为目的，继而以孤立苏俄为目标，从一开始就把凡尔赛体系变成了反苏反共的工具。这种敌视苏联、防止共产主义意识形态扩大影响的根本宗旨，在以后20年中并未改变，从而使西方民主国家在30年代法西斯的侵略扩张日益猖獗之时，失去了在东方钳制德国的这一最为重要的国际力量，不仅影响了反法西斯国际统一战线的及时建立，而且成为第二次世界大战爆发前苏、德接近的重要原因之一，结果对二战的进程产生了极为不利的影响。英国前首相温斯顿·丘吉尔曾尖锐地把凡尔赛体系称为"胜利者所做的蠢事"，此话颇有见地。

第五，该体系实际加强了日本在远东的潜在军事战略优势。英美在战舰基地方面对日本的让步潜伏着相当大的危险，它使前者丧失了在靠近日本水域拥有有效作战基地的可能性，使日本海军在新加坡以北的水域实际占有绝对优势。一旦发生战争，香港和菲律宾就会成为日本的囊中之物，这是日本在战略上的胜利，并为后来的战争所验证。

正是凡尔赛—华盛顿体系与生俱来的上述弊端，使一些严肃的历史学家和政治家认为，该体系是产生第二次世界大战的温床，"第二次世界大战就是从第一次世界大战的种种胜利成果中生长出来的"。

五、大战与中国

自鸦片战争以后，古老的中国就被逐渐纳入到资本主义的世界殖民体系当中，饱受民族屈辱和苦难。列强围绕瓜分中国的争斗和中国人民的抗争，也成为亚太地区国际关系的主要内容。

第一次世界大战给日本在中国的进一步扩张带来了机会。日本借列强忙于欧战无暇东顾的"天赐良机"，几乎独占了中国东北的市场，并以"英日同盟"为由很快对德国宣战，迅速占领了德国在中国山东的租借地青岛和所谓的保护领地胶州湾并拒绝交还中国，随后又以自己已经陈兵山东的有利时机，于1915年向袁世凯政府提出了严重损害中国主权的"二十一条"要求。

但是，这场大战也造成了中国社会的几个重要变化：民族资本主义获得发展；新文化运动广泛开展，人们的思想得到启蒙，民族主义得以在中国快速传播；自民国以来一批接受过西方教育的职业外交家开始走上外交舞台。正是在这样的大背景下，中国通过"以工代战"的方式加入协约国一方作战，不仅使中国能够第一次以一个战胜国的身份参加相继在巴黎和华盛顿召开的建立战后国际秩序的大型国际会议，也使中国开始成为构建战后新的亚太地区国际格局与国际秩序的一个不容忽视的力量。

巴黎和会是中国新外交的第一个舞台。中国的第一代职业外交家开始以国际法为武器，为恢复国家的主权与列强斗争，并在收回山东主权未果的情况下冲破"始争终让"的惯例，坚决拒签《凡尔赛和约》。这是中国外交的第一次大进步，华盛顿会议是中国新外交的第二个舞台。中国不仅收回了山东的主权，而且在涉及列强对华政策方面，将尊重中国主权、独立及领土与行政完整的原则写进九国公约，成为以后中国反对日本侵略、争取国际援助的国际法基础。从此以后，中国继续在废除不平等条约、争取民族完全独立的道路上前进，崛起之势不可阻挡。作为第二次世界大战有机组成部分的中国抗日战争，彰显了中华民族在战胜日本法西斯战争中发挥的巨大作用。以1943年开罗会议为标志，包括钓鱼岛在内的中国领土主权得到恢复和国际保证，中国也成长为一个政治大国，积极参与了战后东亚乃至世界格局和秩序的重构。作为联合国安理会常任理事国之一，中国在国际事务中发挥积极作用得到了长远的保障。新中国成立后，中国逐步摆脱贫弱状态，其世界大国地位真正得以确立，并成为维护战后国际秩序的重要力量。

综上所述，第一次世界大战不仅是世界历史的转折点，也是20世纪中国崛起的转折点。今天，在亚太地区共同发挥重要作用的中、美、日三国，应该成为推动亚太地区和平与发展、合作与共赢的正能量。

（二）第二次世界大战与中国抗日战争研究

试论第二次世界大战的起源*

——谨以此文纪念齐世荣先生逝世一周年

第二次世界大战的起源问题，一直是学术界研究的重要问题，也是齐世荣先生毕生研究的主要问题之一。德意日法西斯国家是发动第二次世界大战的罪魁祸首、英法美等西方民主国家对法西斯的侵略扩张所采取的绥靖政策，是促成二战爆发的重要因素。这些结论已经成为学术界的共识。但是，在继续追问前者为什么发动侵略战争，后者为什么实行绥靖政策等方面，仍然可以做一些较为深入的研究。本文拟对法西斯主义和法西斯运动做一简要说明，并从帝国主义的时代背景、极端民族主义的煽动、第一次世界大战的影响等方面，对上述问题作一些探讨，以求教于方家；并以此文纪念齐世荣先生逝世一周年。

一、法西斯主义与法西斯运动

"法西斯"一词来源与拉丁文"Fasces"，原意是中间插着一把战斧的一束棍棒，是古罗马帝国高级长官的一种权力标志，在他们出巡时其

---

* 本文原刊于《首都师范大学学报》2016 年第 6 期。

扈从每人肩负一束,寓意人民必须服从至高无上的国家权威,否则立即绳以斧钺。今天,"法西斯"是一个令人憎恶的字眼,它是独裁、暴政、恶行和侵略战争的代名词。实际上,在第一次世界大战爆发以前,世界上的任何地方都不曾存在法西斯主义。毫无疑问,正是由于大战带来的社会大动乱及其造成的破坏和引发的危机,在一些国家中出现的激烈的极端民族主义情绪和对"红色"革命的深深恐惧,以及"凡尔赛—华盛顿体系"的安排所激起的新的不满与冲突,才产生了称之为法西斯主义的运动。在世界范围内,这一运动几乎同时产生于意大利、日本和德国,最终在这些国家成了气候,先后掌握了国家政权,并给这个世界带来了另一场战争大灾难。

在国际范围内,法西斯运动有两次高潮。

第一次高潮发生在第一次世界大战后的 1919—1923 年,这是法西斯运动的"滋生期"。其主要表现是:1919 年 3 月,本尼托·墨索里尼在意大利的米兰成立的"战斗的意大利法西斯",是世界上第一个法西斯主义政党。该政党在墨索里尼的领导下,于 1922 年 10 月在意大利建立了世界上第一个法西斯政权。1919 年 8 月,日本出现第一个民间法西斯社团"犹存社"。1921 年 10 月 27 日,在德国留学的三个军人永田铁山、冈村宁次、小畑敏四郎在莱茵河畔的巴登巴登温泉订立密约,约定回国后将致力于"消除派阀、刷新人事、改革军制、建立总动员态势",第二天东条英机加入。"巴登巴登密约"是为日本军部法西斯运动的开始。1920 年 2 月,希特勒宣布把德意志工人党改名为"民族社会主义德意志工人党",是为德国法西斯运动的开始。1923 年希特勒发动"啤酒馆暴动",但很快失败。

第二次高潮发生在 1929—1936 年,这是世界经济大危机时期,也是法西斯主义及法西斯运动的"泛滥期"。其主要表现是:在纳粹德国,纳粹党员从 1928 年的 10 万人,发展到 1932 年 3 月的 100 万人。在国会选举中,纳粹党的选票从 1928 年的 81 万张,增加到 1932 年的 1374.5 万张，1933 年 1 月，纳粹党领袖希特勒上台执政。在日本，1931 年 9 月 18 日，日本发动了侵略中国东北的"九一八事变"，燃起了 20 世纪 30 年代的第一场战火，开启了第二次世界大战的序幕。中国开始在共产党领导下进行局部抗战。1936 年 5 月，以广田弘毅内阁恢复陆海军大臣现役武官专任制为标志，日本法西斯政权初步确立。1937 年 7 月 7 日，日本法西斯发动了全面侵华战争，成为第二次世界大战在亚洲开始的标志。中国的全国抗战开辟了第二次世界大战的东方主战场。① 意大利则于 1935 年 10 月发动了侵略埃塞俄比亚（当时称阿比西尼亚）的战争，在世界上燃起了另一场战火，并于 1936 年 5 月完成了对埃塞俄比亚的占领。

法西斯主义和法西斯运动作为 20 世纪的一种特殊的历史现象，从一开始就引起了学术界的重视。但是，它又是一个颇具争议的话题，对它的概括极为困难。

改革开放以前，中国学界一直以共产国际领导人、保加利亚共产党人季米特洛夫在 1935 年 8 月共产国际第七次代表大会上所讲的话作为对法西斯主义的定义："无论法西斯戴的是哪些假面具，无论它是以哪些形式出现，无论它用哪些方法获得政权——法西斯是资本家对劳动人民大众的最猖獗的进攻；法西斯是肆无忌惮的沙文主义和侵略战争；法西斯是疯狂的反动和反革命；法西斯是工人阶级和全体劳动人民最恶毒的敌人"；"执政的法西斯是金融资本的极端反动、极端沙文主义、极端帝国主义分子的公开恐怖独裁。"② 这两段话，抓住了法西斯主义的反

① 改革开放以来，中国学术界对第二次世界大战的研究不断深入，出现了许多新的研究成果。其中一个重要的看法，就是不再将 1939 年 9 月 1 日德国入侵波兰视为第二次世界大战的开端，而是认为第二次世界大战是一个从局部战争不断发展为世界大战的过程：1931 年的"九一八事变"，揭开了二战的序幕；1937 年的"七七事变"，是二战在亚洲的开始；1939 年 9 月德国入侵波兰，是二战在欧洲的开始；1941 年 6 月 22 日德国入侵苏联，是二战在欧洲的扩大；1941 年 12 月 7 日日本偷袭珍珠港，使二战发展到真正的全球阶段。
② 《季米特洛夫选集》，高宗禹等译，人民出版社 1953 年版，第 47、46 页。

动本质，指明了当时世界人民面临的危险和威胁，为全世界共产党人和人民大众指出了国际斗争的主要打击方向，成为建立广泛的反法西斯统一战线的理论指导，是当时国际共产主义运动中的一次重大的战略转变。

改革开放后，中国学者对法西斯主义进行了系统研究，做出了两点重要贡献。

第一，对法西斯主义做出了自己的定义：

"法西斯主义是在帝国主义陷入全面危机期间，主要在一些封建主义和军国主义传统影响浓厚的帝国主义国家出现的，以克服危机、对抗革命、实行扩张为目标的反动社会思潮的政治运动和政权形式。执政的法西斯主义的基本特征是：第一，它是崛起于社会中下层的右翼狂热运动，同原有统治阶级权势集团结成政治联盟所建立的反动政权，代表以垄断资产阶级为主体的新老统治集团的利益。第二，它是以极端民族主义为政纲核心，以侵略扩张，发动战争，争霸世界为其一切重大政策根本出发点的最野蛮凶残的帝国主义国家政权。第三，它是以极权制取代民主制的反共、反社会主义、反民主主义的恐怖独裁统治，是资产阶级专政的极端形式。"① 这个定义，指出了法西斯运动的阶级实质，揭示出法西斯政权的帝国主义侵略本性。另一方面，学者深入到德、意、日法西斯国家内部，通过对德国的纳粹体制、意大利的极权体制、日本的"国防国家体制"的全面确立过程和运行机制的详细探讨，揭示了德、意、日法西斯国家体制的特点，以及其发动第二次世界大战的政策与行动。②

第二，对 20 世纪 30—40 年代中期的日本是不是法西斯国家，做出了判断。中国学者认为：日本既是军国主义国家，也是法西斯国家，

---

① 朱庭光主编：《法西斯新论》，重庆出版社 1991 年版，序论第 10 页。

② 朱庭光主编：《法西斯体制研究》，上海人民出版社 1995 年版；陈祥超在《墨索里尼与意大利法西斯》（中国华侨出版社 2004 年版）一书中，专门对意大利法西斯做了论述。

尽管日本的法西斯与德国、意大利有着不同的表现形态。纵观日本国家的法西斯化过程，其主要特点是通过近代天皇制，自上而下地逐步实现国家的法西斯化。在日本，军部是法西斯化的核心力量，在很大程度上军部起到德、意法西斯政党的作用；在军部自身法西斯化之后，作为一个法西斯主义的政治军事集团，军部与宫廷、官僚、财阀等其他权势集团相结合，依靠发动战争等外部事件的刺激，取得对国家政权的支配地位，逐步推进近代天皇制向法西斯体制演变。也就是说，日本经历了先外后内（即先发动对外侵略战争），上下结合（即利用下层激进法西斯运动暴力事件的压力，并借助天皇制意识形态），自上而下实现法西斯化。它不是完全否定天皇制体制，而是以渐进方式，逐步将从属于君主立宪范畴的近代天皇制转向天皇制法西斯体制，保留了较多的传统形式和特征，但其国家政权的实质已经法西斯化，是另一种极权主义。[1]

历史已经证明，正是法西斯政权的帝国主义的对外侵略和无限扩张的本质，导致德国、日本、意大利等法西斯国家发动了第二次世界大战。

二、帝国主义是法西斯国家发动二战的深厚根源

100年前，即1916年6月，正当两大帝国主义集团在欧洲进行大规模战争的时候，列宁完成了《帝国主义是资本主义的最高阶段》（简

----

[1] 参见朱庭光主编《法西斯新论》，第7、第8章；武寅《近代日本政治体制研究》，中国社会科学出版社1997年版，第5章。对于20世纪30年代至40年代中期的日本是不是法西斯国家的问题，国际学术界一直争论很大。一些学者承认当年的日本是军国主义国家，但不是法西斯国家。对于这种现象，究其学术上的原因，一方面在于对"法西斯主义"这一特定概念的不同理解，另一方面也是由于日本法西斯主义和法西斯体制与德、意法西斯有着不同的特点（如前者没有后者所具有的政党和领袖以及群众运动等形式），因此在历史上比较方法上出现了错误的结果。

称《帝国主义论》）一书。该书于 1917 年 9 月出版。在这本书中，列宁基于马克思主义历史唯物主义的基本原理，指出人类进入 20 世纪时，世界发展到帝国主义阶段。他高度概括了帝国主义时代的主要特征：各资本主义大国发展到垄断阶段，各国在垄断基础上的竞争以及政治经济发展的极不平衡，社会生产和资本的规模越出民族国家的狭隘范围，整个世界经济融为一个经济机体而整个世界又被瓜分完毕，几个最富有的大国对全世界的统治、控制与争夺等等。正是这些发展特点，为资本主义大国争霸提供了前所未有的动力和内容。它们不仅要争夺市场和原料产地，还要独占这些地区。第一次世界大战的爆发，已经证明了列宁论断的准确。

今天，当我们从帝国主义的视角来认识第二次世界大战的起源问题时，就会看到，对第二次世界大战的发动者——帝国主义国家的极端形式法西斯国家来说，这种争霸世界的帝国主义目的更为明显。墨索里尼所建立的世界上第一个法西斯政权奉行帝国扩张与战争政策，他曾在官方的《意大利百科全书》中关于《法西斯主义》词条中写道："法西斯主义认为获得最高统治权的趋向……是生命力的表现。"[1] 希特勒从其种族主义而生出的"生存空间论"，具有潜在的无限扩张性。这种要使空间去适应日益增长的人口的理论的唯一可能性，就是不断进行扩张直到最后占领整个地球，而这就意味着不断的对外战争。希特勒曾认为，只有"当一国（种族上最优秀的那一国）取得了完全而无可争辩的霸权时"，世界和平才会到来。[2] 日本法西斯同样如此。曾三次任日本首相、发动侵华战争的近卫文麿，早在 1918 年 12 月就发表文章，肯定德国发

---

[1] 斯塔夫里阿诺斯：《全球通史，1500 年以后的世界》，吴象婴等译，上海社会科学院出版社 1992 年版，第 669 页。

[2] 格哈特·温伯格：《希特勒德国的对外政策》上编：《欧洲的外交革命 1933—1936 年》，何江译，商务印书馆 1992 年版，第 11 页。本书的第一章有对希特勒的种族论和空间论十分清楚的说明。

动第一次世界大战是正当要求，并宣称日本为了自己的生存也应该像德国一样要求打破现状，并且"从我们自己的前途出发建立新的国际和平秩序"①。1931年，时任"满铁"副总裁的众议员松冈洋右煽动性地提出满蒙是日本的"生命线"的口号，②而制造"九一八事变"的关键人物、关东军高级参谋板垣征四郎则叫嚣："切实拥有支那以增强国力，真正掌握东洋和平之关键，就能完成未来争霸世界的战争准备。"③

可以看出，墨索里尼对"最高统治权"的追求，希特勒以无限"生存空间"为依托的扩张野心，以及日本要征服亚洲最终争霸世界的目标，都是要用战争的手段与一战的获利者英、法、美等国进行全球争夺。它们的战争目的仍然是帝国主义性质的。因此，垄断是世界大战最深厚的根源这一列宁的论断，对发动二战的法西斯国家来说，也是正确而准确的。

另一方面，帝国主义政治经济发展不平衡的规律，也是法西斯国家敢于向英法美等国挑战的原因之一。已有的统计数字表明，20世纪20年代中期以后，随着欧洲政局动荡和经济混乱的结束，以及外国首先是美国资本和技术源源不断地流向德国，德国的经济获得迅速恢复与发展，到1928年，德国的工业生产已经仅次于美国而占到世界工业总产量的12%，超过英国和法国而位居世界第二。④ 如果从1929—1938年各大国在世界制造业中所占份额的变化情况来看，他们之间力量的消长情况更为明显：美国从43.3%下降到28.7%；苏联从5.0%上升

---

① 参见矢部贞治《近卫文麿》，（东京）读卖新闻社1976年版，第84—86页；Akira Iriye, *The Origins of the Second World War in Asia and the Pacific*, London：Longman Inc., 1987, pp.38-39.

② 松冈洋右：《動し満蒙》，（东京）先進社1931年版，第112页。

③ 日本国际政治学会太平洋战争原因研究部编：《通向太平洋戦争への道》别卷·资料编，（东京）朝日新闻社1963年版，第102页。

④ 张炳杰、黄宜选译：《世界史资料丛刊·现代史部分·1919—1939年的德国》，商务印书馆1997年版，第40页。

到 17.6%；德国从 11.1% 上升到 13.2%；英国从 9.4% 下降到 9.2%；法国从 6.6% 下降到 4.5%；日本从 2.5% 上升到 3.8%；意大利从 3.3% 下降到 2.9%，德国已经接近英法两国之和。[①] 正是由于德、日等法西斯国家的经济迅速增长，它们的政治野心也急剧膨胀。

三、极端民族主义是法西斯国家发动二战的内在动力

法西斯国家发动二战的另一个重要因素，是民族主义恶性发展到极端民族主义的结果。

民族主义是近代以来民族在其生存与发展过程中产生的，基于对本民族历史和文化的强烈认同、归属、忠诚的情感与意识之上的，旨在维护本民族权益、实现本民族和民族国家的发展要求的意识形态和实践运动。[②] 民族主义作为意识形态，至少有以下三种功能：（1）加强对本民族起源和民族家园的认同；（2）表达民族的集体身份并以此为基础证明国家政权的合法性；（3）提供维系和丰富本民族的价值观体系。民族主义作为社会实践运动，可能有三种不同的取向：（1）创立民族国家；（2）维护和提高民族国家的声望；（3）对外扩张。[③] 但第三种取向是一种非理性的蜕变的民族主义行动。

法国大革命的胜利，推动了民族主义从西欧向世界的传播过程。但是随着 19 世纪的逝去，西方国家的民族主义在性质上发生了根本变化，逐渐失去了维护本民族正当权利和利益的进步性，而是向恶性发

---

① 根据［美］保罗·肯尼迪《大国的兴衰——1500—2000 年的经济变迁与军事冲突》，王保存等译，东方出版社 1988 年版，第 405 页表 30。

② C. T. Onions ed., *The Oxford Dictionary of English Etymology*，Oxford：Oxford University Press，1966，reprint 1996，about-ism.

③ M. Reijai, *Political Ideology：A Comparative Approach*，New York：Westport，1991，p.25.

展，蜕变为维护资产阶级统治集团利益的极端民族主义、民族沙文主义、殖民主义、帝国主义，并给人类带来了第一次世界大战的灾难，从而把民族主义作为社会实践运动的第三个取向——侵略扩张，发展到了极致。

第一次世界大战之后，这种蜕变的民族主义在意大利、德国和日本进一步发展。意大利的国家法西斯党的纲领具有突出的极端民族主义倾向，宣称"法西斯主义为民族而奋斗，它的目标是实现意大利人民的荣耀"①，这种荣耀的具体表现就是要重振古罗马帝国的霸业，强调意大利"要实现自己历史上的完全统一"，"行使地中海与拉丁文明之堡垒的职能"，"重视地中海和海外的意大利殖民地"。② 德国纳粹党的极端民族主义则深深植根于种族主义，宣扬雅利安种族是对人类进步做出显著贡献的唯一民族，理应统治世界，而把犹太人和斯拉夫人都视为劣等民族。希特勒在《我的奋斗》中不仅要求建立把所有雅利安人的后代德意志种族和说德语的民族都包括在内的大德意志国家③，而且要首先向东方发展，"建立在劣等民族的奴隶劳动基础之上的统治民族的帝国"④。日本的极端民族主义表现为宣扬大和民族优越论，宣扬日本的国体"万世一系"，"万国无比"，并把这种宣传引入对外事务，宣扬"国兼六合，八纮一宇"，以此煽动对外侵略战争。

因此，第一次世界大战后，这种蜕变的极端民族主义进一步与法

---

① 萨尔沃·马斯泰罗尼：《欧洲政治思想史——从十五世纪到二十世纪》，黄华光译，社会科学文献出版社 1998 年版，第 506 页。

② 朱庭光主编：《法西斯新论》，第 87 页。

③ 以纳粹党的标志为例，希特勒采用长期以来在一些民族主义团体中被用作雅利安德意志精神象征而闻名的带钩十字"卐"（Hankenkreuz）作为纳粹党的标志，并亲自设计了红底白圆心、中间嵌上一个硕大黑色"卐"字的纳粹党旗，以吸引民众。据说"卐"字是古代居住在苏台德地区的德意志人的图腾崇拜，意为太阳。

④ 艾伦·布洛克：《大独裁者希特勒》上册，朱立人等译，北京出版社 1986 年版，第 315 页。

西斯主义、极权主义、军国主义、帝国主义相结合，形成了意大利法西斯极权主义、德国纳粹主义和日本法西斯主义和军国主义国家体制；并最终驱使他们发动了再一次使生灵涂炭的第二次世界大战，去实现希特勒的建立拥有无限"生存空间"的第三个千年德意志帝国、墨索里尼的恢复古罗马帝国以及日本法西斯的建立"大东亚共荣圈"的迷梦。

四、两次世界大战之间的有机联系

一些严肃的历史学家和政治家认为，第二次世界大战是第一次世界大战的继续，"第二次世界大战就是从第一次世界大战的种种胜利成果中生长出来的，是从运用这些胜利成果的方式中生长出来的"[1]；"正是第一次大战，使得欧洲社会不可能在旧基础上重建。这次战争'为未来洗好了牌'；它造成一种人们无法维持国内国际稳定的局面，从而下一次大战终于不可避免。"[2] 在关于第二次世界大战起源的研究上，这些看法颇具启发性。因为第二次世界大战与第一次世界大战在因果关系上的继承性，正是二战在起源上的重要特点之一。

关于两次世界大战之间的因果关系，主要可以概括出以下两点。

（一）法西斯国家的建立与第一次世界大战的结果直接相关

第二次世界大战的一个重要根源，即在于第一次世界大战后战胜国对世界做出的和平安排之中。具体而言，"第二次世界大战的种子深植于1919—1920年签订的凡尔赛、圣日尔曼和特里亚农条约的条款之

---

① A. J. P. 泰勒：《第二次世界大战的起源》，潘人杰等译，华东师范大学出版社1991年版，第15页。

② H. 斯图尔特·休斯：《欧洲现代史 1914—1980 年》，陈绍衡等译，商务印书馆1984年版，第49页。

中"①。可以说，凡尔赛体系是产生第二次世界大战的温床。大量的资料和不断做出的研究成果已经表明，第一次世界大战是两大帝国主义集团共同发动的，战争的罪责应当由双方承担。在一战期间上台执政的英国首相劳合－乔治承认，当年"所有的欧洲国家都滑过沸腾的大锅的边缘而掉进了1914年的战争之中"②。然而战胜国却根据强权政治的原则，在《凡尔赛条约》第231条中明确规定德国及其盟国应当承担战争责任，这就给战胜国堂而皇之地掠夺战败国提供了法律依据。但是它至少造成了两个极其严重的后果。

其一是关于战争的罪责问题，它激起了整个德意志民族的强烈复仇心理。第一次世界大战是两大帝国主义集团共同挑起的，如果说到战争的罪责，那么双方都难逃干系。但是战胜国却根据帝国主义强权政治原则，以维护战胜国的利益为根本宗旨，在《凡尔赛条约》第231条中明确规定德国及其盟国应当承担发动战争的责任，这自然就给它们堂而皇之地掠夺战败国提供了法律依据。根据这一条款，战胜国对战败国签订的一系列条约极为苛刻，不仅包括政治、军事、领土方面的严惩措施，而且以赔款为代表的经济上的掠夺更是骇人听闻。因此，以《凡尔赛条约》为代表的和平解决方案，对战败国来说是一个"强制的和平"，而且"其强制的成分比近代以来的任何早于它的和平条约的强制成分都更为明显"，因此这个"从德国勒索而来的签字画押在道义上对德国没有约束力"，不仅如此，它还在战败国中产生了深远的心理影响。③德国虽然被迫接受了《凡尔赛条约》，但从未承认过自己的失败，并对该条约充满仇恨。巴黎和会刚刚结束，德国的复仇主义者就喊出了"打倒凡尔赛条约"的口号。与此同时，新生的魏玛共和国也由于被迫接受了

---

① Richard Lamb, *The Drift to War 1922—1939*, London: W. H. Allen & Co. Plc, 1989, p.3.

② David Llord George, *War Memoirs*, Vol.1, London: Ivor Nicholson & Watson, 1933, p.52.

③ E. H. Carr, *International Relations between the Two World Wars 1919—1939*, Hong Kong: MacMillan Press LTD, p.5.

《凡尔赛条约》而成为被仇恨的对象，从而造成了共和国的脆弱。人们怀念帝国，希望出现一个强有力的铁腕人物"重振国威"。正如瑞士历史学家埃里希·艾克所说："公众对'强加'的和约的愤激情绪转向军国主义轨道，从长远来看是最危险的。它不仅威胁世界安宁，也威胁德意志共和国的生存。"① 实际上，正是在整个德国社会各阶层中不断蔓延的极端民族主义和持续高涨的复仇主义，形成了纳粹党发展的土壤，并成为30年代希特勒得以上台执政的重要原因之一。

其二，一战结束前成立的魏玛共和国本来是德国历史的进步，但无论是德国的右派还是左派，都对这个共和国十分反感。右派认为它是在对帝国的革命中诞生的，左派则认为它是镇压了11月革命的结果。魏玛共和国成立后的第一件大事就是签订《凡尔赛条约》，左派谴责它是帝国主义的和约，右派则站在德帝国主义复仇的立场上，认为谁签订和约，谁就是民族的罪人。然而战胜国只要求这个共和国承担战争罪责，裁减军备，割地赔款，并对其进行经济制裁，而对于加速德国的民主化进程却置若罔闻，使本来就先天不足的共和国更失人心。在这种情况下，人们怀念帝国，希望有一个强有力的铁腕人物"重振国威"。这种社会状态，同样是纳粹党和希特勒上台的合适土壤。

另外，对于现状深感不满的国家，并不只限于战败国。日本和意大利虽然算是胜利的一方，心中也总是因为分赃不均而耿耿于怀。意大利为盟国未能全部兑现战时签订的伦敦密约中所许诺给它的战利品而十分不快，日本则由于华盛顿体系对它在远东扩张野心的一定限制而始终不悦，因此一战后的和平十分短暂。特别是当30年代法西斯国家的侵略扩张日益猖獗之时，西方国家仍然坚持巴黎和会所定下的敌视苏联的基调，致使世界反法西斯统一战线未能在二战前建立，并因此对二战的

---

① ［瑞士］埃里希·艾克：《魏玛共和国史》上卷，高年生等译，商务印书馆1994年版，第124页。

进程产生了极为不利的影响。丘吉尔曾尖锐地把凡尔赛体系称为"胜利者所做的蠢事",此话颇有见地。[①]

（二）绥靖政策的形成与第一次世界大战直接相关

20世纪30年代以英国为首的西方民主国家所实行的绥靖政策，与第一次世界大战直接相关，并成为促成第二次大战爆发的一个重要因素。学术界在研究法西斯主义的同时，也开展了对英法等国绥靖政策（也包括美国中立法）的研究。在大量研究的基础上，学界对"什么是绥靖政策"这一命题取得了基本一致的看法，并接受了齐世荣先生对绥靖政策给出的定义：绥靖政策是衰落的英、法帝国主义，面临德、意、日法西斯国家的挑战，为了保存自己的既得利益，采取了一种以牺牲其他国家利益为手段换取与对手妥协的政策。[②]

实际上，绥靖政策作为20世纪30年代指导英国和法国的基本外交政策，产生的原因十分复杂，且英、法也有差异；美国的政策表现和形成原因与英法也不尽相同。

对英国来说，第一次世界大战的极端残酷性所引起的战后和平主义的盛行，[③]在地缘政治和意识形态的双重意义上阻止"布尔什维主义的蔓延"，在保住既得利益的前提下修正《凡尔赛条约》以平复德国的不满，从而通过英德协调形成英德法意四大国主宰欧洲的局面并恢复欧洲的均势，世界经济萧条和各国以邻为壑的经济政策所造成的英国经济

---

① 温斯顿·丘吉尔：《第二次世界大战回忆录》第一卷上部第一分册，吴万沈译，商务印书馆1974年版，第一章。

② 齐世荣主编：《绥靖政策研究》，首都师范大学出版社1998年版，第1页。20世纪70—80年代，齐世荣先生连续发表6篇重要的有关绥靖政策的研究论文，成为国内这一领域的研究先行者，为这一问题的研究奠定了坚实基础。这些论文均收入《绥靖政策研究》一书中。

③ 有关和平运动的具体情况，参见徐蓝《第一次世界大战与欧美和平运动的发展》，《世界历史》2014年第1期，第4—19页。

的虚弱以及当权者无视国际形势的日益恶化而一味削减国防开支，还有
不可忽视的英国所面临的全球战略困境，都是绥靖政策在英国形成的重
要因素。①

对法国来说，世界性萧条对其经济所产生的恶性影响，政坛斗争
的异常激烈而使国家的政治无稳定可言，右翼对左翼的强烈的意识形态
敌意而导致亲纳粹势力的发展，消极防御战略以及对英国的一味依赖所
造成的战略瘫痪，则是法国之所以选择绥靖政策的重要原因。②

对美国来说，对第一次世界大战后和平安排——凡尔赛体系的强
烈不满而导致的普遍的孤立主义情绪，战后国内的和平主义与反战运

---

① 这里所说的英国的全球战略困境，主要指两个方面：其一是英国受到其自治领和殖民地
的有力牵制，前者拒绝为任何欧洲的问题而冒战争的风险，后者则以其方兴未艾的民族
独立运动而分散了英国的精力并使之难以招架；其二是英国在东西方同时面对德、意、
日三个敌人，形成了英国的战略选择难题并在一定程度上分散了英国的军事力量。关于
绥靖政策的形成原因，国内外学者已有相当多的研究成果问世。对上述因素的论述，可
参见约翰·惠勒—贝内特《慕尼黑——悲剧的序幕》，林书武等译，北京出版社 1978 年
版；基思·米德尔马斯《绥靖战略》，复旦大学国际政治系译，上海译文出版社 1978 年
版；Margaret George, *The Warped Vision*, *British Foreign Policy 1933—1939*, Pittsburgh：
University of Pittsburgh Press, 1965；Martin Gilbert, *The Roots of Appeasement*, London：
Weidenfeld and Nicolson, 1966；A. J. P. 泰勒《第二次世界大战的起源》，潘人杰等译，
华东师范大学出版社 1991 年版；N. H. Gibbs, *Grand Strategy*, Volume I, *Rearmament
Policy*, London：HMSO. 1976；R. A. C. Parker, *Chamberlain and Appeasement*：*British
Policy and the Coming of the Second World War*, London：Palgrave Macmillan, 1993；
Frank McDonough, *The Origins of the First and the Second World Wars*, Cambridge：
Cambridge University Press, 1997；Paul W. Doerr, *British Foreign Policy 1919—1939*.
Manchester：Manchester University Press, 1998 年；Igor Lukes & Erik Goldstein eds., *The
Munich Crisis*, *1938*：*Prelude to World War II* (*Diplomacy and Statecraft*), London：Frank
Cass, 1999；齐世荣主编《绥靖政策研究》，等等。

② 法国的战略瘫痪表现在：在《洛迦诺公约》签订后不久就开始修筑的马其诺防线，不仅
强烈地体现了法国在自己的边界内坐等战争到来的消极防御战略，而且使德国可以大
举东进而无须顾虑两线作战之险；与此同时英国却并不可靠。关于法国绥靖政策的形成
原因，可参见威廉·夏伊勒《第三共和国的崩溃》上下集，尹元耀等译，海南出版公
司 1990 年版；Anthony P. Adamthwaite, *France and the Coming of the Second World War
1936—1939*, London：Frank Cass, 1977.

动，经济大危机使政府不得不将注意力集中于国内经济恢复和社会救济以缓和国内局势，以及担心过于介入欧洲的政治而将美国再次拖入战火，是 30 年代中立法被提出并得以实施的主要原因。①

历史已经证明，绥靖政策并不是维护和平之举，而是纵容法西斯国家扩大侵略促使二战提前爆发的错误政策。早在 1948 年，英国著名史学家约翰·惠勒—贝内特就指出，慕尼黑协定是"西方民主国家的奇耻大辱"，"德国的征服国策，英国的绥靖国策，就像两股并行的溪水在奔流"，它们将在一个交叉点，即"慕尼黑"结合起来，并成了导致第二次世界大战最重要的因素之一。②

与此同时，学者也认为，英国在东方对日本的绥靖政策并没有达到在西方对德国的绥靖政策那样的程度，即没有最终出卖中国的领土利益，因此不存在"远东慕尼黑"。之所以如此，其中的一个重要原因，就在于英国所要牺牲的对象不同。中国不是捷克斯洛伐克，中国人民和中国共产党决不会走投降主义的道路，也决不会任人摆布，蒋介石也并不想做一个日本卵翼下的"儿皇帝"。正是中国共产党的中流砥柱作用以及中国坚持的全国抗战，使中国避免沦为第二个捷克斯洛伐克。③

---

① 关于两次世界大战之间美国的孤立主义与中立法，可参见罗伯特·达莱克《罗斯福与美国对外政策 1932—1945》上下册，伊伟等译，商务印书馆 1984 年版；托马斯·帕特森等《美国外交政策》上下册，李庆余译，中国社会科学出版社 1989 年版；迈克尔·H. 亨特《意识形态与美国外交政策》，褚律元译，世界知识出版社 1999 年版。
② 他还认为，英法推行绥靖政策是为了维护和平，绥靖主义者是"以和平的名义、绥靖的名义宽恕德国的不义和侵略"。参见约翰·惠勒—贝内特《慕尼黑——悲剧的序幕》，第 5、212、22 页。
③ 参见徐蓝《英国与中日战争，1931—1941》，北京师范学院出版社 1991 年版，首都师范大学出版社 2010 年再版，结束语。

五、二战起源的渐进性特点和战争的性质

第二次世界大战在起源上还有一个特点，就是它经历了一个从局部战争向全面大战爆发的 10 年发展过程。从 1931 年 9 月 18 日日本在中国燃起第一场战火，到 1937 年日本发动全面侵华战争；从 1939 年 9 月欧战爆发，到 1941 年 6 月德国入侵苏联，再到 1941 年底太平洋战争爆发，各主要大国才完全卷入进去，打成了一场名副其实的世界大战。正因为二战有这样一个从区域性局部战争到全球战争的发展过程，因此，如果战前各国人民能够联合起来，在每一场局部战争中尽可能地遏制侵略者的野心，打乱它们的侵略计划，并阻止法西斯国家的联合，就有可能制止大战的再度发生，即使爆发也会被限制在较小的规模之内。但是，当时的反法西斯国家并没有做到这一点。

然而，当我们回顾第二次世界大战起源的这段历史时，有一个现象是必须提出并值得特别重视的，那就是第一场在亚洲燃起的战火是经过整整 10 年才演变为亚太地区的全面战争的。这里的一个最为重要的原因，是中国人民的英勇抗战，最终打破了日本要在三个月内征服中国的侵略计划，并迫使日本陷入"中国泥潭"而不能自拔，使其长期难以与德、意结成军事同盟，从而延缓了战争的扩大并大大有助于其他国家的抗战。美国总统罗斯福曾在 1941 年 5 月 27 日指出，不断加强的"中国的壮丽的防御战"是阻止希特勒征服世界的计划接近完成的重要因素之一。[1] 曾经一向对中国的抗战表示轻视的丘吉尔，也不得不在 1942 年 4 月 18 日写道："我必须指出，中国一崩溃，至少会使日军 15 个师团，也许会有 20 个师团腾出手来。其后，大举进犯印度，就确实可能

---

① The Department of State ed., *Peace and War*, Washington D. C., GPO, 1943, p.666.

了。"①1945 年 1 月 6 日，罗斯福在致国会的国情咨文中再次表示，我们"忘不了中国人民在七年多的长时间里怎样顶住了日本人的野蛮进攻和在亚洲大陆广大地区牵制住大量的敌军"②。斯大林也肯定"中国人民及其解放军的斗争，大大地便利了击溃日本侵略力量的事业"③。这正是中国人民的抗日战争对世界反法西斯战争的全局所做出的最为重大而突出的贡献之一。

最后必须指出的是，尽管现代战争产生于帝国主义，但并非所有的帝国主义大国在任何时候都热衷于发动战争，尤其是破坏性极大的世界大战。第二次世界大战是由一部分帝国主义国家，即德意日等法西斯国家发动的。没有一个严肃的历史学家会质疑这一事实。正是它们首先点燃了侵略的战火，把恐怖统治、种族灭绝和民族奴役强加于亚洲、欧洲和世界人民头上，把人类强行拖进了又一场更大的全球性的空前浩劫。至于其他国家，无论是中国和各被压迫国家与民族，还是英法美等资产阶级民主国家，还是社会主义苏联，它们或是被侵略被奴役而奋起反抗，以争取自己民族的独立，或是想尽办法去避免战争，然而最终都为了抵抗法西斯的侵略而被投入了战争的旋涡。所以，就第二次世界大战发动者的动机来说，其性质是帝国主义的。

不仅如此，二战爆发后，美英苏中等不同社会制度的国家还为了反法西斯的共同事业，暂时抛弃了意识形态的分歧，结成了大同盟，直到把法西斯国家打得无条件投降。因为对这些国家来说，法西斯主义是他们的共同敌人。墨索里尼曾明确宣布："法西斯主义坚决否定所谓科学社会主义的或马克思的社会主义基础的那种学说"，要"给予整个民

---

① 温斯顿·丘吉尔：《第二次世界大战回忆录》第四卷上部第一分册，北京编译社译，商务印书馆 1975 年版，第 266 页。

② 关在汉编译：《罗斯福选集》，商务印书馆 1982 年版，第 480 页。

③ 《纪念抗日战争胜利六周年，毛主席斯大林大元帅互电致贺》，《人民日报》1951 年 5 月 3 日。

主主义思想总体以严重的打击","对自由主义学说，无论在政治方面还是在经济方面，都采取坚决反对的态度"；他还声称："如果说 19 世纪是社会主义、自由主义和民主主义的时代"，那么"可以认为，20 世纪是一个权力的世纪，一个右派的世纪，一个法西斯世纪"。[①] 希特勒在《我的奋斗》中对社会民主主义、议会制、共产主义和犹太种族进行了激烈的攻击，而 1936 年 11 月 25 日德国与日本签订的《反共产国际协定》，更说明了法西斯主义的反共本质。因此，无论是对资本主义的美、英来说，还是对社会主义的苏联和抵抗日本侵略的中国来说，这都是一场民族与国家的生死存亡之战，也是一场信仰之战。所以，第二次世界大战就其最终的战争目的和性质来说，是一场反法西斯的正义战争。

无论如何，人类终于依靠自身的理智、智慧和力量，把社会制度和意识形态的分歧暂时置于次要地位，以伟大的反法西斯同盟的全面合作与战略协同，战胜了邪恶的法西斯集团，赢得了战争，赢得了和平，也赢得了进步。

---

① 朱庭光主编：《法西斯新论》，第 88 页。

第二次世界大战史研究的新进展 *

  第二次世界大战是人类历史上最大规模的反法西斯正义战争，中国是亚洲战场抗击日本法西斯的主力。二战以及作为这场战争重要组成部分的中国抗日战争，对中国和世界都有着历史转折点的重大意义。二战胜利 70 年来，国内外学术界对这场战争的研究取得了大量成果，研究领域也相当广阔。限于篇幅，笔者仅对中国大陆学术界有关二战爆发的原因和影响方面的研究新进展予以介绍，粗浅不当之处，敬请方家指正。①

一、对二战爆发原因研究的深化

（一）对法西斯主义的研究

  第二次世界大战是由德国、日本、意大利等法西斯国家发动的。随着 20 世纪 20—30 年代法西斯主义在德、意、日等国的泛滥，国际学术界就开始研究这一重要社会现象。当时中国学术界同样开始关注这个问题，曾翻译、撰写了数百部（篇）著作和文章，对法西斯主义做了

---

* 本文原刊于《历史研究》2015 年第 4 期。

初步介绍和探讨。然而，直到 20 世纪 80 年代，大陆学术界才开始将法西斯主义作为重要的研究课题。一些学者以法西斯主义在德、意、日的兴起和法西斯政权的确立为重点，着重回答了两个重要问题。

第一，什么是法西斯主义。法西斯主义是 20 世纪特有的历史现象，而且是一个颇具争议的话题，对它的概括极为困难。国际学术界对法西斯主义有多种描述，如工团主义、社团主义、独裁主义、极端民族主义、反自由放任的资本主义、反无政府主义、中央集权式的军国主义、反共产主义等，但没有统一的定义。中国学界曾长期以共产国际领导人、保加利亚共产党人季米特洛夫 1935 年在共产国际第七次代表大会上的讲话作为对法西斯主义的定义："无论法西斯戴的是哪些假面具，无论它是以哪些形式出现，无论它用哪些方法获得政权——法西斯是资本家对劳动人民大众的最猖狂的进攻；法西斯是肆无忌惮的沙文主义和侵略战争；法西斯是疯狂的反动和反革命；法西斯是工人阶级和全体劳动人民的最恶毒的敌人"；"执政的法西斯是金融资本的极端反动、极端沙文主义、极端帝国主义分子的公开恐怖独裁"。这两段话抓住了法西斯主义的反动本质，指明了世界人民当时面临的危险和受到的威胁，成为建立广泛的国际反法西斯统一战线的理论指导。

20 世纪 80—90 年代，一些学者对法西斯主义给出了自己的定义："法西斯主义是在帝国主义陷入全面危机期间（按作者的观点，帝国主义陷入全面危机，是指第一次世界大战和十月革命爆发到 50 年代中期——引者注），主要在一些封建主义和军国主义传统影响浓厚的帝国主义国家出现的，以克服危机、对抗革命、实行扩张为目标的反动社会思潮、政治运动和政权形式。"他们同时指出了执政的法西斯主义的基本特征："第一，它是崛起于社会中下层的右翼狂热运动，同原有统治阶级权势集团结成政治联盟所建立的反动政权，代表以垄断资产阶级为主体的新老统治集团的利益。第二，它是以极端民族主义为政纲核心，以侵略扩张、发动战争、争霸世界为其一切重大政策根本出发点的最野蛮凶残的帝国主义国家政权。第三，它是以极权制取代民主制的反共、反社会主义、反民主主义的恐怖独裁统治，是资产阶级专政的极端形式。"可以看出，当法西斯主义的发生、发展和灭亡的过程完结后，中国学者对它的认识更为深化，更为全面，也更为准确。他们指出了法西斯运动的阶级实质，揭示出法西斯政权的帝国主义侵略本性。另一方面，他们的观察深入到德、意、日法西斯国家内部，通过详细探讨德国纳粹体制、意大利极权体制、日本国防国家体制的全面确立过程和运行机制，揭示了德、意、日法西斯国家体制的特点，以及其发动第二次世界大战的政策与行动。

第二，20 世纪 30—40 年代中期的日本是不是法西斯国家。对此问题，国际学术界一直争论很大。在 50—60 年代日本学术界，法西斯主义肯定论占主导地位，但法西斯主义否定论也持续多年。60 年代末至 70 年代，这种否定论成为不可忽视的潮流，而且自觉不自觉地把否定日本存在法西斯主义和否定日本对外侵略罪责的思潮联系在一起。欧美学术界从 60 年代开始，盛行"国际法西斯主义"研究和法西斯主义的比较研究，但很少把日本列为研究对象。即使一些专门研究日本的欧美学者，对日本是否曾是法西斯国家也持否定看法，他们承认当年的日本是军国主义国家，但不是法西斯国家。对于这种现象，究其学术原因，一方面在于对"法西斯主义"这一特定概念的不同理解，另一方面也是由于日本法西斯与德、意法西斯有着不同的特点，因此在历史比较方法上出现了错位。中国学者认为：日本既是军国主义国家，也是法西斯国家。纵观日本国家的法西斯化过程，其主要特点是通过近代天皇制，自上而下地逐步实现国家的法西斯化。在日本也有一定规模且流派众多的法西斯运动，但军部是法西斯化的核心力量，在很大程度上军部起到德意法西斯政党的作用；在军部自身法西斯化之后，作为法西斯主义的政治军事集团，军部与宫廷、官僚、财阀等权势集团相结合，依靠发动战争等外部事件的刺激，取得对国家政权的支配地位，逐步推进近代天皇制向法西斯体制演变。即是说，日本经历了先外后内（即先发动对外侵略战争），上下结合（即利用下层激进法西斯运动暴力事件的压力，并借助天皇制意识形态），自上而下实现法西斯化。它不是完全否定天皇制体制，而是以渐进方式，逐步将从属于君主立宪范畴的近代天皇制转向天皇制法西斯体制，保留了较多的传统形式和特征，但其国家政权的实质已经法西斯化。

正是在这一认识的基础上，中国学者认为，1931 年日本发动九一八事变，是第二次世界大战的序幕，开启了 30 年代国际法西斯侵略行动日益升级的过程。1937 年，日本发动全面侵华战争，中国开始全面抗战，首先开辟了反法西斯战争的亚洲战场。1939 年，德国入侵波兰，形成了欧洲战场。1941 年，德国入侵苏联是欧洲战场的扩大。1941 年，日本偷袭珍珠港，形成了太平洋战场，二战遂发展到真正的世界规模。将中国的抗战有机纳入世界反法西斯战争当中，是中国学者的贡献。这种看法不仅与西方学者长期坚持的以 1939 年德国入侵波兰为二战开端有所不同，而且更符合历史事实。

（二）对绥靖政策的研究

中国学者在研究法西斯主义的同时，也与国际学术界几乎同步开始研究 20 世纪 30 年代英国、法国对法西斯国家的侵略扩张所采取的绥靖政策，并成为 80 年代以来另一个研究热点。对绥靖政策的各种表现，学术界进行了大量个案探讨。从这些研究中可以清楚地看到，在法西斯国家挑起一系列侵略事端与局部战火的同时，英、法（有时也包括美国）等国却一再以妥协退让，甚至以出卖其他国家领土主权利益来应付侵略者的绥靖窘相。绥靖政策的实施过程与法西斯国家不断扩大侵略相辅而行，最终导致二战爆发。

对于绥靖政策的形成原因，学术界已经从最初的"祸水东引""避战求和"转向更深层次的探讨。实际上，绥靖政策的形成原因十分复杂。仅从绥靖政策的制定者英国来看，第一次世界大战后，英国国内弊病丛生、失业和罢工此起彼伏，使当政者极为担忧，因此他们极力要在意识形态和地缘政治上阻止"布尔什维主义蔓延"；一战的极端残酷性所引起的战后英国和平主义和反战运动的盛行及其向绥靖化发展，是该政策能够出台并得以实施的民众与社会基础；30年代世界经济大萧条和各国以邻为壑的经济政策所造成的英国经济的虚弱，以及当权者无视国际形势的日益恶化而一味削减国防开支，是绥靖政策形成的经济背景；力图在保住既得利益的前提下修正《凡尔赛条约》，以平复德国的不满，同时通过英德协调，形成英德法意四大国主宰欧洲的局面并恢复欧洲的均势，是英国当政者企图恢复19世纪那样的"欧洲协调"以维持欧洲稳定与和平的真实反映；英国这一庞大帝国面临的全球战略困境，更是不可忽视的重要国际因素。与此同时，学者也认为，英国在东方对日本的绥靖政策，并没有达到在西方对德国的绥靖政策那样的程度，即没有最终出卖中国的领土利益。之所以如此，一个重要原因在于英国所要牺牲的对象不同。中国不是捷克斯洛伐克，中国人民和中国共产党决不会走投降主义道路，决不会任人摆布，蒋介石也并不想做一个日本卵翼下的"儿皇帝"。正是中国坚持的全民族抗战，使之避免沦为第二个捷克斯洛伐克。

（三）对两次世界大战之间的关系研究

随着对法西斯主义和绥靖政策研究的深化，大陆学界逐渐将两次世界大战联系起来进行考察，认为二战的一个重要根源，即在于第一次世界大战后战胜国对世界做出的和平安排之中。凡尔赛体系是产生第二次世界大战的温床。

通过对大量原始资料的解读和社会现象的分析，可以清楚地看到，一战是两大帝国主义集团共同发动的，战争的罪责应当由双方承担。但是，战胜国却根据强权政治原则，在《凡尔赛条约》第231条中，明确规定德国及其盟国应当承担战争责任，这就给战胜国掠夺战败国提供了所谓法律依据。然而，这一规定至少造成了两个极其严重的后果：第一，它使构成凡尔赛体系的几个主要条约对战败国极为苛刻，这就导致战败国对凡尔赛体系充满仇恨。随着国力的恢复与增长，德国必然从要求修改条约到不履行条约，直至撕毁条约。战后蔓延德国的民族主义和复仇主义，是纳粹党得以上台执政的重要原因之一。第二，魏玛共和国本来是德国历史的进步，但是它成立后的第一件大事就是签订《凡尔赛条约》，左派谴责它是帝国主义的和约；右派则站在复仇立场上，认为谁签订和约，谁就是民族的罪人。然而，战胜国却只要求这个新生的共和国承担战争罪责，对加速德国的民主化进程置若罔闻，使本来就先天不足的共和国更失人心。在这种情况下，人们怀念帝国，希望有一个强有力的铁腕人物"重振国威"。这种社会状态同样是纳粹党和希特勒上台的土壤。

对于制定《凡尔赛条约》的英法政治家而言，他们一方面将严苛的条约强加给战败国，另一方面又对此怀有一定的"罪恶感"，希望通过以后的不断调整和让步，满足德国修订该条约的愿望。这成为他们制定绥靖政策的所谓"人道"因素。但是，他们同样犯了两个极大的错误：他们是在向具有无限扩张野心的法西斯国家做出让步；他们是在用其他国家的主权利益不断满足法西斯国家无休止的要求。因此，这种妥协与让步不仅具有强权政治的典型特征，而且只能牵制法西斯国家于一时，同时却进一步刺激了后者的欲望，最终使二战未能避免。

二、对二战影响研究的拓展

在很长一段时间内，大陆学术界对抗日战争和二战影响的研究集中于三个方面：一是阐述抗日战争对中国历史发展的意义；二是集中讨论中国抗日战争在世界反法西斯战争中的地位和作用；三是论述第二次世界大战的历史意义。

值得注意的是，近些年来，学者进一步将史学与国际政治学相结合，把视野拓展到对二战所建立的战后国际秩序的研究领域，主要涉及三个方面。

第一，二战的战胜国建立了怎样的战后国际秩序？

学术界指出，第二次世界大战彻底打破了主要依靠欧洲列强之间的力量平衡所建立并在欧洲主导之下的旧国际秩序，代之而起的是以美国、苏联、英国、中国等战胜国建立并为其主导的新国际秩序，包括以下重要内容：(1) 从组织、思想、社会等各方面消灭德国纳粹暴政和日本军国主义，决不允许其死灰复燃。(2) 重新划定了德、日、意等法西斯国家的疆界及其被占领地区的归属和边界，包括将日本侵占的钓鱼岛及其附属岛屿在内的中国领土全部归还中国。(3) 建立联合国组织，维持国际和平与安全。(4) 对德、日、意的殖民地和国际联盟的委任统治地实行国际托管计划，提倡和平、民主、独立原则 (5) 建立战后国际经济秩序，通过建立国际货币基金组织、世界银行和关贸总协定（1995年为世界贸易组织所代替）三大国际经济组织，规范、调节世界金融、投资和贸易。

学者认为，主要由战胜国建立的战后国际秩序，尽管仍然存在大国强权政治的烙印，但是这一国际秩序具有很大的历史进步性。它第一次将苏联和美英两种不同社会制度国家之间的和平共处原则正式纳入国际关系，成为战后国际秩序的有机组成部分，这就使战后世界维持了整体和平状态，同时有利于社会主义事业的发展；它所提倡的和平、民主、独立原则，不仅推动了非殖民化进程，而且决定了战后世界和平与发展的主潮流。

第二，这一国际秩序的实际运作如何？

首先要肯定的是，这一国际秩序在战后的运作得到了重要的贯彻和发展。例如，尽管有冷战的干扰，但是联合国在维护世界整体和平并促进全球经济社会发展方面，还是做出了重要贡献，特别是它在实践中创造的维持和平行动，已经成为联合国集体安全制度下的重要机制之一。再如，国际托管制度得到了较好的贯彻。当 1994 年最后一块托管地帕劳共和国宣布独立并被接纳进入联合国的时候，联合国关于 21 世纪不再有殖民制度的目标已基本得到实现。又如，为适应经济全球化的发展，关贸总协定被世界贸易组织所取代，从而使战后建立的多边贸易体制迈进了"世界贸易法"的新历程。

但是，自二战结束以来，这一国际秩序也一直面临破坏和挑战。举其大者，一是东亚的领土问题，二是国际金融秩序的发展问题。在东亚领土问题上的一个重要安排，即对中国领土钓鱼岛的安排，并没有得到实施。相反，该问题在美国的直接介入下，将本应归还中国的钓鱼岛纳入了美国托管的琉球的施政范围，并在美日返还冲绳（即琉球）协定中以经纬坐标点和经纬度线标示返还区域，将钓鱼岛施政权纳入返还区域之中，形成了此后日本政府实际控制钓鱼岛的局面。这种明显否定二战胜利成果和战后领土秩序的做法，成为中、日对钓鱼岛争端的重要起因。美国和日本的上述做法，是中国政府和中国人民坚决反对的，中国捍卫自己领土主权的决心是决不会动摇的。在国际金融秩序的发展问题上，一个重要方面是该秩序未能进行与时俱进的改革。一个突出的例子，就是增加包括中国在内的发展中国家在国际货币基金组织（IMF）中的份额问题。尽管 IMF 董事会已经在 2010 年通过了份额和治理改革方案，由此，中国将成为第三大成员国，但是，由于最大股东——美国的国会一直不肯批准改革方案，导致这轮改革迟迟未能达到生效所需的法律门槛。这对于新兴市场和发展中国家是很不公平的。

第三，中国与这一国际秩序的关系如何？

总体而言，中国是战后国际秩序的构建者之一，也是战后国际体系的受益者。但是，从 1949 年到今天，中华人民共和国与这一国际秩序的关系却经历了不同寻常的变化。概括地说，从 1949 年到"文化大革命"结束，新中国是战后国际秩序的被排斥者，同时又积极倡导与联合国宪章具有相当一致性的和平共处五项原则，1971 年联合国大会决定恢复中国在联合国的合法权利。"文化大革命"结束后，中国的角色发生了从被排斥者到成为参与建设者和维护者的重要转换。冷战结束后，中国作为参与建设国际秩序者的作用更为明显。例如，中国以联合国为平台，积极推行多边外交；作为安理会常任理事国，中国认真履行有关职责，参加联合国维和行动等。在经济领域，中国重新审视国际经济秩序，积极主动地加入现行国际经济体系中，并从服从规则、实行规则到参与制定规则。

总之，作为二战的重要成果，二战后期确立的国际秩序依然是世界和平与稳定的基础，但是，它也需要与时并进，需要不断反映国际政治经济变化的现实，通过推进国际关系民主化和国际治理法治化，使之得到进一步补充、完善与发展，并能够可持续地维护和平。这才是国际社会对二战胜利 70 周年的理性纪念。

国外绥靖政策研究述评 *

　　第二次世界大战是由日本、德国、意大利等法西斯国家发动的，没有一个严肃的政治家或历史学家会质疑这一基本事实。但是，20世纪30年代以英国为首的西方民主国家实行的绥靖政策（Appeasement Policy），也是促使二战提前爆发的一个不容忽视的重要因素，这同样是一个不争的事实。正因为如此，在关于第二次世界大战起源的研究中，绥靖政策便成为学术界的研究热点，至今不衰。

　　国际学术界对绥靖政策的研究，主要分为两个方面。

　　其一是对绥靖政策实行情况的考察。可以说，凡重大的绥靖行为，学术界的研究都有所涉及。如：1931年日本发动九一八事变侵略中国东北而英法等西方民主国家却姑息迁就；1934英国"政治绥靖"日本政策的提出；1935年意大利侵略埃塞俄比亚并在英、法、美的实际纵容下最终得手；1936—1937年英国和日本关于英国是否承认伪满洲国的谈判；1936年英、法以"不干涉"政策为名而最终使德、意法西斯支持的西班牙佛朗哥独裁政权上台执政；1937年日本发动全面侵华战争后英、法、美等国却拒绝援助中国和制裁日本；1938年英、法对纳粹德国吞并奥地利的默认，英国与日本签订出卖中国海关利益的非法协

＊　本文原刊于《光明日报》2015年7月18日，第11版。

定，英法两国进一步助纣为虐与德、意签订出卖捷克斯洛伐克领土的《慕尼黑协定》；1939年捷克斯洛伐克最终被肢解而英法无所作为，英日两国签订的英国实际承认日本侵华具有合法性的《有田—克莱琪协定》，1939年希特勒进攻波兰后出现的"奇怪的战争"状况，以及1940年英国与日本达成关闭滇缅公路三个月的协定，等等，学者都进行了不同深度的个案探讨。从中我们不仅依次看到了英、法（有时也包括美国）等国一而再、再而三地以妥协退让甚至出卖其他国家领土主权利益来对付侵略者的窘相，更看到贯穿其中的一条绥靖主义外交路线的萌芽、形成、发展、演变及至达于顶峰的历史过程。这一过程与法西斯国家不断扩大侵略相辅而行，终于使大战提前爆发。

其二是对绥靖政策形成原因的探讨。在有关英国对纳粹德国实行的绥靖政策方面，西方学者大致形成了两个学派："正统派"和"修正派"。"正统派"产生于20世纪30—40年代，但直到当代，一直有新的成果问世。该派认为，绥靖外交是英国政治家基于一种对《凡尔赛条约》的道义上的"罪恶感"而产生的；张伯伦的绥靖政策是一种"错觉外交"，其致命的"错觉"就在于他认为希特勒追求的目标仅仅限于修正《凡尔赛条约》；由于张伯伦要不惜任何代价保住和平，而他又处于一种虚弱的地位（当时的防御战略不能保卫英国免遭空中进攻），因此使他实行了故意把小国牺牲给希特勒的绥靖政策。"修正派"产生于20世纪60年代。由于当时的英国政府陆续解密了30年代的档案，因此大多数修正派学者避免通过道义来评判张伯伦，而是在档案文献的基础上，广泛讨论了张伯伦所面临的国际、国内、经济、社会、军事、战略、意识形态、舆论等情况，以说明绥靖政策形成的原因。他们的看法主要包括：（1）基于复杂的国内、国际、军事和经济的因素，张伯伦和他的内阁成员认为实行抵抗独裁者的政策是不切实际的，而实行一种为和平而战的政策是更可取的。如当时的陆海军参谋长们就不断警告英国并没有准备好同时与德国、意大利和日本三个敌人作战，并建议政府实行绥靖政策。（2）应该从一种国际的视野来观察30年代的英国外交政策，因此应该强调在欧洲的资本主义和社会主义的相互对抗性的意识形态，经济体系和社会组织对英国形成绥靖外交的影响。（3）英国的决策者被他们控制不了的社会和公众舆论所束缚，而公众舆论持续地反对急速地重整军备，坚持和平与反战，同时也不赞成对独裁者采取针锋相对的强硬立场。另外，还有一些修正派学者认为，张伯伦作为现实主义政治家，认识到英国和法国不能维持欧洲的秩序，他希望保持英国的世界霸权地位，并相信在另一场大规模战争中，英国将失去这种地位。所以张伯伦希望通过高水平的谈判，能够在不诉诸武力的情况下消解希特勒的怨气，但是，这条路径要靠不断地增加国防开支来达到目的（但英国政府并没有做到这一点）。因此，他们认为，绥靖是"抱最好的希望，做最坏的打算"的合乎逻辑的现实主义政策，而不再是一种基于投降的可耻政策。显然，这是一种更同情更宽容地对待张伯伦和绥靖政策的倾向。由于"修正派"提供了大量论据，因此受到许多学者的认可。

西方学者关于20世纪30年代英国对日本的政策研究，是从40年代开始的，当时档案还没有解密，史料的运用受到限制。而大量的研究成果则产生于60年代以后，并在70—80年代形成了规模。这时的研究成果运用大量档案资料，对英国对日政策进行了深入的个案探讨，主要形成了两种基本观点。第一种观点认为，英国对日本侵略中国，有绥靖日本的一些行动，但是没有绥靖政策。其中最重要的绥靖行动是1938年英国和日本关于中国海关的非法协定和1939年的《有田—克莱琪协定》。另一种观点认为，在整个日本侵华过程中，英国不仅有对日本的绥靖行动，而且有绥靖政策；但是这种绥靖政策并没有达到像《慕尼黑协定》那样的程度，因此没有"远东慕尼黑协定"。

之所以出现这样的分歧，一个重要的原因就是对绥靖政策的内涵和外延的看法不同。例如，持第一种观点的学者认为，只有对法西斯国家割让领土的行为才算是绥靖政策，而英国对日本在中国做出的那些让步，并没有把中国的某一块土地割让给日本，英国没有正式承认"满洲国"，因此不是绥靖政策，只是绥靖行动，更何况英国还对中国提供了一些援助。如：1938 年 12 月英国对华提供 50 万英镑信贷，为滇缅公路购买卡车；1939 年 3 月英国向中国提供 500 万英镑外汇平准基金贷款；1940 年 12 月，英国宣布对华贷款 1000 万英镑，等等。一些西方学者之所以不承认有"远东慕尼黑协定"，也主要是出于上述考虑。

但是，无论是研究英国对德国和意大利实行绥靖政策的"正统派"观点和"修正派"观点，还是研究英国对日本实行的是"绥靖行动"或"绥靖政策"的看法，也无论人们对绥靖政策形成的原因进行了怎样深入的探讨与分析，都不能否认这样一个基本的事实，那就是：绥靖政策是 30 年代西方资产阶级民主国家（特别是英法）面对德、意、日法西斯国家的侵略扩张和挑战，实行的一种以牺牲其他国家利益为手段，换取与法西斯妥协，从而保住自己的既得利益的外交政策。所谓牺牲其他国家，是指这种牺牲可以从经济利益到领土利益；所谓保住既得利益，包括经济、政治利益，反对共产主义，保卫西方文明，消弭国内革命危机，稳定资本主义秩序，等等。历史已经证明，绥靖政策并不是维护和平之举，而是纵容法西斯国家扩大侵略促使二战提前爆发的错误政策。

在对绥靖政策的评价中，正统派的看法值得重视。例如，尽管研究这一政策的"正统派"代表人物、已故英国史学家约翰·惠勒-贝内特在其 1948 年出版的《慕尼黑——悲剧的序幕》一书中认为，英法推行绥靖政策是为了维护和平，绥靖主义者是"以和平的名义、绥靖的名义宽恕德国的不义和侵略"，但是他也承认：《慕尼黑协定》是"西方民主国家的奇耻大辱"，"德国的征服国策，英国的绥靖国策，就像两股并行的溪水在奔流"，它们将在一个交叉点，即"慕尼黑"结合起来，并成为导致第二次世界大战的最重要的因素之一。当代正统派学者对绥靖政策的批评也很中肯。如 R.A.C. 帕克在其 1993 年出版的《张伯伦与绥靖：英国政策与第二次世界大战的来临》一书中就认为，张伯伦像相信宗教一样相信绥靖，以至于尽管有多种选择，包括对法国承担明确的义务，进一步加强与国联的协调，以及与苏联结成联盟等等，但都被张伯伦所拒绝；张伯伦依靠他的高超的政治技巧和策略能力，使每个人确信，绥靖政策是唯一合乎逻辑的行动方针，并因此而破坏了对许多可选择的行动路线的支持；如果不是张伯伦如此固执地相信绥靖德国的好处，将会更早地建立起阻止希特勒扩张主义的屏障；正由于此，当战争爆发时，英国和法国没有成熟的同盟，并处于一种虚弱的军事地位。安东尼·比弗在其 2012 年出版的《第二次世界大战》一书中也指出了一个重要事实，那就是在《慕尼黑协定》签订时，无论是英国人还是法国人都没有准备与德国打仗。实际上这也成为欧战爆发后仅仅 10 个月，纳粹德国就横扫欧洲大陆，法国仅仅抵抗了 6 个星期就迅速败降的重要因素之一。

世界大战、集体安全与人类文明的进步 *

20世纪爆发的两次世界大战，以极其残酷的近乎毁灭人类文明的方式，促进了人类文明的多重进步。这些进步的一个重要方面，就是集体安全思想的确立及其在实践中的发展。

一

所谓"集体安全"，是指国际社会所设想的、以集体的力量威慑或制止其内部可能出现的侵略，维护每一个国家安全的国际安全保障机制；它要求各国共享安全、共担风险，以国际社会的整体安全求得各国自身的安全。①

集体安全的思想是随着资本主义向全球的扩展、战争的规模不断扩大而逐渐发展起来的。从该思想形成的历史来看，伴随近代民族国家

---

　* 本文是国家社科基金重大项目"20世纪国际格局的演变与大国关系互动研究"（11&ZD133）的阶段性成果，原刊于《世界历史》2015年第4期。
① 查理·A.库普坎、克利福德·A.库普坎：《集体安全的保证》（Charles A. Kupchan and Clifford A. Kupchan, *"The Promise of Collective Security"*），《国际安全》（International Security）第20卷，1995年第1期，第52—61页。（Vol.20, No.1 (Summer 1995), pp.52-61.）

的产生而出现的国际法，其最终目的是寻求国际和平，尽量减少战争的破坏，通过建立一套能够在国家关系中带来理性和秩序的裁决机制，以和平方式解决国家之间的争端。国际法的诞生，反映了人类希望以"秩序"来维持和平、取代战乱的愿望。

1648 年欧洲在"三十年战争"之后建立的威斯特伐利亚体系，开创了用国际会议的形式解决国际争端，结束国际战争的先例；创立并确认了国际法中缔约国对条约必须遵守、违约国应被视为和平的破坏者，其他缔约国对违约国可以进行集体制裁的原则，可视为集体安全思想的最初萌芽。

19 世纪初拿破仑战争后建立的维也纳体系，开始用"会议外交"的方法，通过英国、法国、俄国、奥地利和普鲁士五大国定期举行国际会议，对列强各自的利益和矛盾进行仲裁与协商解决，从而保持欧洲的协调，维护大国的利益、和平与均势。可以看出，这是一种大国合作的体制，它既是对威斯特伐利亚体系所开创的通过会议解决争端的精神的继承，也是一种创新，即希望通过集体安全来避免战争。因此，这种大国协调的机制也可视为一种原始的集体安全体系。但是，由于该体系依靠强权政治，通过大国意愿安排小国领土、摆布小国命运来维系大国的协调，通过列强的实力均衡来维系和平，因此这种集体安全是残缺不全的。当19 世纪晚期至 20 世纪初，列强纷纷奉行帝国主义政策，在世界范围内争夺殖民地和世界霸权之时，欧洲协调便随之崩溃，代之而起的是各国将自己的绝对安全置于依靠自身的力量或依赖与大国的军事结盟之上，致使两大军事集团竞相扩军备战，最终导致第一次世界大战的爆发。

二

第一次世界大战的极端残酷性，使各国的和平主义和反战运动盛行，民众要求和平的呼声高涨，各国政治家也纷纷寻求维持和平的方法，建立集体安全体系逐渐成为他们的首选。

第一次世界大战期间，美国总统伍德罗·威尔逊（1856—1924）率先提倡集体安全。他于1918年1月8日发表《世界和平的纲领》，即"十四点计划"，力主战后确立航海与贸易自由、各国一律平等、裁军、民族自决等世界和平的基本原则，并力主成立一个具有特定盟约的普遍性的国际联盟，作为维持战后和平的机构，使大小国家都能相互保证政治独立和领土完整。其后，他又进一步强调，成立国际联盟是达到永久和平的全部外交政策的基础。

1920年成立的国际联盟实行集体安全原则。该原则集中表现在国联盟约的第5、10、11、16条款中，基本内容是：国联大会或行政院之决议需出席会议之会员国全体同意，即"全体一致"原则；会员国尊重并保持所有各会员国之领土完整及现有之政治独立，以防御外来之侵犯；凡任何战争或战争之威胁，皆为有关联盟全体之事，联盟应采取适当有效之措施以保持各国间之和平；会员国如违背盟约而从事战争，其他会员国有权对其进行经济、军事及政治制裁。①

以倡导集体安全为其鲜明特色的国际联盟的出现，不仅反映了20世纪的世界已经成为一个相互依存的整体的现实，更表达了人类在经历了一场空前浩劫的大战之后对世界和平的追求与向往。作为世界上第一个由主权国家组成的常设国际组织，国际联盟是史无前例的国际政治和国际法的重要发展，是各国希望通过集体安全来维护和平、努力用协商和仲裁方式解决国际争端的理念的继续实践。它第一次将集体安全的理念制度化，在推进国际社会有序发展，伸张中小国家正当诉求，促进国际和平与合作等方面所做的有益工作，都是人类社会取得的文明进步，

---

① 《国际联盟盟约》全文见《国际条约集（1917—1923）》，世界知识出版社1961年版，第266—276页。

并成为人类社会的共同财富，对集体安全机制的运作与发展亦具有重要的影响和深远的意义。

但是国联盟约所规定的集体安全机制存在着严重漏洞。其一，盟约对"侵略"和"侵略者"的含义并未做出明确规定，这就不仅给侵略者以可乘之机，也使操纵国联的列强可以对条文做出任意解释；其二，盟约规定对侵略者实行制裁，却未规定制裁的具体措施；其三，盟约规定代表大会和行政院的决议需全体大会一致通过才能成立，这就使任何一个会员国都拥有否决权，都可以阻挠关于制裁侵略的决议通过，而国联却实际失去了采取任何有效行动制止侵略的可能性。另外还必须指出的是，国联并不具有真正的普遍性和权威性，美国始终不是它的成员，[①]苏联长期被拒之门外，法西斯国家日本、德国和意大利相继退出，不受约束，从而使集体安全更加有名无实，形同虚设。

国联本身基础的脆弱和机制上的这些漏洞与问题，在20世纪20年代的和平时期中，是不容易被辨明的。但是，当30年代以日本发动侵略中国的"九一八事变"为开端，法西斯国家开启了接二连三的对外侵略扩张行动时，国联的所谓集体安全的软弱无力就暴露无遗了。例如，当日本已经侵占了中国东北后，国联既不谴责日本是侵略者，也不援助中国，只是通过了一个偏袒日本但要求保持"门户开放"和"国际共管"的极其苍白的李顿报告书，以致后来担任英国首相的温斯顿·丘吉尔（1874—1965）在其回忆录中对此评论道："正当世界局势非常需要国际联盟的活力和力量的时候，国际联盟在道义上的权威却显出缺乏任何实质的支持。"[②]其后，当1935年意大利发动了侵略阿比西尼亚（今

---

① 美国虽然没有参加国联，但是至少参加了国联附属机构的一系列活动，这些机构包括国际劳工组织、常设国际法院和知识合作组织，并出席了所有有关军备问题的会议和大多数有关经济和商业问题的会议。

② 温斯顿·丘吉尔：《第二次世界大战回忆录》第1卷上部第一分册，商务印书馆1974年版，第130页。

埃塞俄比亚）的战争①、1936 年纳粹德国和法西斯意大利武装干涉西班牙内战、1937 年 7 月 7 日日本进一步发动全面侵华战争、1938 年德国吞并奥地利和肢解捷克斯洛伐克、1939 年德国灭亡捷克斯洛伐克并发动对波兰的侵略战争时，国联的集体安全原则都未能发挥作用，国联盟约均沦为一纸具文，以国联为代表的集体安全体系遭遇彻底失败。

三

第二次世界大战的更大浩劫向世界提出了一个更加严峻的问题，即如何才能避免"后世再遭今代人类两度身历惨不堪言之战祸？"为回答这一问题，第二次世界大战后期，反法西斯大同盟创建了联合国，其目的就在于取代已经失败的国际联盟，以更为有效的措施继续实现国联的集体安全目标。与国际联盟相比，联合国作为第二个全球性的集体安全体系，对国联的机制进行了较大改造，使集体安全保障制度有了实质性进步。

在联合国宪章中，集体安全的规定集中体现在第 1、5、6、7 章的条款当中。其基本内容是：联合国的宗旨是维护国际和平及安全；各会员国须废弃战争，以和平手段解决国际争端（单独或集体自卫以及由安理会授权或采取的武力行动除外），在其国际关系上不得使用威胁或武力侵害任何国家之领土完整或政治独立；安全理事会具有维持国际和平及安全之主要责任，在形成重大决议方面，中国、法国、苏联（今为俄罗斯）、英国、美国五个常任理事国具有否决权，即实行"大国一

---

① 国联虽然对意大利实施了制裁，却把意大利进行战争最重要的物资石油排除在禁运之外。墨索里尼后来承认，如果国联"把经济制裁扩大到包括石油在内，那我就不得不在一个星期内撤出阿比西尼亚"。见包·施密特《我是希特勒的译员》，刘同舜译，上海人民出版社 1982 年版，第 49 页。

致"原则;规定任何争端当事国应选择和平方法解决争端;对于威胁、破坏和平及侵略行为之应付方法,安理会可决定采用武力之外的各种方法对当事国实行制裁,如和平手段不足以恢复和平,安理会得采取必要之空海陆军行动,以维持或恢复国际和平及安全,等等。这些规定,反映了二战结束时的世界政治力量对比,体现了五大国的协调与合作,在保护大国利益的同时突出了大国的责任和作用,更为重要的是它从内部机制上赋予联合国前所未有的权威性和生命力,使任何决议一旦做出便可付诸实施,使和平解决争端和制裁侵略都具有更大的可操作性和强制力量,并对侵略和潜在的侵略形成威慑,从而使集体安全有了切实可行的保证。还要特别指出的是联合国宪章所规定的"敌国条款":"本宪章并不取消或禁止负行动责任之政府对于在第二次世界大战中本宪章任何签字国之敌国因该次战争而采取或授权执行之行动"(见第十七章第107条)。这一条款,对防止战时敌国一旦东山再起破坏和平,具有威慑作用。

在联合国 70 年的历程中,尽管受到过种种干扰,特别是在全面冷战的年代中,联合国在某种程度上成了苏联和美国不断使用否决权的难以正常运转的机器,成了冷战的战场和工具;但是,也应该看到,正是由于有了"大国一致"原则,就保证了在大国不一致的情况下,安理会不能采取措施侵犯任何一个大国的利益,从而避免了冷战时期美苏两个超级大国之间的迎头相撞,在整体上维持了战后的世界和平状态。这一点,也正是联合国缔造者的重要初衷。前美国总统富兰克林·罗斯福(1882—1945)在 1945 年 2 月 6 日的雅尔塔会议第三次会议上指出,大同盟建立联合国这一国际安全组织的任务是至少保证 50 年的和平①,今天,这一目标已经实现。

第二次世界大战结束后,在具体实践集体安全原则方面,联合国

---

① 参见《德黑兰、雅尔塔、波茨坦会议文件集》,三联书店 1978 年版,第 166—167 页。

做了大量工作。据联合国成立 50 周年时的统计，联合国为帮助和推动结束地区冲突而开展谈判，促使 172 场地区冲突得以和平解决，80 场一触即发的战争得以避免。① 在和平解决中东、非洲、拉丁美洲、东南亚、中亚、西亚乃至巴尔干等地区的冲突中，联合国均发挥了重要作用。与此同时，联合国在国际军控与裁军方面也做出了不懈的努力。

特别要指出的是，联合国在实践中面对的一些冲突是当年制定宪章时所没有考虑到的，即在一些国际冲突中，当事国无法用和平的外交手段解决问题，而该争端又没有达到必须使用武力干预的程度，于是，联合国为解决这些冲突而创造了维持和平行动。在一般的意义上，联合国的维持和平行动是指根据联合国安理会或者大会决议，由联合国所从事的，向冲突地区派遣不具有强制力的军事人员以恢复和维持和平的行动。② 在宪章的旗帜下，从 1948 年 6 月到 2015 年 5 月，联合国共实施了 71 次维和行动，③ 分布在亚洲、非洲、拉丁美洲和欧洲。维和行动不仅是联合国最成功的创新活动之一，更成为联合国集体安全制度下的重要机制之一。实践证明，这些维和行动是使局部战争逐步降级和控制冲突恶性升级十分有效的手段。正由于此，联合国的维持和平部队获得了 1988 年的诺贝尔和平奖。

应当承认，由于各国的利益不同，特别是由于强权政治的存在，有时联合国集体安全原则的运用并不成功，难以遏制或挫败一些大国的侵略行为。仅举两例：其一，1950 年朝鲜战争的升级从反面说明了"大国一致"原则在控制危机中的作用，正是由于当时的苏联和占据中国在安理会常任理事国席位的国民党集团没有运用否决权，才使美国得以操纵安理会通过有利于贯彻美国意图的决议，并使美国的干涉披上了联合

---

① 李铁城：《联合国五十年》（增订本），中国书籍出版社 1995 年版，第 390 页。

② 《蓝色头盔：联合国维和行动评论》（The Blue Helmets: *A Review of United Nations Peacekeeping*）第 2 版，联合国出版社 1990 年版，第 4 页。UN Publications, 1990, p.4.

③ 参见丁山《联合国维和人员有哪些?》，人民网，2015 年 5 月 29 日（来源：解放军报）。

国的外衣。其二，2003 年美国对伊拉克发动的战争，说明联合国无力制止一个超级大国的单边行动。

但是，无论如何，集体安全思想是通过国际安全来求得各国国家安全的一种思想的创新，国际社会通过联合国实行的集体安全的实践也成为实现各国国家和平与安全的界碑。特别是冷战结束后联合国在促进集体安全方面的成果，证明了国际社会在集体安全机制下，愿意遵守某些规范和规则，甚至在必要的时候联合起来共同制止侵略行动。在这方面的一个重要实例，就是联合国对 1990 年至 1991 年海湾危机的处理。面对伊拉克对科威特的入侵，安理会迅速做出反应，表现了空前的一致，先是采取政治、外交、军事制裁措施，最后由多国部队将侵略者赶出了科威特。尽管人们对多国部队的行动是否超越了安理会授权范围和如何处理好尊重国家主权与集体安全等问题怀有疑问，但是这一彰显集体安全的行动的确提供了反对侵略者的有效手段，尽管它并非完美无缺，但是它的确是维护国际社会和平与安全的有效途径之一。

还应该看到，联合国所代表的集体安全机制有助于各国的友好相处，减少敌对冲突的可能性，这就缓解了各国的军备压力，并努力通过深化合作来增加彼此的信任，从而有助于增进地区乃至世界的和平与稳定，使集体安全获得可持续发展。这是经过 20 世纪的两次世界大战之后，人类文明的巨大进步，它反映了历经战乱的人类理性正在做出正确的选择：较量、敌对、冲突、战争将趋于缓和，和平、发展、合作、共赢将日居主导。这正是人类社会进一步走向成熟的标志。

世界历史发展进程中的第二次世界大战[*]

历史唯物主义告诉我们，人类的历史发展为世界历史，经历了相当漫长的过程。这一过程始终存在着纵向发展与横向发展两个方面。纵向发展是指人类物质生产史上不同生产方式的演变以及由此引起的不同社会形态的更迭。这些社会形态分为原始社会、奴隶社会、封建社会、资本主义社会、社会主义社会。尽管并不是所有民族、国家或地区都无一例外地按照这个序列向前发展，而是形式各异，先后不一，但是这个从低级到高级发展的进步过程，具有普遍的、规律性的意义。横向发展是指随着社会生产力的发展，世界各地区、各民族、各文明之间的互动与交流不断扩大，世界日益形成一个息息相关的整体，历史也最终发展为世界历史。人类历史的纵向发展和横向发展互为条件，相辅相成。因此，当我们从世界历史发展的宏观视野来审视第二次世界大战的时候，我们就会发现，第二次世界大战的确是人类历史发展的重要转折点，具有划时代的影响。[1]

＊　本文原刊于《世界历史》2010 年第 5 期。

一

第二次世界大战是资本主义陷入深刻危机的产物。这场危机，开始于 19 世纪末 20 世纪初，中间经过第一次世界大战和两次世界大战之间的间隔期，结束于第二次世界大战的胜利，其结果是社会主义获得了重要发展，殖民体系彻底崩溃。

当人类进入 20 世纪时，各资本主义大国发展到垄断阶段，各国在垄断基础上的竞争以及政治经济发展的极不平衡，社会生产和资本的规模越出民族国家的狭隘范围，整个世界经济融为一个经济机体而整个世界又被瓜分完毕，几个最富有的大国对全世界的统治、控制与争夺等等，正是列宁在其名著《帝国主义是资本主义的最高阶段》中所高度概括的帝国主义时代的这些特征，为大国争霸提供了前所未有的动力和内容。它们不仅要争夺市场和原料产地，还要独占这些地区。因此，"欧洲列强变得如魔鬼附体一般地要获得更多的领土，而且这种着迷的程度丝毫也没有减退。"[①] 它们把这种对小国、弱国和前工业化国家的残酷进攻并把它们变成殖民地的帝国主义的争斗，看成是为本国的福利、生存和在国际上权力的增长而进行的斗争。当这种争夺不能用谈判来解决时，列强就会兵戎相见。仅以英国和德国这两个一战中的主要对手为例。自 19 世纪 90 年代以来积极推行"世界政策"的德国一心要取代英国的全球霸权与世界制海权的地位，在德国具体贯彻这一政策而"向东方推进"的过程中，修建柏林—拜占庭（今伊斯坦布尔）—巴格达的从欧洲到波斯湾的巴格达铁路（即三 B 铁路）是其中心环节。曾任德国

---

① 弗兰克·麦克多诺：《第一次和第二次世界大战的起源》（Frank McDonough, *The Origins of the First and the Second World Wars*），剑桥大学出版社 1997 年版，第 7 页。

宰相的贝特曼·霍尔维格说："皇上（指德皇威廉二世）首要的和基本的思想就是粉碎英国的霸权，以有利于德国。"① 但是如果德国的愿望得逞，老牌殖民帝国英国通往印度的海上通道和陆上桥梁则不再有安全可言，国势日衰的英国的地位将更趋低落。曾任印度总督的寇松勋爵对这一点看得十分清楚："如果我们失去〔印度〕，我们就会一直下跌成一个三等国。"② 于是 1903 年 4 月，英国首相兰斯多恩在上院宣布："我们必须把任何国家在波斯湾建立海军基地或设防港口的行为看作对英国利益的一种十分严重的威胁，而且我们必须毫无疑问地使用我们所掌握的一切手段去抵抗它。"③ 当德国海军上将蒂尔匹茨把建立一支德国大海军的计划放在反对英国的基础之上的时候，英德两国就开始了直接的对抗，因为英国外交大臣爱德华·格雷爵士认为："真正决定我国外交政策的，是海上霸权的问题。"④ 因此第一次世界大战是列强之间的一场不折不扣的帝国主义争夺世界霸权的战争，是资本主义世界陷入深刻危机的真实体现。

资本主义陷入深刻危机的另一个表现，是由发生在 1929—1933 年的经济大危机所引起的。这场危机不仅使各国的经济秩序严重失控，而且造成了资本主义世界的再次分裂：它造就了侵略性极强的法西斯国家，并使资产阶级民主国家在法西斯的侵略扩张面前软弱无力，从而使资本主义的危机更为深化，最终导致第二次世界大战的爆发。

首先，在解决经济危机的过程中，资本主义世界出现了帝国主义

① 弗里茨·费舍尔：《战争的错觉：1911—1914 年的德国政治》(Fritz Fischer, *War of Illusions: German Policies from 1911 to 1914*)，伦敦 1975 年版，第 1 页。
② 詹姆斯·乔尔：《第一次世界大战的起源》(James Joll, *The Origins of the First World War*)，伦敦 1992 年第 2 版，第 194 页。
③ E. M. 厄尔：《土耳其，列强与巴格达铁路》(E. M. Earle, *Turkey, The Great Powers and the Bagdad Railway*)，纽约 1923 年版，第 197 页。
④ 这是 1911 年 5 月格雷在英联邦总理会议上的一句重要的秘密发言。见悉·布·费《第一次世界大战的起源》上册，于熙俭译，商务印书馆 1959 年版，第 23 页。

的最极端形式——法西斯国家，它们争霸世界的目的更为明显。希特勒从其种族主义而生出的"生存空间论"，具有潜在的无限扩张性。这种要使空间去适应日益增长的人口的理论的唯一可能性，就是不断进行扩张直到最后占领整个地球，而这就意味着不断发动对外战争。希特勒曾对此直言不讳："我们考虑着我们（预计）的牺牲，衡量着可能成功的规模，并将继续进攻，不管进攻是否会在目前战线之外十公里或一千公里处停止。因为无论我们的成功可能在哪里结束，这将永远仅仅是一场新战斗的起点。"[①]墨索里尼所建立的法西斯政权同样奉行帝国扩张与战争政策，他曾在官方的《意大利百科全书》中的《法西斯主义》词条中写道："只有战争能使人类的能力达到最高水平，能在敢于从事战争的人身上打上高贵的印记……法西斯主义认为获得最高统治权的趋向……是生命力的表现。"[②]日本法西斯同样如此。早在1918年12月，当时随同西园寺公望参加巴黎和会的近卫文麿就曾发表文章，认为第一次世界大战是赞成维持现状的英美等"富国"和要求打破现状的德国等"穷国"之间的战争，他肯定德国发动大战是正当要求，并宣称日本为了自己的生存也应该像德国一样要求打破现状，并且"从我们自己的前途出发建立新的国际和平秩序"。[③]1931年，时任"满铁"副总裁的众议员松冈洋右煽动性地提出满蒙是日本"生命线"的口号，[④]而制造"九一八事变"的关键人物、关东军高级参谋板垣征四郎则叫嚣："切实拥有支那以增强国力，真正掌握东洋和平之关键，就能完成未来争霸世

---

① 格哈特·温伯格：《希特勒德国的对外政策》上编：《欧洲的外交革命1933—1936年》，何江等译，商务印书馆1992年版，第11页。

② 斯塔夫里阿诺斯：《全球通史，1500年以后的世界》，吴象婴等译，上海社会科学院出版社1992年版，第669页。

③ 参见矢部贞治《近卫文麿》，读卖新闻社1976年版，第84—86页；入江昭《第二次世界大战在亚洲及太平洋的起源》（Akira Iriye, *The Origins of the Second World War in Asia and the Pacific*），伦敦和纽约1987年版，第38—39页。

④ 松冈洋右：《动荡のの满蒙》，东京1931年版，第112页。

界的战争准备。"①

可以看出,希特勒以无限"生存空间"为依托的扩张野心,墨索里尼对"最高统治权"的追求,以及日本要征服亚洲最终争霸世界的目标,都是要用战争的手段与一战的获利者英、法、美等国进行全球争夺。它们的战争目的仍然是帝国主义的。德国研究法西斯主义的专家莱因哈特·屈尔曼深刻指出:"实现大资本的利益是法西斯政策的主要社会内容,这不仅表现在对内政策上。法西斯主义一旦在那些国际竞争中大企业拥有独立而重要地位、经济实力强大的国家里上台,这一社会内容也表现在要求实行军备和战争,也就是说,要求用军事暴力手段改变领土现状这一强大趋势上。德国民族社会主义和在意大利及日本所建立的制度同样都具有这种趋势。进行掠夺和重新瓜分世界是以上三个国家的欲望,这种欲望导致了第二次世界大战的爆发。"②

其次,在挽救经济危机的过程中,资产阶级民主制度的根基比较牢固的美、英、法等国,则坚持了资产阶级代议制和民主原则,对资本主义的某些弊病进行了改革,以此缓解了大危机所带来的灾害,使民主资本主义获得了再生。

但是,面对法西斯国家的侵略扩张,以英国为首的西方民主国家,却实行了以牺牲其他国家的利益来换取与法西斯国家妥协,以保住自己既得利益的绥靖政策,从而助长并鼓励了法西斯国家不断扩大侵略战争。从 1931 年日本侵略中国东北而西方民主国家坐视不管的"九一八事变",到 1934 年英国"政治绥靖"日本政策的提出③;从 1935 年意大利侵略埃塞俄比亚并在英法美的实际纵容下最终得手,到 1936—1937

---

① 日本国际政治学会太平洋战争原因研究部编:《通向太平洋战争への路》,别卷·资料编,东京 1963 年版,第 102 页。

② 莱因哈特·屈尔曼:《法西斯主义剖析》,邸文等译,军事科学出版社 1992 年版,第 86 页。

③ 英国文书局:《英国外交政策文件》(HMSO, *Documents on British Foreign Policy, 1919—1939*) 第 2 辑,第 13 卷,伦敦 1973 年版,第 65 页。

年英日关于英国是否承认"伪满洲国"的谈判；从 1936 年英法以"不
干涉"政策为名而最终使德意法西斯支持的佛朗哥独裁政权上台执政，
到 1937 年日本发动全面侵华战争后英法美等国家却拒绝援助中国和制
裁日本；从 1938 年英法对纳粹德国吞并奥地利的默认、英国与日本签
订出卖中国海关利益的非法协定，到英法进一步助纣为虐与德意签订出
卖捷克斯洛伐克领土的"慕尼黑协定"；从 1939 年捷克斯洛伐克最终被
肢解、英日签订的英国实际承认日本侵华具有合法性的"有田—克莱琪
协定"，直到希特勒进攻波兰而引发欧洲大战，在我们细数了 30 年代法
西斯国家挑起的一系列侵略事端与局部战火的同时，我们也依次看到
英、法（有时也包括美国）等国一而再，再而三地以妥协退让甚至出卖
其他国家领土主权利益来对付侵略者的绥靖窘相。绥靖政策的实施过程
与法西斯国家不断扩大侵略相辅而行，终于使大战提前爆发。

　　学术界的研究表明，绥靖政策的形成原因十分复杂。对英国来说，
在地缘政治和意识形态的双重意义上阻止"布尔什维主义的蔓延"，在
保住既得利益的前提下修正"凡尔赛条约"以平复德国的不满从而通过
英德协调形成英德法意四大国主宰欧洲的局面并恢复欧洲的均势，世界
经济萧条和各国以邻为壑的经济政策所造成的英国经济的虚弱以及当权
者无视国际形势的日益恶化而一味削减国防开支，第一次世界大战的极
端残酷性所引起的战后和平主义的盛行，还有不可忽视的英国所面临的
全球战略困境，都是绥靖政策在英国形成的重要因素。① 对法国来说，

────────

① 这里所说的英国的全球战略困境，主要指两个方面：其一是英国受到其自治领和殖民
地的有力牵制，前者拒绝为任何欧洲的问题而冒战争的风险，后者则以其方兴未艾的
民族独立运动而分散英国的精力并使之难以招架；其二是英国在东西方同时面对德、
意、日三个敌人，形成了英国的战略选择难题并在一定程度上分散了英国的军事力量。
关于绥靖政策的形成原因，国内外学者已有相当多的研究成果问世。对上述因素的论
述，可参见约翰·惠勒—贝内特《慕尼黑——悲剧的序幕》，林书武等译，北京出版社
1978 年版；基思·米德尔马斯《绥靖战略》，复旦大学国际政治系译，上海译文出版社
1978 年版；马格雷特·乔治《偏见：1933—1939 年英国外交政策》（Margaret George,

世界性萧条对其经济所产生的恶性影响，政坛斗争的异常激烈而使国家的政治无稳定可言，右翼对左翼的强烈的意识形态敌意而导致亲纳粹势力的发展，消极防御战略以及对英国的一味依赖所造成的战略瘫痪，则是法国之所以选择绥靖政策的重要原因。① 对美国来说，经济大危机使政府不得不将注意力集中于国内经济恢复和社会救济以缓和国内局势，对第一次世界大战后和平安排的强烈不满而导致的普遍孤立主义情绪，战后国内的和平主义与反战运动，以及担心过于介入欧洲的政治而将美国再次拖入战火，是 30 年代中立法被提出并得以实施的主要原因。②

必须指出的是，尽管英、法、美对法西斯侵略扩张的妥协原因和做法并不完全相同，上述这些原因仍然可以归结为一点：它们都是资本主义陷入深刻危机的另一些更为曲折更为隐蔽的表现形式。

但是，由于法西斯主义既反对社会主义和共产主义，也反对自由主义和民主主义，因此，二战爆发后，中英苏美等不同社会制度的国家

The Warped Vision，British Foreign Policy 1933—1939)，匹兹堡 1965 年版；马丁·吉尔伯特《绥靖的基础》(Martin Gilbert，The Roots of Appeasement)，伦敦 1966 年版；A. J. P. 泰勒《第二次世界大战的起源》，潘人杰译，华东师范大学出版社 1991 年版；N. H. 吉布斯《大战略》第 1 卷：《重整军备政策》(N. H. Gibbs，Grand Strategy，Volume I，Rearmament Policy)，伦敦 1976 年版；保罗·W. 多尔《1919—1939 年的英国外交政策》(Paul W. Doerr，British Foreign Policy 1919—1939)，曼彻斯特大学出版社 1998 年版；齐世荣主编《绥靖政策研究》，首都师范大学出版社 1998 年版。

① 法国的战略瘫痪表现在：在洛迦诺公约签订后不久就开始修筑的马其诺防线，不仅强烈地体现了法国在自己的边界内坐等战争到来的消极防御战略，而且使德国可以大举东进而无须顾虑两线作战之险；与此同时英国却并不可靠。关于法国绥靖政策的形成原因，可参见威廉·夏伊勒《第三共和国的崩溃》上下集，尹元耀等译，海南出版公司 1990 年版；安东尼·P. 亚当思维特《法国与第二次世界大战的来临 1936—1939 年》(Anthony P. Adamthwaite，France and the Coming of the Second World War 1936—1939)，伦敦 1977 年版。

② 关于两次世界大战之间美国的孤立主义与中立法，可参见罗伯特·达莱克《罗斯福与美国对外政策 1932—1945》上下册，伊伟等译，商务印书馆 1984 年版；托马斯·帕特森等《美国外交政策》上下册，李庆余译，中国社会科学出版社 1989 年版；迈克尔·H. 亨特《意识形态与美国外交政策》，褚律元译，世界知识出版社 1999 年版。

结成了反法西斯大同盟，把法西斯国家打得无条件投降。然而，伴随第
二次世界大战取得彻底胜利的另一个基本事实是：西欧的资本主义被大
大削弱，社会主义的影响得到了空前扩大。

社会主义影响的大发展主要表现在四个方面。

第一，由于社会主义的苏联是抗击德国法西斯的中坚力量，因此
大大提高了苏联的国际威望。为了反对侵略、收复自己的领土并把欧洲
人民从德国法西斯的铁蹄下解救出来，苏联依靠自己建立起来的工业基
础，几乎是独自承担着最沉重的战争重担，与德军进行着生死搏斗并承
受着最大的民族牺牲。纳粹德国的军队在与苏联红军的作战中，损失了
70% 的有生力量和 75% 的武器装备。与此同时，苏联的损失也相当惨
重。根据俄罗斯公布的材料，苏联在 1941 年到 1945 年卫国战争期间，
因战争死亡 2700 万人，其中苏联红军牺牲 866.84 万人。按照 1941 年
的价格计算，这场战争给苏联造成的物质损失高达 6790 亿卢布。苏联
的损失是二战参战各国蒙受的全部损失的 41%。[1]2010 年 5 月 8 日，即
"俄罗斯胜利日"前夜，俄罗斯总统梅德韦杰夫发表讲话："我们决不会
忘记，我们的国家苏联对第二次世界大战的结局作出决定性贡献。正是
我们的人民摧毁了纳粹，决定了全世界的命运，同时也付出了巨大的
代价。"[2]

第二，经过二战，社会主义远远超出了苏联一国的范围而扩展到
东欧、东南欧和亚太地区，特别是 1949 年中国人民革命的胜利，使社
会主义的力量空前壮大，其人口覆盖了全球人口的 1/3 以上，形成了一
个世界体系。时至今日，尽管东欧剧变，苏联解体，但是人们不能因此
就否定这些国家曾经在社会主义的条件下取得的历史成就，如经济文化
的发展，人民生活的改善和受教育程度的提高，以及他们对世界上各种

[1] 俄新社 2005 年 5 月 8 日发表的俄罗斯联邦驻华大使罗高寿撰写的文章，见 http://www.
china.org.cn/Chinese/zhuanti/slzn/857266.htm；2005 年 5 月 5 日《参考消息》。
[2] http://www.sina.com.cn，2010-05-09。

正义事业的支持。正如英国著名左派史学家艾瑞克·霍布斯鲍姆所说：
"受到十月革命激励而起的各个政权，它们最大也最长久的冲击影响，
即在有力地加速了落后农业国家现代化的脚步。"①

　　第三，在资本主义国家中，社会主义的思想也广泛传播，社会主
义的因素也在增长，其中的一个重要表现，就是对资本主义社会进行
改革。实际上，早在二战之前，苏联就成为资本主义世界的一面镜子，
"它为整个资本主义世界都要经受的改造提供了样板"。② 这一点，在30
年代经济大危机爆发后表现得十分明显。大萧条肆虐于资本主义国家之
时，正是苏联的第一个五年计划取得成功之日。一时之间，"计划"一
词不仅成为西方世界最时髦的名词，并且不自觉地去模仿与学习，于是
西方各国都出现了对经济实行国家调控与计划管理的因素，并纷纷开始
实行新的公民社会保障制度。二战之后，随着科技进步和高科技的发
展，资本主义国家继续进行以市场经济为基础、以强化国家干预为核
心、以建立较为完整的社会保障体系为特点的调整和改革。如：联邦德
国的社会市场经济，日本的"计划式"改革，英国和法国的国有化政
策，美国的新政式改革，北欧国家的社会民主党政府的以福利国家为特
征的社会改革，澳大利亚和新西兰进行的教育、卫生、社会保障和劳资
关系方面的改革，等等。尽管这些改革仍然是在资本主义的框架下进行
的，并没有改变资本主义的本质，但是通过国家对经济生活的调控和进
一步完善社会福利制度，改善了这些国家的民生，促进了社会民主的发
展，比较有效地缓解了阶级矛盾和社会矛盾。

　　第四，社会主义作为一种崭新的比资本主义更为优越的社会制度，
一旦从世界历史的发展中产生出来，就一定会成长壮大。苏东的剧变，

---

① 霍布斯鲍姆：《极端的年代》上册，郑明萱译，江苏人民出版社1998年版，第13—
　　14页。

② 爱·阿克顿：《三种传统观点和重评派观点》，转引自刘淑春、翟民刚、王丽华编《"十
　　月"的选择——90年代国外学者论十月革命》，中央编译出版社1997年版，第74页。

只是社会主义的一种已经僵化的模式的失败，并非社会主义制度的失败。邓小平指出："一些国家出现严重曲折，社会主义好像被削弱了，但人民经受锻炼，从中吸取教训，将促使社会主义向着更加健康的方向发展。"[1] 苏联和东欧国家在建设全新的社会主义现代化过程中所进行的艰难尝试，开创了新的现代化建设模式，它所取得的成功经验和失败教训，为经济落后国家的现代化建设提供了重大启示：在这些国家里进行现代化，包括进行社会主义现代化建设是特别困难的，并不存在固定的模式，必须根据国际社会的整体发展和各国的具体情况，依靠不断的改革与社会制度的自我完善，才能取得最后的成功。

第二次世界大战对世界历史发展的另一个重大作用，是将民族自决的原则广泛传播，从而使争取主权平等，政治独立，种族平等，经济公正和文化解放这五大主题为基本内容的非殖民化进程完全不可逆转，[2] 并以殖民主义者始料不及且最终无法控制的速度席卷了所有殖民地。其结果是形成了 20 世纪最为壮观的民族解放运动的浪潮，终于在战后短短 20 多年的时间内，摧毁了欧洲列强自 15 世纪就开始构建的世界殖民体系。数十亿人民挣脱了殖民主义枷锁，一百多个民族独立国家在这些殖民帝国的废墟上拔地而起，这是人类历史极其巨大的进步。

二

作为一场反法西斯的全球战争，第二次世界大战进一步加强了各国、各地区之间，以及整个世界的相互联系。

---

[1] 《邓小平文选》第三卷，人民出版社 1993 年版，第 383 页。

[2] 关于这五大主题，可参见赫德利·布尔和亚当·沃森编《国际社会的扩展》(Hedley Bull and Adam Watson ed., *The Expansion of International Society*)，牛津大学出版社 1984 年版，第 220—223 页。

从 1931 年日本发动侵略中国东北的"九一八事变",到 1941 年 12 月太平洋战争的爆发,法西斯国家发动的侵略战争,发展到了全球阶段。至此,全世界约 4/5 的人口卷入了战争。为了消灭法西斯,反法西斯国家在军事战略上相互协调,在军事物资上相互支援,在战争目标上取得一致,在战后安排的重大政治问题上达成共识。

1941 年 1 月 29 日至 3 月 29 日,美国与英国(还包括加拿大、澳大利亚和新西兰等英国自治领)在华盛顿举行了秘密的参谋长级会谈,在美国尚未参战的情况下协调了两国的全球军事大战略,确定了"先欧后亚"的战略总方针,即"ABC-1 协定":"鉴于德国是轴心国中的首要成员国,因此大西洋和欧洲地区被认为是决定性的战场。美国军队的主要力量将使用于该战场,其他战场上的美国部队的作战指挥均应有利于这方面的战事","如果日本参战,在远东的军事战略将是防御性的"。同年 4 月 21 日至 27 日,美国、英国、荷兰、澳大利亚和新西兰等国的军事人员又在新加坡召开会议并签订了"ADB 协定",初步制定了各国在亚太地区针对日本的军事计划。① 由于"先欧后亚"大战略的制定,中国的抗战作为牵制日本的主要力量,其重要性日益突出。

在战争物资的援助方面,1940 年 9 月,美国即以 50 艘驱逐舰换取英国在加勒比海上的 8 个军事基地的条件,迈出了实际援助英国抗击德国法西斯的第一步。1941 年 3 月 11 日,美国国会通过"租借法案",授权总统向他认为其防务对美国国防至关重要的任何国家出售、转让、交换、租借或其他方法处理任何国防物资。该法案的实施,使美国可以凭借其强大的经济实力援助反法西斯国家。从 1941 年 3 月至二战结束,美国共向英国、苏联、自由法国、中国等 38 个反法西斯国家提供

---

① 关于"ABC-1 协定"和"ADB 协定"的全文,见史蒂文·T. 罗斯主编《美国战争计划,1919—1941》第 4 卷:《联合战争计划和半球防御计划,1940—1941》(Steven T. Ross (ed.), *American War Plans*, *1919—1941*, Volume 4: *Coalition War Plans and Hemispheric Defence Plan*, *1940—1941*) 纽约 1992 年版,第 1—66、67—100 页。

了约 500 亿美元的租借援助物资，其中英联邦国家约占 60%，苏联约占 22%，中国约占 1.7%。苏联和中国等国则向英美提供军工生产原料。

在战争目标方面，经过罗斯福和丘吉尔的秘密会晤，美英于 1941 年 8 月 14 日发表了联合声明，即有名的《大西洋宪章》。它宣布：两国不追求领土或其他方面的扩张；反对强加于人的或不民主的领土变更；各国人民都应享有主权和自治权；各国在世界贸易和获得原料方面享有平等待遇；努力促进战后的国际经济合作；待摧毁纳粹暴政后，重建世界和平；公海航行自由；各国必须放弃武力、削减军备，在建立一个更广泛而永久的普遍安全制度之前，解除侵略国家的武装。同年 9 月 24 日，苏联宣布同意宪章的基本原则。《大西洋宪章》站在世界历史发展的高度，指出了这场战争的反法西斯性质，以及要以进步民主的原则重建和平的目标，并提出了战后建立一个普遍安全制度以维护世界和平的初步设想。因此，它不仅成为美英两国政治联盟的标志，成为世界反法西斯统一战线形成的基础，也成为后来《联合国宪章》的奠基石。

太平洋战争爆发后，26 个抗击法西斯的国家于 1942 年 1 月 1 日—2 日在华盛顿签署了《联合国家宣言》，宣布签字各国赞同《大西洋宪章》的宗旨和原则，并且为了将这场反法西斯战争进行到底而协同作战。以后又有 21 个国家加入宣言。于是，以《联合国家宣言》为标志，终于形成了世界反法西斯大同盟，从而保证了战争的最后胜利。不仅如此，该宣言的签名方式，也并非微不足道的外交礼仪细节，排在 26 个国家名单前列并比其他国家提前一天签字的是美国、英国、苏联和中国，而其他国家则按字母顺序排列，这使"四大国"正式出现在联合国家之中，实际"反映了新的联合国家联盟后面的真正均势"[1]，也表明了

---

① ［英］威廉·哈代·麦克尼尔：《国际事务概览·美国、英国和俄国，它们的合作和冲突 1941—1946 年》上册，叶左译，上海译文出版社 1978 年版，第 154 页。

美国要在其中担当领导责任的强烈欲望。因此,《联合国家宣言》的发表和以美英苏中为核心的反法西斯同盟国的形成,实际预示着战后一种新的国际政治秩序结构的诞生。[①] 它将以一个新的国际组织——联合国为代表,并成为建立联合国的法律与外交结构的基础。

这里要特别谈到中国。尽管与其他三个国家相比中国仍然贫弱,但是,正是中国人民以自己的英勇抗战和民族的巨大牺牲,才赢得了作为四大国之一的国际地位。1943 年 1 月 11 日,中国与美国和英国分别签订新约,废除了美、英的在华治外法权及其有关特权;在美英的影响下,其他在华享有特权的国家也相继宣布放弃在华特权,与中国签订新约。尽管中美、中英新约并不完美,例如英国就拒绝交还香港和九龙,但是应当承认,这些新约的签订,贯彻了《大西洋宪章》的精神,标志着在法理上结束了西方列强在中国享有的百年特权,雪洗了中国人民的百年耻辱,使中国从此摆脱了半殖民地的地位,获得了国家的独立,成为国际社会中的平等一员。不仅如此,中国人民以对日本帝国主义的坚决抗争,给世界殖民体系以沉重打击,成为第二次世界大战后世界范围内涌起的波澜壮阔的民族解放运动的先声。

反法西斯盟国对战后世界做出的政治和经济安排,有力地推动了全球化的进程。

在国际政治方面,反法西斯盟国做出的最重要的安排,是建立联合国。联合国是世界上第一个具有真正全球性的、以维护世界和平与安全为基本任务的、由主权国家组成的政治组织,是国际政治的全球扩展。主要体现在以下几个方面。

第一,联合国建立目标的全球性。为了避免世界大战的再度爆发,联合国的创始者们将社会制度和意识形态的分歧暂时搁置一旁,就建

---

① 〔美〕理查德·W. 布利特等:《20 世纪史》,陈祖洲等译,江苏人民出版社 2001 年版,第 264 页。

立联合国的根本宗旨达成共识：维持世界和平，尊重基本人权和自决原则，加强国际友好合作，促进全球经济、社会、文化和福利发展。这些共识体现了二战结束之时已经开始显现的人类呼唤世界和平与要求共同发展的时代特征和应当完成的历史任务。不仅如此，创始者们第一次把维护和平与解决经济和社会发展问题紧密地联系在一起，更是体现了他们深刻的战略思考。

第二，联合国会员国的普遍性和广泛性。联合国的会员国遍及各大洲，今天已经包括 192 个国家，从而把它的理念、宗旨和理想扩散到全世界；联合国有关主权国家不分大小强弱都有平等发言权的规定，使其成为最重要的国际讲坛和开展多边外交的场所，不仅从地域上，而且从政治上实现了"以欧洲为中心的世界体系向一种真正的全球性体系平稳过渡……使最小、最无足轻重的成员国也感到他们是世界整体的一部分"①；各国在联合国的庞大屋顶式的体系中拥有不同权力的事实，体现并促进着国际政治的民主化发展。

第三，联合国权力中枢安理会的全球代表性和维护世界和平的权威性。有关联合国安理会在维护世界和平方面的权力规定，以及关于中、法、苏（俄）、英、美五个常任理事国拥有"否决权"的规定，从内部机制上赋予联合国前所未有的权威性和生命力，从而使集体安全有了切实可行的保证。常任理事国的存在，不仅反映了二战结束时的世界政治力量对比，也预示了国际格局多极化的发展方向。

第四，联合国工作的有效性。65 年来，尽管联合国也犯过种种错误，特别是在全面冷战的年代里，它曾在某种程度上成了一台由美国操纵的、苏联不断使用否决权的难以正常运转的机器，一度背离了联合国的宗旨，但是它也避免了这两个超级大国在军事上的迎头相撞。与此同时，它在解决地区争端，维护地区和平，促进社会发展、人

---

① 转引自李铁城《联合国五十年》（增订本），中国书籍出版社 1995 年版，第 52—53 页。

权以及非殖民化的进程等方面，仍然发挥了重要作用。随着冷战的缓和与终结以及世界朝多极化方向的不断发展，联合国在执行《联合国宪章》，和平解决国际争端，促进世界的和平与发展方面更是功不可没。①它对国际无政府状态的干涉，对经济落后地区的援助，对教育文化事业的关注，反映了历经战乱的人类理性正在做出正确的选择：较量与敌对将趋于缓和，竞争与交流将日居主导。这不仅是发展到全球化阶段的世界历史的重要标志，也是人类社会进一步走向文明、走向成熟的标志。

今天，在维护世界和平、促进共同发展、建立合作与和谐的世界等方面，联合国的作用应当得到进一步的加强。

在国际经济方面，反法西斯盟国主要是美国和英国做出的最重要的安排，是布雷顿森林体系。构成该体系的国际货币基金组织（IMF）、世界银行和关贸总协定，通过筹措资金、重建国际货币制度、鼓励对外投资、逐渐消除歧视性贸易政策等措施，不仅解决了发展国际经济的"钱从哪来""货到哪去"的具体问题，而且共同构成了战后调节世界经济、金融、贸易的三大支柱，被称为"布雷顿森林三驾马车"和"经济联合国"。它们为世界各国的经济增长，加深国际经济联系，推动发展中国家参与国际经济合作，促进世界经济的规范化发展以及经济全球化进程等方面，奠定了基础，并具有不可替代的作用。

但是，该体系建立在二战结束时美国超强的经济实力之上，美国主导着规则的制定，美元也曾在 20 多年的时间里享有高于其他货币的国际储备货币的特殊地位。随着西欧和日本经济实力的不断上升和发展中国家经济的发展，美国的经济实力相对减弱。到 20 世纪 70 年代，与国际关系中出现的多极化趋势相一致，国际货币关系也出现了多元化格

---

① 例如，联合国的维和行动作为该组织的创造，在解决局部冲突方面发挥了重要作用。从 1948 年至 2010 年 4 月，联合国共执行了 63 项维和任务，目前正在实行的有 15 项，还有 12 项建设和平行动。

局，美元、西德马克、英镑、法郎和日元都成为国际储备货币。[①]

另外还应该指出的是，在全面冷战的年代中，布雷顿森林体系并未涵盖整个世界，尽管在此期间，大批发展中国家进入了国际经济体系，但苏联和东欧国家以及中国在相当长的时间里没有参加这个体系。不过在这些国家之间，也形成了一定的经济交往与政治文化互动。

20世纪70年代及其后，随着以信息技术为核心的新一轮科技革命的到来，随着中国的改革开放，随着冷战的缓和与结束，终于形成了各国经济相互渗透、相互依存，趋于一体的经济全球化浪潮。在这一浪潮中，1995年，关贸总协定为世界贸易组织所取代，从而适应了经济全球化在国际贸易领域的发展。与此同时，国际货币基金组织和世界银行的改革也势在必行。例如：鉴于中国经济的快速发展，2001年国际货币基金组织将中国的份额和发言权从过去的第13位提升为第8位，2008年又提高中国的份额和发言权到第6位。2011年将再提高到第5位。可以看出，尽管发达国家在IMF中的份额和发言权的优势仍相当明显，[②] 但是，提高新兴经济体的份额与发言权的趋势是不可逆转的。这也是国际经济走向民主化的重要一步。

法西斯国家发动的第二次世界大战，使人类在物质上和精神上蒙受了前所未有的巨大双重劫难。但是，战后形成的社会主义新气象，以及在国际关系中形成的各种维护世界和平与安全、促进全球经济发展与合作的新机制，进一步加快了世界历史的发展进程，使战后的世界进入了一个以和平与发展为时代主题的新阶段。

---

① 布雷顿森林体系的核心内容，是其"双挂钩—固定"的汇率制度，即美元与黄金挂钩，各国货币与美元挂钩，美元与黄金的比价固定为35美元兑换1盎司黄金，各国货币对美元的汇率上下浮动不得超过1%。到1973年，随着美元再次贬值，各主要资本主义国家普遍实行浮动汇率制，不再承担维持美元汇率的义务，"双挂钩—固定"的运行机制被彻底取消。这就是人们通常所说的布雷顿森林体系的崩溃。但实际上，该体系的三大机构仍然存在。

② 到目前为止，IMF份额和发言权最多的5个国家依次为美国、日本、德国、法国、英国，中国列第6位，印度列第12位。

纪念世界反法西斯战争胜利 60 周年 *

第二次世界大战的隆隆炮声，已经沉寂了 60 年。但人们对这场人类历史上旷古未有的全球性大战，至今仍不能忘怀。作为 20 世纪最重大的历史事件之一，第二次世界大战在历史长河中所激起的层层波涛，一直深刻地影响着战后历史的进程。半个多世纪以来，人类社会在政治、经济、军事、科技、文化等各个方面已经发生和正在发生的种种巨大变化，无不与它有着直接或间接的关系。

第二次世界大战是一场伟大的反法西斯战争

战争的历史在人类社会的历史上十分久远。但是，真正的世界大战，即具有影响整个人类社会生活的总体性和牵动全球的世界性战争，是 20 世纪的产物，是世界形成一个息息相关的整体的产物。当 20 世纪初资本主义社会生产力和资本的规模已经遍布全球，列强之间的竞争与争夺，就必然会影响到整个世界，而最终为争夺霸权所引发的战争，也

---

* 本文是作者受上级委托，为李铁映同志撰写的纪念第二次世界大战胜利 60 周年的文章，原刊于《世界历史》2005 年第 5 期，后作为 2015 年人民出版社再版的朱贵生、网振德、张椿年等人撰写的《第二次世界大战史》的序言。

极易发展为世界大战。

20 世纪发生的两次世界大战，虽然其规模和效果并不相同，但是其根源都在于资本主义发展到垄断阶段，即帝国主义。不过值得注意的是，第一次世界大战是由欧洲帝国主义列强共同发动的，是它们之间的一场世界霸权争夺战；而第二次世界大战是法西斯国家发动的。代表垄断资本利益的希特勒以争夺无限"生存空间"为依托的扩张野心，墨索里尼对所谓人类"最高统治权"的追求，以及日本要征服中国继而控制亚洲最终争霸世界的目标，都是要用战争的手段对其他民族进行掠夺并重新瓜分世界。

但是德意日走上发动战争的道路还有其特殊原因。第一，第一次世界大战后，由于帝国主义经济发展的不平衡，德意日等国急欲打破一战后由英法美等战胜国所建立的凡尔赛——华盛顿体系下形成的世界格局，重新瓜分世界。其次，这个体系使德意日等国久已存在的民族主义和军国主义恶性膨胀，形成了一种集体的、社会的向外扩张的狂热，这种狂热成了法西斯上台执政的社会基础，而法西斯社会政策的主要内容，就是要扩充军备和进行战争。第三，1929 年爆发的世界经济大危机是引发二战的又一个重要原因。为了摆脱危机，英法美等国继续维护资产阶级民主制，实行政治经济改革以挽救资本主义的发展道路；而缺乏深厚的议会民主传统的德意日等国则通过对内实行法西斯统治、对外发动侵略战争的手段解决危机。

还必须指出的是，30 年代以英国为首的西方资产阶级国家所实行的绥靖政策，是促使第二次世界大战提前爆发的一个重要因素。从 1931 年日本侵略中国东北而英法等国坐视不管的九一八事变，到 1935 年意大利发动侵略埃塞俄比亚的战争并在英法美的实际纵容下最终得手；从 1936 年英法以"不干涉"政策为名而最终使德意法西斯支持的西班牙佛朗哥叛乱集团上台执政，到 1937 年日本发动全面侵华战争的卢沟桥事变；从 1938 年英法对纳粹德国吞并奥地利的默认，到英法进一步与德意签订出卖捷克斯洛伐克领土的臭名昭彰的"慕尼黑协定"；从 1939 年 3 月捷克斯洛伐克最终被纳粹德国占领，到 9 月希特勒进攻波兰而引发的欧洲战争，在我们——细数了 30 年代法西斯国家挑起的一系列侵略事端与局部战火的同时，我们不仅依次看到英、法（有时也包括美国）等国一而再、再而三地以妥协退让甚至出卖其他国家领土主权利益来对付侵略者的窘相，更看到贯穿其中的一条绥靖主义外交路线的萌芽、形成、发展、演变及至达于顶峰的历史过程。这一过程与法西斯国家不断扩大侵略相辅而行，终于使大战提前爆发。无论人们对绥靖政策形成的原因进行了怎样深入的探讨与分析，都不能否认这样一个基本事实，那就是：绥靖政策是日益衰落的英、法帝国主义，面临德、意、日法西斯国家的挑战，为了保存自己的既得利益，采取的一种以牺牲其他国家利益的手段，换取与对手妥协的政策。历史已经证明，绥靖政策助长了法西斯国家扩大侵略的嚣张气焰。绥靖政策的一个重要原因，就是苏联社会主义国家的迅速发展。西方列强想方设法把法西斯主义这股祸水引向东方，企图借此黑手绞杀新生的社会主义苏联，镇压正在觉醒的各国人民的解放斗争。德国入侵法国，日本偷袭珍珠港，彻底打破了他们的美梦。

但是，由于法西斯主义既反对社会主义和共产主义，也反对自由主义和民主主义，因此，第二次世界大战爆发后，中英苏美等不同社会制度的国家为了反法西斯的共同事业，暂时搁置了意识形态的分歧，结成了大同盟，直到把法西斯国家打得无条件投降。因为对这些国家来说，法西斯主义是他们的共同敌人，无论是对资本主义的美、英来说，还是对社会主义的苏联和抵抗日本侵略的中国来说，这都是一场民族与国家的生死存亡之战。所以，对世界人民来说，第二次世界大战是一场伟大的反法西斯战争。

第二次世界大战的胜利是世界
反法西斯力量的共同胜利

第二次世界大战是由战前一系列接踵发生的局部战争演化升级而成。法西斯的第一场侵略战火，是 1931 年日本在中国东北点燃的。而中国第一个举起了反法西斯的旗帜，成为第二次世界大战中参战时间最早、作战时间最长的国家；中国作为在东方反对日本法西斯侵略和奴役的主战场，是全世界反法西斯战争的一个不可分割的有机组成部分，具有举足轻重的地位。

在中国共产党倡导和建立的抗日民族统一战线下，国民党战场方面进行了一系列重大战役，在淞沪抗战、台儿庄战役、武汉和广州战役、第一次长沙战役、桂南战役、枣宜战役、豫南战役、中条山战役、第二次长沙战役中，中国军队顽强作战，抵抗了日军的疯狂进攻。在中国共产党的领导下，八路军取得平型关大捷，发动了著名的百团大战，给日军以重创；人民武装力量挺进敌后，建立抗日根据地，发动广大群众开展了持续不断的游击战争。在整个抗战期间，解放区军民牵制了大部分侵华日军、抗击了绝大多数的伪军，[1] 成为中国抗日战争的另一个主要战场。1944 年，解放区战场发动了对日军的局部反攻，到 1945 年3 月，中国共产党所领导的军队已发展到了 91 万人，乡村中不脱离生产的民兵发展到了 220 万人以上，已经成了中国抗日战争的主力军。与此同时，中国共产党在北起内蒙、南至海南岛的辽阔区域内建立了 19 个大的解放区，[2] 成为打败日本法西斯的有力保证。

---

[1] 毛泽东：《论联合政府》，《毛泽东选集》，人民出版社 1968 年版，第 944 页。

[2] 毛泽东：《论联合政府》，《毛泽东选集》，第 939—940、945 页。

从七七事变到 1937 年底,日本已向中国战场(不包括中国东北)投入了 16 个师团约 60 万人,占当时日本陆军总数 95 万人的 2/3。到 1938 年,日本投入中国战场的兵力已达 24 个师团 100 万人以上,其国内本土只剩 1 个师团。太平洋战争爆发时,日本陆军的大部分兵力仍然被束缚在中国战场上,约占当时师团总数 51 个师团的 78%。[1] 到 1945 年日本战败时,向中国战区(包括台湾和越南北纬 16° 线以北地区)投降的日军共 128.3 万人,这个数目大约相当于全部海外日军 274.6 万人(不包括关东军)的 46.7%。[2] 据不完全统计,在整个抗战期间,中国的死伤人数达 3500 万,其中死亡人数达 2100 万,仅南京大屠杀就死亡 30 万人以上。按 1937 年的比价计算,日本侵略者给中国造成的直接经济损失 1000 亿美元,间接经济损失 5000 亿美元。由此可见,正是中国人民以自己艰苦卓绝的战斗和巨大的民族牺牲,粉碎了日本要在三个月内征服中国的侵略计划,迫使日本陷入中国战场的泥潭而不能自拔,使其长期难以与德、意协调军事行动,制止了日军的北进,削弱了日军南进的实力,有效地支援了苏联的抗德战争,有力地鼓舞和促进了国际反法西斯同盟的形成和壮大,并大大有助于美英法等国家实施"先欧后亚"的战略。中国的抗战为最终打败纳粹德国和日本法西斯起到了奠基作用。毛泽东同志指出:"中国是全世界参加反法西斯战争的五个最大国家之一,是在亚洲大陆上反对日本侵略者的主要国家。……中国在八年抗日战争中,为了自己的解放,为了帮助各同盟国,曾经作了伟大的努力。这种努力,主要是属于中国人民方面的。"[3] 这是对中华民族的抗

---

[1] 参见 [日] 服部卓四郎《大东亚战争全史》(中译本)第一册,商务印书馆 1984 年版,第 336—337 页第六表和第八表;信夫清三郎《日本外交史》(中译本)下册,商务印书馆 1980 年版,第 620 页。

[2] 秦孝仪主编:《中华民国重要史料初编——对日抗战时期。第二编作战经过》(三),(台北)"中央文物供应社" 1981 年版,第 707 页;[日] 服部卓四郎:《大东亚战争全史》(中译本)第四册,第 1782 页。

[3] 毛泽东:《论联合政府》,《毛泽东选集》,第 934 页。

战在世界反法西斯战争中的地位和作用所做出的正确概括。中国的抗战在世界反法西斯战争中的作用也得到了战时盟国领袖的肯定。斯大林赞扬"中国人民及其解放军的斗争，大大地便利了击溃日本侵略力量的事业"①。美国总统罗斯福也指出，不断加强的"中国的壮丽的防御战"是阻止希特勒征服世界的计划接近完成的重要因素之一，并认为中国人民对日本侵略者的"坚决抗击所表现出来的顽强，乃是对其他联合国家军队和全体人民的鼓舞"。他还表示，美国"忘不了中国人民在七年多的长时间里怎样顶住了日本人的野蛮进攻和在亚洲大陆广大地区牵制住大量的敌军"②。曾经对中国的抗战表示轻视的丘吉尔，也不得不承认："我必须指出，中国一崩溃，至少会使日军 15 个师团，也许会有 20 个师团腾出手来。其后，大举进犯印度，就确实可能了。"③

第二次世界大战的另一个主要战场是苏德战场。苏联是抗击德国法西斯的中坚力量。为了反对侵略、收复自己的领土并把欧洲人民从德国法西斯的铁蹄下解救出来，苏联几乎是独自承担着最沉重的战争重担，与德军进行着生死搏斗并承受着最大的民族牺牲。苏联在东线抗击着近 201 个师的敌军，而当时德国用于对付美英军队的不超过 21 个师；即使是西方国家在西欧开辟第二战场之后，150 万盟军对付的也只是 56 万德军，而在苏德战场上，650 万苏军正在与 450 万德军展开殊死搏斗。正是在与苏联红军的作战中，纳粹德国的军队损失了 70% 的有生力量和 75% 的武器装备。与此同时，苏联的损失也相当惨重。根据俄罗斯公布的材料，苏联在 1941 年到 1945 年卫国战争期间，因战争死亡2700 万人，其中苏联红军牺牲 866.84 万人。按照 1941 年的价格计算，

---

① 1951 年 9 月 3 日《人民日报》。

② 参见美国国务院编《和平与战争》(The Department of State (ed.), *Peace and War*)，华盛顿特区 1943 年版，第 666 页；《罗斯福选集》，商务印书馆 1982 年版，第 345、480 页。

③ 温斯顿·丘吉尔：《第二次世界大战回忆录》(中译本) 第四卷上部第一分册，商务印书馆 1975 年版，第 266 页。

这场战争给苏联造成的物质损失达 6790 亿卢布。苏联的损失是二战参战各国蒙受的全部损失的 41%。^① 不能设想，如果没有 1941 年苏联红军有效地阻止德国进一步向东方推进，如果没有苏联红军赢得 1943 年斯大林格勒战役和库尔斯克战役的胜利，如何能有 1944 年诺曼底登陆的成功？反法西斯盟国又如何能够最终彻底打败德国？另外，苏联出兵中国东北，也加速了日本的失败。斯大林指出："获得胜利的是苏维埃的武装力量，是我们的红军，它以英雄的气概经受了战争的一切艰难困苦，彻底粉碎了敌人的军队，赢得了战争的胜利。"^② 罗斯福在战争即将胜利之时也曾表示："我们忘不了莫斯科、列宁格勒和斯大林格勒的英雄保卫战，也忘不了 1943 和 1944 年惊人强大的俄国反攻，这些反攻消灭了许多令人生畏的德国集团军。"丘吉尔也在德国向所有盟国的投降日给斯大林发去电报，祝贺苏联"取得了把侵略者赶出国土之外并击溃纳粹暴君的辉煌胜利"。^③ 这正是苏联为世界反法西斯战争做出的不可磨灭的伟大贡献。

英国和美国是世界反法西斯同盟的核心成员。英国在相当一段时间内，几乎是独力抵抗着德、意法西斯的进攻。美国在参战之前就已同英国确立了最终取得这场战争胜利的"先欧后亚"的战略总原则，并通过"租借法案"向英国、苏联、中国等 30 多个国家提供了大量的战略物资援助。在整个战争期间，美国先后为实施"租借法案"拨款 500 多亿美元，以自己强大的经济实力支持着抗击法西斯的斗争。以戴高乐将军为首的"自由法国"（1942 年夏改为"战斗法国"）也同样举起了坚决抵抗的斗争旗帜。美国参战之后，英美法军队是北非地中海战场打败德意法西斯的主要力量，美国和英国是大西洋战场和太平洋战场对德日

---

① 俄新社 2005 年 5 月 8 日发表的俄罗斯联邦驻华大使罗高寿撰写的文章。

② 《斯大林选集》，人民出版社 1979 年版，第 492—493 页。

③ 《罗斯福选集》，第 480 页；温斯顿・丘吉尔：《第二次世界大战回忆录》（中译本）第六卷下部第三分册，第 800 页。

法西斯进行坚决打击并取得胜利的关键力量，也是成功实施史无前例的诺曼底登陆，并把西欧各国人民从法西斯的统治下解放出来的关键力量。据统计，在这场大战中，英国有 27 万军人死亡，美国死伤约 40 万人，法国和"自由法国"武装力量的死亡人数是 21 万人。他们为第二次世界大战的胜利同样做出了重大的贡献。①

第二次世界大战是一场全球性的反法西斯战争。参战国有 61 个，除了中国、英国、苏联、美国、法国、加拿大、澳大利亚等国同大量的法西斯军队作战之外，朝鲜、越南、印度、缅甸、菲律宾、马来西亚、印度尼西亚、南斯拉夫、阿尔巴尼亚、捷克斯洛伐克、波兰、罗马尼亚、埃塞俄比亚等国的反对法西斯侵略者的战争和抵抗运动同样异常顽强。从亚洲到欧洲，从非洲到大洋洲，到处都举起了武装抵抗的大旗，开辟了反法西斯战争的新战线。

不仅如此，后方人民的贡献同样可歌可泣。中国人民为抗战的胜利做出了巨大的牺牲：工人、农民、知识界、产业界在后方努力工作，海外华侨也输财助战。苏联人民的忘我劳动使苏军装备不断改善，后勤供应源源不断；美国人民生产了大量武器装备和战略物资，使美国成为反法西斯盟国的重要兵工厂；印度等国为英军提供了相当数量的军队和大量后勤保障；非洲是"自由法国"的大后方和盟国的人力资源与战略物资的供应地；拉丁美洲也是盟军的军需供应地；而大洋洲的澳大利亚不仅直接派军队参加了太平洋战争，还是美英进行太平洋战争的重要基地。

因此，正是全世界人民依靠自己的理智、智慧和力量，把社会制度和意识形态的分歧暂时置于次要地位，以伟大的反法西斯同盟的全面合作与战略协同，战胜了邪恶的法西斯集团，赢得了战争，赢得了和平，也赢得了进步。

---

① 数字来源参见 2005 年 5 月 5 日《参考消息》。

第二次世界大战改变了世界

毛泽东同志指出："凡属正义的革命的战争，其力量是很大的，它能改造很多事务，或为改造事务开辟道路。"[①] 今天，当我们站在 21 世纪的高度，以一定的时间和空间的距离来审视 60 年前的这场伟大而惊心动魄的战争时，不禁深深感到，这场大战的确改变了世界。

欧洲作为资本主义文明的发源地，曾在几个世纪中处于世界的中心地位。第一次世界大战已经使这一地位受到严重动摇，第二次世界大战则使整个欧洲遭受了几乎是致命的打击。欧洲在地理上、政治制度上和意识形态方面都被一分为二，并分别处于美国和苏联的影响之下。19 世纪建立的以欧洲为中心的世界格局如落花流水，一去不复返了。

在西欧列强的实力受到极大削弱的同时，美国和苏联的力量在战后空前强大。美国成为资本主义世界之首的经济、军事和政治大国，它渴望领导世界的欲望难以按捺；苏联虽然在经济上逊于美国，但在军事和政治上亦十分强大，再加上它在战争中做出的重大贡献并显示出的巨大能量，使它赢得了很高的国际威望，于是国际关系的大格局就从以欧洲为中心并支配世界的时代逐渐过渡到美苏对峙的时代。这个新的两极格局的基石，就是二战中后期由同盟国确立的雅尔塔体系；两极格局的外在表现，就是战后形成了以美国为首的资本主义阵营和以苏联为首的社会主义阵营。

雅尔塔体系是第二次世界大战留给人类的至今仍有影响的重要遗产。

作为反法西斯同盟国对战后世界做出的安排，雅尔塔体系建立在

---

① 毛泽东：《论持久战》，《毛泽东选集》，第 425 页。

美英和苏联战时军事实力均势的基础之上，主要是它们出于对各自利益的现实考虑和对战后世界安排的长远打算，在进行了长期的讨价还价之后相互妥协的产物。因此它同样具有大国强权政治的深深烙印。但是作为反法西斯正义战争的产物，雅尔塔体系主要是由资本主义世界首屈一指的美国和成为世界强国的社会主义苏联共同达成的，而不是像过去那样完全由资本主义列强来安排，这一特点无疑是雅尔塔体系与凡尔赛—华盛顿体系的本质区别。因此，它实际上将苏联和美英两种不同社会制度国家之间的和平共处原则纳入了国际关系体系。这个体系的一个重要思想，就是承认东、西方两大阵营和平共处、防止战争。它反映了一战以后的世界现实，对战后的世界产生了重要的影响。

在反法西斯战争取得伟大胜利之时诞生的联合国，是战时盟国共同规划战后和平的一项重大成就。针对两次世界大战特别是二战对人类造成的大浩劫，为了回答如何避免使"后世再遭今代人类两度身历惨不堪言之战祸"这一严峻问题，反法西斯盟国一起筹建了联合国。它们将维持世界和平，尊重基本人权和自决原则，加强国际友好合作，促进全球经济、社会、文化和福利发展确定为联合国组织的根本宗旨并写进宪章当中，这体现了二战结束之时已经开始显现的人类呼唤世界和平、要求共同发展的时代特征和应当完成的历史任务。不仅如此，宪章第一次把维护和平与解决社会和经济发展问题紧密地联系在一起，更是反映了联合国创始者们的深刻的战略思考。因此，联合国的诞生，"适应了时代进步的客观需要，体现了各国人民要求消除战争劫难的强烈愿望，反映了人类要求建立一个和平、平等、合作与繁荣的新世界的美好理想"①。60年来，尽管联合国也遭遇了种种曲折和失败，但是，随着广大发展中国家的加入，联合国在解决地区冲突，消除殖民主义，推动裁减

---

① 江泽民：《让我们共同缔造一个更美好的世界——在联合国成立 50 周年特别纪念会议上的讲话》（1995 年 10 月 24 日），见 1995 年 10 月 25 日《人民日报》。

军备，促进世界的和平、合作与社会发展等方面，做了许多有益的工作和积极的贡献。今天，在维护世界和平与促进共同发展方面，联合国的作用应当得到进一步加强。

为了彻底打败法西斯主义，大同盟的成员国在战争进程中就通过了《大西洋宪章》《联合国家宣言》和《联合国宪章》，宣布尊重并在战后恢复各民族的主权和自决权。这给了殖民地半殖民地人民的斗争以极大的鼓舞。鉴于中国的抗战在第二次世界大战中的作用，1943年，美、英率先与中国签订"新约"，宣布放弃在华治外法权及有关特权；在它们的影响下，其他在华享有特权的国家也相继宣布放弃在华特权，与中国签订新约。尽管中美、中英新约尚有缺陷，但是总的来说，这些新约的签订，标志着西方列强在中国享有的百年特权在法理上的结束，雪洗了中国人民的百年耻辱。中国人民以对日本法西斯的坚决抗争，给世界殖民体系以沉重打击，并成为第二次世界大战后在世界范围内涌起的波澜壮阔的民族解放运动的先声。

第二次世界大战后，随着亚非拉地区经济的发展和民族独立意识更为广泛地传播，殖民地半殖民地的人民纷纷奋起斗争，使争取主权平等，政治独立，种族平等，经济公正和文化解放这五大主题为基本内容的非殖民化进程，终于以殖民主义者始料不及且最终无法控制的速度席卷了所有殖民地。这一进程是如此不可逆转，其结果是形成了20世纪最为壮观的民族解放运动的浪潮。在这次浪潮中，一些国家的政治家们动员了不同语言、不同宗教、不同社区的人民，发动了共同抵御外来势力，改变共同的被奴役命运，创立多民族的现代民族国家的斗争。于是，在二战后30年左右的时间里，就使当年那些幅员辽阔的殖民帝国全部消失，数十亿人民挣脱了殖民主义枷锁，一百多个民族独立国家在这些帝国的废墟上拔地而起，以惊人的速度结束了欧洲自15世纪就开始构筑的世界殖民体系。这不仅是20世纪的最伟大的变化，也是人类历史极其巨大的进步。

经过两次世界大战的洗劫，世界人民深感和平的弥足珍贵，制约世界大战的能力也得到了极大的提高。

首先，第二次世界大战使世界人民空前觉醒，爱好和平的力量空前壮大，和平成为不可阻挡的潮流。在这股潮流的推动下，同盟国领导人把"致力于全人类的和平、安全、自由与普遍的福利"写进了《关于被解放的欧洲的宣言》当中。《联合国宪章》也规定，要"发展国际间以尊重人民平等权利及自决原则为基础的友好关系"。这些都不是说说而已的空洞口号。它们体现在对德意日等战败国的处置并使之非法西斯化方面，以及对战犯的审判方面，也体现在给予被压迫民族的民族自决权和国家独立的支持方面。

其次，二战取得胜利之时建立的布雷顿森林体系，加深了各国的经济联系，为日后的经济全球化创造了条件。今天，在经济全球化的进程中，各国的经济生活已经形成了你中有我、我中有你、息息相关、不可分割的局面。正是这种相互依存的国际经济关系，形成了抑制新的世界大战爆发的重要因素。

第三，在战争中发展起来的先进的军事科学技术，不仅把全面常规战争推到了登峰造极的地步，核武器的出现也使人类第一次面临核战争的毁灭性前景。因此无论是自觉还是不自觉，维护和平已成为所有国家关心的首要问题，这就成为制约爆发大战特别是核战争的基本因素。正是在全世界人民的努力下，终于形成了 60 年无大战的局面。尽管战争并未从地平线上永远消失，局部常规战争有时还相当激烈，但和平需要以全人类的力量加以维护已逐渐成为共识。

中国是维护世界和平和促进共同发展的重要力量

在这场正义与邪恶、光明与黑暗、进步与反动之间的大搏斗中，中国作为最主要的参战国之一，在重建战后的世界和平中发挥了重要作用。这种作用，特别体现在联合国的建立方面。1944 年 8 月，中国代表团参加了首次筹建联合国的四大国会议——敦巴顿橡树园会议，并积极参与了联合国章程的制定工作。1945 年 4 月，联合国在旧金山召开制宪会议，中国是这次会议的发起国之一，也是会议的四主席之一。尤其要指出的是，中国共产党派出自己的代表，与国民政府的代表共同组成中国代表团出席会议，特别体现了代表全中国人民的意志。会议期间中国代表团反对强权政治，强调国家和种族平等，国家主权和民族独立，积极为弱小国家伸张正义，为确立联合国宪章的基本原则做出了重要贡献。中国的国际地位也得到与会国的一致肯定，中国成为联合国安理会的五大常任理事国之一。

中国成为联合国创始会员国和安理会常任理事国，这就在国际法上确认了中国的大国地位，使中华民族重新自立于世界民族之林。这是 100 多年以来中国的志士仁人前赴后继孜孜以求的努力结果，也是中国人民浴血奋战而赢得的国家和民族的尊严。正因为如此，中国也必将为维护和保障战后的世界和平而做出努力。正如毛泽东同志所指出的："中国人民不但在抗日战争中起了极大的作用，而且在保障战后世界和平上将起极大的作用，在保障东方和平上则将起决定的作用。"[1]

正是中国人民的抗日战争，为中国共产党领导下的民族解放事业奠定了坚实的基础。正是中国抗日战争和世界反法西斯战争，造就了战后维护东亚和世界和平的现实力量，其标志就是中华人民共和国的建立。新中国既是社会主义国家，也是从帝国主义、殖民主义压榨下获得独立解放的最大发展中国家。中国共产党有着长期与外敌抗争的丰富斗争经验，同时也继承和发展着中华民族的优秀文明传统。在为国家独立民族解放和世界和平的奋斗中，中国共产党将中华民族的发展前途和争

---

[1]　毛泽东：《论联合政府》，《毛泽东选集》，第 934 页。

取世界和平的长远目标紧密地结合起来，同其他亚非国家一起，创造性地提出了举世闻名的互相尊重主权和领土完整、互不侵犯、互不干涉内政、平等互利、和平共处五项原则。但是，战后的世界并不太平，某些大国自恃强大，干涉别国内政，破坏别国的民族团结，竭力把自己的价值观念、社会制度强加别国，企图控制别国，操纵国际事务，谋取私利，这种帝国主义的霸权行径必然遭到各国人民的强烈反对。当今，主张在和平共处五项基本原则的基础上，建立一个国际政治经济新秩序，已成为国际社会的共同愿望。中国在积极参与建设国际政治经济新秩序的过程中，将尽到它责无旁贷的义务和责任。

今天，在隆重纪念中国抗日战争和世界反法西斯战争胜利 60 周年的时候，各国人民对近年来某些国家出现的为法西斯、为侵略罪行翻案以及新法西斯主义日渐抬头的趋向，感到尤为关切。曾经遭受日本军国主义侵略达半个世纪之久的中国人民，对一些日本政要否定发动侵华战争和太平洋战争，并公然否定远东国际军事法庭对日本甲级战犯的审判结果的逆流，更加不能坐视。众所周知，第二次世界大战结束后进行的纽伦堡国际军事法庭对纳粹战犯的审判，以及远东国际军事法庭和中国审判战犯军事法庭对日本各类战犯的审判，宣告了国际正义与和平的不容破坏，为战后国际秩序的重建奠定了基础。否认这个基础，不仅严重伤害了所有遭受日本法西斯侵略的受害国人民的感情，也危及东亚和整个亚太区域和平、合作和发展的美好前景。实际上，日本当年进行的侵略战争不仅给中国人民带来了深重的灾难，也使日本人民深受其害。我们相信，在分清了战争的历史缘由和战争的主要责任者之后，广大日本国民也会从中获得历史教训。胡锦涛同志说："我们纪念世界反法西斯战争的胜利，就是要更好地珍惜和维护来之不易的和平，使战争悲剧不再重演，让各国人民永享太平。"①

①　本报莫斯科 5 月 8 日电：《胡锦涛会见俄罗斯老战士代表　强调牢记历史　不忘过去　珍爱和平开创未来》，《人民日报》2005 年 5 月 9 日。

岁月悠悠，沧桑巨变。60年过去了，世界形势和国际格局发生了巨大变化。然而，伟大的反法西斯战争并没有随着岁月的流逝而为人们所淡忘，它像一部厚重的最富哲理的历史教科书，留给人类无尽的思考和深刻的启迪。中国有一句古话，"前事不忘，后事之师"。我国已出版了一些第二次世界大战史的著作，摆在读者面前的《第二次世界大战史》就是这样一部史书。作者搜集了大量的历史文献，进行了深入的研究，并广泛征求了学术界专家们的意见，提出了一些自己独立的见解。但是，我国对二战史的研究还很不够，还需要不断深入，需要一大批经得起历史检验、为广大读者喜闻乐见的历史巨作。毋庸讳言，至今在国际上，因立场观点不同，对第二次世界大战史的某些问题还有争论，少数人还颠倒黑白，以非为是，因此我们还必须进一步广泛收集和占有二战史的资料，进一步加强二战史的研究，要让历史事实来说明二战的真相，让世界各国人民从历史事实中明辨是非，记取教训，为促进人类的和平与发展这一崇高的事业而不懈努力。

世界是人类共同的世界。不管经历多少艰难曲折，人类必将走向进步和解放，任何倒行逆施都是行不通的！和平与发展，是世界各国人民的共同愿望，也是时代的主流。人类历史的车轮，必将冲破一切阻力，驶向光明的未来。中国是一个爱好和平的国家，中华民族是一个爱好和平的民族。中国将坚定不移地走和平发展的道路，将永远和世界各国人民一道，为创造更加美丽、和平、繁荣的人类世界而努力奋斗！

世界历史视野下的中国抗日战争 *

——纪念中国抗日战争暨世界反法西斯战争胜利 60 周年

　　第二次世界大战的隆隆炮声，已经沉寂了 60 年。但人们对这场人类历史上旷古未有的真正全球性大战，至今仍不能忘怀。作为 20 世纪最重大的历史事件，第二次世界大战在历史长河中所激起的层层涟漪，一直深刻地影响着历史的进程。作为二战的有机组成部分，中国人民的抗日战争，是中华民族悠久历史上的一次血洗百年耻辱、开始中华民族伟大复兴事业的民族解放战争。在这场战争中，炎黄子孙团结一致，奋勇抗敌，终于彻底打败了邪恶的日本法西斯，初步实现了国家的独立和民族的解放。

　　今天，当我们站在世界历史发展的高度，以全球为视角，以 60 年的时空距离来审视这场伟大而惊心动魄的战争时，不禁深深感到，中国抗日战争不仅对世界反法西斯战争做出了不可磨灭的伟大贡献，而且它所留下的政治遗产对中国历史和世界历史发展的影响也相当深远。

---

* 本文原刊于《史学理论与史学史学刊》2004—2005 年卷，社会科学文献出版社 2005 年版。

中国抗日战争对世界反法西斯战争的
胜利做出了重大贡献

众所周知，第二次世界大战并非一开始就是一场全面的世界性战争，它是由法西斯国家日本、德国和意大利在不同的时间和不同的地区分别发动，然后逐步升级并汇合成为世界规模的大战的。而法西斯的第一场侵略战火，就是1931年日本在中国东北点燃的。因此，是中国第一个举起了反法西斯的旗帜，并成为第二次世界大战中参战时间最早、作战时间最长的国家；而中国战场也成为在东方反对日本法西斯侵略和奴役的主战场。这一点，是任何人都无法否认的。

1937年7月7日，日本悍然发动了全面侵华战争，法西斯的侵略战火蔓延到欧、亚、非三大陆。中日战端初启时，"对支一击"论在日本统治阶级中甚嚣尘上，认为只消一个月日军便可"凯旋班师"。但是，在中国共产党的积极努力和直接推动下，中国已经出现了抗日救亡的高潮并形成了抗日民族统一战线，此时日本侵略者面对的并不是有如一盘散沙的中国，而是由四亿多人民组成的坚不可摧的铜墙铁壁。在随后的淞沪抗战、平型关战役、台儿庄战役以及武汉和广州战役中，中国军队顽强作战，使日军遭到重创。从七七事变到1937年底，日本已向中国战场（不包括中国东北）投入了16个师团约60万人，占当时日本陆军总数95万人的2/3。到1938年，日本投入中国战场的兵力已达24个师团100万人以上，其国内本土只剩1个师团。真可谓倾巢而出了。此后，日军再也无力进行攻势作战，中日战争转入战略相持阶段。因此，正是中华民族的全民族抗战，使日本法西斯企图迅速征服中国的狂妄野心彻底破产。

从七七事变到1939年9月欧战爆发，是中国人民孤军奋战抵抗法西斯的时期。中国抗日战争不仅关系着中国人民的生死存亡，也关系到世界人民的安危。但是当时只有苏联认识到唇亡齿寒的关系，援助中国。从1938年3月到1939年6月，苏联先后向国民党政府提供2.5亿美元的贷款，以供从苏联购买军火和其他物资之用。与此同时，中国的抗战也大大减轻了日本对苏联的压力，有助于苏联打退日本在张鼓峰和诺门坎的两次入侵。但是面对德、意、日侵略扩张的西方列强则目光短浅，它们在继续绥靖德、意法西斯的同时，也用同样的办法来安抚日本，致使国际社会丧失了援华抑日的良机。尽管在这一时期，美、英也分别向中国提供了2500万美元和550万英镑的少量援助，但只是杯水车薪。随着日本的侵略战争不断升级，中国人民的抗战斗争也极其艰苦。然而，正是由于中国顽强抵御着日本的百万大军，才推迟了德、意、日三国同盟的缔结，使日本在欧战爆发时未能在军事上配合德国，从而大大减轻了英法在远东所受到的压力，也为日后同盟国反法西斯的共同事业奠定了坚实的基础。

1939年9月1日德国进攻波兰，随后英、法相继对德国宣战，欧战全面爆发。但是由于日本法西斯已经深深陷在中国大陆，因此对欧战采取观望态度，声明"帝国不介入，专注于中国事变"。但是中国的英勇抗战使日本无法结束"中国事变"，早日南下。国民党战场方面陆续进行了第一次长沙战役、桂南战役、枣宜战役、豫南战役、中条山战役、第二次长沙战役等，抵抗了日军的疯狂进攻；八路军方面则发动了著名的百团大战，在华北向日军大举进攻，这场历时3个半月的大破袭战共进行大小战斗1824次，毙伤日军20645人，伪军5155人，并破坏了河北和山西的铁路和公路等交通动脉。[①] 与此同时，中国共产党领导的抗日根据地不断扩大，游击战争日益发展。1939年，解放区战场抗

---

① 聂荣臻：《关于百团大战对晋察冀社记者的谈话》（1940年9月18日），见河北省社会科学院历史研究所等编《晋察冀抗日根据地史料选编》上册，河北人民出版社1983年版，第399—400页。

击的日军就达到日本在华兵力的 62%。① 据日方统计，仅日本华北方面军在 1940 年就进行了 20123 次战斗，② 由此可见八路军的游击战给了日军多么频繁的打击。正是由于中国抗战的牵制，才制止了日军的北进，并迫使日军放慢了南进的速度，削弱了日军南进的实力。因此，中国的抗战不仅有效地支援了英国的抗德战争，而且是控制局部战争迅速向全面战争发展的中坚力量。

1941 年 6 月 22 日，德国发动了侵略苏联的战争。但是日本并没有与其盟国德国协同对苏联作战，而是通过六次政府和大本营联络恳谈会，最终确立了南进政策。1941 年 12 月 8 日，日军偷袭珍珠港，太平洋战争终于爆发。

从 1939 年 9 月欧战爆发到 1941 年 12 月珍珠港事件，英、法、苏等国虽然已经先后参战，但是在亚太地区仍然是中国孤军奋战的局面。苏联出于自卫的需要，在 1941 年以后援华力度大减。美、英的援助虽然比以前增加，分别再提供 1.45 亿美元和 1 千万英镑的援华贷款，并将租借法案运用于中国，使中国的抗战条件稍有改善，但是仍远远不能满足中国战场的巨大需要。尽管如此，中国军民还是以自己的巨大牺牲拖住了日军的主力。太平洋战争爆发时，日本陆军的大部分兵力仍然被束缚在中国战场上，总数达 27 个师团，如果加上日本在中国东北的兵力，则为 40 个师团，约占当时师团总数 51 个师团的 78%。③ 由此可见，正是由于中国人民的英勇抗战，迫使日本陷入中国战场的泥潭而不能自拔，使其长期难以与德、意结成军事同盟，从而延缓了战争的扩大并大

---

① 《中央人民政府人民革命军事委员会关于抗日战争时期中国人民解放军的五个统计材料》，《人民日报》1951 年 9 月 3 日。

② 臼井胜美、稻叶正夫解说：《现代史资料》第 9 卷，（东京）1964 年版，第 470—471 页。

③ 参见 [日] 服部卓四郎《大东亚战争全史》（中译本）第一册，商务印书馆 1984 年版，第 336—337 页第六表和第八表；信夫清三郎《日本外交史》（中译本）下册，商务印书馆 1980 年版，第 620 页。

大有助于其他国家的抗战。美国总统罗斯福曾在 1941 年 5 月 27 日指出，不断加强的"中国的壮丽的防御战"是阻止希特勒征服世界的计划接近完成的重要因素之一。[①] 曾经一向对中国的抗战表示轻视的丘吉尔，也不得不在 1942 年 4 月 18 日写道："我必须指出，中国一崩溃，至少会使日军 15 个师团，也许会有 20 个师团腾出手来。其后，大举进犯印度，就确实可能了。"[②]

太平洋战争爆发后，中国战场特别是解放区战场的抗日斗争仍然十分激烈，日本为了把它在中国的占领区变成"兵站基地"，以 75% 的侵华兵力对抗日根据地进行"总力战"。中国共产党领导的八路军则展开持续不断的游击战争。1943 年，八路军和敌人作战 24800 余次，毙伤敌伪军 136000 余人，新四军与敌作战 5300 余次，毙伤敌伪军 66000 余人；[③] 解放区军民牵制了大部分侵华日军，抗击了绝大部分的伪军。中国的抗战，不仅支持了美英继续贯彻其"先欧后亚"的军事战略，而且是东亚和太平洋战场能够转入战略反攻的重要因素。1944 年，解放区战场发动了对日军的局部反攻，到 1945 年 3 月，中国共产党所领导的军队已发展到了 91 万人，乡村中不脱离生产的民兵发展到了 220 万人以上，已经成了中国抗日战争的主力军；与此同时，中国共产党在北起内蒙，南至海南岛的辽阔区域内建立了 19 个大的解放区。[④] 在国民党战场，从 1941 年到 1945 年，共与敌军进行会战 9 次，中国远征军和驻印军队在滇缅边界和缅北进行了胜利的反攻。中国战场的战斗有力地支持了美军在太平洋战场的反攻。到 1945 年日本战败时，向中国战区（包括台湾和越南北纬 16°线以北地区）投降的日军共 128.3 万

---

① The Department of State ed., *Peace and War*, Washington, 1943, p.666.

② 温斯顿·丘吉尔：《第二次世界大战回忆录》（中译本）第 4 卷上部第一分册，商务印书馆 1975 年版，第 266 页。

③ 《抗日战争时期的八路军和新四军》，人民出版社 1980 年版，第 175 页。

④ 毛泽东：《论联合政府》，《毛泽东选集》，人民出版社 1968 年版，第 939—940、945 页。

人，这个数目大约相当于全部海外日军274.6万人（不包括关东军）的46.7%。①

据不完全统计，在整个抗战期间，中国的死伤人数达3500万，其中死亡人数达2100万，仅南京大屠杀就死亡30万人以上。按1937年的比价计算，日本侵略者给中国造成的直接经济损失1000亿美元，间接经济损失5000亿美元。由此可见，正是中国人民以自己艰苦卓绝的战斗和巨大的民族牺牲，为最终打败纳粹德国和日本法西斯起到了奠基作用。因此，1945年1月6日罗斯福在致国会的国情咨文中再次表示，我们"忘不了中国人民在七年多的长时间里怎样顶住了日本人的野蛮进攻和在亚洲大陆广大地区牵制住大量的敌军"②。斯大林也肯定"中国人民及其解放军的斗争，大大地便利了击溃日本侵略力量的事业"③。这正是中国人民的抗日战争对世界反法西斯战争的全局所做出的最为重大而突出的贡献之一。正如刘大年先生所说："有了中国抗日，才有第二次世界大战和世界反法西斯在亚洲和东方的胜利。"④不仅如此，中国抗日战争还以中华民族的空前觉醒而昭示世界：在这场大战结束之后，在全球特别是在整个东方将发生一系列历史性的巨变，并将对战后的国际关系产生决定性的影响。

① 秦孝仪主编：《中华民国重要史料初编——对日抗战时期》第2编《作战经过》（三），（台湾）"中央文物供应社"1981年版，第707页；[日] 服部卓四郎：《大东亚战争全史》（中译本）第四册，商务印书馆1984年版，第1782页。
② 关在汉编译：《罗斯福选集》，商务印书馆1982年版，第480页。
③ 《人民日报》，1951年9月3日。
④ 刘大年主编：《中日学者对谈录——卢沟桥事变五十周年中日学术讨论会文集》，北京出版社1990年版，第6页。

中国抗日战争使中国废除了
不平等条约并赢得大国地位

毛泽东指出："中国在八年抗日战争中，为了自己的解放，为了帮助各同盟国，曾经作了伟大的努力。这种努力，主要地是属于中国人民方面的。"① 这是对中华民族八年抗战历史的最正确的概括。

首先，正是中华民族的英勇抗战，才使中国得以废除不平等条约，赢得了国家的独立。

随着太平洋战争的爆发，中国战略地位的重要性终于为美英等国所承认，美国总统罗斯福曾经对他的儿子埃利奥特说过："假如没有中国，假如中国被打垮了，你想一想有多少师团的日本兵可以因此调到其他方面来作战？他们可以马上打下澳洲，打下印度——他们可以毫不费力地把这些地方打下来。他们并且可以一直冲向中东……"② 因此，为了使中国坚持对日本的有效作战，美国众参两院于 1942 年 2 月 7 日通过了援华贷款 5 亿美元，扩大了对华援助的规模。不仅如此，美英特别是美国在废除对华不平等条约问题上的态度逐渐积极起来，而此时的国民政府也及时抓住这一历史机遇，决心解决这个问题。

1942 年春天，中国社会掀起了要求立即废除不平等条约的热潮。4 月 23 日，《纽约时报》发表宋美龄的文章《如是我观》，谴责西方国家在华领事裁判权等特权，呼吁有关各国尽早予以废除。该文在美国社会引起了强烈反响，人们纷纷致函美国政府有关部门，要求立即放弃在华领事裁判权，许多报刊也发表文章支持中国的要求。几乎与此同时，美

---

① 毛泽东：《论联合政府》，《毛泽东选集》，第 934 页。

② 伊利奥·罗斯福：《罗斯福见闻秘录》（中译本），新群出版社 1950 年版，第 49 页。

国国务院就是否废除在华领事裁判权的问题展开的讨论也基本有了结果，主张立即废约的意见被接受。① 于是，美国开始与英国磋商是否考虑在战时废约的问题。10月4日，蒋介石对来华访问的美国共和党领袖温德尔·威尔基正式提出了废除不平等条约要求，他指出："中国今日尚未能取得国际上平等之地位，故深盼美国民众能了解中国，欲其援助被压迫民族争取平等，应先使其本身获得平等地位始。"② 这时美英就立即废约问题也达成了共识。10月9日，美、英两国同时通知中国驻美、英的使节：两国准备立即与中国政府谈判废约问题，不过他们都准备把所放弃的特权范围限定在"治外法权和相关的权利方面"。③ 但中国政府认为这是不够的，于是蒋介石向美英提出：除了"领事裁判权以外，尚有其他同样之特权，如租界及驻兵与内河航行、关税协定等权，应务望同时取消，才得名实相符也"。④ 他还指示当时中国的外交部长宋子文，希望在谈判中"将过去所有各种不平等条约，一律作废，整个撤销，重订平等合作之新约"⑤。

1943年1月11日，中美、中英分别在华盛顿和重庆签订《中美关于取消美国在华治外法权及处理有关问题之条约与换文》（简称《中美新约》）和《中英关于取消英国在华治外法权及其有关特权条约与换文》（简称《中英新约》），宣布取消美英两国在中国的治外法权及有关特权；取消1901年签订的《辛丑条约》，终止该条约及其附件给予两国的一切权利；两国放弃在北平使馆界、上海和厦门公共租界所享有的权利，并

① The U. S. Department of State, ed., Foreign Relations of the United States, Diplomatic Papers, 以下简写为 FRUS/1942, China, Washington, Government Printing Office, 1956, pp.271-274.

② 秦孝仪主编：《中华民国重要史料初编——对日抗战时期》第3编《战时外交》（一），（台湾）"中央文物供应社"1981年版，第759—760页。

③ FRUS/1942, China, p.307.

④ 《中华民国重要史料初编——对日抗战时期》第3编《战时外交》（三），第712页。

⑤ 《中华民国重要史料初编——对日抗战时期》第3编《战时外交》（三），第714页。

协助中国政府收回这些地区的行政管理权和官方资产；取消两国在通商口岸的特别法庭权，在上海和厦门公共租界的特区法院制度，在中国领土内各口岸雇用外籍引水人的权利，两国船舶在中国领水内沿海贸易与内河航行的权利，两国军舰驶入中国领水的权利等项特权；英国交还天津和广州的租界，放弃英籍海关总税务司权；等等。①

在美英的影响下，其他在华享有特权的国家也相继宣布放弃在华特权，与中国签订新约。尽管中美、中英新约尚有缺陷，例如英国就拒绝交述香港和九龙，但是应当承认，这些新约的签订，标志着在法理上结束了西方列强在中国享有的百年特权，雪洗了中国人民的百年耻辱，使中国从此摆脱了半殖民地的地位，获得了国家的独立，成为国际社会中的平等一员。不仅如此，中国人民以对日本帝国主义的坚决抗争，给世界殖民体系以沉重打击，中国抗日战争成为第二次世界大战后在世界范围内涌起的波澜壮阔的民族解放运动的先声。

其次，与中国废除不平等条约、获得国家独立相伴随的，是中国在国际上获得了政治大国的地位。太平洋战争爆发后，26 个抗击法西斯的国家于 1942 年 1 月 1 日—2 日在华盛顿签署了《联合国家宣言》，宣布签字各国为了将这场反法西斯战争进行到底而协同作战。几乎与此同时，包括中国、泰国和印度支那的中国战区成立。以这两件大事为标志，世界反法西斯大同盟终于得以形成，从而奠定了最终取得这场战争胜利的基础。值得注意的是《联合国家宣言》的签名方式，在美国的支持下，美国、英国、苏联和中国排在 26 个国家之首，并比其他国家提前一天签字，其他国家则按字母顺序排列于第二天签字，这就使中国作为"四大国"之一正式出现在国际文件和国际舞台上。②尽管与其他三

---

① 详细内容参见王铁崖编《中外旧约章汇编》第 3 卷，三联书店 1962 年版，第 1256—1260、1263—1269 页。

② 参见威廉·哈代·麦克尼尔《国际事务概览·美国、英国和俄国，它们的合作和冲突 1941—1946 年》上册，上海译文出版社 1978 年版，第 152—154 页。

个国家相比中国仍然贫弱，尽管美国出于其战时和战后长远战略利益的考虑支持中国的大国地位，但是，从根本上说，正是中国人民以自己的英勇抗战和民族的巨大牺牲，才赢得了中国应有的国际地位。正如罗斯福的密友霍普金斯在1941年12月27日提交罗斯福的一份备忘录中所说，《联合国家宣言》的签字方式"要打破按字母编排的次序，把像中国和苏联这样的国家提到同我国和联合王国并列的地位，区别的办法可以是，那些在自己的国土上积极作战的国家为一类，另外则是已经被轴心国征服了的国家。我认为这种排列极为重要。"① 从此，中国作为"四个最主要的参战国"，不仅为战争的胜利继续做出努力，而且为重建战后世界的和平而做出贡献。

中国是保障战后世界和平和
促进共同发展的重要力量

第二次世界大战中后期，以反法西斯同盟的主要大国美国、英国和苏联为主召开了一系列国际会议，共同设计战后新的国际秩序和世界和平蓝图，也就是雅尔塔体系。该体系建立在美英和苏联战时军事实力均势的基础之上，主要是它们出于对各自利益的现实考虑和对战后世界安排的长远打算，在进行了长期的讨价还价之后相互妥协的产物。因此它同样具有大国强权政治的深深烙印。但是作为反法西斯正义战争的产物，雅尔塔体系主要是由资本主义世界首屈一指的美国和成为世界强国的社会主义苏联共同达成的，而不是像过去那样完全由资本主义列强来安排（这一特点无疑是雅尔塔体系与凡尔赛—华盛顿体系的本质区别），

---

① ［美］舍伍德：《罗斯福与霍普金斯——二次大战时期白宫实录》下册，商务印书馆1980年版，第15页。

因此，它实际上将苏联和美英两种不同社会制度国家之间的和平共处原则纳入了国际关系体系，反映了二战以后的世界现实，对战后的世界产生了重要的影响。

但是必须指出的是，在雅尔塔体系形成的过程中，中国的大国地位不仅一再得到确认，而且中国也在其建立过程中发挥了重要作用。正如毛泽东所说："中国是全世界参加反法西斯战争的五个最大国家之一，是在亚洲大陆上反对日本侵略者的主要国家。中国人民不但在抗日战争中起了极大的作用，而且在保障战后世界和平上将起极大的作用，在保障东方和平上则将起决定的作用。"① 这种作用，特别体现在作为该体系的重要组成部分——联合国的建立方面。

1943 年 3 月宋美龄在美国与霍普金斯会谈，她代表蒋介石表示，应当立即采取某种步骤，使四大国一起商谈战后的事务。② 在 1943 年 10 月莫斯科召开的美英苏外长会议上，美国国务卿赫尔代表美国政府表示："美国政府认为中国是世界上正在进行作战的四大国之一。对中国来说，如果现在俄国、大不列颠和美国在宣言中把它抛在一边，将极有可能在太平洋地区造成最可怕的政治和军事反响"，因此他认为"在四国宣言中漏掉中国是不可能的"。③ 在美国的坚持下，中国最终作为四强之一签署了《四国关于普遍安全的宣言》（亦称《莫斯科宣言》），宣布要"根据一切爱好和平国家主权平等的原则，建立一个普遍性的国际组织，所有这些国家无论大小，均得加入为会员国，以维持国际和平与安全"，并进一步明确指出，四大国"按法律与秩序重建及普遍安全制度创立之前"将彼此协商，"并于必要时与联合国家中其他国家磋商，以便代表国际社会采取共同行动"，④ 从而肯定

① 毛泽东：《论联合政府》，《毛泽东选集》，第 934 页。

② ［美］舍伍德：《罗斯福与霍普金斯——二次大战时期白宫实录》下册，第 335 页。

③ Cordell Hull, The Memoirs of Cordell Hull, Vol.2, New York, The Macmillan Company, 1948, p.1282.

④ 《国际条约集》（1933—1944），世界知识出版社 1961 年版，第 403 页。

了中国在建立未来的联合国组织中与美国、英国和苏联所处的特殊地位。

同年 11 月，中、美、英首脑举行开罗会议。在 11 月 23 日美国总统罗斯福和蒋介石的会晤中，罗斯福表示，支持中国关于日本窃取的中国领土满洲、台湾和澎湖列岛必须归还中国的要求，[①] 并将其写进中美英三国《开罗宣言》当中。1945 年 7 月发表的《波茨坦公告》再次宣布：开罗宣言之条件必将实施。[②] 这就在国际法上明确承认了台湾是中国领土这一重要的历史事实。在当天的会晤中罗斯福与蒋介石还讨论了未来的国际组织问题。罗斯福再次支持中国的四大国之一的地位，表示"中国应当拥有作为四强之一的地位，并且应当以平等的身份参加四强小组的机构并参与制定它的一切决定。"蒋介石则当即表示"中国将欣然参加四强的一切机构和参与制定决定"，[③] 并指示中国代表团成员王宠惠草拟有关筹建新的国际组织的建议，以供讨论之用。24 日中国政府就提出了有关建立四国机构或建立联合国机构的四点建议：1. 在联合国总机构未设置前，由美英苏中成立四国机构，协商四国宣言规定的具体事项；2. 四国机构的常设机关设于华盛顿，根据情况，该机关可以在伦敦、重庆或莫斯科开会；3. 四国机构应负筹设联合国总机构之责任；4. 联合国总机构的组织，中国政府同意美国的设计，即由 11 个国家组成一个执行机关，由美英苏中任主席。[④] 由此可见，中国对建立维持战后国际和平的联合国组织的态度是相当积极的，同时也再次表明，中国的大国地位已经进一步得到了国际社会的确认。

1944 年 6 月，赫尔将根据罗斯福的指示起草并得到国会同意的"普

---

① FRUS/1943，The Conference at Cairo and Tehran，Washington，1961，p.324.

② 《国际条约集（1934—1944）》，第 407 页；《国际条约集（1945—1947）》，第 77—78 页。

③ FRUS/1943，The Conference at Cairo and Tehran，p.323.

④ FRUS/1943，The Conference at Cairo and Tehran，p.387.

遍国家组织暂定方案"，分送中英苏三国政府征求意见，同时邀请三国在美国举行会议具体商谈未来国际组织的筹建。蒋介石立即致电罗斯福，表示"中国向来主张早日成立此种机构，如其可能，并望在战事结束以前成立"，并表示"中国必须参加此次会议……盖东方人民如无代表，则此会议将对于世界之一半人类失去意义也。"①

1944年8月，中国代表团参加了首次筹建联合国的四大国会议——敦巴顿橡树园会议，并积极参与了联合国章程的制定工作。中国政府高度重视这次会议，蒋介石指示中国代表团"应该促使敦巴顿橡树园会议取得成功，我们的所有建议都应服从于这个总方针"。② 与此同时，中国政府拟定了《我方基本态度与对重要问题之立场》，其中提出：1. 世界和平机构以愈坚强有力为愈宜；2. 世界和平机构之全部分或一部分应尽早成立；3. 凡美、英、苏在世界和平机构中参与之事项，我国应以平等地位同样参与。该文件还对有关世界和平机构的16个主要问题说明了中国政府的立场。③ 另外，中国还提出《国际组织宪章基本要点节略》，对22个重要问题阐述了中国政府的主张。④

鉴于苏联以其未对日本作战为借口拒绝与中国代表团同桌讨论问题，美英两国为了尽早取得对德国战争的胜利而迁就苏联，致使中国只参加了会议的第二阶段，但是在整个会议期间，中国代表团都进行了积极的努力。例如：中国代表团团长顾维钧10月3日拜见罗斯福，后者再次表示要将中国列为战后负有维持和平责任的大国之一。⑤ 中国代表团"为了使新国际组织能够有效地促进国际安全与和平"，在第二阶段会议上提出了14个早已准备好的与第一阶段会议采纳的提案有关的问

---

① 《中华民国重要史料初编——对日抗战时期》第3编《战时外交》（三），第828页。
② 《顾维钧回忆录》第5分册，中华书局1987年版，第431页。
③ 《中华民国重要史料初编——对日抗战时期》第3编《战时外交》（三），第868—870页。
④ 《中华民国重要史料初编——对日抗战时期》第3编《战时外交》（三），第875—886页。
⑤ 《顾维钧回忆录》第5分册，第414页。

题，希望对这些提案进行改进与修订。① 尤其要指出的是，中国代表团提出了三点非常重要的建议：第一，为解决国际争端提出了一项重要原则，即这些国际争端"应根据正义和法律原则加以解决"。正是由于中国在这次会议上提出了这项原则，并最终取得了美国和英国的支持，才使后来的《联合国宪章》写进了"依正义及国际法之原则"解决国际争端这一提法。正如顾维钧所说，这是"为了实现和平，采取了一些积极的措施"。② 第二，联合国大会应具有进行调查与做出建议的任务，以发展并修改国际法的规范与原则。第三，经济及社会理事会应具有在教育以及其他一些文化问题上促进合作的特殊任务。③ 上述建议先后得到美、英、苏等国的同意，并作为"中国建议"被吸收进上述三国签署的《关于建立普遍性的国际组织的建议案》之中。该建议案作为四大国一致同意的提案，于 1945 年 5 月 5 日提交旧金山制宪会议审查。它的重要意义在于基本规定了联合国的构成，为旧金山制宪会议奠定了基础。中国代表团在敦巴顿橡树园会议的活动得到了与会美英代表的高度评价，认为"中国代表团成员巧妙而策略地提出自己的看法，为会议的成功做出了贡献"④。

1945 年 4 月，联合国在旧金山召开制宪会议，根据雅尔塔会议的决定，中国是这次重要会议的四个发起国之一。中国共产党派出自己的代表，与国民政府的代表共同组成中国代表团出席会议，特别体现了代表全中国人民的意志。正如毛泽东在中共七大所作的题为《论联合政府》的政治报告中所说："中国共产党对于保障战后国际和平安全的机构之建立，完全同意敦巴顿橡树林会议所作的建议和克里米亚会议对这

---

① 《顾维钧回忆录》第 5 分册，第 411 页。

② 《顾维钧回忆录》第 5 分册，第 421 页。

③ 参见 [苏] C. B. 克里洛夫《联合国史料》第 1 卷，中国人民大学出版社 1955 年版，第 54 页；《顾维钧回忆录》第 5 分册，第 420 页。

④ 《顾维钧回忆录》第 5 分册，第 422 页。

个问题所作的决定。中国共产党欢迎旧金山联合国代表大会。中国共产党已经派遣自己的代表加入中国代表团出席旧金山会议,借以表达中国人民的意志。"[1]

在这次制宪会议上,中国代表团提出的一些重要建议为大会所接受。第一,针对国际联盟不能有效制止侵略行动的教训,以及敦巴顿橡树园建议案中的不足,中国代表团提出:授权安全理事会当发生紧张情势时在最后决定之前采取临时办法。第二,针对可能发生的破坏和平的国家或发动侵略的国家拒不执行国际法院判决的情况,中国代表团提出:授权安全理事会采取办法以实现国际法院的裁决。第三,针对敦巴顿橡树园建议案中要求非联合国会员国承担维护和平的义务但未提这些国家的权利问题,中国代表团提出:授权安全理事会确定向本组织提出请求的非联合国会员国应当享有的权利。第四,对联合国非常任理事国的选举,中国代表提出"要斟酌地域上的公匀分配"。第五,对于国际托管的目的,中国代表团认为,"托管领土朝着独立的道路发展"。这些建议都反映在《联合国宪章》之中。[2]

总之,会议期间中国代表团反对强权政治,强调国家和种族平等,国家主权和民族独立,积极为弱小国家伸张正义,成为中国在创建联合国的外交活动中的一大特色和独特贡献。中国的国际地位也被与会国一致肯定,中国被确认为联合国安理会的五大常任理事国之一,中文也成为联合国的正式语文之一。

中国成为联合国常任理事国,这就进一步在国际法上确认了中国的大国地位,使中华民族重新自立于世界民族之林。这是100多年以来中国的志士仁人前赴后继孜孜以求的努力结果,也是中国人民浴血奋战而赢得的国家和民族的尊严。当然,必须承认,尽管中国在战时取得了

---

[1] 毛泽东:《论联合政府》,《毛泽东选集》,第986页。

[2] 参见 [苏] C. B. 克里洛夫《联合国史料》第1卷,第44—46、83、84、146页;《联合国宪章》第40、94、11、35、23、76条等。

政治大国的地位，但是却不具备一个大国的相应实力，因此也没有真正获得美英苏等国的平等相待。例如，在 1945 年 2 月的雅尔塔会议（即克里米亚会议）上，美、苏在不让中国知晓的情况下就达成了有关远东问题的秘密协定。在该协定中，美国以中国的主权为筹码，以维持外蒙古现状，南库页岛及临近岛屿归苏联，大连商港国际化并保证苏联在这个港口的优惠权益，恢复租借旅顺港为苏联海军基地，中东铁路和南满铁路由中苏合营并保证苏联的优惠权益，千岛群岛归苏联等条件，换取苏联在德国法西斯投降 3 个月内参加对日作战。① 随后美国又迫使中国接受该协定，苏联则基本按照该协定与中国政府签订了实际上并不平等的《中苏友好同盟条约》。中国抗战胜利后，英国仍拒不交还香港和九龙，美国更是介入中国内战，并依靠 1943 年 5 月中美签订的《关于处理在华美军人员刑事案件换文》以及 1946 年 11 月两国签订的《中美友好通商航海条约》，不仅使在华美军实际享有治外法权，而且使美国获得了多方面的在华特权。之所以如此，除了中国曾长期遭受列强的侵略压迫致使国家积贫积弱这个主要原因之外，还与战时国民党统治集团的专制、腐败、积极反共密切相关。只有在新中国成立之后，中国才逐步摆脱了贫弱状态，中国的世界大国地位才真正得以确立。

但是，不可否认是，正是中国人民的抗日战争，为中国共产党领导下的革命奠定了坚实的基础并加速了革命进程，从而加快了中国走向社会主义的历史步伐。正是中国抗日战争和世界反法西斯战争造就了战后维护东亚和世界和平的现实力量，其标志就是中华人民共和国的建立。新中国既是社会主义国家，也是从帝国主义、殖民主义压榨下获得独立解放的最大发展中国家。中国共产党有着长期与外敌抗争的丰富斗争经验，同时也继承和发展着中华民族的优秀文明传统。在为国家独立民族解放和世界和平的奋斗中，中国共产党将本国的发展前途和争取世

---

① 《德黑兰、雅尔塔、波茨坦会议》文件集，三联书店 1978 年版，第 258 页。

界和平的长远目标紧密地结合起来，同其他亚非国家一起，以高超的胆略和智慧，创造性地提出了举世闻名的和平共处五项原则，从而奠定了战后国际关系的基础。随着中华人民共和国恢复了它在联合国内的一切合法权利并在国际舞台上发挥越来越大的作用时，和平共处五项原则也为越来越多的国家所接受。

当然，我们也已经看到，战后的世界并不太平，某些大国自恃强大，不断干涉其他国家的内政，竭力把自己的价值观念、社会制度强加给别国。这种帝国主义的霸权行径遭到了各国人民的强烈反对，主张在和平共处五项基本原则的基础上建立一个公正合理的国际政治经济新秩序，已成为国际社会的共同愿望。行进在改革开放中的、奉行独立自主和平外交政策的、拥有世界人口 1/5 的中国，将作为保障亚洲和世界和平、促进共同发展的重要大国，在参与建设国际政治经济新秩序的过程中，尽到它责无旁贷的义务和责任。

今天，在隆重纪念中国抗日战争和世界反法西斯战争胜利 60 周年的时候，各国人民对近年来某些国家出现的为法西斯、为侵略罪行翻案以及新法西斯主义日渐抬头的趋向，感到尤为关切。曾经遭受日本军国主义侵略达半个世纪（1895—1945）之久的中国人民对一些日本政要否定侵华战争和太平洋战争并公然否定远东国际军事法庭对日本甲级战犯的审判结果的逆流，更加不能坐视。众所周知，第二次世界大战结束后进行的纽伦堡国际军事法庭对纳粹战犯的审判，以及远东国际军事法庭和中国审判战犯军事法庭对日本各类战犯的审判，确认了侵略战争是最大的国际性犯罪，宣告了国际正义与和平的不容破坏，为战后国际秩序的重建奠定了基础。否认这个基础，不仅严重伤害了所有遭受日本法西斯侵略的受害国人民的感情，也危及东亚和整个亚太区域和平、合作和发展的美好前景。实际上，日本当年进行的侵略战争不仅给中国人民带来了深重的灾难，也使日本人民深受其害。在侵华战争和太平洋战争中，日本军民死亡 310 万人，亦即平均不到五户就有 1 人死于战争。① 我们相信，在分清了战争的历史缘由和战争的主要责任者之后，广大日本国民也会从中获得历史教训，增强对永久和平的热爱和追求。正如胡锦涛同志所说："我们纪念世界反法西斯战争的胜利，就是要更好地珍惜和维护来之不易的和平，使战争悲剧不再重演，让各国人民永享太平。"②

岁月悠悠，沧桑巨变。60 年过去了，世界形势和国际格局发生了巨大变化。和平与发展是人类进步的需要，是时代的主题，经济全球化和世界多极化趋势正在曲折中发展。然而，"前事不忘，后事之师"，伟大的抗日战争和第二次世界大战并没有随着岁月的流逝而为人们所淡忘，它像一部厚重的最富哲理的历史教科书，留给人类无尽的思考和深刻的启迪。

---

① 吕万和：《简明日本近代史》，天津人民出版社 1984 年版，第 369 页。
② 本报莫斯科 5 月 8 日电：《胡锦涛会见俄罗斯老战士代表　强调牢记历史　不忘过去　珍爱和平开创未来》，《人民日报》2005 年 5 月 9 日。

（三）冷战研究

回 看 冷 战 *

　　王鲁湘：1947 年，美国的政治评论家李普曼出版了一本叫作《冷战》的小册子，从此以后，冷战这个词汇便不断地被美国的报界和政界所引用。那么什么叫冷战？冷战指的是军事进攻以外的所有的敌对行为。我们知道，在第二次世界大战之后，形成了以美国为首和以苏联为首的两大敌对的国际阵营。他们在外交、军事、政治、文化、意识形态，所有的方面，都进行了全面的冷战，形成了世界的两极格局。进入20 世纪 90 年代，苏联的瓦解导致了冷战的结束，但是冷战思维仍然在我们的国际关系和外交中间经常会看到有所表现。那么如何跳出冷战思维？以及冷战是如何形成的？冷战的两极格局对我们过去几十年的历史产生了什么样的重大的影响？今天我们请到了首都师范大学历史系的教授徐蓝先生，她给我们今天演讲的题目是"回看冷战"。

　　王鲁湘：徐教授，我感到有点好奇啊，一个女性，而且长得特别温文尔雅，您为什么会对战争史感兴趣呢？

　　徐蓝：我觉得战争与和平问题，真的是人类历史上非常重要的问题。

---

　　* 本文根据 2006 年凤凰卫视"世纪大讲堂"的讲座稿整理而成，原刊于王桂山、简承渊主编《世纪人讲堂》第 10 辑，辽宁人民出版社 2006 年版，第 17—34 页。

王鲁湘：永恒的问题。

徐蓝：是永恒的主题，而且我觉得和平对人类来说是太重要了。20世纪经历过两次世界大战，又经历了一次冷战，所以战争与和平问题我觉得真是人类社会关心的最重大的问题。我想这就是我喜欢研究战争和和平问题的最重要的东西。

王鲁湘：在研究国际关系中间，您特别看中冷战这段历史。您觉得从您个人的经历来说，是什么样的具体的一个时机，或者是一个什么具体的机会，使您对这个问题突然感兴趣了呢？

徐蓝：其实我觉得是从中国的"文化大革命"结束之后。我是七七级的大学生。我原来是北京女一中的六六届的高中毕业生，所以我是真正的老三届，而且是高三毕业。但是那个时候因为"文革"我们就都下乡了，所以我就到了黑龙江兵团。但是在我的整个成长过程当中，正像你刚才说的，我是非常受到冷战思维的影响的。因为我出身不好，我爸爸是右派嘛，所以在下乡以后其实是没有机会上大学的。但是因为我觉得中国走出冷战思维，然后中国改革开放，才给了我们以考试，公平竞争来上大学的一个机会，所以我觉得那个时候我真的特别感谢邓小平，我觉得他给了我一个平等的做人的机会。

王鲁湘：所以从您刚才的讲话看，我觉得好像冷战似乎是一个国际的问题，很多人认为它是一个美国和苏联的问题，但事实上它是一个全球性的问题，可以说影响了我们。现在回过头去，50年的历史，而且你想想，在这50年的历史中间，我们凡是生活在这个历史中间的好像所有的人，好像我们所有的中国的人，都和它有一定的关系。

徐蓝：对。

王鲁湘：就是冷战的那种对峙、那种格局、那种思维，实际上对我们国内的政治也产生了严重的影响。

徐蓝：是，我觉得当时是产生了非常重要的影响的。所以我对冷战就比较感兴趣，当然从学术的角度来说，我对它也感兴趣，因为冷战作为一个历史阶段已经过去了。作为史学来说，恰恰有一个历史的镜头可以去回看它，然后去研究它，看看它是怎么发生的？它有什么样的特点？然后它和我们国家有什么样的关系？我觉得这是非常有意思的，也是一个非常学术的问题。

王鲁湘：好，让我们以热烈的掌声欢迎徐蓝教授给我们演讲，她演讲的题目是"回看冷战"。

徐蓝：谢谢！

王鲁湘：请。

徐蓝：正像鲁湘先生所说，冷战是20世纪留给我们的历史印记。也像刚才鲁湘先生所说，一般地认为，冷战这个词实际上是20世纪40年代到70年代，当时是美国最有名的、最负盛名的专栏作家李普曼，他首先使用了这个词就是 cold war。因为他当时把他批评遏制政策的一系列的文章集成了一个集子，以单行本的形式出版，他给这本书命名为《冷战》。到底什么是"冷战"呢？其实在学术界并没有一个一致的定义。可是今天我们可以稍微以历史的长镜头来看冷战的时候，我觉得冷战我们还是可以给它下一个基本的定义。就是说，冷战实际上是20世纪40年代中后期到90年代初，以美苏两个超级大国为首的两个集团之间，在政治、经济、军事、文化、意识形态，乃至于科学技术，这样的一切方面的，一种既非战争又非和平的全面对峙和竞争状态。就是说它既不是战争，它又不是和平，所以叫它冷战。那么这场冷战持续了40多年，其实它构成了第二次世界大战后，也就是说20世纪后半期的国际关系的主旋律。那么自冷战爆发以来，其实人们就在探讨冷战为什么会爆发？为什么美国和苏联这样两个在第二次世界大战当中同仇敌忾，抗击法西斯这样的盟国，在短短的几年之内，在战争之后短短几年之内就变成敌人了、变成对手了。所以研究冷战的起源呢，实际上是国际、国内学术界的一个非常重要的课题，从学术角度来说是非常重要的课题。我今天就想首先讲第一个问题，就是讲一下冷战的起源和冷战的爆发。我认为，冷战的起源实际上是美国和苏联这两个超级大国它们的国家大战略之间的对立互动。二战之后，美国的国家大战略是一个全球扩张的大战略，这个大战略其实它和美国的政治、经济、军事都是有关的。二战使美国一跃成为世界上最强大的政治、经济和军事强国。当时大家知道，它拥有占全球财富的50%以上，而且它控制着西欧、控制着美洲、控制着日本，它有制空权、制海权，而且一度掌握原子武器，垄断原子武器。因此，美国具有这样的巨大优势，加上它战后经济发展的需要，以及美国它有一种要把美国的政治制度和价值观推广到全球的一种天定使命感，所以这就形成了美国的全球扩张的大战略。但是美国在推行这个战略的过程中遭遇到苏联的大战略。苏联的大战略在二战之后，我认为它是维护国家安全的大战略。苏联在二战以后是唯一能够和美国相抗衡的一个政治和军事的大国。苏联最关心国家安全，由于苏联在历史上，就是俄罗斯在历史上有几次被外敌的入侵，都是经过西部，它的西部边界，拿破仑战争、一战、二战，所以斯大林把保持它的西部边界安全视为最重要的事。因此，苏联在战后，它最重视的是东欧地区，也可以说，其中最重要的是波兰。斯大林曾经在雅尔塔会议上，在讨论波兰问题的时候，大家知道雅尔塔会议八次大会议，七次讨论波兰。在讨论波兰问题的时候，斯大林对罗斯福和丘吉尔非常明确地说，波兰问题，对于苏联来说，俄国人来说，不仅仅是一个荣誉问题，而是一个安全问题。他说，波兰对于苏维埃国家来说是一个生死攸关的问题。所以在三巨头一系列的国际会议上，斯大林对波兰是寸步不让的，而且苏联决心用自己所拥有的军事力量，然后把东欧地区从原来危险的入侵走廊，变成一个维护国家安全的一个安全带，这一点其实是苏联的国家安全战略。但是，正因为如此，所以苏联当时也利用它的有限的那种军事力量，把它的权势推出了它的国土，所以它实际上也是在向外进行了扩张。这样的两个战略，它在二战以后就迎头相撞，所以我觉得如果探讨冷战起源的时候，我认为主要还是国家大战略的冲突，就引起了他们在对外政策上的一系列的敌对互动。他们在很多的问题上都有这种敌对互动。比如说，苏联当时凭借它的军事力量，在东欧建立了一系列和苏联友好的国家，排除了西方的势力，就引起了美国的不满。罗斯福当时就说斯大林破坏了雅尔塔协议，但是因为苏联红军已经占领了那些国家，所以美国是无能为力的。我们也还看到，在德国问题上，德国是一个非常重要的地区，对于美苏来说都是很重要的地区。那么当时在德国统一的问题上，两国的看法完全不同，美国是希望经济上先统一，苏联希望政治上先统一，那么谈不拢，双方干脆，美国首先就合并西战区，就形成了西方分裂德国的很重要的一步。后来我们知道，德国成了一个冷战的激烈战场。在中近东，在伊朗、在土耳其都有争夺，比如在伊朗的争夺其实主要是石油问题，但是形式是一个撤军问题。当时苏联拒绝在美英军队已经陆续撤出的时候按期撤兵，造成了伊朗对苏联的反感，伊朗就一状把苏联告到了联合国，结果联合国第一次大会讨论的第一个议题就是苏伊争端，所以使苏联外交非常被动。在土耳其也是，其实它主要争夺的是黑海海峡的控制问题，但是苏联多次要求在海峡建立军事基地，当然土耳其就很不高兴，也遭到美国和英国的反对。所以你可以看出，苏联在中近东的政策失误其实催生了冷战。所以我觉得在这样的情况下，美苏之间一系列的敌对互动，导致双方冷战政策出台。

徐蓝：我们可以看到，斯大林当时，就在 1946 年 2 月有一个很有名的演说。在这个演说当中，他说，资本主义是一切世界大战的根源。当然这个演说因为离二战结束也就不到半年，其实人民都是希望休养生息、希望和平。所以我觉得斯大林的这个演说是既不合时宜、也不明智，当时就引起了西方国家的很大的反响，当时美国的最高法院的法官就说，这是第三次世界大战的宣言书。但是美国方面，其实冷战政策也出台，很有名的就是凯南的八千字长电报，凯南当时作为美国驻苏联的代办，发回了一封八千字长电报。在这封电报当中，他就认定苏联就是要扩张，所以他说，因为美国的实力强于苏联，所以你只需要保持实力、威慑和压力，你就不一定要用那种热战的形式，你也可以遏制苏联。这其实就是遏制政策的出台，当然他当时在这封电报里没有"遏制"这个词，后来他又写了一篇文章，就是化名 X 先生发表了一篇文章，叫《苏联行为的根源》，就正式提出了"遏制"这个词。遏制政策就从此得名。这样一个政策，其实在美国政府内部就已经受到了非常欢迎，所以说明当时美国的冷战思想也基本形成。那接下来就是美国利用丘吉尔之口，说出了"铁幕"。因为当时丘吉尔是个下了台的首相，他在杜鲁门的家乡富尔顿的一个学院，叫威斯敏斯特学院，非常有名的一个学院去发表（演讲），他的讲演叫《和平砥柱》，但是最有名是他的"铁幕"这个词，号召英语世界团结起来去抵抗苏联的这种共产主义对于西方的基督教文明的威胁。这个（演讲）因为在杜鲁门的家乡，又是杜鲁门主持的，所以人们就认为他是美国借丘吉尔的口来说出了对苏联的冷战。

其实我们知道，苏联也有一个所谓的长报告，这就是 90 年代初才解密的苏联的文件，当时这个（文件）是苏联驻美国的大使诺维科夫，在苏联政府莫洛托夫外交部长的要求下写了这么一个报告，就是来分析美国的对外政策。在这个报告当中，他其实也对于美苏关系不抱希望，认为美国正在对苏联准备第三次世界大战，所以双方都是有这样的冷战政策出台的。那么在这样的冷战政策指导之下，双方就在很多问题上产生了敌对互动，冷战就终于爆发。但是冷战爆发它的标志是美国首先对苏联发出的冷战信号，我们一般认为是"杜鲁门主义"。这个是我讲的冷战爆发的原因。

当我们回首冷战的时候，我们会发现冷战有很多特点，我就想给大家讲一下冷战的特点，这是我要讲的第二个问题。当我们看冷战的时候，我们发现它有这样几个特点：第一个特点是什么呢？就是东西方的冷战，它的政治和意识形态，它的经济以及冷战的军事和地理界限都是非常清楚的。在政治和意识形态方面，是美国的杜鲁门主义和苏联的两大阵营理论针锋相对。因为当时1947年的时候，杜鲁门在国会众参两院来发表演说，当时是为了支持、援助希腊和土耳其，但是他在这个演说当中，他把世界政治分成了自由主义和极权主义两个对立阵营。他说，他一定要支持争取自由民主的这一方，来反对极权的这一方。后来杜鲁门在他的回忆录当中，他说我那个演说就是美国对共产主义暴君扩张浪潮的回答。所以你看，意识形态的色彩非常清楚。其实苏联，因为杜鲁门主义一出台，苏联就认为，诺维科夫在他的报告里对苏联这个意图的判断正确了，所以苏联的外交政策也向更不妥协发展。它的表现就是，召开了共产党和工人党的会议，成立了共产党情报局。而且在这个会议上，当时联共布的中央书记日丹诺夫就作了一个报告，关于国际形势报告，这个报告是斯大林圈阅过的，斯大林审阅的。他就说，现在世界上分成两大敌对阵营，一个叫帝国主义反民主阵营，一个叫作反帝国主义的民主阵营，也是两大阵营，两大阵营理论。所以你从杜鲁门主义和两大阵营的理论，可以看出其实美国和苏联对于世界政治的两极看法都成立了，而且因为他提到的都是制度之争，两个对立的阵营，所以意识形态的色彩非常严重，就是非黑既白、非好既坏。其实这在我们的生活中我觉得都受影响，看一个电影就会说，这人好人、坏人？特别得自然。其实有的时候也不一定这个人就是完全的好、完全的坏。我想这是在政治和意识形态上这个阵营是非常明显的。在经济上呢，就是美国的马歇尔计划，对方就是苏东国家的经互会。当时马歇尔计划，我想它是在经济上贯彻杜鲁门主义，但是马歇尔计划当时是刻意淡化意识形态。他说，我这个不反对任何主义，只是反对什么贫穷了、饥饿了，而且当时这个马歇尔计划他说要把苏东国家包括在内。但是苏联觉得这个马歇尔计划的提出，就在杜鲁门主义提出几个月之后，所以苏联对它充满了怀疑。当时虽然莫洛托夫也带了代表团去参加了会议，但是后来终于退出了，没有参加马歇尔计划。而且，因为当时波兰和捷克斯洛伐克这样的国家特别想参加这个计划，因此斯大林就担心东欧国家离心倾向发展。所以在马歇尔计划提出一个多月之后，苏联就马上先跟东欧国家签订双边的贸易协定，一般西方称之为"莫洛托夫计划"，后来就成立了经互会，那么经互会的成立实际上就把苏东国家变成了一个以苏联的计划经济为主导的一个封闭的经济体系，这就是斯大林后来说两个平行市场，其实也是经济上的两极化了。在军事和地理范围上，是以美国为首的北约和以苏联为首的华约相对抗。因为在马歇尔计划贯彻过程中，苏联加强对东欧的控制，由于西欧国家当时还没有复苏，因此他们希望按照马歇尔计划的自助、互助和他助的方式，在军事上寻求美国的援助，结果就是 1949 年成立了北约。那么到 1955 年呢，北约就吸收了当时的西德，就是联邦德国成为北约的成员国。苏联方面作为一个对西德加入北约的一个即时反映，在一个星期之后就成立了华约，这个华约包括东德。所以在这样的情况下，从经济上、地理环境上、地理界限上两极了，所以我说从他们这种相互的敌对互动中，冷战的两极格局就形成了。所以我想这是它第一个特点，就是它的两极化。

冷战的第二个特点，就是我们可以看到，在整个冷战时期，其实美苏之间一直在进行着相互攀升的军备竞赛，特别是核军备竞赛。冷战期间，因为双方都要确保对对方有足够的威慑力，而且都要确保拥有摧毁对方的军事能力，所以就导致了双方的军备竞赛，特别是核军备竞赛。所以它们的核武器，在数量上、在质量上是不断提高的。到 60 年代末、70 年代初，美苏之间拥有核武器的数量已经很接近，其实有一度苏联的核武器的数量，在个数上还超过了美国。而且苏联首先部署了一个反导系统，它的反导系统的代号叫作"橡皮套靴"，这是 1966 年。那么到 1967 年，美国也部署了一处反导系统，叫作"哨兵"。所以你可以看到，他们相互攀升的军备竞赛。但是也正因为如此，那我们再看到，冷战在逐渐走向缓和的时候，它的一个很重要的标识，也反映在它的核裁军上。就是我们知道 1987 年的时候，当时签订了一个《中导条约》。《中导条约》是什么呢？就是美苏承诺要消除它们的中程导弹和中短程导弹。这种导弹其实在美苏核武库当中只占了 4%，很少，可是它毕竟是把一类的核武器给销毁了，所以还是可以看到，这是缓和的成果，所以我想这个也是冷战的一个很大的特点。

　　徐蓝：冷战的第三个特点，就是冷战具有一种在美苏之间始终避免兵戎相见的自我控制机制。我觉得这一点是我们在冷战的过程中，特别是在冷战的高潮期看得非常清楚。比如说，1948 年爆发第一次柏林危机，当时苏联是全面地切断了西占区和西柏林之间的水陆交通，而且停止了苏占区对西柏林的所有的食物供应，还停止了煤的供应、电的供应，就是等于让西柏林瘫痪。这个封锁长达 11 个月。但是美国也不示弱，美国认为西方人要在西柏林待下去，这根本就无须讨论，所以美国就决定空运，这场空运非常大的规模。当时据统计，在封锁期间，主要以美国为主，空运部队当时它的飞机人们称它为"葡萄干运输机"，就是这个飞机，满载食品、燃料，当时大概是运输了 19.5 万架次，运输的货物高达 140 多万吨，花费的钱是 2.5 亿美元。当时你可以想象，每三分钟一架飞机就通过东德，然后飞到了西柏林去运输各种物资的时候，那你可以感到冷战的第一次高潮，你可以感到当年战争当中的两个盟友现在真是濒临战争边缘。但其实你再一想，双方还是有所退让的，因为苏联封锁了水路和陆路，没有封锁空中通道，所以使得美国这个运输机可以从空中去运输。当时美国也没有采取武力，说一定要动武，我就是运输，当然最后你可以看到，最后还是以苏联的退却，这个危机获得了解决，所以你可以看到冷战的自我控制的机制。第二次柏林危机，大家也知道，就是 1958 年到 1961 年。第二次柏林危机，实际上是建立了一道柏林墙。这道柏林墙建立之后，当时美国也是非常的紧张，所以当时派出了 1500 人的部队，到了柏林墙，开着坦克。当时美苏之间的坦克就在墙两边这么对峙着，大概最近的距离就是 100 米，那你觉得真是剑拔弩张。但是柏林墙的修建也并没有引起战争，因为建了柏林墙之后，苏联也就不再要求说西方的军队必须什么时候得撤出柏林，也不要求了。美国也觉得，反正筑了墙了，可能是不太方便，但是它的通道也没有受到阻碍。因此，美国也就接受既成事实。所以第二次柏林危机你可以看到呢，它是以一道墙达到了顶峰，它又是以这一道墙画上了句号。第二次柏林危机也就以这样的方式来解决了。美苏之间他们在对峙的时候，避免冲突升级，而且是在战争边缘上寻求妥协的这样的做法，在1962年的古巴导弹危机的时候表现得是最充分的。1962年，赫鲁晓夫在古巴部署能够打到美国本土的中程导弹，结果被美国的U2高空侦察机给侦破了，当时其实肯尼迪不动声色，但是美国三军进入了一级战备状态，当时大概是180多艘军舰在加勒比海上拦截苏联运导弹的船只。而且飞机，它是B52轰炸机，带着核弹头，就在加勒比海上空，在古巴周围巡弋。那时候我还是有记忆的，真是觉得世界大战，特别是核战争就要打了，真是世界笼罩在核战争的阴影里。实际上，虽然双方都很强硬，可是他们底下的接触非常多，肯尼迪和赫鲁晓夫就在这个危机期间，至少有25封信在来往，在来回传递，而且这些信大概有一半是冷战以后才解密的。在这些信当中呢，你可以看到语言态度很硬，可是双方都表示了，我们希望能够避免打仗，都希望能够通过谈判来和平解决争端。所以赫鲁晓夫后来就说，尽管我们的阶级对抗是不可调和的，但是我和肯尼迪在防止军事冲突这一点上，我们找到了一个共同的立场和共同的语言。所以古巴导弹危机最终就是以苏联撤走导弹，美国也就解除了海上封锁。而且双方由于特别担心会有意外事件出现，所以建立了热线联系。我觉得这就是双方希望能够及时地沟通，不要造成误解。那么可以看出，尽管这些冷战当中的很重要的一些热点问题，都是以苏联首先退却来解决的，可是双方，你可以看到，他们在处理危机的时候是心照不宣地遵循了一定的原则，就是坚持为对抗留有余地，努力寻求谈判和妥协的途径，避免因为危机的升级，无可挽回地引发战争。所以我觉得冷战的自我控制机制也是很重要的一个特点。

那么第四个特点就是，冷战它所导致了国际关系的两极格局，它是不对称的，也是不完整的。这个两极格局其实不对称，也不完整。说它不对称是说什么呢？是美苏为首的相互对立竞争的两大集团，他们在实力上并不完全对称。总的说来，美国和它的伙伴国，实际上要比苏联集团强大。有一个统计数字，在 1950 年，当时美国的国民生产总值是苏联的三倍，当时美国加上它的北约盟国、加上日本，他们的财富是整个当时社会主义国家的四到五倍，所以其实他们的力量是不对称的。但是因为苏联的军事实力基本和美国相当，而美国又没有能够达到，它的力量大到什么程度呢？大到能够挑战苏联的那种程度，所以就像我刚才讲的，就发生了这种相互攀升的军备竞赛。这种军备竞赛造成了核武器（竞赛），至今美国和俄罗斯拥有的核武器，仍然可以把我们毁灭多少次。由于苏联的经济实力始终是落后于美国的，所以在整个冷战的对峙期，整个相互攀升的军备竞赛期，其实冷战对苏联的伤害要大大地大于冷战对美国的伤害，所以我们知道到 1989 年苏联解体之前，我们有一个统计数字，就是说，苏联当时的国民生产总值实际上只相当于美国的十分之一，所以后来有人说，冷战拖垮了苏联，我觉得不是没有道理的。这是我们讲冷战的两极格局的不对称。

另外，两极格局也是不完整的。所谓不完整呢，就是即使在冷战最高潮的年代，两极格局也没有能够完全囊括所有的国家和地区，在那些处于两个集团之外的国家和地区，它们对冷战形成了一定的牵制。而且，在这两极格局的基础上也就生长出了多极的力量。比如说我们大家都知道第三世界，1955 年召开的万隆会议，其实是第三世界崛起的起点吧。那么在这个会议上是第一次没有西方殖民国家参加的会议，当然我们中国参加这个会议，而且陈述了我们的和平共处的五项原则，也是我们中国走向世界的一个起点了，所以在我们中国外交当中也是一个里程碑。这个第三世界的形成，它逐渐由于大量的殖民地、半殖民地国家的独立，而且进入联合国，所以他们在国际政治当中的作用是不能低估的。这一点，在我们中国 1971 年恢复联合国的合法席位的事情上看得非常清楚，因为当时在联大开会的时候，以压倒多数来同意中华人民共和国恢复联合国合法席位，这其中大部分是第三世界国家，所以这一点也可以看到它的作用。我们也可以看到，在冷战期间西欧从衰落走向复兴，当时二战以后已经是整个欧洲被一分为二，整个西欧也非常的残破，但是在冷战的过程中，西欧接受马歇尔计划，经济得以复苏。然后西欧从煤钢联营走向欧共体，一直走到了冷战以后今天的欧盟，所以我们也可以看到，在今天的国际事务当中你可以非常清楚地看到欧洲的作用，实际上在冷战的过程中它就开始发展，已成了国际政治当中一极的力量吧。所以我觉得，在两极格局的不完整当中它生长出了一个多极的世界。

在冷战结束以后，我们可以看到今天一个世界历史的画面了。你可以看到，美国是一个，因为苏联以它一极坍塌的方式结束了冷战，你可以看到美国是世界唯一超级大国，所以美国认为它领导世界的时刻，单极时刻终于来临。可是，其实继承苏联的主要遗产的俄罗斯，它仍然是一个大国，只有它拥有着能够和美国相抗衡的那种核武器，它作为联合国常任理事国，它的作用也很大。那么我们中国，不用说了，我们也是联合国常任理事国，今天国际事务当中如果没有中国，我想这个事情的处理大概不会是很好的。所以我觉得实际上是在冷战的过程中，在20世纪60年代末，已经显现的那样一个多力量中心的这样一个形势，实际上到冷战结束之后是在继续发展的。我想我今天的讲演就到这儿。

于鲁湘：非常感谢徐教授刚才很精彩的演讲，让我们对延续了几十年的冷战的历史，以及冷战的原因，还有冷战造成的一些结果，有了一个比较清晰的认识。我现在在一边听的过程中间，我就一边在想咱们中国自己的事。因为刚才徐教授讲的过程中间着眼的主要是美、苏两大阵营，在这个两大阵营中间，表面上看起来中国没有进入其中的任何一个阵营，但是就像刚才咱们节目开篇的时候，我和徐教授说的一样，我们这个年纪的人其实都受到了冷战的影响，受到了冷战的伤害。我就想，中国与冷战的关系到底怎么样？比如说中国有没有卷入这个冷战的两极格局之中？怎么卷入的？这种卷入对于中国造成的伤害是什么？中国又是如何退出这个冷战的两极格局的？在冷战的两极格局中间，中国人，包括我们中国政府也好，我们运用我们自己的那样一种多极的思维，我们从中间又获得了什么样一种国际生存的空间和对我们国家发展的一些利益？我想这些问题的话可能我们电视观众也想了解一下。

徐蓝：好，我觉得你这个问题特别好，而且因为我觉得时间有限，刚才我没有特别展开说中国。现在我想给大家稍微讲一下，就是一个概括的我们中国和冷战的关系。大家知道，第二次世界大战中后期呢，大同盟三巨头他们通过了一系列的国际会议来安排了战后世界，我们把他们安排的这个战后世界叫作"雅尔塔体系"。在这个"雅尔塔体系"当中，中国的东北实际上被划为苏联的势力范围，中国的长城以南被划为了美国的势力范围。这样的情况之下，所以当年，因为斯大林和罗斯福在雅尔塔有密约，所以斯大林答应去支持中国的国民党政府，他采取的是这样的政策。所以尽管中国共产党和苏联在意识形态上是一致的，但是斯大林也并没有因为我们意识形态一致，我就全力地支持你。可是因为冷战爆发了，冷战一爆发，苏联就改变了对中国的政策，就开始逐渐地去全力支持中国共产党，而且就把中国的东北变成了中国革命的根据地，就让中国共产党的军队进入东北。所以我觉得从这个意义上来说，其实中国革命是从冷战当中获了益的。但是1949年中国革命胜利，中国革命胜利使美国就认定苏联的势力范围进一步扩大了，也就是说苏联的势力进一步扩张了。所以美国认为，它当年很担心的共产主义的扩张浪潮今天成了事实，所以美国就决心进一步地和苏联进行全球对抗。那么进行全球对抗，其实一个很重要的例子就是，美国卷入朝鲜战争。当时新中国成立之后实行了"一边倒"的外交政策，那么我觉得这个"一边倒"的外交政策，应当说是中国当时，几乎是唯一的外交选择。在这种情况之下，中国又和苏联签订了条约，叫作《中苏友好同盟互助条约》。所以，其实中国是不可避免地卷入了冷战，因为它等于倒向了苏联阵营，所以卷入了冷战。当时美国采取军事手段来进行朝鲜战争，它实际上是采取军事手段来遏制中国的共产主义，来实行遏制政策。这样的一个美国的政策，其实在美国的一些学者当中就认为，导致美国的对华政策进入了大偏差，本来你可能当年还等着尘埃落定，现在干脆你就大偏差了，这是对美国的外交来说了，它使冷战达到白热化。同时因为美国的出兵，而且派遣了第七舰队进入台湾海峡，所以这就造成了至今没有解决的台湾问题，就影响了中国来统一国家。另外，它造成了长达20多年的中美的对抗，当时真是势不两立。那么到50年代末、60年代初，中苏关系破裂。大家知道，中苏关系，因为意识形态的原因，因为国家利益的原因，所以我觉得不完全是意识形态，还是有很大的国家利益在里头。两党、两国它们在意识形态上的分歧，在国家利益的分歧，最后就导致了中苏关系的破裂。中苏关系破裂之后，我觉得对中国的影响是很大的，因为中苏关系破裂之后，其实你从一个方面来看，中国开始，或者说我觉得是真正地去迈出自己的步伐，来去探寻自己的发展模式，力图摆脱苏联模式。另外，就是中国坚定了发展核武器的决心。到1971年，中国恢复联合国的合法席位，而且尼克松其实看到了世界已经是五大力量中心了，所以也要和中国来关系正常化，到1971年的时候，基辛格来了，然后1972年尼克松访华。这两件大事，一个是中国恢复了联合国的合法席位，一个是中美关系的正常化。我觉得对中国非常重要，它的重要性就在于，你可以看到中国开始走出冷战阴影，不在美苏之间再去参加到一方，走出冷战阴影。而且中国由于恢复了联合国的合法席位和美国的关系正常化，中国的外交就从原来面向东方现在面向世界了。当然伴随"文化大革命"的结束，中国也拨乱反正，去掉了极左的东西，中国的外交也开始调整，这个调整可以说从十一届三中全会开始，一直到1985年的基本结束。这个调整有一些很重要的方面，比如说，中国开始放弃了大规模的世界大战不可避免的这种观点，然后邓小平提出"和平和发展"是时代的主题，这个时代的两大问题，这样的一个很正确的论断。还包括中国提出在处理国家关系的时候，不再以意识形态划线，还有就是承认意识（形态）是多样的，各国之间是相互依存的，这样的一些非常重要的原则。那么这表明，在冷战还没有结束，因为1985年嘛，冷战还没有结束，这个时候，我觉得中国在处理国际关系方面已经走出了两极思维，或者说冷战思维，而且是在以一个大国的风范来面向世界，所以我觉得这大概就是冷战和中国的关系吧。

王鲁湘：我想大家在座的都是学国际关系的，我想这个冷战问题可能也是你们学习中间的一个很重要的一段历史，同学们一定会有很多问题要向徐蓝教授请教。

学生：徐教授好、主持人好！刚才徐教授已经谈了，谈到冷战是一个历史问题。我觉得，我们学习历史、研究历史，主要就是为了放在现在、用到未来。而现在在全球经济一体化之中各国的经济贸易它是越来越密切，像现在日本是中国第一大贸易伙伴，一年是有1300多亿美元的贸易额，美国有1200多亿。那么就在全球经济一体化日益加强的今天，是否还有可能会发生冷战？特别是以美国和日本为首的那些西方发达的资本主义国家对中国的冷战？如果在十几年之内不会，那么几十年呢？一百年之内呢？一百年以上呢，会不会？谢谢！

徐蓝：我首先想说经济一体化的问题。我觉得经济一体化的问题就是经济全球化，globalization，这个词是在冷战结束之后迅速流行，运用的频率就越来越高，所以你刚才说得很对，经济全球化实际上是把所有的国家，特别是大国的利益其实是联系在一起了。所以我觉得经济全球化，其实对于冷战思维实际上是一种否定，这也是我们中国政府总是呼吁要去掉冷战思维，因为各国的利益是密切联系在一起的，中国和日本、中国和美国的经济的利益有非常强的联系。所以我觉得，人们可以说什么新冷战，但是我不认为中国和日本、中国和美国就一定会发生这种新的冷战。因为你在说新冷战的时候，你的脑子里也是那种冷战的思维，所以我不大赞成说，或者是说把中美关系和中日关系看得非常的严重，我基本上不是很赞成这种东西。因为我觉得，比如说中美关系，它其中有台湾问题，我觉得，台湾问题确实是中美关系的一个试金石，因为它从根本上，当然是一个美国干涉中国内政的问题，可是台湾问题几十年了，它其实成了一个国际问题，就是没有美国这事就解决不了。所以我觉得美国今天，它虽然可以说，它在言论上或者在行动上，比如卖给台湾导弹、卖给台湾武器。但是我觉得美国其实今天它的底线还是两只船了，脚踏两只船，一方面是"一个中国"，一方面是与台湾关系法，它在这上面就是来回来去的平衡，但是起码在几十年，我不敢说一百年，起码十几年它不会突破这个底线，因为这不符合美国的利益，只有模糊最符合美国的利益。其他的问题，我觉得比如贸易问题了、人权问题了、军备问题了，我觉得这都是正常国家关系当中会遇到的问题，完全可以通过谈判、通过对话来解决的问题，所以我觉得它不应该是一种敌对的情况。那么和日本这个问题也是，好像更不好回答，因为中日之间确实有很不愉快的历史。但是中日之间，我觉得也应该向前看，这是我的看法，可是今天我感觉到，在日本比如说复活军国主义，我觉得不是一个主流。在日本，它的主流，其实是不想再有战争。我也不太赞成就是我们中国的那种，特别的民族主义的那种情绪。因为今天，就像你们一样，日本的年轻人，你觉得他们还会想跟你打仗吗？是吧？你们接触到的，我接触到的，我觉得好像也不是。所以我觉得这两个国家，这是我们中国外交的一个非常非常重要的问题，需要非常高度的政治智慧才能把它解决，寄希望于你们。

王鲁湘：好，现在我想请徐蓝教授用一句话概括您今天讲演的主题。

徐蓝：总结一句话。我想我还是回到我的讲演，我这一句话可能有点儿长，我是这样理解的，就是：正是在东西方冷战而形成的两极格局之下，世界发生了更为深刻的变化，它孕育了两极解体的力量，也孕育了人类在政治、经济、文化、意识形态、价值观念等等方面的相互宽容的态度，同时，它孕育了一个多极化的发展方向。

王鲁湘：好，非常感谢徐蓝教授今天精彩的演讲和今天在座的国际关系学院的同学们以及电视机前的观众，下周同一时间欢迎收看"大红鹰世纪大讲堂"。再见！

试论冷战的爆发与两极格局的形成 *

  所谓冷战，是指 20 世纪 40 年代中后期至 80 年代末 90 年代初，以美苏两个超级大国以及分别以它们为首的两大集团之间在政治、经济、军事、外交、意识形态、文化乃至科学技术等一切方面的既非战争又非和平的对峙与竞争状态。冷战不仅具有传统的大国利益冲突的实在内容，具有明显的地缘政治与战略特点，更以其强烈的意识形态色彩为主要特征；另外，冷战双方在进行激烈的军备竞赛特别是核竞赛的同时，又具有使美苏两国之间始终避免兵戎相见的自我控制机制。① 这场冷战持续了 40 多年，构成了二战后近半个世纪中的国际关系的主旋律。

  那么，冷战爆发的基本原因是什么？它的发生和发展与国际关系两极格局的形成又有着怎样的内在关系？今天，当我们从历史的长镜头中去考察冷战起源这一国内外学术界的持续不衰的研究课题时，② 不

---

 * 本文原刊于《首都师范大学学报》（社会科学版）2002 年第 2 期。

① 关于冷战中的双方自我控制机制的分析，参见约翰·刘易斯·加迪斯《持久和平：对冷战历史的调查》（John Lewis Gaddis，*The Long Peace*：*Inquiries in the History of the Cold War*，Oxford University Press，1987.）中的第 8 部分："持久和平：战后国际体系中的稳定要素"（8：The Long Peace：Elements of Stability in the Postwar International System，pp.215-245）。这种自我控制机制，在古巴导弹危机中运用得最为突出。

② 自冷战爆发以来，国际学术界对冷战起源的研究至今不衰。从 20 世纪 40 年代到 90 年代以前，研究队伍主要集中在美国，并先后出现了"正统派""修正派"和"后修正派"

仅要考察冷战爆发的国际背景，更要考察美苏在一些根本问题上存在的巨大差异。概括地说，第二次世界大战结束后的国际形势，为冷战的爆发提供了条件；而美苏两国战略之间的激烈碰撞，以及它们依据各自的战略而制定的对外政策和行为的对立互动，则最终使冷战未能避免，并一度使之达到了最高潮，[①] 与此同时，国际关系的两极格局也最

等三个学派。概括地说，"正统派"在40—50年代占据主流，他们认为，苏联寻求世界霸权是导致冷战爆发的主要原因；"修正派"在60年代成为主流，他们认为，美国对苏联的政治经济和军事压力是冷战爆发的重要原因，美国的强硬政策和行为方式迫使斯大林与西方敌对；"后修正派"于70年代兴起，他们认为，美苏两国领导人的实用主义政策以及双方的一系列错误与误解，是冷战发生的重要原因，双方对冷战的爆发都负有责任，值得注意的是他们把研究的视野扩大到了欧洲和亚洲，探讨了英国、中国和朝鲜等国家在冷战中的作用。这一时期的苏联学者关于冷战研究的情况，基本上是官方看法，即将美帝国主义所奉行的"实力政策"视为冷战起源，苏联的反应是防御性的。有关西方学者研究的基本状况，可参见约瑟夫·史密斯《冷战，1945—1991》（第2版）(Joseph Smith, *The Cold War*, *1945—1991*, *Second Edition*, Blackwell Publishers Inc. 1998), pp.19-26. 关于苏联的官方观点，可参见 [苏] A. C. 阿尼金等编《外交史》第五卷上册，三联书店1983年版，第八章。冷战结束后，随着大量档案的解密，学术界出现了新一轮冷战研究高潮。在美国出现了所谓"新后修正学派"，其基本观点是：冷战是苏联挑起的，斯大林应该对冷战的发生负主要责任。关于该派的主要看法，可参见约翰·刘易斯·加迪斯《现在我们知道了：对冷战历史的重新思考》(John L. Gaddis, *We Now Know*: *Rethinking Cold War History*, Oxford University Press, 1997)。值得注意的是，加迪斯也是"后修正派"的主要代表人物之一，而他在1972年出版的《美国与冷战的起源，1941—1947》(*The United States and the origins of the Cold war*, *1941—1947*) 一书，于2000年由哥伦比亚大学出版社重新出版，这也可视为其观点的某种再次回归。冷战结束后，俄罗斯学者开始从新的角度探讨苏联在冷战起源中的作用，可参见张盛发《斯大林与冷战》，中国社会科学出版社2000年版，第6—8页。近十几年来，冷战史研究也成为中国学术界的热点问题，80年代和90年代比较有代表性的著述是时殷弘《美苏从合作到冷战》，华夏出版社1988年版；张小明《冷战及其遗产》，上海人民出版社1998年版。有关90年代的其他研究状况，可参见徐蓝《90年代我国现代国际关系史研究综述》中的有关部分，见《史学理论研究》2001年第2期。

① 西欧国家特别是英国在冷战爆发中的作用，是学术界探讨的课题之一。概括地说，一些西方学者认为，西欧对美国对苏联在欧洲构成的军事威胁漠然视之感到不安，并最终成功地说服美国直接介入到欧洲的事务当中，因此美国是由于被"邀请"而不是由于它的主动扩张而获得了一个"帝国"。参见罗伯特·弗雷泽《是英国挑起了冷战吗?》(Robert Frazier, Did Britain Start the Cold War?)，《历史杂志》(*Historical Journal*)，第

终得以确立。

一

第二次世界大战中后期反法西斯大同盟经过一系列重大的国际会议所达成的一系列公开的或秘密的、书面的或口头的协议所形成的雅尔塔体系，建立在美苏战时军事实力均势的基础之上，是美英苏三大国出于对各自利益的现实考虑和对战后世界安排的长远打算，在进行了长期的讨价还价之后相互妥协的产物。因此，尽管罗斯福并不主张划分势力范围，但不得不对苏联要求划分明确的势力范围的态度作出一些让步，于是，双方最后达成的妥协就是战争即将结束时美苏的实际军事控制线，这也就在实际上划分了各自的势力范围。[①] 这种形势恰恰就是战后形成的两极格局的地缘政治基础。

于是，当第二次世界大战结束后人们在欢庆胜利之时，看到的是这样一幅历史画面：作为战争的主要战场，欧洲、亚洲和北非地区惨遭破坏，政局动荡不安，经济恢复工作举步维艰；美国和苏联这两个过去

---

27 卷，1984 年，pp.715-27；盖尔·伦德斯塔德《从比较的视角看美国"帝国"与美国外交政策的其他研究》（Geir Lundestad, *The American 'Empire' and Other Studies of US Foreign Policy in a Comparative Perspective*, Oxford University Press, 1990.）有关 40 年代的英苏关系的系统概述，可参见杰弗里·沃纳《从盟友到敌人：英苏关系，1941—8》（Geoffrey Warner, *From 'Ally' to Enemy：Britain's Relations with the Soviet Union*, 1941—8），弗兰西斯卡·戈尔和西尔维奥·庞斯编《冷战中的苏联与欧洲，1943—1953》（Francesca Gorl and Silvio Pons ed., *The Soviet Union and Europe in the Cold war*, 1943—53），Macmillan Press LTD. 1996，pp.293-309. 鉴于英国在冷战爆发中的作用无法与美苏相比，以及受到篇幅所限，故本文对此不作具体论述。

① 尽管罗斯福在 1945 年 3 月 1 日向国会报告雅尔塔会议的讲话中仍然反对划分势力范围，但是他同时也不得不承认这一事实的存在。见关在汉编译《罗斯福选集》，商务印书馆 1982 年版，第 514—515 页。

在地理位置上并无直接关系的、但社会制度完全不同的超级大国，由于它们各自所控制的势力范围而实际形成了在中东欧、巴尔干、中近东和远东直接面对面的军事对峙；反法西斯战争的胜利和世界和平的到来，使昔日大同盟建立的基础不复存在，同盟内部原有的矛盾也日益突显出来。这一切，为美苏之间的冲突与对抗提供了条件，并成为冷战产生的国际温床。

然而，更为重要的是，战后美国的全球扩张战略与苏联的保障国家安全战略针锋相对，迎头相撞。

战后美国军事、经济实力的空前强大，使它认为自己有能力领导世界，并以"世界领袖"自居。早在二战后期，罗斯福就表明了这种思想，1944 年 10 月 21 日他在美国外交政策协会发表的关于美国外交政策的讲演中说："吾国因拥有道义、政治、经济及军事各方面之力量，故自然负有领导国际社会之责任，且随之亦有领导国际社会之机会。吾国为本身之最大利益以及为和平与人道计，对于此种责任，不能畏缩，不应畏缩，且在事实上亦未畏缩。"[1] 杜鲁门则声称美国是"经济世界的巨人"，"全世界应该采取美国制度"，"不管我们喜欢与否，未来的（国际）经济格局将取决于我们"。[2] 这种领导世界的强烈欲望，成为美国战后对外扩张的思想基础。

与美国综合国力的巨大增长相联系，美国不仅认为能够根据美国制定的规则建立起它在两次世界大战之间的年代中始终未能建立起来的世界政治经济秩序，并在其主导下建立了联合国和布雷顿森林体系，而且在战后欧洲经济普遍拮据，广大殖民地半殖民地空前动荡的情况下，

---

[1]　法学教材编辑部审定：《国际关系史资料选编》下册（1945—1980），武汉大学出版社 1983 年版，第 67—68 页。

[2]　托马斯·帕特森等：《美国外交政策》下册，中国社会科学出版社 1989 年版，第 601 页；约瑟夫·M. 琼斯：《十五个星期》(Joseph M. Jones, *The Fifteen Weeks*)，New York，1955，p.166.

美国更将追求海外市场视为保持国内的繁荣与稳定，避免危机发生的重要手段。于是，美国力图以自己的经济力量，打开全球门户，使世界经济自由化。因此，美国自身的经济制度和经济需求不仅是它主动向全球扩张的另一个重要因素，也成为这种扩张的主要目的之一。

不仅如此，通过第二次世界大战，美国政府还认为：再也不能允许其潜在的敌手通过经济上的闭关自守，政治上的颠覆活动以及军事上进行侵略等手段来取得对欧亚大陆的资源控制；战后的和平与稳定必须建立在不侵略、民族自决、平等享有原料的机会和非歧视性贸易的基础之上；而且那些违反这些原则的国家将会运用军事力量和经济闭关等手段使国际经济失调，并因此而危及美国的安全。① 这里所说的"潜在的敌手"显然主要是指苏联。

与此同时，美国自俄国十月革命以来便形成的反共意识，以及其历史所孕育的自认为美国集西方文明之大成的天生优越感和由此而产生的美国有责任将其民主制度和自由的价值观念向全世界移植的天定使命观，则成为其向全球扩张的又一内在动力。

另外，第二次世界大战还使美国进一步强化了这种认识：只有美国式的民主政体才能创造一个和平与安全的世界，美国将法西斯国家和共产主义国家都视为专制政体并具有侵略性，认为它们都在海外搞敌对扩张，因此必须受到约束。②

上述这一切，便形成了美国在第二次世界大战后的全球扩张的总战略。但是这一总战略的实施，却在地缘政治、经济利益及意识形态等方面，全面与苏联的战略相遭遇。

---

① 梅尔文·P. 莱弗勒：《实力优势：国家安全，杜鲁门政府与冷战》(Melvyn P. Leffler, *A Preponderance of Power*：*National Security*，*the Truman Administration*，*and the Cold War*)，Stanford University Press，1992，p.23.

② [美] 迈克尔·H. 亨特：《意识形态与美国外交政策》，世界知识出版社 1999 年版，第162 页。

苏联在战后的战略核心是保障苏联的国家安全。

战后的苏联，以保卫国家安全特别是其西部边界的安全作为第一要务。鉴于苏联西部边界缺乏天然的安全屏障，而且其历史上遭受的几次大规模的入侵又都来自西部，因此，苏联在坚决反对德国的军国主义和纳粹主义复活的同时，将其西部边界的安全视为关系民族和国家生死存亡的重大问题。这不仅是斯大林在三巨头的一系列会晤中对波兰问题始终寸步不让的原因，也是苏联坚决要在其军事力量所能控制的东欧的势力范围内建立对苏联友好的政府，从而把东欧这条入侵苏联的危险走廊变成保卫苏联的安全地带的根本原因。另外，由于斯大林坚持认为战争是垄断资本主义的必然产物，而作为垄断资本主义政治、军事和经济综合实力最强的美国，自然也是苏联潜在的防御对象。于是，为了在未来的战争中尽量少受损失并立于不败之地，建立"安全带"就格外重要。

但是，在苏联所追求的国家安全当中，也包含着俄罗斯传统的民族利己主义和大国沙文主义成分。这不仅表现在它将本国西部边界大大向西推移以及在东欧建立的"安全带"是在其军事压力下强迫那里的国家和人民接受的，而且表现在它对巴尔干和远东的势力范围的寻求与控制，以及企图进一步向中近东的扩张方面。

与保证国家的边界安全相联系的是保证苏联的经济安全。苏联为战争的胜利付出了巨大的牺牲，战后百废待兴，重建工作庞大而艰巨。因此，苏联要求从战败国索取巨额赔偿，以利于自己的重建。不仅如此，苏联高度集中的、用行政手段进行管理的、否定商品生产和价值规律的计划经济体制，也倾向于将其所控制的势力范围变成封闭的经济区域，而这又是与不断加强苏联的经济实力，从而迫使帝国主义国家与苏联较长时间的和平共处，以及确保打赢未来的反对帝国主义的侵略战争直接相关的。

另外，共产主义的理想和世界革命的信念，也使苏联在其军事能力所及的地区建立和维护与自己类似的社会制度。正如斯大林在1945年4月对南斯拉夫共产党代表团所说："这次战争和过去的不同；无论谁占领了土地，也就在那里强加他自己的社会制度。凡是他的军队所能到达之处，他就强加他自己的社会制度。不可能有别的情况。"① 关于这一点，我们在战争后期和战后初期苏联帮助东欧国家建立人民民主政权，以及在帮助南斯拉夫和阿尔巴尼亚共产党建立政权的过程中，在随着中国革命形势的发展而不断加大对中国共产党的支持力度，以及朝鲜民主主义人民共和国的建立等方面，都是可以看到的。不过，这种世界革命已经在相当大的程度上成为苏联国家安全的附属物，即必须服从苏联的国家安全利益。用南斯拉夫著名历史学家弗拉迪米尔·德迪耶尔的话来说，斯大林"总是把苏联直接的国家利益和策略上的利益放在首位"②。

上述这一切，便形成了战后苏联的保障国家安全战略，并使苏联决心充分利用手中所掌握的有限力量，通过局部扩张而使其权势超出了本国领土。

但是，美国作为比苏联强大得多的国家，对苏联行动的反应却相当过度。美国把苏联建立势力范围的行动视为"苏联以欧亚大陆为依托，已经把周界突伸开去，形成巨大的战略威胁"，因此，只有在"'地缘政治现实'的基础上采取行动，美国才能避免被包围，才能为一个自由世界保存希望"。于是冷战政策便得以形成，"并由此产生了该项政策最重要的表述语——遏制理论"。不仅如此，以"遏制理论"为核心的美国的冷战政策还进一步获得了意识形态上的解释，正如迈克尔·H.亨特所说："意识形态解释了采取遏制政策的根据乃是全世界的自由处

---

① 米洛凡·吉拉斯：《同斯大林的谈话》，世界知识出版社1989年版，第85页。

② ［南］弗拉迪米尔·德迪耶尔：《苏南冲突经历1948—1953》，三联书店1977年版，第72页。我们还可以在苏联不支持希腊共产党和人民解放军，不支持法共拥有武装，以及在很长时间里未给中国共产党以应有的支持等方面看到这一点。

于生死存亡的危险之中。这一意识形态还界定：苏维埃共产主义是自由的主要威胁，美国具有无可争议的责任去同它斗争。"① 因此，杜鲁门政府的咄咄逼人，以及总是想以压力迫使他人就范的外交作风，既是美国国际地位的反映，也是因其意识形态所使然。

就苏联方面来说，必须指出的是，在苏联和美国乃至整个西方世界的力量对比中，"毕竟是力量要弱得多的一方"，② 而斯大林也充分意识到了自己力量的限度。出于严重的不安全感，苏联在战后初期的许多重要问题上，一方面努力维护雅尔塔体系的基本框架，避免同美英等西方大国对抗，甚至不惜做出一些妥协和让步，以争取一个和平的国际环境；另一方面，出于对本国利益的绝对考虑，苏联在处置战败国和处理东欧等问题上，也采取了一些僵硬的缺乏妥协精神的酝酿与促进冷战的对抗行动，而且在此过程中，苏联也借助了意识形态的力量，尽管斯大林的"最高指导原则还是装上共产主义意识形态的苏联国家利益"。③

总之，在上述国际形势的大背景下，在美苏的战略相互对立，社会制度和意识形态存在巨大差异，两国根深蒂固的互不信任④，战争期间出现的矛盾⑤，以及各自的国内政治⑥ 等多种因素的作用下，双方在具

---

① [美] 迈克尔·H. 亨特：《意识形态与美国外交政策》，第 163 页。

② [美] 乔治·凯南：《美国外交》，世界知识出版社 1989 年版，第 100—101 页。

③ 亨利·基辛格：《大外交》，海南出版社 1997 年版，第 353 页。

④ 关于这一点，帕特森的描写十分形象："每一方都像在镜子里看人一样，看到的是反像，即把对方看成是世界上的恶霸。每一方都指责对方表现出希特勒咄咄逼人的姿态。"见托马斯·帕特森等著《美国外交政策》下册，第 604 页。

⑤ 无论出于什么样的困难、障碍和顾虑，美国未能在二战中苏联最困难的时候及时兑现它对苏联许诺的租借援助物资的数量，以及未能按照罗斯福的承诺在 1942 年开辟第二战场，致使斯大林极为愤怒与失望，并使双方的关系在战时就受到了极大损害。

⑥ 就美国来说，1946 年的中期选举使共和党取得了对众、参两院的控制权，民主党的杜鲁门政府感到在政治上受到约束，为获得两党一致的支持，便在对外政策中求助于民主制度对抗共产主义的极端意识形态的说法；对苏联来说，战前已经暴露出许多弊端的斯大林体制在战后的进一步强化并由此出现的社会危机，东欧国家对苏联的一些做法的不满，也使苏联加强了意识形态的宣传力度以增强凝聚力，终于使冷战在双方国内都获得了增长的势头。

体实施雅尔塔体系各项协定的过程中，就必然会在许多重要问题上产生重大的分歧与对抗。于是，冷战就在美苏之间不断的逐渐强硬的敌对互动之中爆发了。

二

在第二次世界大战结束后不到两年的时间内，随着美苏在东欧的敌对日益严重，在对德、日战败国的政策上尖锐对立，在伊朗和土耳其问题上激烈争斗，双方的冷战政策也相继出台。于是，冷战就由于美英等西方国家与苏联对立的加剧而迅速爆发。

东欧及巴尔干部分地区作为苏联既定的建立"安全带"的地区，是不容他人染指的。因此，从 1944 年至 1947 年，苏联采取一切手段，实际拒绝执行《被解放的欧洲宣言》，而是按照苏联的意图在波兰、南斯拉夫、匈牙利、捷克斯洛伐克、罗马尼亚、保加利亚、阿尔巴尼亚等国建立了一系列对苏友好的政府，使这些国家处于苏联的直接控制之下。苏联的做法使美国企图通过自由选举方式在东欧建立议会制政府从而保持西方影响的打算落了空，引起美国的强烈不满与敌对。罗斯福在去世前曾指责斯大林在波兰行动，说"他已经破坏了自己在雅尔塔作出的每一项诺言"；杜鲁门则在接见莫洛托夫时直截了当地严厉指出苏联破坏了雅尔塔协议，并企图以经济手段迫使苏联就范，结果被莫洛托夫顶了回去。①

在对待德国和日本等战败国的政策上，美国与苏联的分歧和争斗同样严重。战胜纳粹德国是大同盟成立的基础和追求的共同目标，如何

---

① ［美］威·艾·哈里曼：《哈里曼回忆录》，上海人民出版社 1975 年版，第 40 页注释①；哈里·杜鲁门：《杜鲁门回忆录》第一卷，三联书店 1974 年版，第 69—74 页。

处置战败的德国也就成为苏联与其西方盟国之间的重大问题。由于在雅尔塔体系下被分区占领的德国和柏林市处于美苏各自的势力范围的最前沿，因此战后初期，苏联的基本考虑是：在对德国社会进行全面根本改造的基础上使苏占区成为苏联安全带上的重要一环，同时防止西占区成为依附于西方的独立国家和未来对苏联的安全威胁，并从德国索取尽可能多的赔偿。但美国的考虑则与此相反。德国战败后，美国已认定战后的对手是苏联而不是德国，所以它的对德政策开始从肢解和限制转向扶植与恢复。于是，双方不仅在德国赔偿问题上发生了无穷争吵，而且在德国统一的问题上更是意见相左。苏联主张德国先要在政治上形成一个统一的中央政府机构，即所谓"政治统一"为先；美国则谋求先把德国作为一个经济整体来看待，即先要"经济统一"。① 由于双方无法取得一致，美英便于 1946 年 12 月在经济上将它们的占领区合并，这成为美英分裂德国的重要一步，致使美苏矛盾不断激化，最终使德国成为冷战的激烈战场。在日本问题上，杜鲁门决定"对日本的占领不能重蹈德国的覆辙…不打算分割管制或划分占领区…不想给俄国人以任何机会，再让他们像在德国和奥地利那样行动"。② 美国这种单独占领日本不容苏联染指的政策，同样引起了后者的强烈愤怒与反对。美苏在东欧和德国、日本等问题上的对立愈演愈烈，成为冷战爆发的最重要的直接原因。

另外，1946 年 7 月，美国代表伯纳德·巴鲁克在联合国原子能委员会第一次会议上提出的旨在维持美国的核垄断、蓄意排除与苏联合作对原子能进行国际管制的"巴鲁克计划"，无疑是进一步毒化两国关系的举动。

美苏在中近东也展开争夺。双方在伊朗争夺的核心是石油资源，

---

① ［苏］A. C. 阿尼金等编：《外交史》第五卷上册，第 95 页；哈里·杜鲁门：《杜鲁门回忆录》第一卷，第 235 页。

② 哈里·杜鲁门：《杜鲁门回忆录》第一卷，第 371 页。

而形式则是二战后的撤军问题。苏联为获得伊朗的石油租让权和确保其在伊朗北部的势力范围而拒绝在美英军队已经陆续撤出的情况下按期从伊朗撤出驻军，使苏伊关系十分紧张，并给美英的干预提供了机会。1946 年 1 月，伊朗向联合国控诉苏联干涉伊朗事务，苏伊争端成为联合国成立后首次大会审议的第一个问题，使苏联外交处于极为被动的局面，最后不得不在 6 月将苏军全部撤出。双方在土耳其争夺的核心是控制黑海海峡问题。从 1945 年 6 月到 1946 年 9 月，苏联多次向土耳其提出修改 1936 年签署的有关黑海海峡的《蒙特勒公约》，在海峡建立苏联的军事基地以使其参与黑海海峡的防御等要求，导致苏、土关系紧张，并招致了美英的强烈反对。苏联在伊朗和土耳其的行为，显然超过了维护本国安全需要的范围，侵犯了两国主权，并加深了西方国家对苏联企图的大大疑虑和敌视。苏联在中近东政策的失误，催生了美国的"遏制政策"，直接酝酿了冷战。

伴随美苏之间展开一系列争夺以填补战后留下的所谓"权力真空地带"的同时，双方使用的语言也越来越激烈，美国对苏联的遏制政策、苏联决心放弃大国合作并与美国进行强硬对抗的政策，相继出台，致使冷战的爆发成为必然的趋势。

1946 年 1 月 5 日，杜鲁门当面向国务卿贝尔纳斯表示对苏联在伊朗和土耳其的做法极度不满，并指责他对苏联不够"强硬"，表明美国要开始对苏联采取强硬态度，他声称："除非俄国碰到铁拳和强硬的抗议，另一次大战就可能发生……我认为我们不应该再做任何妥协……我已厌倦于笼络苏联人。"① 一个月以后，斯大林在 1946 年 2 月 9 日莫斯科选区的选民大会上发表重要演说，对资本主义采取严厉批判态度，明确指出现代资本主义是新的世界大战的根源，表示要再搞三个甚至更多的五年计划来促进国家的工业化，使苏联具有"足以应付各种意外事件

---

① ［美］哈里·杜鲁门：《杜鲁门回忆录》第一卷，第 519 页。

的保障"。① 由于这次讲演距二战结束还不到半年，人民需要的是和平与休养生息，而美苏之间尽管发生伊朗和土耳其危机，但关系尚未破裂，许多问题正在或即将进行谈判，因此斯大林的公开讲演既不合时宜也不明智，并在西方引起了强烈反响。美国最高法院法官威廉·道格拉斯称其为"第三次世界大战的宣言书"，《时代》杂志则认为是"自对日作战胜利日以来一个高级政治家所发出过的最好战的声明"。② 不仅如此，它对其后的凯南八千字长电报和丘吉尔的富尔顿演说也产生了直接的影响。

就在斯大林演说后不久，1946 年 2 月 22 日，美国驻苏大使馆代办乔治·凯南便向华盛顿发回了有名的八千字长电报，全面论述苏联的理论、政策、行为动机与行为方式，以及美国应当采取的对策。③ 凯南认为，苏联的国内制度、意识形态和历史传统决定了它必然要谋求无限制的向外扩张，美国不能依靠外交谈判和苏联打交道，而必须也能够依靠实力来抵制苏联的扩张，同时不会引起美、苏之间的全面军事冲突，因为苏联的力量弱于西方，因此美国只需"拥有足够的力量和表明准备使用它，就几乎用不着这样做，如果正确地处理形势，就不必进行有损威望的摊牌"④。尽管在该文中凯南并没有使用"遏制"一词，但是我们可以看到，他已经实际提出了一套相对完整的遏制苏联的理论，并基本框定了与苏联对抗（美苏冲突）的外在表现形式：只要保持实力威慑

① 《斯大林选集》下卷，人民出版社 1979 年版，第 488—500 页。

② 沃尔特·拉弗贝：《美苏冷战史话，1945—1975》，商务印书馆 1980 年版，第 44 页；丹·考德威尔：《论美苏关系》，世界知识出版社 1984 年版，第 13 页。

③ 美国国务院：《美国外交关系：外交文件》(The U. S. Department of State：Foreign Relations of' the United States. Diplomatic Papers. (FRUS)，Government Printing Office (GPO)，Washington D. C. 1946 年，第 6 卷，第 696—709 页。凯南写作此文本是应国务院的要求以搞清苏联拒绝批准布雷顿森林协定的原因，但斯大林的演说无疑对他起了作用。

④ 关于对这份长电报的内容分析以及对英文 power 一词的译文说明，参见张小明《乔治·凯南遏制思想研究》，北京语言学院出版社 1994 年版，第 10—15 页。

与压力，无须热战那种极端的方式。这份长电报在华盛顿受到了异常热烈的欢迎，表明它所代表的对苏强硬政策在政府和国会取得了优势，标志着美国冷战思想的基本形成。一年多后，凯南又在7月份的美国《外交季刊》上发表署名X先生的文章《苏联行为探源》，正式提出了"遏制"一词，并进一步阐述了他的遏制思想与遏制战略，遏制政策也由此得名。①

在事先的精心策划下，3月5日在美国的富尔敦，英国前首相丘吉尔在杜鲁门的陪同下发表了题为"和平砥柱"的演说。这篇以"铁幕"一词而闻名的演说，符合美国在战后要遏制苏联、称霸世界的战略需要，从而拉开了冷战的序幕。

但是必须指出的是，在苏联方面也有其凯南长电报的对应物，这就是20世纪90年代才解密的当年苏联驻美国大使诺维科夫在莫洛托夫的指示和实际参与下，于1946年9月27日给参加五国和约巴黎会议的苏联代表团的秘密报告，题为"战后美国对外政策的长篇报告"。② 这个报告同样全面分析了战后美国对外政策的意图和目的以及美国在全球的扩张行为，断定美国战后对外政策的特征是"谋求世界霸权"，并将苏联视为"其通往世界霸权道路上的主要障碍"，为此美国正在以各种方式扩充军备，并且"是把苏联作为战争的对象而准备未来的战争的"。由此可见，在战争结束仅仅一年，苏联也已经完全否定和批判美国的外交政策，对美苏关系的发展前途不抱希望。因此，同凯南的长电报一

---

① [美]乔治·凯南：《美国外交》，第85—101页。
② 弗兰西斯卡·戈尔和西尔维奥·庞斯编：《冷战中的苏联与欧洲，1943—1953》(Francesca Gorl and Silvio Pons ed., The Soviet Union and Europe in the Cold war, 1943—53)，第260页。该报告的英译文，见《外交史杂志》(Diplomatic History)第15卷第4期，1991年秋季号，第527—537页。该报告根据莫洛托夫的指示精神所写，并有后者在阅读时所划的重点和所写的眉批。关于该报告形成的详细情况，以及对它的内容的介绍与分析，参见张盛发《斯大林与冷战》，第186—192页，以及第206页注释〔170〕—〔175〕。

样，诺维科夫的长报告也为苏联对美国采取不妥协的强硬态度和政策起到了论证与导向作用。不仅如此，我们从这份报告的内容上也可以看出凯南长电报对苏联的对外政策产生了很大的消极影响。

就这样，伴随美苏在战后许多问题上的对抗与争斗，两国的对外政策都发生了转向，即逐渐脱离大国合作政策而转向对抗。于是，冷战就在双方的行动与政策的对立互动中，以美国首先发出明确的对苏遏制与对抗的冷战信号——杜鲁门主义为标志而终于爆发。

1947 年 3 月 12 日，杜鲁门在国会众、参两院发表咨文，他把世界政治分为自由民主和极权主义两个对立的营垒，不指名地将苏联称为"极权政体"，并以援助希腊和土耳其为名，宣布美国将支持和帮助世界上所有抵抗"共产主义威胁"的力量。这便是人所熟知的"杜鲁门主义"的问世。杜鲁门主义是美国外交政策的转折点。这种转折体现在三个方面：第一，它表明，美国战后的对外政策终于完成了从孤立主义向全球扩张主义的转变，因为"杜鲁门主义"实际宣布，"不论什么地方，不论直接或间接侵略威胁了和平，都与美国的安全有关"；第二，正如杜鲁门本人后来所说，它"是美国对共产主义暴君扩张浪潮的回答"，因此"杜鲁门主义"便成为美国对苏联进行冷战的重要标识，并使其意识形态味道十分浓烈；第三，它标志着美国越来越以两极思维来看待这个世界。①

从此，美苏关系便由冷战所支配，随着冷战的不断升级，两国的冲突也迅速演变为世界范围内的两大集团的尖锐对立，两极格局逐渐定型。

---

① 哈里·杜鲁门：《杜鲁门回忆录》第二卷，三联书店 1974 年版，第 121、120 页。

三

杜鲁门主义虽语言强硬，但它只是一项政策声明，在强化冷战并在两极格局形成中起到关键作用的则是以经济方式实践杜鲁门主义的马歇尔计划。

1947 年 6 月 5 日，美国国务卿乔治·马歇尔在哈佛大学发表了仅仅 1500 字的演说，提出了一项大规模帮助欧洲恢复战争创伤的"欧洲复兴计划"，即马歇尔计划。其要点是：1.通过美国的经济援助，使世界特别是欧洲恢复到正常经济状态，以保持稳定与和平，并使"自由制度"得以存续；2.强调美国的政策不反对任何国家和主义，只反对饥饿贫穷和混乱；3.欧洲的复兴是欧洲人的事，所以援助倡议和具体方案应该首先来自欧洲，美国则视其需要和自己的能力所及给予援助；4.美国的援助不能零敲碎打，而是要求欧洲国家，至少是其中的一部分国家联合提出一个总体方案，作为美国援助考虑的基础。[1]

与杜鲁门主义的表述不同的是，马歇尔计划刻意"淡化"意识形态，并把东欧和苏联也包括在受援国之内。之所以如此，是因为该计划的主要制定者凯南等人认为，如果苏联拒绝美国的提议（实际上许多美国官员希望共产党国家不接受援助），美国"正好就把分裂欧洲的责任推到苏联头上"，如果苏联接受，那么美国就以援助为手段迫使东欧国家"放弃其经济生活中的几乎是排他性的苏联取向"；[2]另一方面，美国还可以通过美援进一步加强西欧"在美国领导下的西方倾向"以抵制苏

---

[1] 国际关系学院编：《现代国际关系史参考资料（1945—1949）》上册，高等教育出版社 1959 年版，第 269—271 页。

[2] 约翰·刘易斯·加迪斯：《遏制战略：战后美国国家安全政策的批判性评价》（John Lemis Gaddis，Strategies of Containment：A Critical Appraisal of Postwar American National Security Policy），Oxford University Press，1982，p.66.

联的影响。①

马歇尔计划的提出与实施，对东西方关系产生了巨大影响。

对苏联来说，这个美国政府已经预料到欧洲可能分裂的计划，恰恰是在以全面遏制苏联的杜鲁门主义刚刚出世不到 3 个月就提出的，因此苏联对它充满疑虑。在经过一段时间的试探之后，苏联断定："美国计划是要强化西方国家造成的德国的分裂状态，真正目的是要把欧洲分裂成两个国家集团，为了某些谋求霸权的强国的利益，利用一些欧洲国家去反对另一些欧洲国家。"因此它最后还是拒绝接受援助，理由是一项联合计划和共同事业对主权是一种侵犯。② 另一方面，由于波兰和捷克斯洛伐克曾想参加这个计划，也使苏联担心东欧国家对苏离心力的增长。于是，为建立西方集团而奠定经济基础的马歇尔计划的提出，最终迫使苏联决心进一步加强对其东欧安全带国家的经济与政治控制，从而导致了莫洛托夫计划的产生，共产党情报局的成立，以及东欧政权的苏联模式化。

针对马歇尔计划，苏联在 1947 年 7 月到 8 月的一个多月时间内，先后迅速与保加利亚、捷克斯洛伐克、匈牙利、南斯拉夫、波兰等国签订了双边贸易协定，被西方称之为莫洛托夫计划，初步筑起了东欧的经济壁垒。随着 1949 年 1 月经互会的成立，东欧的经济完全纳入了苏联的轨道。紧接上述经济措施而来的是 1947 年 9 月，在苏联的主持下成立了欧洲九国共产党和工人党情报局，同时提出战后的世界已经分裂为两大对立的阵营：帝国主义反民主阵营和反帝国主义的民主阵营，即"两大阵营"理论，并以此作为各国共产党的路线和行动的根本出发点。于是，苏联对世界政治的两极看法也正式确立。③

---

① 约瑟夫·M. 琼斯：《十五个星期》（Joseph M. Jones, The Fifteen Weeks），p.253.

② ［苏］A. C. 阿尼金等编：《外交史》第五卷上册，第 308、307 页。

③ 西尔维奥·庞斯认为，这是苏联外交在二战后转向以两极观点看世界的第二步，第一步则是诺维科夫的长报告。见弗兰西斯卡·戈尔和西尔维奥·庞斯编《冷战中的苏联与欧洲，1943—1953》（Francesca Gorl and Silvio Pons ed., The Soviet Union and Europe in the Cold war, 1943—53），第 260 页。

随后，苏联开始以驻扎在东欧的几十万红军作为威慑力量，彻底改变斯大林原本对东欧各国共产党和国家政权采取的较为宽松灵活的政策，取消了东欧各国共产党的自主权，并对这些国家进行政治、经济、思想文化等全方位的内政改造，将斯大林模式移植过去。与此同时，苏联把不愿俯首贴耳的南斯拉夫共产党开除出情报局，并在东欧各国进行了无情大清洗，将包括共产党著名领导人在内的几十万人清除出党。

上述这些行动，作为对美国冷战政策的直接反应，成为苏联在强化冷战过程中的重要步骤。至此，一个与美国和西欧相对立的以苏联为首的苏东集团，已经在经济上和政治上基本确立。

马歇尔计划对西方的影响极为深远，而对冷战的激化和欧洲的分裂以及两极格局的最终形成则有其更为直接的责任。

由于苏联和东欧以及一些不愿与苏联对立的国家的退出，马歇尔计划从"欧洲复兴计划"变成了"西欧复兴计划"。这项计划从1948年2月开始实行，到1952年结束，美国共向西欧16个国家和德国的美英法占领区提供了总额为132亿美元的援助。[①] 马歇尔计划的实行，解救了西欧各国的燃眉之急，使其经济很快得以复兴，使欧洲人恢复了对自己国家的信心，从而巩固了资本主义秩序；它进一步改组了西欧的经济结构，使其更符合美国的经济利益并与美国的经济逐渐形成统一的北大西洋自由市场区域；它以西欧集体制定复兴计划并互相协调生产与流通作为援助的条件和指导原则，使西欧各国包括后来的西德国家的经济日益融为一体，为西欧经济的一体化进程奠定了基础，并成为西欧国家政治联合的先声。

但是特别要指出的是，马歇尔计划的重要内容和目的之一，是将

---

①   W. R. 基洛：《20 世纪的世界，国际关系史》（William R. Keylor, The Twentieth-Century World：An International History），Oxford University Press，1996，p.263. 其中英国及其自治领等获得 32 亿美元，法国获得 27 亿，意大利获得 15 亿，德国的西占区及后来的西德获得 14 亿。第 263—264 页。

西占区的德国完全纳入西方的轨道。美国的政策设计者认为，德国在欧洲的经济复兴中占有极为重要的地位，在实际已经确认德国不可能统一的情况下，西方国家占领区应该制定各项政策使这些占领区能对西欧经济建设做出贡献；而且美国应该提出并鼓励某种形式的"西欧国家区域性政治联合"。① 只有用这种从经济上和政治上将一个复兴的德国融入欧洲的方法，才能彻底消除极端民族主义对德国的束缚，解决困扰欧洲和世界多年的"德国问题"。因此，在苏联退出讨论马歇尔计划的巴黎会谈之后，美国正式启动了建立西德国家的工作，并依次采取了将德国的西方国家的占领区正式纳入马歇尔计划的援助范围之内，将美英双占区和法占区合并，决定召开西占区制宪会议准备建立西德联邦国家，直至宣布在西占区实行单方面的币制改革等一系列重大的分裂德国的行动。

美国在马歇尔计划实施过程中对德国西占区所实行的上述政策，使苏联认定他们对马歇尔计划的目的就是要将西部三个占领区分裂出去以建立依靠并忠实于美国的德国西部国家的判断得到了证实，② 于是，以西占区的币制改革为导火索，终于导致日益不安的苏联在 1948 年 6 月对进出柏林的水陆交通和货运实行封锁，从而爆发了第一次"柏林危机"。当美国的大批飞机从东部德国的头顶呼啸飞过向柏林的西占区大规模空运各种物资的时候，人们真切地感到了美苏这两个战时盟国在战后第一次濒临战争的边缘，冷战出现了第一次真正的高峰。

尽管第一次柏林危机在历时近一年后以苏联方面的退却得以结束，但是德国的分裂过程已完全不可逆转。以 1949 年 9 月和 10 月德意志联邦共和国和德意志民主共和国的相继成立为标志，欧洲冷战对峙的经

---

① [美] 福雷斯特·C.波格：《马歇尔传（1945—1959）》，世界知识出版社 1991 年版，第 204—205、211 页。

② W. R. 基洛：《20 世纪的世界，国际关系史》（William R. Keylor, The Twentieth-Century World; An International History），第 270 页。

济、政治和地理界线基本落定。不仅如此，伴随马歇尔计划的实行和苏联强化对东欧的控制，尚未复苏的西欧各国也要求按照马歇尔计划的自助互助与他助方式，在军事上谋求美国的援助。于是，以 1948 年 3 月西欧五国的《布鲁塞尔条约》为基础，到 1949 年 8 月以美国为首的北大西洋公约组织的正式成立，跨大西洋的西方军事战略界线也基本划定。

因此，首先在经济上实行杜鲁门主义的马歇尔计划，对加强美苏和分别以两国为首的东西方集团之间的冷战对峙，以及对双方的经济、政治、军事和地缘战略的影响都相当深远。

另外，同样对强化冷战具有决定性意义的是 1949 年下半年发生的苏联首次爆炸原子弹成功的消息和中国革命的胜利。前者使美国和其盟国感到它们正面临着苏联空前的军事威胁，甚至是核威胁；后者则因其改变了雅尔塔体系在东方的地缘政治版图，扩大了苏联的势力范围而使杜鲁门政府认为它所担心的共产主义浪潮的扩张已成为事实，整个"自由世界"处于空前的危险之中。这两大事件的直接后果主要有三个方面：第一，促使杜鲁门政府正式签署"共同防御援助法"，即"军援法"，该法案作为向西欧提供经济援助的马歇尔计划的重要补充，[①] 将"美国的外交与军事进一步紧密结合起来"，使北约有了实际意义。第二，出台国家安全委员会第 68 号文件（NSC68），完全以"共产主义"和"自由世界"的两极对立为主导思想，过分夸大苏联的力量和扩张意图，认为苏联奉行全球侵略与扩张政策，并决定与苏联进行全球对抗。因此该文件不仅成为美国在整个冷战时期的全球战略蓝图，而且成为美国军事干预其后爆发的朝鲜战争，承担"保卫朝鲜的义务"的重要依

---

① ［美］罗杰·西尔斯曼、劳拉·高克伦、帕特里夏·A.韦次曼：《防务与外交决策中的政治——概念模式与官僚政治》，商务印书馆 2000 年版，第 420 页。杜鲁门于 1949 年 10 月 6 日签署"军援法"，关于该法案的提出与通过，参见资中筠主编《战后美国外交史——从杜鲁门到里根》上册，世界知识出版社 1994 年版，第 113—116 页。

据。① 第三，认真考虑重新武装西德，并将其纳入统一的西欧军事力量之中。

1950 年 6 月朝鲜战争的爆发，使美国政府认为国家安全委员会 68 号文件对苏联意图的判断得到证实。于是，以美国全面卷入朝鲜战争为开端，冷战进入了最高潮，即使是斯大林逝世这一堪称国际事务中最重要的事件也未能立即将其扭转。这一最高潮的重要标志和影响是：

在国际上，朝鲜战争作为冷战中的第一场特殊的局部热战，是美国采用军事手段以所谓遏制中国的共产主义来实施遏制政策的开始。它不仅使美国的对华政策进入了"大偏差"时期，② 而且使冷战达到了前所未有的白热化程度。美国的出兵及派遣第七舰队进入台湾海峡，以及中国为保家卫国而进行的抗美援朝战争，开始了长达 20 多年的中美冷战对抗，造成了至今没有解决的"台湾问题"。为了从军事上遏制共产主义，首先是遏制中国，美国不惜复活日本军国主义，并在加紧迅速扶植日本的同时，逐步在亚太地区签订了一系列军事防御条约以构建军事体系。与此同时，美国在欧洲设立了以艾森豪威尔为总司令的北约欧洲盟军最高司令部，陆续将数万美军派驻欧洲，使北约成了一个真正的军事实体。随后北约两度扩大，在先吸收了希腊和土耳其之后，终于在 1955 年使联邦德国成为北约的正式成员国。于是，到 1955 年，美国终于建立了一个从大西洋经中东到西太平洋的军事条约网，以实施在全球遏制共产主义的战略。作为对西德加入北约的即时而公开的反应，苏联建立了包括东德和东欧国家在内的与北约直接相抗衡的另一个欧洲军事集团——华沙条约组织。于是，两个武装集团在欧洲大陆的中心地带相互怒目而视。

在美苏两国的国内政治方面，则出现了美国的极为反共的麦卡锡

---

① FRUS/1950，Vol.1，pp.235-292.

② [美] 孔华润：《美国对中国的反应——中美关系的历史剖析》，张静尔译，复旦大学出版社 1989 年版，第 193、197 页。

主义和苏联与东欧继续进行的"党内清洗"运动。它们作为美苏之间近于病态的极端的相互仇视的反应，同样成为冷战最高潮的象征。

综上所述，美苏双方通过一系列相互作用与反作用的敌对政策和具体措施，到50年代中期终于形成了政治、经济、军事和地缘政治版图的两大集团的全面冷战对峙，使两极格局最终形成并相对固定下来。

但是，我们还要特别指出的是这个两极格局的不对称性和不完全性。

首先，在两极格局中，以美苏为首的相互对立竞争的两极之间并不是完全对称的。美国和它的伙伴国实际上要比苏联集团强大。例如，在1950年，美国的国民生产总值是苏联的3倍，北约联盟加上日本的财富是所有社会主义国家财富的4—5倍。① 苏联虽然只在军事能力上与美国基本相当，但是在整个冷战期间却有能力摧毁美国的西欧盟国。因此，尽管在冷战的大部分时间里美国在整体军事能力上优于苏联，但是这种优势从没有大到使美国领导人觉得足以直接向苏联挑战的程度，于是便导致了双方的军事威慑和军备竞赛特别是核竞赛的持续攀升进行。② 鉴于苏联的经济实力始终远逊于美国，因此在两国对立的整个历史时期，冷战对苏联的伤害程度远远甚于苏联对美国的伤害程度。

其次，即使在冷战最高潮的年代里，两极格局也未能完全囊括所有的国家和地区。一些独立的国家或没有加入两个竞争的集团，或被开除出其中的某一集团，还有主要处于亚非地区的尚未获得独立的广大旧殖民地。③ 这些国家和地区仍然处于对立的两个联盟集团之外，使两

---

① [美]布鲁斯·拉西特和哈维·斯塔尔：《世界政治》(1996年第5版)，华夏出版社2001年版，第92页。

② 关于美、苏在1955年和1987—1988年的军事开支比较，参见布鲁斯·拉西特和哈维·斯塔尔《世界政治》(1996年第5版)，第93页表5.1。

③ 1949年1月美国提出的"第四点计划"的目的之一，也是要与苏联争夺这些不发达地区。

极格局多多少少受到了牵制与限制。随着战后非殖民化运动的进行，亚非地区的独立运动和不发达国家的政治经济发展，不仅在一定程度上缓和了美苏之间最初的对抗，而且在两极格局的基础上不断生长出多极的力量。

美苏国家大战略的演变与冷战 *

　　徐蓝教授：冷战是 20 世纪后半期留给人类历史的深刻印记。我们研究战后国际关系史，其中最重要的问题之一就是研究冷战的起源、演变与终结，因为它是 20 世纪后半期国际关系的主旋律。一般认为，"cold war" 一语是美国最负盛名的专栏作家李普曼首先使用的。他把自己批评遏制政策的一系列文章集成了一个集子，以单行本的形式出版，他给这本书命名为《冷战》。到底什么是"冷战"呢？在学术界并没有一个一致的定义。不过，今天以历史的长镜头来看冷战的时候，我们还是可以给冷战下一个基本的定义：冷战是指 20 世纪 40 年代中后期至 90 年代初，以美苏两个超级大国以及分别以它们为首的两大集团之间在政治、经济、军事、外交、意识形态、文化乃至科学技术等一切方面的既非战争又非和平的对峙与竞争状态。研究冷战，第一个问题就是研究冷战的起源了。国际学术界对冷战的起源已经有几十年的研究，中国学术界也有大约 20 年的研究了。现在先请大家谈谈你们对这种研究状况的掌握情况。

　　韩长青：对于冷战的研究一直是国际学术界的热点话题。尤其是对

---

　　* 本文是作者在硕士生、博士生课程的一次讨论课的记录。原刊于《历史教学问题》2008年第 5 期。

冷战起源的研究至今兴盛不衰。20 世纪 90 年代前，美国是冷战研究的主要阵地，出版了大量学术著作。大致可以分为"正统派""修正派"和"后修正派"等三个流派。"正统派"在 40—60 年代占据主导，认为苏联寻求世界霸权是导致冷战爆发的主要原因；"修正派"崛起于 60年代，认为美国对苏联的政治经济和军事压力是冷战爆发的主要原因，美国要为冷战的爆发负责；"后修正派"兴起于 70 年代，认为冷战是美苏两国利己主义政策和一系列错误与误解的结果，美苏双方对冷战的爆发都负有责任。

苏联解体后，大量苏联档案解密，又掀起了冷战研究的新高潮。这一阶段由于摆脱了意识形态的束缚和大量档案解密，新的研究成果层出不穷。这一阶段的一个特点就是冷战史研究突破了以美国一国为主的情况，俄国、中国等国学者纷纷加入冷战史研究的讨论之中。美国出现了以加迪斯为代表的"新后修正派"，认为冷战是由苏联挑起的。与此同时，俄国、中国等国学者根据各国档案重新解释冷战的起源。俄国一些学者认为斯大林等苏联领导过高地估计了军事力量的作用和其他国家对苏联军事威胁的程度，要求国家和社会生活的各个方面都服从于狭隘的国家安全利益，从而迫使西方转向军备竞赛，加剧了东西方之间的敌对关系，并导致了"冷战"状态的出现。中国学者集中研究了中美和中苏关系，强调了中国在冷战中的地位和作用。

姚百慧：冷战起源研究是一个不断深入的过程，起初研究者只关注美苏两大国，这些年越来越多的研究者开始关注美苏两国之外的国家和地区，欧洲国家尤其是英国对冷战的影响和中国与冷战的关系逐渐成为研究的热点问题。一些西方学者甚至提出西欧在冷战起源中占据主导地位的观点。他们认为西欧为了应对苏联的军事威胁，成功说服美国直接介入欧洲事务，冷战从而爆发。我觉得，这种观点虽然极端，也有一部分道理，比如与凯南的长电报、苏联驻美国大使尼古拉·诺维科夫的长报告相对应的，英国也有其驻苏代办弗兰克·罗伯茨的一系列电报。

徐蓝教授： 的确如你们所说，冷战的爆发是世界上多种力量综合作用的结果。但是冷战中的两个主角美国与苏联，无疑对冷战的爆发起了更重要的作用。因此，当我们通过历史的长镜头来研究冷战起源时，我认为我们首先可以从两国的国家大战略的层面上进行考察。那么，什么是"大战略"呢？概括地说，所谓"大战略"，是指一个国家无论在战时还是处于和平时期，它的最高层面上的战略，即指该国的最高领导层力图集中他们的全部政治经济和军事目标，利用军事的和非军事的手段，诸如利用其经济、人力与物力、技术与文化的资源，以及外交与道义方面的压力，去保卫和加强他们所认定的本国最为长远的最高国家利益。

由于战后美苏两国的国家大战略有着巨大差异，因此当第二次世界大战胜利结束，大同盟的共同敌人——法西斯主义被消灭之后，美苏两国在贯彻执行包括《雅尔塔协定》在内的一系列协定时，为了实施各自的大战略，必然产生各种根本性的分歧。正是这些分歧进一步激化了美苏矛盾，从而引发了冷战。

战后美国奉行的是全球扩张的大战略。战后美国军事、经济实力和政治影响力的空前强大，使美国认为它自己有能力领导世界。这种要成为"世界领袖"的强烈欲望，是战后美国对外扩张的思想基础。美国开放型的自由市场经济制度，以及将追求海外市场作为保持战后国内繁荣与稳定的重要手段，不仅成为美国主动向全球扩张的主要动力，也是这种扩张的主要目的之一。不仅如此，第二次世界大战还使美国政府认为：再也不能允许其"潜在的敌手"通过经济上的闭关自守，政治上的颠覆活动和军事上进行侵略等手段来取得对欧亚大陆的资源控制，从而危及美国的安全。这里所说的"潜在的敌手"显然主要是指苏联。与此同时，美国在十月革命后形成的反共意识，其历史所孕育的自认为美国集西方文明之大成的天生优越感，以及由此而产生的美国有责任将其民主制度和自由的价值观念向全世界移植的天定使命观，则成为美国向全球扩张的又一内在动力。这一切，使美国在二战后形成了全球扩张的大战略。

苏联战后大战略的核心是保障它的国家安全，并将确保西部边界安全视为第一要务，这是苏联坚决要在其军事力量控制的东欧势力范围内建立对苏友好政府，从而建立东欧"安全带"的根本原因；由于斯大林坚持认为战争是垄断资本主义的必然产物，因此在垄断资本主义中综合实力最强的美国，自然也是苏联潜在的防御对象。不仅如此，苏联高度集中的计划经济体制，也倾向于将其所控制的势力范围变成封闭的经济区域，而这又是与确保打赢未来的反对帝国主义的侵略战争直接相关的。另外，共产主义的理想和世界革命的信念，也使苏联在其军事能力所及的地区建立和维护与自己类似的社会制度，尽管它在很大程度上是从属于苏联的国家安全利益的。这一切，便形成了战后苏联的保障国家安全的大战略，并使苏联决心充分利用所掌握的有限力量，通过局部扩张而使其权势超出了本国领土，覆盖了它的东欧势力范围。

从上面的概括介绍中大家可以发现美苏大战略中的巨大差异：美国是要全球扩张，而苏联则要求划分势力范围。但是美国把苏联建立势力范围的行动视为对美国实现其大战略的巨大障碍与威胁，认为只有在"地缘政治现实"的基础上采取行动，美国才能避免被包围，于是就有了"遏制"政策。就苏联方面来说，由于意识到自己力量的限度并出于严重的不安全感，苏联在战后初期，一方面努力维护雅尔塔体系的基本框架，甚至不惜对西方做出一些妥协和让步，以争取一个和平的国际环境；另一方面，出于贯彻其大战略的需要，在处理东欧和处置战败国等问题上，苏联也采取了一些僵硬的缺乏妥协精神的行动。这就酝酿与促进了冷战的对抗行动。于是，冷战就在美苏之间逐渐强硬的敌对互动之中爆发了。

朱涓：以前总有一个困惑，就是为什么美苏作为战时的盟友，在二战结束后短短两年就成了对手。听了徐老师说的美苏大战略的针锋相对，对这个问题就理解多了。

徐蓝教授：美苏大战略的实施让冷战的爆发不可避免。在实施大战略的过程中，美苏在东欧问题、对战败国德国和日本的处理问题、伊朗撤军问题、土耳其海峡等问题上对立与争斗日益严重。这些大家已经比较熟悉，我就不再多做介绍。就是在这种实施各自大战略所产生的美苏对峙中，美苏出台了各自的冷战政策，于是有了1946年2月9日斯大林的公开演说，有了凯南的长电报和"X先生"的文章，有了丘吉尔的"铁幕"演说，有了苏联版的长电报"诺维科夫报告"。就这样，伴随美苏在战后贯彻各自的大战略，两国的对外政策都发生了转向，即逐渐脱离大国合作政策而转向对抗。于是，冷战就在双方的行动与政策的对立互动中，以美国首先发出明确的对苏遏制与对抗的冷战信号——杜鲁门主义为标志而终于爆发。

杜鲁门主义和马歇尔计划在冷战的爆发与强化方面有着不同的作用。

杜鲁门主义是美国外交政策的转折点。这种转折表现在三个方面：第一，为适应国家大战略的需要，美国战后的对外政策终于完成了从孤立主义向全球扩张主义的转变；第二，正如杜鲁门本人后来所说，它"是美国对共产主义暴君扩张浪潮的回答"，因此"杜鲁门主义"便成为美国对苏联进行冷战的重要标识，并使其意识形态味道十分浓烈；第三，它标志着美国越来越以两极思维来看待这个世界。杜鲁门主义虽然语言强硬，但只是一项政策声明，在强化冷战并在两极格局形成中起到关键作用的则是以经济方式实践杜鲁门主义的马歇尔计划。

与此同时，苏联也旗帜鲜明地宣布了冷战政策，主要表现是两大阵营理论的宣布、共产党情报局的成立、莫洛托夫计划以及经互会的成立。苏联还对东欧国家进行政治经济思想文化等全方位的内政改造，将斯大林模式强行移植过去，同时把不愿俯首贴耳的南斯拉夫共产党开除出情报局，并在东欧各国进行了无情的大清洗。至此，一个与美国和西欧相对立的以苏联为首的苏东集团，已经在经济和政治上基本确立。随后第一次柏林危机爆发，冷战出现了第一次真正的高峰。

另外，同样对强化冷战具有决定性意义的是 1949 年下半年苏联成功爆炸原子弹和中国革命的胜利。在美国看来，这两件事情已经严重威胁了美国的大战略。1950 年的朝鲜战争，是冷战中的第一场特殊的局部热战。这场战争不仅使美国的对华政策进入了"大偏差"时期，而且使冷战达到了前所未有的白热化程度。为了从军事上遏制共产主义，首先是遏制中国，美国在亚太地区构建了包括日本在内的军事体系。与此同时，美国设立了以艾森豪威尔为总司令的北约欧洲盟军最高司令部，陆续将数万美军派驻欧洲，使北约成了一个真正的军事实体。特别是美国决定重新武装西德，并在 1955 年让西德加入了北约。这样，美国便建成了在全球实施遏制共产主义的军事条约网。苏联方面对西德加入北约立即做出反应，建立了包括东德和东欧国家在内的与北约直接相抗衡的另一个欧洲军事集团——华沙条约组织。于是，两个武装集团在欧洲大陆的中心地带相互怒目而视。

至此，美苏通过一系列相互作用与反作用的敌对政策和具体措施，到 50 年代中期终于形成了政治、经济、军事和地缘政治版图的两大集团的全面冷战对峙，使两极格局最终形成并相对固定下来。

徐轶杰：华约是 1955 年成立的。1953 年时美国总统已经易人，斯大林也去世了，冷战应该会缓和啊？能不能认为 1953 年就是冷战缓和的标志呢？

徐蓝教授：我认为斯大林的去世并没有立刻带来冷战的缓和，也没有立刻改变冷战走向高潮的趋势，具体体现就是 1955 年西德加入北约和华约的成立。

不过，斯大林去世后，面对已经变化了的国内外形势，新的苏联领导人对斯大林所坚持的两种社会制度之间的战争是不可避免的论断提出了修正，在未改变保障国家安全的大战略核心下，调整了对外政策。

这种调整在苏联高层领导的权力斗争中逐渐在理论上被系统化，并在1956年2月召开的苏共二十大上得到了确认。这一调整主要包括相互联系的三个方面：第一，承认国际局势发生了很大变化，社会主义力量的发展和拥护和平的运动将可能防止战争，而且在使用核武器的战争中将没有胜利者，因此两种社会制度之间的战争并不是注定不可避免的。第二，承认社会主义和资本主义两个体系的同时存在已经是客观现实，相信社会主义生产方式比资本主义生产方式具有决定性的优越性，因此强调列宁关于社会制度不同的各国和平共处的原则，仍然是苏联对外政策的总路线。第三，根据上述判断，赫鲁晓夫明确提出社会主义和资本主义两个体系要和平共处改善关系，加强信任与合作，并展开和平竞赛；认为各国向社会主义过渡的斗争形式越来越多样化，在不排除暴力革命的同时，强调利用议会道路向社会主义和平过渡的可能性。但是，这一调整也存在很大局限性，主要包括：以苏联作为社会主义国家的核心，认为两种不同制度的和平共处就是苏联和美国的和平共处，对其他社会主义国家则不讲和平共处，并要求后者必须服从苏联的利益；将战争可以避免的论断完全建立在核威慑之上，过于强调核武器的作用，并因此而要求苏联的核力量强大到迫使西方不敢发动战争的程度，其结果是将和平的经济竞赛变成了核军备竞赛。

徐轶杰：这是不是说国家领导人的变更并不一定是决定冷战的主要因素？比如罗斯福的去世与杜鲁门的继承，有人说罗斯福不死，美苏冷战就不会爆发，这种观点很难成立。美国战后全球扩张的大战略是美国实力变化的结果和国家利益的追求，即使罗斯福在世，也会制定同样的战略。

徐蓝教授：不错。从20世纪40年代到60年代，美国总统先后变更，先是共和党的艾森豪威尔，后是民主党的肯尼迪与约翰逊，都没有改变自二战结束以来向全球扩张的国家大战略。在这20多年的时间里，他们的对外政策具有很大的延续性，其基本特征都是杜鲁门主义定下的基调：对苏联和社会主义国家实行遏制政策和冷战战略的同时继续进行对外扩张。但是苏联实力的增强、西欧联合趋势的发展、中国国际影响的不断扩大、非殖民化的加速进行和不结盟运动的发展以及苏联向第三世界伸展势力，导致美国在国际上的相对实力下降，并迫使美国做出一定的政策调整。于是，在艾森豪威尔时期便有了"解放政策""和平取胜战略""大规模报复战略""战争边缘政策"以及"多米诺骨牌效应"和要填补中东真空的"艾森豪威尔主义"，肯尼迪政府有了"灵活反应战略""两个半战争战略"，有了向亚非拉地区派遣和平队的做法，有了要绝对控制拉丁美洲的"约翰逊主义"。正是出于全球扩张和遏制共产主义的考虑，美国开始在越南代替法国，越南战争也逐渐美国化。

由于美苏双方的外交政策都进行了有限调整，导致东西方关系的基本走向发生变化：一方面，双方从对抗走向对话，使尖锐的冷战对峙有所缓和；另一方面，在一些重大问题上也出现了局部的激烈冷战对抗。缓和主要体现在美苏签署了《部分禁止核试验条约》，并共同解决了战争遗留问题。苏联与联邦德国、日本建立了外交关系，中美之间也开始了大使级会谈。对抗主要体现在第二次柏林危机和古巴导弹危机。前者持续了3年之久，曾造成双方的战争一触即发的极为紧张状态；后者则导致了一场前所未有的可能触发核战争的危机。另外，这一时间内发生的第二次台海危机、苏伊士运河危机、越南战争等等，都有美苏冷战斗争因素在内。

朱殊敏：老师说的一些美苏对抗让我发现一个有趣的现象：一些重大危机往往是苏联挑起，而最终也多以苏联先让步告终。冷战爆发时的伊朗撤军问题、海峡问题、两次柏林危机、古巴导弹危机等都是如此。这是否可以认为是冷战的一个特点？

徐蓝教授：这个问题问得好。在整个冷战的过程中美苏之间尽管有多次的冷战对抗，但双方都是在走到战争边缘时退让，这恰恰体现了冷战的一个特点，那就是冷战具有一种始终避免兵戎相见的自我控制机制。这和你刚才提的问题比较相关,我就多说两句。比如说,1948年爆发第一次柏林危机,当时苏联全面切断了西占区和西柏林之间的水陆交通,而且停止了对西柏林所有的食物供应、煤、电的供应,就是等于让西柏林瘫痪。这个封锁长达11个月。但是美国也不示弱,美国认为西方人要在西柏林待下去的问题无须讨论,决定空运。这场空运规模非常大,据统计共有19.5万架次,运输的货物高达140多万吨,花费2.5亿美元。飞机上满载食品、燃料,所以人们称之为"葡萄干运输机"。可以想象,每三分钟一架飞机就通过东德,然后飞到了西柏林去运输各种物资的时候,冷战确实到了第一次高潮,当年战争当中的两个盟友现在真是濒临战争边缘。但双方还是留有余地的,苏联封锁了水路和陆路,没有封锁空中通道,所以使得美国这个运输机可以从空中去运输。当时美国也没有采取武力,而只是搞运输。从这个例子可以看到冷战的自我控制机制。第二次柏林危机的结果实际上是建立了一道柏林墙。这道柏林墙建立之后,当时美国也是非常紧张,派了1500人的部队,开着坦克,到了柏林墙。当时美苏之间的坦克对峙,最近的距离只有100米。但是柏林墙的修建也并没有引起战争。因为柏林墙建立之后,苏联也就不再要求西方的军队必须撤出柏林。美国也觉得,反正筑了墙了,可能是不太方便,但是它的通道也没有受到阻碍。因此,美国也就接受了既成事实。所以第二次柏林危机是以一道墙达到了高潮,又以一道墙画上了句号。自我控制机制在古巴导弹危机的时候表现得是最充分。当时美国三军进入了一级战备状态,180多艘军舰在加勒比海上拦截苏联运导弹的船只,B52轰炸机带着核弹头在古巴周围巡弋。我自己就还记得当年我的一些感觉,真是觉得世界大战,特别是核战争就要打起来了。实际上,虽然双方都很强硬,可是他们底下的接触非常多,在古巴导弹危机期间,肯尼迪和赫鲁晓夫之间有几十封信件来往。从信中可以看出,尽管二人语言强硬,可是双方都表示了希望避免打仗,希望通过谈判来和平解决争端的意愿。最终,苏联撤走在古巴的导弹,美国解除了海上封锁，古巴导弹危机就结束了。而且双方由于特别担心会有意外事件出现，所以建立了热线联系。

从这些历史的画面中可以看到，尽管冷战当中的一些热点问题，都是以苏联首先退却来解决的，可是双方在处理危机的时候是心照不宣地遵循了一定的原则，就是坚持为对抗留有余地，努力寻求谈判和妥协的途径，避免因为危机的升级而无可挽回地引发战争。所以，冷战的自我控制机制是很重要的一个特点。

姚百慧：从冷战的过程中我们还可以看到它的另一个特点：冷战的政治和意识形态、经济、军事以及地理界限都是非常清楚的。政治上是杜鲁门主义对两大阵营理论，经济上是马歇尔计划对经互会，军事上是北约对华约，地理上基本就是美苏在二战结束时双方的军事分界线。在这里，冷战的强烈的意识形态色彩非常鲜明。

韩长青：我认为冷战还有一个突出的特点，就是在整个冷战时期，美苏之间一直在进行着相互攀升的军备竞赛，特别是核军备竞赛。

徐蓝教授：以上两点确实都是冷战的特点。但是还有一个特点是必须指出的，那就是冷战所导致的国际关系的两极格局是不对称的，也是不完整的。所谓不对称，就是说以美苏为首的相互对立竞争的两大集团，在实力上并不完全对称，前者的实力要大于后者。在1950年，当时美国的国民生产总值是苏联的三倍，美国加上它的北约盟国、日本，他们的财富是整个当时社会主义国家的四到五倍。但是因为苏联的军事实力基本和美国相当，而美国又没有能够达到挑战苏联的那种程度，所以就像刚才讲的，发生了相互攀升的军备竞赛。由于苏联的经济实力始终是落后于美国的，所以这种军备竞赛对苏联的伤害要远远大于对美国的伤害。后来有人说，冷战拖垮了苏联，我觉得不是没有道理。这种不对称性也可以理解在危机中苏联先退让的行动，也就是你们所讲的苏联实力弱。另外，两极格局也是不完整的。也就是说，即使在冷战最高潮的年代，两极格局也没有能够完全囊括所有的国家和地区，那些处于两个集团之外的国家和地区，对冷战形成了一定的牵制，并且在两极格局的基础上生长出了多极的力量。比如说大家都知道的第三世界，从 1955 年万隆会议后，逐渐在国际舞台上起到越来越大的作用，我国恢复联合国合法席位就是一个例子。即使在两大阵营内部，也逐渐产生了要摆脱两极格局的力量。比如西欧，在接受马歇尔计划后经济得以复苏，走上了联合的道路，一直发展到今天的欧盟。又如中国，也一直在探索自己的建设社会主义的道路。因此我们可以看到，20 世纪 60 年代末 70 年代初已经显现的那样一种多个力量中心的国际形势，实际上到冷战结束之后仍在继续发展。

姚白慧：能不能这样理解：在冷战初期，由于美苏力量的主导地位，美苏两国对冷战态势的演变起了主导作用；而到 60 年代后期，两极格局的不完整性表现得越来越明显，逐渐形成的其他各力量中心也对冷战产生了越来越大的作用。比方说，法国的戴高乐主义、联邦德国的新东方政策在某种程度上冲击了美国在西方的霸权，而中苏分裂、中国国际战略地位的上升，以及发展中国家的发展也同时牵制了美国和苏联的力量。

徐蓝教授：确实如此，20 世纪 70 年代到 90 年代，冷战态势正是沿着从两极格局到多极化的趋势演变。但是对于多极化力量发展这一事实，美苏却做出截然不同的应对，也由此有了完全不同的战略。美国的调整大家都比较熟悉，那就是尼克松主义。尼克松主义的主要内容包括三个原则和三根支柱。根据尼克松主义，美国将以往的全球扩张的总态势进行了修改，在军事上提出了现实威慑战略，以充足论代替优势论，以一个半战争取代两个半战争，推行与盟国的分级负责制；在外交上，尼克松政府在承认世界已经进入多极时代的前提下，推行均势政策，从而使美国的外交出现了一些重要变化，如逐步结束越战、缓和对苏关系、打"中国牌"、调整与盟国的政策、扩大美国在中东的作用。尼克松主义是对美国以往的外交战略的重大调整，力图使美国的对外政策与其能力相适应，在海外实行部分收缩的同时继续维护美国重大利益的政策，不仅在一定程度上改善了美国由于长期的全球侵略干涉而日益恶化的国际地位，而且促进了具有深远意义的国际力量的分化和改组，并在不同程度上成为福特和卡特政府对外政策的主要出发点或借鉴。

此时苏联基本处于勃列日涅夫时期。在此期间，苏联国内政治相对稳定，经济有较大发展，核力量大大加强，因此与斯大林和赫鲁晓夫时期相比，勃列日涅夫时期的苏联对国际形势的总体看法既有相当的继承，也有重要的区别。第一，勃列日涅夫认为，资本主义的总危机在继续加深，它的注定灭亡是越来越明显的了。第二，与资本主义体系正经历着总危机相反，苏联和整个社会主义体系的国际影响正在不断增长。1977年，勃列日涅夫更是通过新宪法，宣布苏联已经建成了"发达的社会主义"国家。第三，勃列日涅夫逐渐淡化了赫鲁晓夫的"核战争中没有胜利者"观点，认为现代战争既可能是核战争，也可能是常规战争；既可能是世界大战，也可能是局部战争，而胜利将属于在装备上理论上和士气上最有准备的一方。从上述对国际形势的总体看法出发，勃列日涅夫时期的苏联国家大战略也发生了一些重要变化：在保卫国家安全方面，勃列日涅夫将防御为主发展为先发制人为主；在与西方的关系方面，勃列日涅夫坚持赫鲁晓夫所实行的和平共处原则，但把缓和只是当作一种政治上的谋略，是为主动对抗这一积极进攻战略服务的工具。从这种大战略出发，苏联的外交政策目标转变为：保持已经达到的与美国的战略均势，争取在限制战略武器的谈判中取得进展，以便在质量上赶超美国；争取通过缓和达到欧洲的和平、安全与合作，以利于苏联的多种利益；进一步在全球扩张苏联的势力；与美国争夺对世界事务的领导权；强化对东欧的控制，继续与中国进行意识形态斗争。

美苏的这些战略调整，导致冷战态势出现了缓和高潮。最主要的标志是双方在核裁军方面取得一定进展，两国在1972年签署《反导条约》，以后又达成两个限制进攻性战略武器的临时协定和条约。另外，

1975 年欧洲安全与合作会议的召开，也使东西欧之间的冷战对峙得到了一定化解。

朱涓：但是，从勃列日涅夫"缓和战略"是谋略这一观点看，缓和是注定不会长久的。苏联 1979 年入侵阿富汗，许多人认为第二次冷战已经开始。是不是可以理解为，苏联的主动出击战略导致了缓和的死亡？

徐蓝教授：缓和的结束有多种原因，苏联的出击战略是一方面，尼克松主义虽然强调收缩，但美国要全球扩张、遏制共产主义的总战略并未改变，美苏战略的这种针锋相对使得两国关系重新走向紧张似乎是不可避免的，阿富汗事件恰恰起了推动作用。事情发生后，当时的卡特政府提出了被称之为"卡特主义"的波斯湾新政策，该政策表明美国正在对 70 年代以来的对苏缓和战略进行重大修正，将强调道义力量转变为强调实力，从而为里根政府以实力为核心的对苏政策奠定了初步基础。与尼克松至卡特政府的两极思维有所弱化相比，里根在其第一任期内，继续推行美国战后一贯以遏制苏联为核心的全球战略，并具有更为明显的两极色彩，完全回到强调通过威胁和使用武力对苏联共产主义进行全球遏制的轨道。在这种新遏制政策的指导下，里根结束了自尼克松以来的收缩态势，在军事战略和外交战略上做了一些重要调整。在军事上提出了新灵活反应战略，比较有名的是其中的星球大战计划。在外交战略上，变化有这样几个方面：第一，采取在美国的军事实力切实增强之前决不同苏联重开裁军谈判的立场，力图通过军备竞赛拖垮苏联并迫使后者认真谈判；第二，通过拒不向苏联提供最惠国待遇，限制高技术与产品的出口等方法对苏联进行经济攻势；第三，从两极的视角看待地区冲突，力图包揽中东和平进程、加强美国在第三世界的影响并与苏联展开进一步争夺；第四，在意识形态领域强化对苏联的进攻和对共产主义的攻击，以期利用苏联体系中的裂缝来加速苏东政权的垮台过程。美苏的这种战略对峙，使冷战的对抗性重新加剧。

徐轶杰：我觉得，任何一种大战略的实施都一定要与现实相适应。尼克松的战略调整是与美国相对实力下降有关，里根时期美国的战略调整主要是针对苏联攻势的反应，还是依据美国自身实力的变化？

姚百慧：实际上一种大战略只有以现实为基础，才能产生预期的效果，反之，则可能带来与战略目标完全相反的结果。德国在两次大战期间所追求的全球强国战略，是导致德国战败命运的重要原因之一，因为当时德国并不具备这样的实力。法国在第五共和国时期的戴高乐主义，也可以看作是法国追求伟大与独立的大战略，但这种战略同样超出了法国的能力，所以在戴高乐时期并未达到预期的目的，反而让法国在西方国家内比较孤立。这也是戴高乐下台后法国领导人调整外交政策尤其是对美政策的原因。因此，实力上居于劣势的苏联，追求扩张战略，未必就符合苏联的利益。

徐蓝教授：是这样的。随着苏联军事力量和霸权主义达至顶峰，苏联的扩张大战略对苏联的负面影响越来越突出。勃列日涅夫留给戈尔巴乔夫的是停滞不前的国内经济和极其失败的外交局面。因此到80年代，苏联确实发生着巨大的变化。与里根第二任期的开始几乎同步，戈尔巴乔夫成为苏共中央总书记，面对日益恶化的国内政治经济形势，戈尔巴乔夫逐渐形成了以"新思维"为理论基础的对整个国家进行全面改革的思想。这一思想的内涵集中于两大方面：在对内政策上，批评传统的斯大林模式的社会主义，提出民主性和公开性，要将苏联建成人道的、民主的社会主义；在对外政策上，提出以"承认全人类的价值高于一切"为核心的外交政策新思维。概括地说，戈尔巴乔夫的对外政策新思维包括以下几个相互联系的方面。第一，对当代世界发展趋势的基本估计。他认为，由于科学技术的高速发展，当前的世界已经形成了一个不可分割的、多样性的统一体，人类面临着生存和发展的共同问题，因此全人类的利益高于一切，不应当把意识形态的分歧搬到国家关系中来。从上述基本观点出发，世界大战特别是核战争是可以避免的，因为在全球性的核冲突中没有胜利者和失败者，只有人类文明的毁灭，所以解决争端和通向安全的唯一道路是政治解决和裁军的道路；科技革命在很大程度上改变了资本主义，使之仍然具有生命力并可以避免战争，同时承认社会主义也没有可以供所有人学习的某种模式，承认社会主义革命和建设模式多样化的现实。第二，从上述对世界发展趋势的基本估计出发确定苏联处理国际关系的基本原则：社会主义和资本主义的和平共处与和平竞赛原则；各国为避免核战争的普遍安全与裁军原则；各国有权自由选择自己的发展道路的不干涉内政原则。第三，提出苏联对外政策的战略目标：以"普遍安全"取代以往的"单方面安全"来确保苏联的国家安全；以各国各民族相互依存为依托建立新的国际秩序；通过外交政策的改革，为国内实行彻底改革创造有利的国际环境。于是，以外交政策新思维为依据，戈尔巴乔夫将勃列日涅夫的全球进攻战略改变为缓和与收缩战略。面临苏联的这些调整，里根在第二任期内也调整了对苏政策。老布什入主白宫后，更是提出了以实力为依托，更多利用除军事遏制以外的其他手段，鼓励苏东国家从内部发生"和平演变"的"超越遏制战略"作为美国对苏东政策的总纲领。

美苏的这些变化，使冷战再次出现了缓和。美苏频繁首脑会晤、中导条约、削减战略武器条约、欧洲常规武装力量条约都是例证。美苏两国还在制裁伊拉克侵略科威特、两德统一问题上采取了较为一致的立场。

韩长青：我们记得，在美苏关系明显改善的同时，苏联与东欧的关系也有了实质性变化。苏联开始承认在历史上对东欧国家的政策存在一系列严重错误，宣布不再干涉特别是不再用武力干涉东欧的事务并陆续从东欧撤军，鼓励和支持东欧的改革和与西方的对话，并使经互会和欧共体实现了关系正常化。在处理与中国的关系问题上，戈尔巴乔夫也批判了社会主义唯一模式论的观点，于1989年5月正式访问中国，使中苏关系实现了正常化。在处理与第三世界的关系问题上，苏联也改变以往与美国对抗的政策而采取合作和共同参与的态度，并以 1989 年 2 月苏军全部撤出阿富汗为收缩力量的主要标志，减少了对第三世界的干涉和卷入。现在看来，这些变化都具有一定的积极作用。但是，为什么苏联会很快解体呢？

徐蓝教授：苏联解体原因很多，但是必须指出的是，在此时期，美苏关系之所以能够日益走向缓和与对话，在一定程度上是以苏联的退让与妥协为前提的，而戈尔巴乔夫在国内进行的改革，也经历了一个逐步"激进化"和"西化"的过程。然而，这种过于激进的全方位改革缺乏切实可行的措施，终于造成了处于崩溃边缘的经济和动荡不安的社会，使长期积累的十分复杂的民族矛盾表面化，最终使国家陷入政治、经济、民族和信仰的全面危机，并以 1991 年苏共中央自行解散和苏联正式解体为标志，形成了"苏联巨变"这一 20 世纪世界历史上影响最大最深远的事件。苏联解体后，冷战也就画上了句号。

可以看出，美苏国家大战略的演变与冷战的起源、演变与终结都有很大的关系。另一方面，整个冷战历史的发展演变，又与国际体系从两极格局向多极化趋势的发展密切相关，这是冷战史研究的另一个重要问题，我们以后再讨论它。

（四）国际格局与国际秩序研究

20世纪国际格局的演变——一种宏观论述 *

国际格局是一个高度抽象的国际关系理论术语，然而它的形成和演变又是一个实实在在的历史过程。鉴于国内学术界对国际格局的理论探讨较多而对其历史演变的论述不足，本文拟借鉴国际格局的理论框架，选取20世纪历史时段，相对宏观地勾勒国际格局在这个刚刚逝去不久的世纪中的演变过程，以就教于方家。

一、对"国际格局"概念的界定

概括地说，国际格局是指在一定的历史时期内，在国际关系中起到举足轻重作用的主要行为体，如国家或国家集团，所形成的一种相互联系、相互制约、相互作用的相对稳定的结构状态和局面。① 大国和大

* 本文为国家社科基金重大招标项目《20世纪国际格局的演变与大国关系互动研究》（项目号：11&ZD133）的阶段性成果，原刊于《历史教学》2013年第20期。

① 有关国际格局的论述参见 ［美］肯尼思·沃尔兹《国际政治理论》，胡少华等译，中国人民公安大学出版社1992年版，第五章；［美］罗伯特·基欧汉、约瑟夫·奈《权力与相互依赖——转变中的政治》，林茂辉等译，中国人民公安大学出版社1992年版，第23页；［美］罗伯特·吉尔平《世界政治中的战争与变革》，宋新宁等译，中国人民大学出版社1994年版，第85页。

国集团的力量对比是国际格局的基本结构和基本内核，决定着国际关系的基本内容，如战争与和平、和平与发展等等。然而，国际格局并不是一成不变的，大国和大国集团之间的力量对比变化，是国际格局演变的基础和推动力量，重大的具有全局性的国际事件，是推动国际格局从量变到质变的决定性因素。

构成国际格局的要素有三个：其一，行为主体。即存在于国际关系中具有举足轻重作用的国家或国家集团，或称为战略力量，它们是相对独立的力量中心，是构成国际格局的最基本要素，具有决定国际重大问题的能力和维持这种重大影响力的资源，[1] 也就是我们通常所说的"极"[2]。其二，行为主体之间的相互战略关系。这些行为主体彼此之间发生相当程度的交往，并形成相互之间的战略关系。其三，行为主体之间具有相对稳定的关系结构。在一定的历史时期内，这些行为主体之间的战略关系呈现相对稳定性。如"多极格局""单极格局""两极格局""一超多强"等等。

推动国际格局演变的力量主要有两个：其一，各主要行为体之间的力量对比变化是国际格局演变的物质基础和推动力量；其二，各主要行为体对自己利益的认识和考虑，以及不同行为体之间由于各自所认识的利益的不同而产生的矛盾运动，是推动国际格局演变的直接动因。另一方面，国际格局的发展变化有一个突出特点，即表现为一个从量变到质变的过程；在这一过程中，重大的具有全局性的国际事件，是推动国际格局从量变到质变的决定性因素。20 世纪发生的两次世界大战和一次

---

[1] 这些行为主体在国家层面，如美国、俄罗斯、中国、日本等；在国家集团层面，如冷战时期分别以美、苏为首的两大集团，冷战后的欧盟、东盟等。

[2] 一般而言，"极"主要就人口、面积、经济实力与政治影响力而言的。邓小平曾在1990 年指出："美苏垄断一切的情况正在变化。世界格局将来是三极也好，四极也好，五极也好，苏联总还是多极中的一个，不管它怎么削弱，甚至有几个加盟共和国退出去。所谓多极，中国算一极。中国不要贬低自己，怎么样也算一极。"《邓小平文选》第三卷，人民出版社1993 年版，第 353 页。

冷战，正是这样的重大的具有全局性的国际事件，它们在国际格局的演变中起到了决定性的作用。

国际格局的重要性就在于它实际影响并制约着一定历史时期内的国际秩序。国际秩序是指在一定的历史时期内，国际社会主要战略力量之间围绕某种目标和依据一定规则相互作用运行的机制，是指处理国与国之间关系的准则和行为规范。特定的国际秩序总是与特定的国际格局相对应，并受到国际格局的影响与制约。当国际格局变化时，国际秩序也会发生变化，并影响国家之间的关系变化。本文限于篇幅，对这个问题将另外撰文讨论。

二、20世纪初以欧洲为中心的国际格局

从16世纪到19世纪，西欧诸国先后发生了科学革命、资产阶级政治革命和两次工业革命。这三大革命赋予欧洲资产阶级巨大的推动力和内聚力，为19世纪欧洲的世界霸权地位提供了经济、政治和思想文化的基础。另一方面，几乎持续整个19世纪的欧洲的相对和平状态，也为西欧资本主义的大发展提供了国际环境。

19世纪初，打败了拿破仑的战胜国通过维也纳会议重新划分了欧洲的政治版图，建立的欧洲新的政治军事及其领土的平衡，被称为维也纳体系。该体系是一个五极均势结构，它依靠英国、法国、俄国、奥地利和普鲁士这五个列强的实力均衡共同维持着欧洲的稳定。在这个结构中，英国以其在制海权、殖民地、工业、贸易和金融等领域的优势，几乎达到了全球霸权的程度；俄国则依靠扩张所得的辽阔领土及其军事力量和政治权势的增长，成为当时最强大的横跨欧亚大陆的国家。意大利和德意志仍然处于分裂状态，这种状态，是上述五国形成均势的必要保证。另一方面，为了防止因任何一个大国再次称霸欧洲大陆而爆发大规

模战争，这些国家在其相互关系中开始用"会议外交"的方法，通过五大国定期举行国际会议，对列强各自的利益和矛盾进行仲裁与协商解决，从而保持欧洲的协调，维护大国的利益、和平与均势。这一体制也被称为"欧洲协调"①，亦称"共管均势体制"②。一位美国学者认为，这种"共管协调体制"要求欧洲大国遵守维持欧洲平衡和安宁的两项原则：1. 各大国要克制自己在欧洲扩张领土的野心，固然不是完全克制，但起码要避免发生大规模的战争；2. 当大陆内部的动乱或各国相互矛盾的要求即将引起战争时，所有大国就会共同努力以和平的方式解决争端，通常的办法是举行由各国代表参加的会议。各大国正是通过这种松散的共同管理方式，使均衡、克制和合作成为拿破仑战争后的 40 年中欧洲政治的标志。这种看法是有道理的。尽管到 19 世纪后半期出现了一系列局部战争③，但并未影响欧洲的整体和平与发展。到 19 世纪末 20 世纪初，欧洲的世界优势地位已经相当明显。

在经济上，欧洲对世界经济的支配与控制仍然清晰可见。它提供了世界上 2/3 的工业产品和近 3/4 的世界贸易，以及几乎所有的资本输出。到 1914 年，欧洲已经成为名副其实的世界工场和世界的银行家。欧洲的产品、资本和技术的大量输出，使全球的经济生活空前统一，给世界经济的一体化发展以强有力的推动。

---

① R. W. Seton-Watson. *Britain in Europe，1789—1914：A Survey of Foreign Policy*，Cambridge：Cambridge University Press，1938，p.48；Gordon A. Craig and Alexander L. George，*Force and Statecraft，Diplomatic Problems of Our Time*，Oxford：Oxford University Press，1990，pp.43-51.

② [美] 迈克尔·曼德尔鲍姆：《国家的命运：19 世纪和 20 世纪对国家安全的追求》，军事科学院外国军事研究部译，军事科学出版社 1990 年版，第 4—5 页。

③ 维也纳体系维持了欧洲大约 100 年的和平。但是它既没有消除各国的扩张野心，也没有停止它们之间的争斗。1854—1856 年以英法为一方，以俄国为另一方为争夺奥斯曼帝国遗产而进行的克里米亚战争，以及此后接连爆发的法、意对奥地利的战争，普丹战争、普奥战争和普法战争，是列强用武力改变欧洲政治版图和实力分布的重要表现，并使维也纳体系严重动摇。

在政治上，欧洲的政治影响在广度和深度上也大大加强，这不仅表现在大片的地区，诸如美国、拉丁美洲和英国的各自治领已经欧化，俄国和日本也走上了资本主义道路，而且表现在亚洲和非洲陆续变成了欧洲列强的殖民地、半殖民地和势力范围。到 20 世纪初，欧洲的少数国家通过它们的殖民体系支配着世界上的大部分地区和人口，形成了世界历史上前所未有的不合理现象。

在思想文化上，与欧洲的经济、政治和领土扩张同步发展的是其 19 世纪的思想文化——自由主义、社会主义和民族主义向全球的广泛传播。到 19 世纪末，这三大主义已经成为西欧和北美事务中的主要力量。与此同时，它们也正在对东方产生重要的影响。在俄国，产生了列宁主义和列宁领导的布尔什维克党，为一个崭新的社会制度出现在国际政治舞台上铺平了道路；与此同时，这三大主义也随着列强的炮舰向亚洲各国广泛传播。

到 19 世纪末 20 世纪初，进入垄断资本主义阶段的西欧诸国仍然以其经济、政治和军事上的绝对优势和不断扩大的殖民地而居于世界的领导地位。因此，正如日裔美国历史学家入江昭所说，20 世纪国际事务的历史，"是从后来被证明是欧洲霸权时代的最后一个阶段开始的"①，20 世纪初的国际关系基本格局，是以欧洲为中心的。也正由于此，欧洲列强之间的联合与分裂，矛盾与冲突，战争与和平，就必将带有世界全局的性质。

但是，欧洲的世界中心地位受到来自各方面的挑战：美国、日本等非欧国家正在崛起，开始挑战欧洲对世界的支配地位；社会主义思想已在俄国生根发芽，饱受殖民主义之苦的亚洲人民的民族民主意识正在觉醒，成为否定欧洲霸权统治的力量；更为重要的是西欧诸国内部也在发

---

① ［美］理查德·W. 布利特等著：《20 世纪史》，陈祖洲等译，江苏人民出版社 2001 年版，第 261 页。值得注意的是，译者把该书第 10 章的作者入江昭的英文姓名 Akira Iriye 错译为"阿基拉·艾里伊"了。

生巨大变化，在创建欧洲各民族国家中起到过非常积极作用的民族主义，在这些资本主义国家已经发生质变，逐渐失去了维护本民族正当权益的进步性，蜕变为维护资产阶级统治集团利益的极端民族主义、民族沙文主义、殖民主义和帝国主义，致使列强之间的矛盾不断激化。

随着意大利与德国的统一以及资本主义经济的迅速发展和向垄断的过渡，西欧列强的实力对比终于发生了巨大变化。后起而强大贪婪的德国与已经拥有巨大既得利益的英法等国竞相争夺欧洲乃至世界的霸权，矛盾不断尖锐。在这一过程中，每一个强国都在寻求同盟者以壮大自己的力量。到 20 世纪初，欧洲便形成了以德奥意为一方的"三国同盟"和以英法俄为另一方的"三国协约"两大军事集团对峙的局面。于是，国际政治舞台上发生的所有重大事件，便无一不直接或间接地反映着这两大集团的对立与对抗，而每一次危机与冲突，又都给双方留下了越来越多的猜忌与仇恨，从而使发生战争的可能性越来越大，终于把一个在欧洲历史上屡见不鲜的暗杀皇族的事件演变成了一场大战。①

三、第一次世界大战与欧洲世界中心地位的动摇

这场首先开始于欧洲并以欧洲为主要战场的战争，深植于帝国主义的土壤之中，发生在世界已经形成一个互相关联的整体的时代，以争夺世界霸权为交战双方的目标，因此使它从一开始就具有影响整个人类社会生活的总体性和牵动全球的世界性，成为人类历史上的第一次世界大战。然而，这场世界性战争的最重要的直接后果，恰恰是从根本上动

---

① 在第二次世界大战爆发前，1914—1918 年的战争一直被称为"大战"（Great War），第二次世界大战发生后，这场大战才被称为第一次世界大战。

摇了欧洲的世界中心地位，实际结束了欧洲的全球霸权时代，并预示了未来国际格局的发展趋势。

1914年秋，当一个又一个欧洲国家卷入大战的厮杀之际，英国外交大臣格雷爵士就曾沮丧地说道："整个欧洲的灯光正在熄灭；此生不会看到它们重放光明了。"①他的话的确很有道理，因为它不仅是那个时代的写照，而且其正确程度比格雷当时所能预见的还要大得多。

从表面来看，第一次世界大战后的欧洲，它突显的变化好像不大。除了一系列民族独立国家取代德意志帝国、奥匈帝国、沙皇俄国和奥斯曼帝国而出现在世界政治的版图上之外，这个世界似乎仍然是一个以欧洲为中心的世界。以英法为首的战胜国是战后和平方案的主要制定者和监督执行者；它们因获得了更多的殖民地和对所谓落后地区的委任统治权而使其殖民帝国甚至比战前更大更完整；另外，由于它们实际操纵了20世纪的第一个全球性的主权国家的国际政治组织——国际联盟，而使欧洲对世界的控制力似乎比战前更加强大。但是，在这些表象之下的形势却完全不同。第一次世界大战给欧洲带来了极其深刻的危机，没有一个发动战争的国家是真正的胜利者，反而加速了欧洲的实际衰落过程。

大战使参战各国的直接和间接经济损失超过3000亿美元。欧洲失去了大量的海外投资，英国失去1/4，法国失去1/3，德国失去全部；工业遭到严重破坏：到1929年美国的工业产量占世界总产量的42.2%，这一产量是包括苏联在内的所有欧洲国家的总和；②它的海外市场也由于在战争中发展起来的美洲和亚洲的工业竞争而不断萎缩。

① [美]芭芭拉·W.塔奇曼：《八月炮火》，上海外国语学院英语系翻译组译，上海译文出版社1981年版，第146—147页。从更广阔的全球视角来看，19世纪末美国和日本等国在欧洲两侧的兴起，以及20世纪初亚洲的第一次民族主义运动的高潮，便是欧洲衰落的开始。

② [美]斯塔夫里阿诺斯：《全球通史，1500年以后的世界》，吴象婴等译，上海社会科学院出版社1992年版，第614页。

大战导致欧洲的财政金融地位下降，1919 年仅各协约国对美国欠下的债务就高达 100 亿美元，使美国从战前持有 30 亿美元外债的债务国一举变成了战后的债权国，并掌握了世界黄金储备的 40% 以上。

大战还给欧洲造成了极其惨重的生命损失。由于西欧战场的搏杀最为惨烈，因此参战双方的兵员死亡人数巨大，接近 1000 万人：德国 180 万人，奥匈帝国 130 万人，俄国 170 万人，法国 140 万人，英国及英帝国 100 万人，意大利 61.5 万人；罗马尼亚、土耳其、保加利亚、塞尔维亚和美国分别损失 33.5 万人、32.5 万人、9 万人、5.5 万人和 48909 人；俄、奥、德、法、英等国共有 1860 多万人受伤；美国有 11.5 万人死亡，20.5 万人负伤。[1] 西欧各国几乎失去了一代最有才华和最具创造力的青年。

上述这一切，几乎从根本上损害了欧洲经济的长远发展前景，并导致欧洲和美国的经济关系完全改变。欧洲已不再像 19 世纪时那样是世界的工场和世界的银行家，这两方面的领导权都在向大西洋彼岸转移。欧洲对世界经济的控制能力不断减弱。

大战对欧洲的政治打击同样沉重。俄国十月革命的胜利，使倍受战争浩劫之苦的欧洲各国人民对生活在其中的社会制度产生了极度的怀疑与不满，社会主义思想在欧洲进一步传播，使各国资产阶级政治家极为担忧和惊恐。美国总统威尔逊的密友和顾问豪斯上校在 1919 年 3 月 22 日写道："每天都有不满的呼声。人民需要和平。布尔什维主义正越来越为各地的人们所接受。匈牙利刚刚屈服。我们正坐在一座露天的火

---

① 伤亡的统计数字并不相同。参见 John Terraine, *The Great War, 1914—1918: a pictorial history*, London: Macmillan Press LTD, 1965, p.183. [美] 托马斯·帕特森等《美国外交政策》下册，李庆余译，中国社会科学出版社 1989 年版，第 418 页；[英] 马丁·吉尔伯特《二十世纪世界史》第一卷下册，周启朋等译，陕西师范大学出版社 2001 年版，第 587 页；[美] R. R. 帕尔默等《两次世界大战：西方的没落？》，陈少衡等译，世界图书出版公司 2011 年版，第 17 页。据统计，1914 年 20—32 岁的法国男子，一半死于战争；在 1916 年的索姆河战役中，英军第一天的进攻就损失了 6 万人。

药库上，总有一天一颗火星就能把它点燃……"① 当列宁领导的苏维埃俄国在进行了极其艰苦卓绝的斗争之后巩固了社会主义政权的时候，欧洲在地缘政治和意识形态方面便被一分为二了。欧洲不再是资本主义的一统天下，自19世纪以来欧洲的世界中心地位和对世界的支配地位受到了真正的挑战和动摇。

大战还给欧洲造成了极其巨大的心理和精神创伤。它深刻地影响了欧洲人关于他们自己和西方文明的观念，使他们深深怀疑西方文明的基本走向，从而引发了世界史上几乎是无与伦比的精神危机，以致德国历史学家奥斯瓦尔德·斯宾格勒写下了《西方的没落》一书，而英国历史学家阿诺德·J.汤因比则在自己的著作《历史研究》中，发动了对欧洲中心论的猛烈批判。

与欧洲的世界霸权地位逐步衰落而同步发展的，是它所代表的殖民主义势力遭到冲击而连连后退，从而开始了世界殖民体系的解体过程，这实际上也是欧洲衰落的一个有机组成部分。当第一次世界大战中两个欧洲列强集团为重分世界而战的时候，欧洲宗主国在其殖民地的威信却一落千丈，白人不再被认为是天命所注定的应当统治有色人种的种族，这是那些殖民主义者始料不及的。法国驻印度支那总督对此深有感触，他在1926年写道："这场用鲜血覆盖整个欧洲的战争……在距我们遥远的国度里唤起了一种独立的意识。"② "民族自决"成为殖民地半殖民地流行的革命术语和政治口号，民族独立运动高涨。对殖民地半殖民地来说，这场战争既是一个结局，也是一个开端。欧洲的殖民体系在似乎扩大到极限的同时也开始了它的解体进程。

与欧洲的逐渐衰落形成鲜明对照的是美国与苏联的不断崛起。美国的崛起是在欧洲衰落的背景中出现的，而苏联则正是在资本主义世界

---

① Charles Seymour ed., *The Intimate Papers of Colonel House*, Vol.4, Boston & New York: Houghton Mifflin Company, 1928, p.389.

② 斯塔夫里阿诺斯：《全球通史，1500年以后的世界》，第616页。

陷入最严重的危机时诞生的。

美国作为一个"参战国"而不是作为一个协约国的成员，在战争的关键时刻站在协约国一边作战，不仅使这场战争进入了真正的全球阶段，而且完全改变了交战双方的力量对比。美国拥有的强大经济实力，在保证协约国集团取得最后胜利方面起到了无可替代的作用。但是美国参战的重要性决不仅仅表现在军事方面，也不仅仅是在现有的国际政治棋盘上增加了一颗决定性的棋子，它实际意味着当欧洲列强交战双方力量耗尽之时一个强国的出场，从而使国际力量的中心开始从欧洲向大西洋彼岸转移。① 不仅如此，美国还将把自己对战后世界的看法，即威尔逊总统提出的《十四点和平纲领》强加给欧洲，并与欧洲分享战后世界秩序规划者的角色，从根本上结束"欧洲协调"的国际关系体系。正如英国历史学家杰弗里·巴勒克拉夫所说："可以毫不夸张地说，美国于1917 年参战是历史的转折点，它标志了欧洲政治时代向全球政治时代转变中的决定性阶段。"②

1917 年爆发的十月革命与新生的苏维埃俄国退出战争，是一件震撼世界的大事。苏俄的诞生，第一次将社会主义从理想变成了现实，打破了资本主义的一统天下，并从欧洲内部对它的世界支配地位提出了挑战。关于这一点，西方的政治家是非常清楚的。例如，在构建战后和平的时候，尽管苏俄被排斥在巴黎和会之外，但是正如威尔逊的传记作者、曾参加巴黎和会的新闻秘书 R. S.贝克尔所说："俄国问题对巴黎会议的影响是深刻的，没有莫斯科就不能理解巴黎。虽然布尔什维克和布尔什维主义在巴黎不曾有代表，但经常都是强有力的因素。……俄国

---

① 早在大战爆发前的 1914 年 7 月 29 日，美国驻伦敦大使沃尔特·H.佩奇就致函威尔逊总统说："如果真的发生一场大战，欧洲的进步将遭受重大挫折，而美国领导世界的时代会提前到来。"[英] 马丁·吉尔伯特《二十世纪世界史》第一卷上册，第 357 页。

② [英] 杰弗里·巴勒克拉夫：《当代史导论》，张广勇等译，上海社会科学院出版社 1996年版，第 113 页。

在巴黎起了比普鲁士更重要的作用。"① 苏俄的作用还可以从英国首相劳合－乔治在巴黎和会上反对法国削弱德国的要求表现出来，他担心一个过分苛刻的对德和约将促使德国倒向布尔什维主义。②

于是，美国与苏俄这两个几乎同时崛起但又主张不同制度的力量不断发展，并将追随它们的力量集合在各自的旗帜之下，使19世纪争雄世界的欧洲列强相形见绌，使以美、苏为两大力量中心的两极格局初露端倪，尽管它在当时还很不清晰。

第一次世界大战后由战胜国构建的帝国主义重新分割世界、维护战胜国利益和维持战后和平的凡尔赛—华盛顿体系，是第一个涵盖全球主要大国的多极体系。它呈现的是以英、法为代表的西欧、美国、日本、苏联等国际行为体为代表的多极结构，并留有欧洲大国均势的痕迹。在这个多极结构中，英、法代表的西欧还是具有比较决定性的力量，它们是凡尔赛体系的制定者和监督执行者，支配着世界上第一个主权国家的国际政治组织——国际联盟，对全球事务具有决定性的发言权；美国是华盛顿体系的主要规划者和潜在保证者，在亚太地区拥有较大影响；日本虽然在华盛顿体系下受到一定限制，但其扩张野心不变，也是国际事务中的一个有影响的力量；苏俄/苏联虽然长期被排除于国际事务之外，但仍然是一个决定性的成员，是一个不容忽视的国际力量，并以独特的方式对该体系的形成和实际运作产生着巨大影响；中国及其他亚非拉各国的民族民主运动也在发展。

但是随着国际形势的发展，凡尔赛—华盛顿体系自身存在的弊端与矛盾不断激化；与此同时，以德意日为代表的法西斯势力也不断发

---

① Ray S. Baker, *Woodrow Wilson and World Settlement*, New York, Doubleday, Page and Co., 1922 (Reprinted by Kessinger publishing, 2007), Vol.2, p.64; Vol.3, p.454.

② 英国首相劳合－乔治在巴黎和会期间撰写的《草拟和约条款最后文本前对和平会议的几点意见》（即《枫丹白露备忘录》）中，不止一次提到这一点，并以此说服法国，督促协约国与德国尽快签订和约。原文见 David Lloyd George, *The Truth about the Peace Treaties*, Vol.1, London: Victor Gollancz LTD, 1938, pp.404-416.

展，并通过一系列局部战争最终导致了该体系的崩溃。凡尔赛—华盛顿体系的彻底崩溃之日，也成为第二次世界大战的爆发之时。

四、第二次世界大战与欧洲世界中心地位的终结

第二次世界大战最直接最深刻的结果，是它大大加速了欧洲作为传统力量中心的衰落和美国与苏联这两个欧洲侧翼大国的真正崛起，从而最终改变了世界范围内的力量对比，完成了自 20 世纪初便开始进行的在国际格局方面的巨大变革：以欧洲大国均势为中心的传统的国际格局完全被战火所摧毁，取而代之的是美苏对峙的两极格局。

欧洲作为资本主义文明的发源地，曾在几个世纪中处于主宰世界的中心地位。第一次世界大战已经使这一地位受到严重动摇，而第二次世界大战则使整个欧洲遭受了几乎是致命的打击。随着又一代青年人被战火吞噬，欧洲各国的基本国力几乎也在这场战争中消耗殆尽，从而导致了欧洲的整体衰落。当战争结束时，欧洲的大片土地已变成废墟。无论是战胜国还是战败国，其国民收入只及战前的 30%—50%。[①] 而且就是这样的经济状况，也是在美国的援助下才取得的。

更大的打击是欧洲本身正在被外来的两个大国苏联与美国划分成东、西两大势力范围，在地理上、政治制度上和意识形态方面都被一分为二，"被战火摧毁的幻灭的欧洲，匍匐在华盛顿和莫斯科的直接或间接的影响之下"[②]。这种形势与人们所熟悉的 19 世纪和 20 世纪初欧洲全球霸权的格局实在是惊人的相反。当时，全世界的人们都已习惯于欧

[①] 参见 [美] H. 斯图尔特·休斯《欧洲现代史 1914—1980 年》，陈少衡等译，商务印书馆 1984 年版，第 499、518 页；[美] 保罗·肯尼迪《大国的兴衰——1500—2000 年的经济变迁与军事冲突》，王保存等译，求实出版社 1988 年版，第 447—452 页。

[②] Cyril E. Black, Robert D. English, Jonathan E. Helmreich, *Rebirth: A Political History of Europe since World War II*, Colorado: Westview Press, 1992, p.48.

洲列强对整块整块的大陆进行瓜分，甚至认为这就是国际事务正常秩序的一部分。但是二战之后，无论欧洲的大国还是小国愿意与否，在决定其外交政策的时候，都不仅要考虑自己的国家利益和历史传统，也必须考虑东西方对峙这一重要因素，而且其经济恢复和国家安全都要分别依靠与苏联和美国的结盟才能办到。与此同时，伴随着欧洲世界霸权的消失，殖民地半殖民地人民奋起"对西方造反"，从而使争取主权平等、政治独立、种族平等、经济公正和文化解放这五大主题为基本内容的非殖民化进程，终于以始料不及且无法控制的速度席卷了所有殖民帝国[①]，并进而引发了"全球大分裂"。二战后仅仅 20 年，昔日欧洲列强所构建的存在了几个世纪之久的世界殖民体系，终于土崩瓦解，这是对旧欧洲的致命打击。如果说第一次世界大战给欧洲带来的创伤使德国历史学家奥斯瓦尔德·施宾格勒感叹"西方的没落"的话，那么更多的人在目睹了第二次世界大战带来的更大创伤之后则直截了当地认为二战后的欧洲已经死亡。因此，经过第二次世界大战，欧洲在 19 世纪建立的世界霸权地位终于发生质变，如落花流水，一去不复返了。

与欧洲的整体衰落形成极大反差和鲜明对照的是美国和苏联的力量在第二次世界大战后的空前强大。二战使美国成为世界第一经济、政治和军事强国。它拥有占全球财富 50% 的巨大经济实力，足以使西欧复兴；它拥有世界上最强大的军队，控制着制海权和制空权，1946 年美国军队在 56 个国家驻扎，1947 年它已在海外建立了 484 个军事基地，还一度垄断着原子武器，[②] 并将整个西欧、美洲和日本置于自己的控制

---

① Edley Bull and Adam Watson ed., *The Expansion of International Society*, Oxford：Oxford University Press，1984，pp.220-223.

② 参见 [美] 保罗·肯尼迪《大国的兴衰》，第 439 页；《战后世界历史长编》（1947 年），上海人民出版社 1977 年版，第 1 页；[美] 戴维·霍罗威茨《美国冷战时期的外交政策：从雅尔塔到越南》，上海市"五·七"干校六连翻译组译，上海人民出版社 1974 年版，第 63—64 页；乔治·马立昂《美帝国主义的扩张》，邝平章译，世界知识出版社 1953 年版，第 16—17 页。

之下。美国所具有的这种巨大优势，不仅使它有了一种"飘飘然的自我优势感"，而且认为"美国统治下的和平时代"已经到来了。① 早在二战后期，罗斯福总统就表明了这种思想，1944 年 10 月 21 日他在美国外交政策协会发表的关于美国外交政策的讲演中说："吾国因拥有道义、政治、经济及军事各方面之力量，故自然负有领导国际社会之责任，且随之亦有领导国际社会之机会。吾国为本身之最大利益以及为和平与人道计，对于此种责任，不能畏缩，不应畏缩，且在事实上亦未畏缩。"②

战后的苏联虽然经济逊于美国，但军事上和政治上十分强大。它拥有世界上最强大的陆军，整个军事实力仅次于美国；它收复了战争中的失地，还兼并了一些其他国家的领土，不仅使其西部战略环境得到了重要改善，也使其东部战略环境得到了有利的调整；它进一步使整个东欧处于自己的控制之下，与西方相对而立；再加上苏联在反法西斯战争中做出的重大贡献和显示出的巨大能量，使它在全世界赢得了很高的威望。当二战结束时，只有苏联的国际权势和影响能够与美国相比。

因此，第二次世界大战便成为国际格局的真正转折点，以欧洲为中心并支配世界的时代终于成为历史的陈迹，取而代之的是美苏对峙的两极格局时代。这个新的两极格局的基石，就是第二次世界大战中后期由反法西斯大同盟"三巨头"罗斯福、丘吉尔和斯大林确立的雅尔塔体系；而两极格局的外在表现，则是美苏之间在战后逐渐形成的"冷战"态势。

---

① ［美］保罗·肯尼迪：《大国的兴衰》，第 439—440 页。

② 法学教材编辑部审定：《国际关系史资料选编》下册（1945—1980），武汉大学出版社 1983 年版，第 67—68 页。

五、两极格局的形成

第二次世界大战中后期，美英苏三大国经过一系列重大的国际会议与会晤，达成了一系列公开的或秘密的、书面的或口头的协议，史称雅尔塔体系。雅尔塔体系的主要内容是：打败法西斯并彻底铲除法西斯主义和军国主义；重新绘制战后欧亚地区的政治版图；建立联合国作为协调国际争端维持战后世界和平的机构；对殖民地和国联委任统治地实现托管计划，提倡和平、民主、独立原则。

雅尔塔体系是大同盟内部相互妥协（或者说"合作"）的产物，具有重要的历史进步性，也带有大国强权政治的深深烙印。它建立在美、苏战时军事实力均势的基础之上，是美英苏三大国出于对各自利益的现实考虑和对战后世界安排的长远打算，在进行了长期的讨价还价之后达成的政治交易。因此雅尔塔体系实际成为美英苏三大国谋求势力范围的产物。三大国在雅尔塔体系中所划定的势力范围的分界线，就是战争即将结束时美英苏之间的实际军事控制线：在西方，它从卢卑克到的里亚斯特；在南方，到外蒙古（今蒙古人民共和国）与中国东北地区；在东方，从南库页岛、千岛群岛到朝鲜半岛的38°线，直到中国的旅大港。值得注意的是，它们所划定的势力范围，恰恰成为以后美苏形成的以冷战为特征的两极格局的地缘政治基础。

但是，雅尔塔体系并不是冷战。大同盟所建立的雅尔塔体系，其本意是希望在战后保持大同盟之间的继续合作。但是，反法西斯战争的胜利和世界和平的到来，使昔日大同盟建立的基础不复存在，同盟内部原有的矛盾也日益突显出来。由于美苏双方的政治制度、意识形态、行为方式的不同，双方在具体实施雅尔塔体系各项协定的过程中，必然会在许多重要问题上产生重大的分歧与对抗，并导致两国的对外政策都发生了转向，即逐渐脱离大国合作政策而转向对抗。于是，冷战就在双方的政策与行动的对立互动中爆发了。①

随着冷战的发展，形成了分别以美苏为首的两大集团，两极格局也逐渐定型。

两极格局形成的一些标志性事件和基本过程如下。

在政治上，美苏分别形成了对立的两极思维模式。1947 年 3 月 12日，杜鲁门主义出台。杜鲁门把世界政治分为自由民主和极权主义两个对立的营垒，不指名地将苏联称为"极权政体"，宣布美国将支持和帮助世界上所有抵抗"共产主义威胁"的力量，因此"杜鲁门主义"便成为美国对苏联进行冷战的重要标识，不仅使其意识形态味道十分浓烈，而且标志着美国越来越以两极思维来看待这个世界。② 苏联认为，杜鲁门主义的真正目的就在于"抑制共产主义的扩张"③。1947 年 9 月，苏联主持成立了欧洲九国共产党和工人党情报局，同时提出世界已经分裂为帝国主义反民主阵营和反帝国主义的民主阵营的"两大阵营"理论，并以此作为各国共产党行动路线的根本出发点。于是，苏联对世界政治的两极看法也正式确立。④

---

① 有关冷战的发生过程，可参见拙文《试论冷战的爆发与两极格局的形成》，《首都师范大学学报》2002 年第 2 期，第 87—95 页。

② 引文见哈里·杜鲁门《杜鲁门回忆录》第二卷，李石译，三联书店 1974 年版，第 121、120 页。

③ Mikhail Narinsky, *Soviet Foreign Policy and the Origins of the Cold War*, in Gobriel Gorodetsky ed., *Soviet Foreign Policy 1917—1991*, *A Retrospective*, London：Frank Cass, 1994，pp.105-110.

④ 西尔维奥·庞斯认为，这是苏联外交在战后转向以两极观点看世界的第二步，第一步是1946 年 9 月 27 日苏联驻美国大使尼古拉·诺维科夫所写的"战后美国对外政策的长篇报告"。Silvio Pons, *A Challenge Let Drop*：*Soviet Foreign Policy, the Cominform and the Italian Communist Party*, *1947-8*, in Francesca Gorl and Silvio Pons ed., *The Soviet Union and Europe in the Cold War*, *1943-53*, London：Macmillan Press LTD, 1996，pp.246-263；关于诺维科夫报告的英译文，见 Diplomatic History, Vol.15, No.4, (Fall, 1991), pp.527-537. 该报告根据莫洛托夫的指示精神所写，并有后者在阅读时所划的重点和所

在经济上，美苏分别形成了两大集团。杜鲁门主义虽然语言强硬，但只是一项政策声明，1947年6月帮助欧洲复兴的"马歇尔计划"的提出，在两极格局的形成中起到了更为关键的作用。该计划的主要设计者乔治·凯南等人的打算是，如果苏联拒绝美国的提议，美国"正好就把分裂欧洲的责任推到苏联头上"，如果苏联接受，那么美国就以援助为手段迫使东欧国家"放弃其经济生活中的几乎是排他性的苏联取向"①，并可能倒向西方。苏联则对马歇尔计划充满疑虑。诺维科夫在给莫斯科的报告中写道，"马歇尔计划就等于建立一个西欧集团作为美国政策的工具"，并认为在美国宣布马歇尔计划之前就事先预料到苏联不会参加这个计划，因此该计划显然是直接反对苏联的。②最后苏联以一项联合计划和共同事业对主权是一种侵犯为理由，拒绝接受援助，③而马歇尔计划也变成了"西欧复兴计划"。不仅如此，为防止东欧国家倒向西方，苏联还针对马歇尔计划，迅速与东欧国家签订了被西方称之为莫洛托夫计划的一系列双边贸易协定，初步筑起了东欧的经济壁垒。1949年1月经济互助会的成立，东欧的经济完全纳入了苏联的轨道。以市场经济为基础的马歇尔计划与以计划经济为基础的经互会的对立，标志着分别以美苏为首的两大经济集团的对立。

在地缘政治上，划定了东西方地理界线。美国不仅把马歇尔计划用于美英法占领的德国，而且在苏联退出后，正式启动了建立西德国

写的眉批。关于该报告形成的详细情况，以及对它的内容的介绍与分析，参见张盛发《斯大林与冷战》，中国社会科学出版社2000年版，第186—192页，以及第206页注释〔170〕—〔175〕。

① John Lemis Gaddis, *Strategies of Containment: A Critical Appraisal of Postwar American National Security Policy*, Oxford: oxford University Press, 1982, p.66.

② Mikhail Narinsky, *Soviet Foreign Policy and the Origins of the Cold War*, in Gobriel Gorodetsky ed., *Soviet Foreign Policy 1917—1991*, A Retrospective, p.109.

③ 参见 A. C. 阿尼金等编《外交史》第五卷上册，大连外语学院俄语系翻译组译，三联书店1983年版，第307—308页。

家的工作，并采取了从合并美英法占领区到在西占区实行单方面币制改革等一系列重大的分裂德国的行动。这些行动，使苏联认为他们对马歇尔计划的目的就是要将西部三个占领区分裂出去以建立依靠并忠实于美国的西德国家的判断得到了证实，于是，以西占区的币制改革为导火索，终于导致日益不安的苏联在 1948 年 6 月对进出柏林的水陆交通和货运实行封锁，从而爆发了第一次"柏林危机"。尽管这次危机在历时近一年后以苏联的退却得以结束，但是德国的分裂已完全不可逆转。以 1949 年 9 月和 10 月德意志联邦共和国和德意志民主共和国的相继成立为标志，欧洲冷战对峙的经济、政治和地理界线基本落定。

在军事上，成立了分别以美苏为首的两大军事集团。伴随马歇尔计划的实行和苏联强化对东欧的控制，尚未复苏的西欧各国也要求按照马歇尔计划的自助互助与他助方式，在军事上谋求美国的援助。1949年 8 月，以美国为首的北大西洋公约组织的正式成立，标志着跨大西洋的西方军事战略界线也基本划定，1955 年 5 月 5 日西德加入北约。苏联对西德加入北约的即时而公开的反应，是 1955 年 5 月 14 日以苏联为首建立了包括东德和东欧国家在内的与北约直接相抗衡的华沙条约组织。于是，分别以美苏为首的两个武装集团在欧洲大陆的中心地带相互怒目而视。

综上所述，美苏双方通过一系列相互作用与反作用的敌对政策和具体措施，到 20 世纪 50 年代中期，终于形成了政治、经济、地缘政治版图和军事的两大集团的全面冷战对峙，使两极格局最终形成并相对固定下来。

值得注意的是，这个两极格局是不对称和不完全的。首先，美国和它的伙伴国实际上要比苏联集团强大。例如，在 1950 年，美国的国民生产总值是苏联的 3 倍，北约联盟加上日本的财富是所有社会主义国家财富的 4—5 倍。[①]苏联虽然只在军事能力上与美国基本相当，但是在整个冷战期间却有能力摧毁美国的西欧盟国。因此，尽管在冷战的大部分时间里美国在整体军事能力上优于苏联，但是这种优势从没有大到使美国领导人觉得足以直接向苏联挑战的程度，于是便导致了双方的军事威慑和军备竞赛特别是核竞赛的持续攀升进行。[②]鉴于苏联的经济实力始终远逊于美国，因此在两国对立的整个历史时期中，冷战对苏联的伤害程度远远甚于苏联对美国的伤害程度。

其次，即使在冷战最高潮的年代里，两极格局也未能完全囊括所有的国家和地区。一些独立的国家或没有加入两个竞争的集团，或被开除出其中的某一集团，还有主要处于亚非地区的尚未获得独立的广大旧殖民地区。[③]这些国家和地区仍然处于对立的两个联盟集团之外，使两极格局多多少少受到了牵制与限制。随着战后非殖民化运动的进行和不发达国家的政治经济发展，不仅在一定程度上缓和了美苏之间最初的对抗，而且在两极格局的基础上不断生长出多极的力量。

六、两极格局孕育的多极化趋势

随着冷战的发展，整个世界也正在发生着一些极为深刻的变化：以美国为首的西方集团逐渐分化，以苏联为首的东方集团的分化和社会主义阵营的分裂，以及第三世界力量的不断成长并开始在国际事务中发挥作用。这一切导致了美苏两极格局的动摇，欧洲、日本、中国等世界其

---

① [美]布鲁斯·拉西特、哈维·斯塔尔：《世界政治》(1996 年第 5 版)，王玉珍等译，华夏出版社 2001 年版，第 92 页。

② 关于美、苏在 1955 年和 1987—1988 年的军事开支比较，参见布鲁斯·拉西特、哈维·斯塔尔《世界政治》(1996 年第 5 版)，第 93 页表 5.1。

③ 1949 年 1 月美国提出的"第四点计划"的目的之一，也是要与苏联争夺这些不发达地区。

他力量中心不断成长，多极化的趋势开始显现。

西欧各国随着经济上的迅速复苏和政治自信心不断增强，越来越希望掌握自己的命运。但是没有一个西欧国家可以单独承担复兴西欧的重任，只有走联合之路。于是，以法、德两个宿敌的和解为基础，从经济上的欧洲煤钢联营入手，启动了西欧的联合进程。这种通过成员国将部分经济主权让渡给一个超国家的高级机构的方法，不仅将欧洲联合的理念逐步转为具体的现实，从根本上改变了欧洲的国际关系，使历史上战乱迭起的欧洲出现了从未有过的较长时期的稳定与和平发展局面；另一方面，以打破美国的西方霸主地位为其特色的法国的"戴高乐主义"，以及以突破美国战略限制为其特点的联邦德国的"新东方政策"，则是西欧国家谋求独立发展和推行具有本国特色的外交政策的重要标志。西欧对美国的离心倾向正在发展。随着西欧在经济上不断摆脱对美国的全面依赖，欧洲的政治联合步伐也将逐渐加快，欧洲正在成为另一个世界力量的中心。

美国的另一个盟友日本，由于其经济的"起飞"而导致与美国的贸易摩擦加剧，同时要求建立日美对等关系的呼声高涨。1960 年，美日签订《新日美安全条约》，恢复了日本的部分主权。日本将继续在政治上追求大国地位。

中华人民共和国成立后，一度实行"一边倒"向苏联的外交路线。从当时的世界格局来说，"这种一边倒是平等的"①，不存在一方对另一方施以恩惠的问题，两国关系友好。但在苏共 20 大召开之后，两党两国在一些重大理论问题的分歧和国家利益冲突日益发展。中苏关系的恶化以及西方的持续压力，成为推动中国摆脱苏联模式，探索自己建设社会主义道路的力量。中国人民自力更生，发奋图强，终于拥有了"两弹一星"，成为世界上少数拥有原子武器的国家，成为国际舞台上的一支

---

① 《毛泽东文集》第 7 卷，人民出版社 1999 年版，第 176 页。

独立的政治力量，从而极大地改变了国际力量的对比。

1971 年，美国尼克松政府已经看到了这种多极化的发展趋势。尼克松在 1971 年的对外政策报告中认为，世界已经进入了一个多极外交的新时代；同年夏天，他在堪萨斯城的演说中，明确提出美国、苏联、西欧、日本和中国是决定未来世界命运的五大权力中心。① 正是在这样的前提下，美国采取主动行动与中国改善关系。② 当中美关系正常化以及中华人民共和国恢复了它在联合国内的一切合法权利的时候，全世界也看到了一个潜在大国的崛起。

新中国的崛起与第三世界的兴起和发展同步进行。1955 年亚非 29 个国家和地区第一次在没有西方殖民国家参加下举行的万隆会议，是第三世界形成的起点，从此亚非国家开始作为一支崭新的独立的政治力量登上了国际政治的舞台。随后产生的不结盟运动，以及为维护发展中国家的经济权益，反对不合理的国际经济旧秩序的"77 国集团"的应运而生，是第三世界力量的发展并在国际事务中发挥作用的重要而鲜明的标志，它们将以联合国作为讲坛和斗争的场所，对两极格局造成冲击。

20 世纪 70 年代后，美苏继续冷战，但多个力量中心仍在发展。西欧联合进程取得了长足进步。欧共体通过的有关建立欧洲联盟和"统一大市场"的宣言与法令，表明西欧的联合所追求的是要实现欧洲的经济、社会和政治一体化。与此同时，随着日本于 70 年代成为世界第三经济大国，日本继续在政治上追求大国地位，逐步将过去的"对美一边倒"的"被动外交"转变为追求国家战略目标的"自主外交"。中

---

① *Public Papers of the Presidents of the United States：Richard Nixon，1971*，Washington D.C.：U. S. Government Printing Office，1972，p.220，pp.803-806.

② 1966 年 3 月 8 日—30 日美国参议院外交委员会主席威廉·富布赖特主持举行的 12 次对华政策听证会，尤其表达了美国知识界和舆论界对政府对华政策的不满，与会者强烈要求美国政府承认大陆中国，允许北京加入联合国并与之建立和保持关系。Arthur Schlesinger, Jr., *The Dynamics of World Power：A Documentary History of United States Foreign Policy 1945—1973*，New Youk：Chelsea House，1973，pp.305-308.

国则在"文化大革命"结束后，以 1978 年中国共产党十一届三中全会为标志，进入了改革开放的新时代。自 20 世纪 60 年代末就已经开始出现的世界多极化的发展趋势是一个不争的现实，它并不以人们的意志为转移。

七、冷战后"一超多强"的多极化趋势

1991 年，苏联作为一个超级大国以自行坍塌的方式最后消失，导致了第二次世界大战结束后形成的以雅尔塔体系为基础的国际关系两极格局彻底崩溃。它在带来国际力量对比严重失衡、世界局势出现新的动荡的同时，也带来了持续近半个世纪的冷战的结束。

当苏联解体时，世界呈现出这样一幅历史发展的宏观画面：美国作为世界上唯一的超级大国，认为由美国领导的国际关系体系的"单极时刻"终于到来了[1]，于是依靠美国的权势和价值观来建立"世界新秩序"的主张频频出现在美国领导人的讲话中。[2] 但是，环视全球就可以看到，继承了原苏联主要遗产的俄罗斯仍然是唯一拥有能够与美国相抗衡的核武器的国家，作为联合国的常任理事国，俄罗斯在世界政治中的作用仍然不可低估；欧共体向欧盟的成功发展有力地表明了西欧是国际政治中的一极重要力量；以中国、韩国、印度、东盟等为代表的亚洲的崛起，同样显示出该地区除了日本以外的其他国家正在确立和发挥它们在世界事务中的重要作用；占有联合国多数席位的第三世界国家作为一个整体

---

[1]　美国专栏作家查尔斯·克劳萨默在 1990/1991 年第 1 期《外交》（Foreign Affairs）季刊上撰文，将苏联解体和海湾战争后的时期称为"单极时刻"（the Unipolar Moment）。Charles Krauthammer, *The Unipolar Moment*, Foreign Affairs, Vol. 70, No. 1, 1990/1991, pp.23-33.

[2]　根据白宫自己的统计，1990—1991 年间，美国领导人在各种讲话中有 42 处提到"世界新秩序"。见杜攻主编《转换中的世界格局》，世界知识出版社 1992 年版，第 302 页。

对国际事务的影响也不容忽视。在经历了90年代的巨大动荡和不断调整之后，到20世纪末21世纪初，国际格局更加明显呈现出"一超多强"的发展特点与态势。

美国是目前世界上唯一的超级大国，在综合国力方面，还没有另一个大国或地区可以和美国匹敌。但是美国并不能单独解决世界上所有的国际问题。与此同时，"多强"的力量也在发展：以欧盟为核心的大欧洲的出现，使欧盟长期以来力图在国际舞台上用一个声音说话的目标在形式上已经实现；俄罗斯得益于21世纪以来石油价格上涨，经济出现快速发展，其积极推行的"多极化外交"也显示出明显的强势特点；日本继续推行"大国外交"，力图在国际事务中发挥大国作用，并于1991年9月的联大第46届会议上正式提出要求成为联合国安理会常任理事国，至今仍在为此而努力①；中国继续坚持改革开放政策，2003年中国的"神舟五号"首次实现了载人航天飞行，标志着中国成为世界上第三个航天大国，2010年中国国内生产总值（GDP）已达世界第二位，在国际社会，中国高度重视联合国在国际事务中的地位和作用，作为安理会常任理事国，认真履行有关职责，大力推行多边外交，积极参加维和行动，为维护国际和平与安全做出了重大贡献；印度、巴西等国也成为发展最快的国家。2004年，印度、巴西和德国、日本联合提出成为联合国安理会常任理事国的要求。

与冷战的结束几乎同步出现的是经济全球化的浪潮，正如前世贸组织总干事鲁杰罗所说："以要素自由流动为基础的经济全球化趋势不可逆转，正在加速。在全球范围内，经济力量和技术力量为依托的经济外交正在拆除各种围墙藩篱，跨越各国国界，编织一个统一的世界经济。一个以经济全球化为基础的'无国界经济'正在全球范围内

---

① 日本是否能够通过深刻的反省彻底摆脱其历史问题的束缚，从而在真正取信于周边国家的基础上发挥更大的国际作用，是否能够坚持和平发展路线，是日本在21世纪必须解决的外交课题，也是日本能否成为被国际社会承认和尊重的政治大国的关键。

形成。"①

随着经济全球化的迅猛发展，冷战后的国际经济格局也发生一些重要变化。其中一个重要变化就是一些发展中国家提高了在世界经济中的地位，并使现行国际经济秩序中的不适应全球化的因素不断暴露出来，从而进一步迫使人们反思国际经济"游戏规则"的公正性与合理性。越来越多的有识之士已经形成这样的共识：发达国家和发展中国家应当共同推动国际经济秩序的调整与改革，为建立一个在权利与义务平衡基础上的公平合理的国际经济新秩序而努力。一方面，冷战中和冷战后形成的"七国集团"（G7）和"八国集团"（G8）② 为代表的发达国家继续探索全球化背景下的大国协作和全球治理的机制；另一方面，他们也必须倾听发展中国家的声音。1999 年 9 月，八国集团财长在华盛顿宣布成立二十国集团（G20）。其成员包括阿根廷、澳洲、巴西、加拿大、中国、法国、德国、印度、印尼、意大利、日本、韩国、墨西哥、俄罗斯、沙特阿拉伯、南非、土耳其、英国、美国和欧盟。这是一个非正式对话的国际论坛，宗旨是推动发达国家和新兴市场国家之间就实质性问题进行讨论和研究，寻求合作并促进国际金融稳定和经济的持续增长。二十国集团的成立，使发展中国家有了在国际经济中表达自己意见的渠道，也是发展中国家中的新兴经济体在国际经济中地位和作用上升的表现。另外，自 2001 年以来，国际社会出现了把巴西、俄罗斯、印度、中国称为"金砖四国"的说法③，也从一个方面说明了新兴国际力

---

① 鲁杰罗在 1997 年 7 月会见中国外经贸部首席谈判代表龙永图副部长时的讲话，转引自刘光溪《中国与"经济联合国"——从复关到"入世"》，中国对外经济贸易出版社 1998 年版，前言第 1—2 页。

② 1976 年成立的"七国集团"包括美、英、法、德、意、加、日；1994 年俄罗斯参加七国集团的政治协商，形成"7+1"模式。2002 年俄罗斯正式成为"八国集团"成员，但八国集团仍然以七个发达国家为主。

③ 该词由美国高盛投资银行的经济学家创造。巴西、俄罗斯、印度和中国四国的英文名称的首个字母组合为 BRICs，其发音与英文的砖块（bricks）相似，故成为"金砖四国"。2011 年，又出现"金砖五国"的说法，将南非包括在内。

量的发展以及在国际经济和政治中话语权的增加。

当然，目前国际格局所呈现的"一超多强"态势，是向世界格局多极化的过渡，还不是真正的多极世界。尽管世界多极化的实现还需要长期与复杂的过程，但其发展趋势不可逆转，这是毋庸置疑的。

试论 20 世纪亚太地区国际格局的演变 [*]

自 19 世纪中叶以后，古老的中国就被逐渐纳入到资本主义的世界殖民体系当中，饱受民族屈辱和苦难。中国的巨大领土、人口和丰富的资源，使之成为资本主义列强竞相瓜分的目标。当 19 世纪行将结束时，英国、法国、德国、俄国、日本等列强已经在中国划分了它们各自的势力范围，美国也在其中获得了大量经济利益。与此同时，列强围绕瓜分中国的争斗，也成为亚太地区国际关系的主要内容。因此，20 世纪亚太地区的国际格局，必然是围绕着中国的逐步崛起与发展而演变的。这种演变，也与世界格局的演变同向发展。

一

20 世纪初，亚太地区作为欧洲列强主宰的国际格局的一部分，正在发生着重要变化。这种变化主要体现在三个方面。

其一，美国提出了新的不同于西欧和日本的对华政策。这一政策

---

* 本文系国家社科基金重大项目"20 世纪国际格局的演变与大国关系互动研究"（11&ZD133）的阶段性成果，刊发于《首都师范大学学报》（社会科学版）2014 年第 3 期。

的最初表述，便是 1899 年和 1900 年美国国务卿约翰·海（即海约翰，John Milton Hay，1838—1905）两次向列强提出的对华门户开放政策。尽管美国声明对华门户开放政策的前提是承认列强在华势力范围、保全中国领土及行政完整，但是，该政策的实质，是美国企图利用自己的经济优势，不仅打开英、法、德、俄、日等国在中国划定的势力范围，而且打开整个中国的大门，以利于自己资本主义经济的发展。因此，美国的对华门户开放政策，实际上是美国对欧洲列强的全球支配地位、特别是在亚太地区的殖民地和势力范围政策提出的挑战，也是对日本长期以来企图独占中国政策的否定和挑战。

其二，日本随着其资本主义的发展，独占中国的野心不断膨胀。在亚洲最先走上资本主义道路的日本，是伴随着它对中国和朝鲜等亚洲国家的侵略战争而发展起来的。经过 1894—1895 年的中日甲午战争，日本获得了中国赔款白银两亿三千万两，迫使中国割让台湾全岛及其附属岛屿和澎湖列岛；1900 年日本参加八国联军侵略中国，又获得了部分庚子赔款；1902 年，英国和日本为了对抗俄国和德国在远东的扩张而缔结《英日同盟条约》[①]，进一步鼓励了日本在亚太地区的扩张野心；1904—1905 年的日俄战争，其结果是日本在朝鲜获得了独占利益，将中国东北南部（"南满"）置于自己的势力范围之内，还获得了库页岛南部及附近岛屿；随后日本就把朝鲜变成了它的殖民地。从全球来看，日本打败俄国，意味着日本挑战了欧洲对世界的支配地位，使日本开始跻身于帝国主义大国行列。从此，日本以建立亚太地区的殖民帝国首先是东亚的殖民帝国为目标，其独占中国的野心难以按捺，不仅对西方列强以在华划分势力范围为基础的各种权益形成了现实威胁，而且与美国的门户开放政策直接对立。

其三，饱受封建压迫和帝国主义侵略之苦的中国人民，其民族民

---

① 该条约曾于 1905、1911 年两度续订。

主意识正在觉醒，并最终对封建主义、殖民主义和帝国主义发起了坚决的进攻。这一斗争的重要标志，就是中国的辛亥革命。辛亥革命结束了统治中国几千年的君主专制制度，建立了中华民国，在政治上、思想上给中国人民带来了不可低估的解放作用；它以巨大的震撼力和深刻的影响力推动了近代中国的社会变革；中国人民长期进行的反帝反封建斗争，以辛亥革命为里程碑，更加深入而大规模地开展起来；接受辛亥革命洗礼的中国先进分子和中国人民继续顽强地探寻救国图存的道路。这一切，成为中国重新崛起于世界民族之林的第一步。

因此，在 20 世纪初亚太地区的国际格局中，尽管欧洲列强仍然处于主宰地位，但是美国和日本已经从不同的方面开始挑战欧洲列强的支配地位，更为重要的是中国以推翻帝制、建立共和的创举形成了对列强主宰亚太地区国际关系格局的第一次重要否定，亚太地区国际格局的多极化进程从此起步。在这一过程中，中国的崛起与发展引人瞩目。这种变化，首先发生在第一次世界大战与战后国际秩序的建立方面。

二

1914 年，为了重新瓜分世界而内斗不断的欧洲列强，最终将一个在欧洲历史上屡见不鲜的暗杀皇族的事件演变成第一次世界大战。但是这场大战在亚太地区特别是在日本、美国和中国造成的一些重要变化，则是欧洲列强所没有料到的。

对日本来说，这场战争给日本在中国的进一步扩张带来了机会。日本借列强忙于欧战无暇东顾的"天赐良机"，几乎独占了中国东北的市场，并以"英日同盟"为由很快对德国宣战，迅速占领了德国在中国山东的租借地青岛和所谓的保护领地胶州湾并拒绝交还中国，随后又以自己已经陈兵山东的有利时机，于 1915 年向袁世凯政府提出了严重损害中国主权的"二十一条"要求。① 不仅如此，日本还利用战争的发展形势，于 1916 年与俄国达成俄国同意日本占领中国山东和一些太平洋德属岛屿的《俄日秘密协定》；于 1917 年与英国达成两国共同瓜分一些太平洋德属岛屿、英国承认日本有权继承德国战前在中国山东特权的《英日密约》；以及美国承认日本在中国有"特殊利益"、日本承认美国对华"门户开放、机会均等"政策的《兰辛—石井协定》，尽管该条约对美、日双方来说都只不过是权宜之计。

　　对美国来说，这场大战不仅成为美国大发战争财的好机会，而且随着战局的发展，美国也将其视为宣誓自己对战后世界秩序的看法、抵制俄国十月革命后列宁（Lenin）发表的《和平法令》的好机会。② 1918 年 1 月 8 日，美国总统伍德罗·威尔逊（Thomas Woodrow Wilson，1856—1924）在国会演说中发表了《世界和平纲领》，即著名的"十四点原则"。该纲领对建立战后的国际关系提出了一些不同于旧欧洲的基本原则：其一，该纲领主张战后的世界应当是一个"开放"的世界（第

---

① "二十一条"共 5 号 21 款，原文见日本外务省编纂《日本外交年表竝主要文书》上卷，原书房 1978 年版，第 382—384 页。

② 十月革命胜利后的第二天，布尔什维克党即提出《和平法令》，要求立即缔结"不割地（即不侵占别国领土，不强迫合并别的民族）不赔款"的和平条约，向所有交战国提出休战建议，宣布俄国退出战争。这使协约国十分担心。1918 年 1 月 3 日，威尔逊对卸任的英国大使赖斯爵士（Sir Rice）说："布尔什维克向世界各国发出了一个呼吁〈按——威尔逊指的是 1917 年 12 月 30 日苏俄外交人民委员的告协约国各国人民和政府书，这封呼吁书的日期在西方著作中为 12 月 29 日〉，它在意大利肯定发生了影响，在英国和法国可能也发生了影响……在美国，活跃的鼓动正在进行。对它的成效如何作出明确的判断还为时尚早。但是如果布尔什维克的呼吁继续得不到答复，如果丝毫也不去抵制它，那么它的影响就会扩大和加强起来，这是十分显然的。"英国外交大臣巴尔福（A.J.Balfour）也持同样看法，他在 1918 年 1 月 5 日给豪斯上校的电报中说："鉴于布尔什维克对世界各国人民的呼吁，如果总统亲自发表一份声明，阐述他自己的看法，这可能是一个吸引人的方针。"分别见 G. F. Kennan, Russia Leaves the War, Princeton：Princeton University Press, 1956, p.249；Charles Seymour ed., The Intimate Papers of Colonel House, vol. 3, Boston, New York：Houghton Mifflin company, 1928, p.340.

1—5 点），包括：公开的和平条约必须公开缔结；保持公海航行的绝对自由；消除一切经济壁垒；各国军备必须裁减；调整殖民地，对当地进行开发应该根据"门户开放"原则。这些原则是对欧洲长期以来实行的秘密外交、英国的海上霸权、对殖民地和半殖民地的势力范围政策以及相互攀升的军备竞赛的否定。其二，抵制并消除苏俄的布尔什维主义的影响（第 6 点）。其三，要求在欧洲和近东各民族以民族自决权为基础恢复和建立民族国家，不割地、不赔款；或者建立受到列强保护，实行门户开放原则的保护国（第 7—13 点），这亦是对旧欧洲的否定。第四，成立一个具有特定盟约的包括大小国家的、保证政治独立和领土完整的普遍性的国际联盟。（第 14 点）① 可以看出，"十四点原则"涉及有关列强瓜分世界的原则、抵制社会主义苏俄的影响、战争与和平、建立国际组织等一系列重大的国际政治问题，是美国企图冲出美洲，对长期以来欧洲列强主宰世界的国际格局发出的公开挑战和冲击，是美国争夺世界霸权的总纲领。② 这也是美国对其门户开放政策的再次宣示。

对中国来说，这场大战也直接或间接地造成了中国社会的几个重要变化。其一，中国的民族资本主义获得发展。一战期间，欧洲列强忙于较量，暂时放松了对中国的压迫，甚至在一定程度上依赖中国在军需生活用品等方面的支持，中国的民族资本主义尤其是纺织、面粉、钢铁、运输等行业出现了短暂的快速发展。与此同时，中国的无产阶级队伍也因为民族资本主义工业的发展而不断壮大。其二，在思想文化领域，新文化运动广泛开展，中国民众的思想空前解放、空前活跃，出现

---

① 在"十四点"中，美国主张只对比利时和法国的东北部进行赔偿，理由是德国侵犯了比利时的中立并对法国东北部造成损失。更具体的内容见齐世荣主编《世界通史资料选辑·现代部分》第一分册，商务印书馆 1998 年版，第 3—12 页。

② 威尔逊认为其中最重要的是第 1、2、3 点和 14 点，也就是说美国可以运用它的经济力量，通过国联使美国对重大的国际问题进行干预、仲裁，以控制国际局势。在这 4 点当中国联又最重要。参见王晓德《梦想与现实——威尔逊"理想主义"外交研究》，中国社会科学出版社 1995 年版，第 231—233 页。

了甚至可以称之为思想启蒙的运动。民族主义得以在中国的各个阶层快速传播，人们通过各种形式探索反帝救国之路。其三，自民国以来一批接受过西方教育的职业外交家开始走上外交舞台。他们既有中国传统文化的根底、强烈的爱国之情和民主意识，又有比较丰富的国际政治和外交知识，善于并勇于以西方通行的国际法为依据和西方列强打交道。

在这样的大背景下，尽管无论是袁世凯政府还是后来的北京政府（即北洋政府）都未能对日本的进一步侵略行径做出实质性的反抗，但是随着战局的发展，中国国内还是出现了站在协约国一方参战以解决将山东的主权收回中国的主张，特别是在美国参战之后协约国的获胜趋势已经越来越明显的情况下。正如当时的驻美公使顾维钧（1888—1985）在其回忆录中所说："当时的局势在我看来，不难理解，为使山东问题获得妥善解决，为在战争结束时提高中国的国际地位，中国必须参加协约国。"①

1917 年 8 月 14 日，中国段祺瑞政府宣布对德奥集团作战。中国主要是"以工代兵""以工代战"的形式参战，真正代表中国参战的是以中国农民为主组成的中国劳工，被协约国称为"中国劳工旅"，他们为协约国西线战场提供了重要的劳动力。无论是军工企业，还是战争的最前线，凡战争所需，华工几乎无处不往、无所不为，而且从事的都是最艰苦、最繁重的工作。他们挖掘战壕、修筑工事、筑路架桥、解运给养、装卸物资、清扫地雷、野战救护、掘埋尸体……据不完全统计，仅派往法国的华工就有约 14 万人，有近万名华工因为疾病、敌人的攻击或恶劣的医疗条件而长眠在异国的土地上。中国的劳工为协约国的胜利

① 中国社会科学院近代史研究所译：《顾维钧回忆录》第一分册，中华书局 2013 年版，第 144 页。需要说明的是，《顾维钧回忆录》13 卷中译本曾于 1983—1994 年由中华书局出版，2013 年 6 月中华书局将原有内容全部重新排版，订正原书错讹，增加照片，整套全新面市，故本文以新版本为引文的根据。

做出了贡献。

特别要指出的是，尽管中国到了战争后期才宣布参战，但这对于新生的中华民国，对于从鸦片战争以来一直受凌辱的中国来说，无论如何都是一个重要的信号，那就是：中国要从被侵略走向反击，从被奴役走向独立。正是中国的参战，才使中国能够第一次以一个战胜国的身份参加相继在巴黎和华盛顿召开的建立战后国际秩序的大型国际会议，从而使中国的新外交开始起步，并使中国成为构建战后亚太地区国际格局与国际秩序的一个不容忽视的力量。

三

巴黎和会成为中国新外交的第一个舞台。中国的第一代职业外交家开始以国际法为武器，为恢复国家的主权与列强展开抗争。例如，为了参加 1919 年 1 月召开的解决战后问题的巴黎和会，中国的外交官们积极准备，驻美公使顾维钧早在战争还在进行的时候就成立了一个小组来收集各种资料，研究对中国具有特殊利益的问题；鉴于中国的主权早已被侵犯，他认为"中国应该在即将召开的和会上向各国鸣此不平，以争回某些失去的权利"，应"借此谋求某种程度的公平待遇，并对过去半个世纪以来所遭受的惨痛后果加以改正"；他力劝北京政府："中国应当在和会上理直气壮地提出山东问题。"[①] 当然，中国也希望美国和协约国在和会上能够帮助中国收回山东主权甚至废除一些不平等条约，这种希望又被美国总统威尔逊的"十四点原则"所鼓舞。新文化运动的前驱人物陈独秀（1879—1942）就曾经认为协约国战胜德国是"公理战胜强权"，认为威尔逊主义就是讲公理不讲强权，并大为称赞威尔逊是

---

① 中国社会科学院近代史研究所译：《顾维钧回忆录》第一分册，第 153—156 页。

"世界上第一个好人"。① 这种"公理战胜强权"的乐观情绪也一时洋溢于中国社会。

但是巴黎和会却使中国遭受了接二连三的打击。在代表席位的分配上，中国被列入弱小国家之列，只被分配两席，而日本则列为和会的最高会议的五国（美英法意日）之中，这就大大损害了中国在和会上的地位。最重要的是在山东问题上，中国的要求完全没有被列强考虑。日本声称为协约国的胜利做出了贡献，坚持无条件获得德国在山东的一切权力和财产的要求；它公开了战争期间英法俄等国与日本达成的承认日本继承德国在山东权益的秘密协定，还借口1915年中日《关于山东之条约》② 和1918年中日关于山东问题的换文以"证明"中国"同意"了日本在山东的权益。③

但是，面对如此困难的局面，中国代表顾维钧在会上据理力争，指出"胶州租借地胶州铁路及其他一切权利，应直接交还中国。青岛完全为中国领土，当不容有丝毫损失。三千六百万之山东人民，有史以来

---

① 陈独秀为《每周评论》撰写的发刊词，见胡明编选《陈独秀选集》，天津人民出版社1990年版，第71页。

② 1915年1月18日日本向中国提出"二十一条"（共分五号）要求后，袁世凯政府以向国际社会泄露内容并拖延谈判等办法，希望迫使日本让步。但在当时欧战正酣的情况下，奏效不大。最终在5月7日，日本向中国提出删去了对中国最为不利的第五号的最后通牒，并对其陆海军下达了准备出动作战的命令。在此情况下，袁世凯政府接受了最后通牒，并于5月25日与日本签订了《关于山东之条约》等条约和换文，七章条约2件，换文13件。关于"二十一条"要求，参见王芸生编《六十年来中国与日本》第6册，三联书店1980年版，第74—76页；关于条约和换文，见该书第261—273页。

③ 1918年9月24日，日本外相后藤新平向中国驻日公使章宗祥发出照会提出：胶济铁路沿线日军，除一部留济南外，全部调至青岛；胶济铁路之警备由中国巡警队负责；巡警队费用由胶济路提供；巡警队本部和巡警养成所应聘用日本人；胶济铁路所属确定后归中日两国合办经营，等等。章宗祥在复照中表示"中国政府对于日本政府上列之提议，欣然同意"。参见王芸生编《六十年来中国与日本》第7册，三联书店1981年版，第166—167页。必须说明的是，这一换文，承认了日本对部分地区的占领和胶济路的特权，并给了日本在巴黎和会上大做文章的借口，使中国争取收回山东权益极为困难。后来章宗祥在五四运动时遭到痛打，也与此有关。

为中国民族，用中国语言，信奉中国宗教。……以文化言之，山东为孔孟降生中国文化发祥之圣地。以经济言之，山东以二万五千英方里之狭地，容三千六百万之居民，人口既已稠密，竞存已属不易，其不容他国之侵入殖民，固无讨论之余地。是以如就本会承认之民族领土完整原则言之，胶州交还中国，为中国当有之要求权利"；他呼吁和会"尊重中国政治独立，领土完整之根本权利"，并进一步指出，如"割让中国人民天赋之权利"给他人，必将播下"将来纷争之种子"。顾维钧还指出1915 年中日《关于山东之条约》是在"中国所处地位极为困难"的情况下被迫签署的，是"不得已而允之"，其基础是不合法的；他还以国际公法公理为依据，说明由于中国对德国宣战，"中德间一切约章，全数因宣战地位而消灭"；"德国在山东所享胶州租借地暨他项权利，于法律上已经早归中国矣。"面对中国有理有据的发言，日本不得不表示愿将山东交还中国，但坚持应先由德国交与日本，再由日本交还中国。顾维钧则立即表示："归还手续，我中国愿取直接办法，盖此事为一步所能达，自较分为二步为直捷。"①

但是，英法等列强受制于它们在战争期间与日本的秘密条约或协定，再加上对俄国革命的精神正在向欧洲蔓延的深深忧惧②，所以尽管它们担心日本在中国的迅速扩张不利于他们的在华权益，也只有暂时对日本妥协；而美国威尔逊总统把建立国际联盟放在第一位，认为日本是国联的一个不可缺少的支持者，也借口受到过去协约国与日本的种种条约之限制，自己未能使英法解除这些密约的束缚为由，建议将这一问题的解决留给还没有成立的国联。因此最终还是"公理莫敌强权"，在对德和约（即《凡尔赛条约》）中不仅仍然把德国在山东的权益悉数交与

---

① 参见王芸生编《六十年来中国与日本》第 7 册，第 265—267 页。

② 这一点，在英国首相劳合－乔治（Lloyd George，1863—1945）在和会期间所写的《枫丹白露备忘录》中有明确的说明。参见 David Lloyd George，*The Truth about the Peace Treaties*，Vol.1，London，Gollancz，1938，pp.404-416.

日本，也只字未提中国所要求的确定日本应将山东归还中国的时间。①

值得注意的是，中国代表团并没有就此接受列强的安排。当中国代表团于 1919 年 5 月 3 日得知对德和约草案中关于山东条款完全采取日本的要求后，团长陆征祥（1871—1949）即在致国内的电文中表示："此次和会专制办法，实为历史所罕见。现除再尽力设法外，详加讨论，当然不能签字。"② 随后，中国代表进行了相当艰苦的努力敦促列强修改条约草案，并在北京政府态度并不明朗的情况下向列强提出希望至少对山东条款声明保留的要求。在此期间，中国国内的民众也充满失望和愤怒，爆发了声势浩大震惊中外的"五四运动"，人们高喊"还我山东""废除二十一条""拒签和约""外争国权、内惩国贼"口号，火烧亲日派交通总长曹汝霖（1877—1966）住宅，痛打正在该处的驻日公使章宗祥（1879—1962）；国会议员、各派系将领、各地议会和商会等也纷纷表示应该拒签；而随后有更多民众参与的"六三运动"，迫使北京政府内阁更迭，而临时代理国务总理的龚心湛（1871—1943）则让中国代表团对和约签字问题，"审度清醒，自酌办理"。③ 顾维钧、王正廷（1882—1961）、施肇基（1877—1958）等代表在力争保留未果的情况下，终于做出了拒签和约的举动。

今天，当我们从历史的长镜头回看中国代表拒签和约的历史事实时，深感其意义之深远。首先，它是中华民族的民族自决意识彻底觉

① 在巴黎和会上，英法美三国首脑不顾中国反对，同意日本要求：山东先交与日本，再由日本交还中国。中国代表非常失望，极力要求日本和列强就日本归还山东主权的期限做出正式保证，但在《凡尔赛条约》中只将山东权益交给日本的条款，对中国的要求只字未提。而这样做的理由竟是日本认为如果在条约上写明归还中国的期限，就是认为日本无信用，有损日本国家的体面。

② 法京陆专使电，八年五月三日（按即 1919 年 5 月 3 日，以下类推），中国社会科学院近代史研究所《近代史资料》编辑室主编、天津市历史博物馆编：《近代史资料专刊·秘笈录存》，中国社会科学出版社 1984 年版，第 147 页。

③ 《龚代阁与西报记者谈话》，《申报》1919 年 6 月 26 日。转引自邓野《巴黎和会中国拒约问题研究》，载《中国社会科学》1986 年第 2 期，第 131—146 页。

醒的标志。正如当时的美国驻华公使芮恩施（Paul S. Reinsch，1869—1923）所说："从巴黎和会决议的祸害中，产生了一种令人鼓舞的中国人民的民族觉醒，使他们为了共同的思想和共同的行动而结合在一起。"法国公使波勃（又译柏卜，August Boppe）也意识到"我们正面临着一种前所未有的、最令人惊诧的事情，那就是中国为了积极行动组织了一种全国性的舆论。"① 其次，它是中国外交的第一次大进步，它标志着中国外交开始冲破"始争终让"的惯例，在中国第一代职业外交家和国民的共同努力下，开创了一个敢于抗争的先例。正如力主拒签条约的王正廷所言："造成吾国外交史上之新纪元者，则巴黎和会是也。该是会虽然失败，而吾民族自决之精神，与夫国民外交意志之真实表现，均得显示于世界各国之眼前。而列强亦遂知我民族非无外交政策，非无自由意志与独立精神，终究非可轻侮，非可蔑视，则其收益盖亦大矣。"② 第三，由于中国拒不承认日本对中国山东权益的继承，日本对这些权益的占有就始终不具合法性，中国就保有要求重新讨论和收回的权利。这就为后来在华盛顿会议上再次提出这个问题并得以解决奠定了基础。

还要指出的是巴黎和会对日本和美国的影响。

对日本来说，在中国拒签的情况下，日本并没有取得继承德国在山东权益的法理依据，但日本极不愿意将山东权益归还中国，拒绝对归还设定一个明确期限，更拒绝对英美做出任何保证。与此同时，日本所想的是在不得不归还山东主权给中国的同时，如何为自己留下更多的"特殊权益"。

对美国来说，尽管威尔逊在和约上签了字，但是他在国内遇到了极大的反对，反对因素主要有三点：其一是举行大选前的党派之争，面

① [美] 保罗·S. 芮恩施：《一个美国外交官使华记》，李抱宏等译，商务印书馆 1982 年版，第 285 页。
② 转引自王建朗《中国废除不平等条约的历程》，江西人民出版社 2000 年版，第 69 页。

对共和党控制的国会，批准条约并不容易；其二是参议院对国联盟约特别是对盟约第十条①的反对，认为它使美国承担了更多的义务、可能使美国的外交受到国联的控制，不仅可能使国联染指门罗主义所划定的美国的势力范围，而且"最终将带领我们陷入与欧洲事务相关的义务与环境之中"②；其三便是对巴黎和会对中国山东问题的处理不满。7月18日，陆征祥电外交部报告其事曰：今日美国上议院关于山东问题争辩甚力，前日开会，某议员至谓与日本宣战亦所不惜，断不能因日本以不入国际联合会，一再要挟，遂将中国数百万之友邦人民，让与日本，义气激昂，深堪钦佩。③顾维钧也在其回忆录中写道："中国的抗议和拒签则在舆论界和参、众两院议员中间得到普遍支持。换言之，美国人民对国联盟约的愤懑原已郁积心头，而和会未能对中国山东问题公平处理一事，无异于对此火上浇油"，"我深信，美国，特别是如果共和党在1920年的选举中获胜的话，不管对国联盟约如何，必将寻求某种有利于中国的办法来修改山东条款"。④这个办法就是召开华盛顿会议，不仅要重新确立列强的对华政策原则，而且要解决山东问题。

四

华盛顿会议是中国新外交的第二个舞台。中国的第一代职业外交

---

① 第十条的内容是：联盟会员国担任尊重并保持所有联盟会员国之领土完整及现有之政治上独立，以防御外来之侵犯。如遇此种侵犯或有此种侵犯之任何威胁或危险之虞时，行政院应筹履行此项义务之方法。

② William C. Widenor, *Henry Cabot Lodge and the Search for an American Foreign Policy*, University of California Press, 1980, pp.326-327；Robert James Maddox, *William E. Borah and American Foreign Policy*, Louisiana State University Press, 1969, p.62.

③ 王芸生编著：《六十年来中国与日本》第7册，第355页。

④ 中国社会科学院近代史研究所译：《顾维钧回忆录》第一分册，第201、203页。

家立刻抓住了这个机会①，继续以国际法为武器，为恢复国家的主权与列强展开抗争。

中国在这次会议上的主要对手是日本。中国非常盼望趁这个机会彻底解决山东问题，要求国际上确保中国的安全，承认中国与世界其他国家的平等地位。也就是说，中国政府和人民最关切的是两个主要问题：马上解决山东问题，立即废除那些不平等条约，废除不平等条约在当时尤其是针对日本，要免受日本在中国大陆推行领土扩张和经济渗透政策之害。②

帝国主义列强在亚太地区的争斗形势与战前相比也有了新的变化。战前主要是英、法、俄、德、日、美六国相互角逐，争斗的中心是宰割衰弱的中国。战后，德国败北，沙俄消亡，法国则忙于医治战争创伤和处理欧洲事务，在亚太地区的国际政治斗争舞台上便形成了英、美、日三国继续争夺中国和太平洋海上霸权的新局面。然而，英、美、日三国关系的发展也与战前不同：日本在该地区实力的明显增强以及它独占中国势头的迅速发展，引起了英、美两国的极度不安，因此尽管英美之间存在着种种矛盾，但都力图遏制日本的扩张野心。于是，英国政府在其自治领澳大利亚、新西兰、加拿大、南非联邦的支持下以及在美国的坚持下，决定废除英日同盟。美国则认为日本在山东问题上的胜利与它在大战中获得的其他战利品一起，不仅与其提倡的"门户开放"政策相悖，而且彻底破坏了远东及太平洋地区的均势，因此美国决定召开华盛顿会议的一个重要原因就是它一定要废除英日同盟，并要迫使日本接受

---

① 此时已任驻英公使的顾维钧在得知要召开华盛顿会议的消息后立即致电国务院，指出这个会议"唯主要目的在远东问题，而尤以我国为远东问题之中心点，是此项会议与我国前途关系较之巴黎和会尤属重要"。驻英顾公使电，十年七月十六日，中国社会科学院近代史研究所《近代史资料》编辑室主编、天津市历史博物馆编《近代史资料专刊·秘笈录存》，第 333 页。

② 中国社会科学院近代史研究所译：《顾维钧回忆录》第一分册，第 209 页。

(哪怕是在表面上接受)"门户开放"原则。① 在这种情况下,美国和英国在一定程度上支持中国的解决山东问题的要求。

在华盛顿会议上,中国的外交努力取得了一定的成功。主要包括:

第一,在涉及各国关于对中国的政策原则方面,除中国之外的与会八国均同意将美国代表鲁特(又译罗脱,Elihu Root,1845—1937)根据中国提出的十项原则②而提出的四项原则作为处理中国问题应适用之原则。这四项原则是:(一)尊重中国主权与独立及土地与行政之完整。(二)予中国最完美即最无窒碍之机会,使得自行发展及维持一强固之政府,以期因变更历久帝制之政体而发生之困难得以免除。(三)各国尽力设法实行建立及维持各国在中国全国之工商业机会均等主义。(四)不得利用中国现在状况,以要求特别权力和利益,至有减损各友邦人民之权利,并不得有赞助妨碍各该国安全之行动。③ 这些原则在经过文字删改后,成为《九国关于中国事件应适用各原则及政策之条约》即《九国公约》第一条的内容,也成为会议处理中国问题的基础。尽管各国对"行政完整"做出了不同的解释④,但是将尊重中国主权、独立及领土与行政完整的原则获得通过并写进条约,这对于一个饱受列强侵略之苦并丧失了部分主权的中国来说,无论如何都是一个历史的时代的大进步,并成为以后中国反对日本侵略、争取国际援助的国际法基础。另一方面,这一原则,也为华盛顿会议上的中国代表争取收回山东主权以及一些失去的国权提供了依据。

---

① 华盛顿会议还有一个重要议题是限制海军军备问题,由于该问题与本文主题关系不大,故略之。

② 十项原则的具体内容,参见北京政府外交部编《外交文牍——华盛顿会议案》,1923年版,第59页。

③ 美京施顾王代表电,十年十一月二十四日,《近代史资料专刊·秘笈录存》,第407页。

④ 例如日本就对此提出质疑,日本代表加藤特意在会上说明,所谓"行政完整"并不涉及过去已经许诺给各国的利益或特权。鲁特则迎合日本,对此表示同意。美京施顾王代表电,十年十一月二十四日,《近代史资料专刊·秘笈录存》,第407页。

第二，收回了丧失的山东主权。在会议期间，中国代表利用美国为捍卫"门户开放"而原则上支持中国，同时美英又不愿得罪日本的矛盾心理，采取了在会议之外进行的、一直有美、英观察员列席的中日双边会谈的形式，最终在中日之间签订了《解决山东悬案条约》及《附约》等文件。规定：日本应将胶州德国旧租借地交还中国，中国将该地全部开为商埠；日本撤退驻青岛、胶济铁路沿线及支线的军队；青岛海关归还中国；日本将胶济铁路及其支线及一切附属产业归还中国，中国补偿日本铁路资产价值 53406141 金马克，在未偿清之前，车务长和会计长应由日本人担任；前德国享有开采权的煤、铁矿山由中日合资经营。《附约》中规定了对日本人和外国侨民的许多特殊权利，从而使日本在山东仍保留不少权益。尽管如此，中国收回山东主权和胶济铁路利权，是对《凡尔赛条约》有关山东问题的不公正条款的重要修正，这是中国人民坚持斗争所取得的重大外交成果；美、英的协调和压力也是日本被迫让步的一个因素。

还应当指出的是，列强对中国代表在会上提出的收回关税自主权，取消治外法权，归还外国在华租借地和取消势力范围与特殊利益，撤退外国在华军警和无线电台，撤销外国邮局等收回主权的要求，并未做出多少让步，仅仅同意撤销部分外国电台及英、法同意交还威海卫与广州湾，其他问题实际均未得到解决。

但是，通过华盛顿会议，我们还是看到了中国、日本、美国、英国等国家对战后亚太地区国际格局的深刻影响。

对中国来说，如果说巴黎和会开创了一个中国敢于抗争的先例，那么在华盛顿会议上中国则争回了一些民族权利。中国正是以这种独特的方式参与了东亚地区乃至世界格局和秩序的重构。中国继续在废除不平等条约、争取民族完全独立的道路上前进，崛起之势不可阻挡。

对日本来说，其扩张野心遭到中国人民的坚决抵制和美英的遏制，不得不暂时收敛，并在 20 年代实行所谓的"协调外交"。① 但是日本独霸中国并在亚太地区继续扩张的既定国策不会改变，在以后的年代中它不断寻找机会准备最终冲破《九国公约》的束缚，侵略中国，因此日本与中国的武装对抗必定会发生。

华盛顿会议使英国在远东的势力受到削弱，标志着英国从远东撤退的序幕。在以后的年代里，英国力图保持九国公约所确立的现状并维持、发展在华利益，因此必然同日本的继续扩张发生冲突，英日矛盾将不断激化。

对美国来说，《九国公约》的签订，是美国外交取得的重要成果。它使美国长期追求的"门户开放"在中国终于成为现实；它打破了日本对中国的独占，"又使中国回复到几个帝国主义国家共同支配的局面"②，为美国进一步对华扩张和争夺亚太地区的霸权提供了条件。另一方面，美国作为《九国公约》的主要规划者和潜在保证者，力求保持以"门户开放"为基石的远东及太平洋地区的新均势，与日本的"独占中国"针锋相对，因此美日矛盾终归不可调和。

五

在两次世界大战之间的年代里，中国、日本和美英在亚太地区的关系结构发生了渐进而重要的变化。概括地说，中国内部孕育着革命力

---

① 实行"协调外交"的主要人物是 20 世纪 20 年代曾三次出任外相的币原喜重郎（1872—1951），因此又称"币原外交"。"协调外交"的原则是：（1）主张在国际上把对英美尤其是对美国的协调作为核心，改善对美、对苏关系。（2）在对华政策上，声称不干涉中国内政，但其前提是以中国的要求和行动不得"侵害"日本根据一系列不平等条约所获得的"正当的条约权益"。因此"协调外交"既没有停止对华侵略，也没有排除使用武力，只是暂时避免采取穷兵黩武的侵略方式，以经济侵略暂时代替武力侵略。

② 《毛泽东选集》第一卷，人民出版社 1991 年版，第 143 页。

量，日本发动了大规模侵华战争并开始建立以日本为主导的"东亚新秩序"，英美在东亚的势力则一度进一步后退。

在此期间，中国内部发生了深刻的政治变革，中国的民族解放运动也日益高涨，在继续修改不平等条约方面又有了一些进展。一方面，十月革命之后建立的苏俄 / 苏联日益成为对中国具有重要影响的国家；另一方面，废除不平等条约的要求逐步演化成一场声势浩大的反帝革命运动。在十月革命的影响和共产国际的帮助下，1921 年 7 月中国共产党成立；1924 年 1 月孙中山也完成了对国民党的改组。中国共产党自成立时起就鲜明地提出了取消一切不平等条约，推翻国际帝国主义压迫，达到中华民族完全独立的主张；改组后的国民党也提出了力图改正条约，恢复中国国际上自由平等地位和打倒军阀，打倒列强的口号。

中国内部的这些重要变革，为中国的民族解放斗争注入了新的因素。1924—1927 年的第一次国共合作成为中国革命高潮的起点，1924 年《中俄解决悬案大纲协定》的正式签订则直接推动了中国人民要求废除不平等条约的反帝运动。[①] 这场运动沉重打击了列强的在华权益，迫使他们不得不对中国做出一定的让步，而这一让步政策的重要标志，便是英国在北伐战争的打击下，其外交大臣奥斯汀·张伯伦（Austen Chamberlain，1863—1937）在 1926 年 12 月发表的圣诞节备忘录。在这份备忘录中张伯伦承认"今日中国时局与各国缔结华会条约（即九国公约）时完全不同"，"承认中国关税自主之权"，并承认"目前时局之主要事实即在条约已公认为不合时宜"，宣布英国愿意就修改不平等条约进行谈判。[②]

列强被迫对不平等条约进行修改的行动主要表现在两个方面：第

---

① 应当指出的是，该协定关于外蒙古问题和中东铁路问题还谈不上真正解决。详细的谈判过程参见《顾维钧回忆录》第一分册，第 315—332 页。

② 复旦大学历史系中国近代史教研室：《中国近代对外关系史资料选辑 1940—1949》下卷第一分册，上海人民出版社 1977 年版，第 111—117 页。

一，英国把在汉口、九江、镇江、厦门、重庆、威海卫等地的租界和租借地陆续交还中国；第二，美、英、法、日、意等13个国家先后正式承认了中国的关税自主。但是在列强视为最重要的领事裁判权和上海国际租界问题上，它们则坚决拒绝让步。

但是，一直觊觎中国的日本则准备以更为强硬的手段捍卫其在华的"特殊权益"。1928年4月，日本直接出兵山东，制造了"济南惨案"。6月初，关东军制造了"皇姑屯事件"，加快了"独占"中国的步伐。1931年，日本更是借资本主义世界的经济大危机之机，以"满蒙是日本的生命线"① 为口号，悍然发动了侵占中国东北的"九一八事变"，并在英、美等列强的妥协纵容下最终独占了中国东北，从而使日本有了进一步推行侵华政策的基地，而1932年《淞沪停战协定》的签订，又使日本在上海获得了驻兵权，日本的侵略野心更加膨胀。经过1935年的"华北事变"和1937年的"卢沟桥事变"，日本发动了全面侵华战争，并最终于1941年挑起了太平洋战争，与美、英等国直接刀兵相见。

从"九一八事变"到"卢沟桥事变"，是日本用武力不断否定以《九国公约》为基础的华盛顿体系、打破美、日、英的实力基本平衡的

---

① 1931年为日本经济危机最严重的阶段，日本政府认为摆脱危机的出路在于把中国的满蒙地区变成日本独霸的海外市场，因此提出了"对满蒙问题不仅要在经济上解决，而且要在政治上解决"的行动方针。为实现这一目的，日本国内关于"满蒙"重要性的宣传骤然增多。例如，关东军高级参谋板垣征四郎在1931年5月就明确提出"满蒙问题的根本解决是打开现状、稳定国民经济生活的唯一途径"；"切实拥有支那以增强国力，真正掌握东洋和平之关键，就能完成未来争霸世界的战争准备。"在这种宣传中，最富有煽动性的是当时的"满铁"副总裁、众议员松冈洋右，他在1931年第59届议会上提出满蒙问题是"关系到我国存亡的问题，是我国的生命线"，从此这就成为日本对内对外宣传的一致口号。上述引文分别见小林龙夫等解说《现代史资料（7）满洲事变》，みすず書房1964年版，第133页；日本国际政治学会太平洋战争研究部编《太平洋戰爭への道》，别卷·资料编，朝日新闻社1963年版，第103、102页；松冈洋右《動し滿蒙》，东京1931年版，第112页。

亚太地区国际格局的重要行动，也是日本要建设以日本为领导的东亚"新秩序"的前奏。

中日战端初启时，"对支一击"论在日本统治阶级中甚嚣尘上，认为只消一个月日军便可"凯旋班师"。① 但是，在中国共产党的积极努力和直接推动下，中国已经出现了抗日救亡的高潮并形成了抗日民族统一战线，此时日本侵略者面对的并不是有如一盘散沙的中国，而是由四亿多人民组成的坚不可摧的铜墙铁壁。在随后的淞沪抗战、平型关战役、台儿庄战役以及武汉和广州战役中，中国军队顽强作战，使日军遭到重创。到武汉、广州两战役结束时，日本投入中国的兵力已近 100 万人，国内本土只剩一个师团，真可谓倾巢而出了。此后，日军再也无力进行攻势作战，中日战争转入战略相持阶段。因此，正是中华民族的全民族抗战，开辟了第二次世界大战的亚洲战场，使日本法西斯企图迅速征服中国的狂妄野心彻底破产。

日本的"速战速决"战略计划落了空，不得不调整对华政策。在调整过程中，日本借机抛出了建立以日本为领导的东亚"新秩序"的主张。1938 年 11 月 3 日，日本首相近卫文麿（1891—1945）正式发表《虽国民政府亦不拒绝》的第二次对华声明，声称："帝国所期求者即建设确保东亚永久和平的新秩序"，说明"这种新秩序的建立应以日满华三国合作，建立政治、经济、文化等各方面的连环互助关系为根本"，"如果国民政府抛弃以前的一贯政策，更换人事组织，取得新生成果，参加新秩序的建设，我方并不予拒绝"；对于其他国家，近卫则要求各国"正确认识帝国的意图，适应东亚的新形势"。② 在这里，近卫一改过去日本政府曾一再声称的尊重各国在华利益，尊重"门户开放"政策，第一次以"建立东亚新秩序"的口号公开否认了《九国公约》的对

---

① 参见矢部贞治《近卫文麿》，东京 1976 年版，第 606 页；崛场一雄《支那事变戦争指导史》，时事通讯社 1962 年版，第 85 页。

② 日本外务省编纂：《日本外交年表竝主要文书》下卷，原书房 1978 年版，第 401 页。

华原则，向美英提出公开挑战。同年 12 月 22 日，近卫内阁发表了《调整对华国交方针》的声明，即第三次对华声明，进一步提出所谓"善邻友好、共同防共和经济合作"三原则，对"东亚新秩序"的具体内容和条件加以说明，呼吁"日满华三国在建设东亚新秩序的共同目标下联合起来"①，再次表明日本要在东亚建立以日本为首的所谓"新秩序"，排除欧美列强势力的决心。12 月 29 日，日本外相有田八郎对近卫声明作了进一步阐述："由于新体制而结合的三国达成国防及经济自主，将来在中国的第三国的经济活动必然受到限制，而且伴随的政治特权也有必要予以取消。"②

对近卫的第三次声明，美英法三国做出了相同的反应。12 月 30 日，美国政府照会日本政府，声明"美国政府不承认任何一个国家有必要或者有理由在不属于它的主权范围的区域内，把规定一个'新秩序'的内容与条件引为己任"③。1939 年 1 月 14 日和 18 日，英国和法国也分别向日本发出了内容相同的照会。④ 美英法三国以此方式表明了它们与日本的矛盾，并决定援助中国。⑤

但是没有实力支撑的声明并不能遏制日本的野心，企图依靠绥靖政策来坚持《九国公约》的对华基本原则也相当惨白无力。⑥1939 年欧洲战争的爆发，进一步鼓励日本将建立东亚新秩序向南方发展。1939 年 12 月 28 日，日本外、陆、海三相签署了《对外政策的方针纲要》，

---

① 近卫文麿手记：《平和への努力》，东京日本电报通信社 1940 年版，第 13 页；日本外务省编纂：《日本外交年表竝主要文书》下卷，第 407 页。

② 日本国际政治学会太平洋战争研究部编：《太平洋戦争への道》第 4 卷，第 172 页。

③ The U. S. Department of State, ed., *Foreign Relations of the United States*, *Diplomatic Papers*, 以下简写为 *FRUS/Japan*：*1931—1941*, Vol.1, Washington D.C., Government Printing Office, 1943, p.824.

④ DBFP, Ser. 3, Vol. 8, p.393.

⑤ 《顾维钧回忆录》，第三分册，第 340 页。

⑥ 关于英美等国对日本的扩张采取的绥靖政策，参见拙著《英国与中日战争，1931—1941》，北京师范学院出版社/首都师范大学出版社 1991 年初版/2010 年再版。

指出"帝国所采取的对外政策，应以建立东亚新秩序为基本目标"，从这一基本目标出发，日本对待欧洲战争的政策是，"目前应根据不介入的方针，最有效地运用帝国的中立立场，引导国际形势，以有利于促进处理中国事变，同时采取措施，造成对建设东亚新秩序（包括南方在内）的有利形势"①。这一文件成为日本进一步提出建立"大东亚新秩序"的前提。

1940 年 7 月 26 日，日本近卫内阁制定了《基本国策纲要》，进一步提出"皇国的国是是遵循八纮一宇的肇国精神……首先以皇国为中心，建立以日满华坚强团结为基础的大东亚新秩序，其重点是解决支那事变，实现国防建设的飞跃，采取灵活的施政方针，以推进皇国之国运"②。在这里，日本不仅把"帝国"改为"皇国"，而且第一次把"东亚新秩序"扩大为"大东亚新秩序"。第二天，大本营政府联席会议便通过了大本营陆海军部制定的《适应世界形势演变的时局处理纲要》，提出了为建立"大东亚新秩序"应当采取的具体政策。③ 8 月 1 日，日本外相松冈洋右发表声明，声称日本对外政策的当前任务就是以日满华为核心确立大东亚共荣圈，这个大东亚共荣圈的范围包括整个东南亚地区，甚至包括澳大利亚和新西兰在内。④ 这是日本政府首次将大东亚新秩序表述为"大东亚共荣圈"。此后，"大东亚共荣圈"就成为日本建立以日本为主导的亚太地区国际新秩序、进一步推行扩张政策的代名词。

为了获得国际支持，日本决定强化日德意轴心，在《关于强化日德意轴心文件》中，进一步扩大了日本的"生存圈"，其范围是"以日满华为主体，包括现在委任日本统治的原德国所属诸岛、法属印度支那

---

① 全文见日本外务省编纂《日本外交年表竝主要文书》下卷，第 421—424 页。

② 全文见日本外务省编纂《日本外交年表竝主要文书》下卷，第 436—437 页。

③ 全文见日本外务省编纂《日本外交年表竝主要文书》下卷，第 437—438 页。

④ 参见每日新闻社《東京裁判判決——極東國際軍事裁判所判決文》，东京 1949 年版，第 193 页；日本外务省编纂：《日本外交年表竝主要文书》下卷，第 450 页。

及法属太平洋岛屿、泰国、英属马来、英属婆罗洲、荷属东印度、缅甸、澳洲、新西兰以及印度等地区"①，其"新秩序"的范围再次扩大。9月27日，日本与德、意签订了《德意日三国同盟条约》，日本承认德、意在欧洲建立新秩序的领导地位；德、意承认日本在大东亚建设新秩序的领导地位。德、意、日三国相互配合，分别挑战英、美等主导的欧洲与远东的国际秩序。尤其要指出的是，这个条约主要是针对美国的，正如松冈洋右在9月26日的枢密院会议上所说，日本认为美国是其南进计划的直接障碍，所以这个同盟主要以美国为目标。②

1941年12月8日，日本以偷袭美国海军基地珍珠港而开始了建设大东亚共荣圈的实施阶段，并将这场战争命名为"大东亚战争"（即太平洋战争），这就充分表明了日本要建立以独霸亚太地区的"大东亚新秩序"。一时间，日本似乎成为亚太地区的主导力量。

但是，当日本将战争扩大到全球之时，当美英等国被迫抵抗日本的侵略扩张之时，也正彰显了中国人民的抗日战争以持久战拖住大量日军的巨大作用。据统计，太平洋战争爆发时，日本陆军总兵力的七成仍然用于侵华战争，只有二成投入到东南亚和太平洋战场。到1945年日本战败时，向中国战区（包括台湾和越南北纬16°线以北地区）投降的日军共128.3万人，这个数目大约相当于全部海外日军274.6万人（不包括关东军）的46.7%。③当中国与美、英、苏等反法西斯大同盟一起打得日本于1945年8月15日无条件投降时，日本要建立的"大东亚新秩序"也最终破产，取而代之的是中国在这场战争中成长为一个政治大国，并直接参与了战后国际新秩序的重构。

---

① 日本外务省编纂：《日本外交年表竝主要文书》下卷，第449、450页。

② 每日新闻社：《東京裁判判決——極東國際軍事裁判所判決文》，第133页。

③ 分别见 The Department of State ed., *Peace and War*, Washington D.C., 1943, p.666. 秦孝仪主编《中华民国重要史料初编——对日抗战时期》第2编《作战经过》（三），（台湾）"中央文物供应社"1981年版，第707页；[日]服部卓四郎《大东亚战争全史》第四册，易显石等译，商务印书馆1984年版，第1782页。

六

今天，当我们站在 21 世纪的高度、在世界历史发展的全球视野下、以一定的时间和空间距离审视中国的抗日战争时，我们会清楚地看到，这场战争不仅是第二次世界大战重要的影响全局的组成部分，对世界反法西斯战争做出了不可磨灭的伟大贡献，[①] 而且使中国成为一个独立的世界大国，并且在建立战后东亚乃至世界新秩序、促进战后世界的和平与发展方面也尽其可能地发挥了自己的作用。

中国在国际上获得大国地位第一个标志，是《联合国家宣言》的签署和随之而来的废除不平等条约体系。

随着太平洋战争的爆发，中国战略地位的重要性终于为美英等国所承认，美国总统罗斯福曾经对他的儿子埃利奥特说过："假如没有中国，假如中国被打坍了，你想一想有多少师团的日本兵可以因此调到其他方面来作战？他们可以马上打下澳洲，打下印度——他们可以毫不费力地把这些地方打下来。他们并且可以一直冲向中东……"[②] 直到此时，战时盟国才真正意识到中国战场的重要战略地位。

1942 年 1 月 1 日—2 日，26 个抗击法西斯的国家在华盛顿签署了《联合国家宣言》，宣布签字各国为了将这场反法西斯战争进行到底而协同作战。几乎与此同时，包括中国、泰国和印度支那的中国战区成立。以这两件大事为标志，世界反法西斯大同盟终于得以形成，从而奠定了最终取得这场战争胜利的基础。值得注意的是《联合国家宣言》的签名方式，在美国的支持下，美国、英国、苏联和中国排在 26 个国家之首，并比其他国家提前一天签字，其他国家则于第二天按国家名称的

---

① 有关这个问题，笔者已在另一篇文章中做了较具体的论述，见《光明日报》2005 年 5 月 10 日史学版。

② 伊利奥·罗斯福：《罗斯福见闻秘录》，李嘉译，新群出版社 1950 年版，第 49 页。

字母顺序排列签字，这就使中国作为"四大国"之一正式出现在国际文件和国际舞台上。① 尽管与其他三个国家相比中国仍然贫弱，尽管美国出于其战时和战后长远战略利益的考虑支持中国的大国地位，但是，从根本上说，正是中国人民以自己的英勇抗战和民族的巨大牺牲，才赢得了中国应有的国际地位。正如罗斯福的密友哈里·霍普金斯（Harry L. Hopkins，1890—1946）在 1941 年 12 月 27 日提交罗斯福的一份备忘录中所说，《联合国家宣言》的签字方式"要打破按字母编排的次序，把像中国和苏联这样的国家提到同我国和联合王国并列的地位，区别的办法可以是，那些在自己的国土上积极作战的国家为一类，另外则是已经被轴心国征服了的国家。我认为这种排列极为重要。"② 为了使中国坚持对日本的有效作战，美国众、参两院于 1942 年 2 月 7 日通过了援华贷款 5 亿美元，扩大了对华援助的规模。不仅如此，美英特别是美国在废除对华不平等条约问题上的态度逐渐积极起来，而此时的国民政府也及时抓住这一历史机遇，决心解决这个问题。

1942 年春天，中国社会掀起了要求立即废除不平等条约的热潮。4 月 23 日，正在美国访问的宋美龄（1897—2003）在《纽约时报》上发表《如是我观》的文章，谴责西方国家在华领事裁判权等特权，呼吁有关各国尽早予以废除。该文在美国社会引起强烈反响，人们纷纷致函美国政府有关部门，要求立即放弃在华领事裁判权，许多报刊也发表文章支持中国的要求。几乎与此同时，美国国务院就是否废除在华领事裁判权的问题展开的讨论也基本有了结果，主张立即废约的意见被接受③，

---

① 参见威廉·哈代·麦克尼尔《国际事务概览·美国、英国和俄国，它们的合作和冲突 1941—1946 年》上册，叶佐译，上海译文出版社 1978 年版，第 152—154 页。

② [美] 舍伍德：《罗斯福与霍普金斯——二次大战时期白宫实录》下册，福建师范大学外语系编译室译，商务印书馆 1980 年版，第 15 页。

③ The U. S. Department of State, ed., *Foreign Relations of the United States*, *Diplomatic Papers*，以下简写为 *FRUS/1942*, *China*, Washington, Government Printing Office, 1956, pp.271-274.

于是美国开始与英国磋商是否考虑在战时废约的问题。10 月 4 日，蒋介石（1887—1975）对来华访问的美国共和党领袖温德尔·威尔基（Wendell L. Willkie，1892—1944）正式提出了废除不平等条约要求，他指出："中国今日尚未能取得国际上平等之地位，故深盼美国民众能了解中国，欲其援助被压迫民族争取平等，应先使其本身获得平等地位始。"① 这时美英就立即废约问题也达成了共识。10 月 9 日，美、英两国同时通知中国驻美、英的使节：两国准备立即与中国政府谈判废约问题，不过它们都准备把所放弃的特权范围限定在"治外法权和相关的权利方面"。② 但中国政府认为这是不够的，蒋介石向美英提出：除了"领事裁判权以外，尚有其他同样之特权，如租界及驻兵与内河航行、关税协定等权，应务望同时取消，才得名实相符也"③。他还指示时任中国外交部长的宋子文，希望在谈判中"将过去所有各种不平等条约一律作废，整个撤销，重订平等合作之新约"④。

1943 年 1 月 11 日，中美、中英分别在华盛顿和重庆签订《中美关于取消美国在华治外法权及处理有关问题之条约与换文》（简称《中美新约》）和《中英关于取消英国在华治外法权及其有关特权条约与换文》（简称《中英新约》），宣布取消美英两国在中国的治外法权及有关特权；取消 1901 年签订的《辛丑条约》，终止该条约及其附件给予两国的一切权利；两国放弃在北平使馆界、上海和厦门公共租界所享有的权利，并协助中国政府收回这些地区的行政管理权和官方资产；取消两国在通商口岸的特别法庭权，在上海和厦门公共租界的特区法院制度，在中国领土内各口岸雇用外籍引水人的权利，两国船舶在中国领水内沿海贸易与

---

① 秦孝仪主编：《中华民国重要史料初编——对日抗战时期》第 3 编《战时外交》（一），（台湾）"中央文物供应社" 1981 年版，第 759—760 页。

② FRUS/1942，China，p.307.

③ 《中华民国重要史料初编——对日抗战时期》第 3 编《战时外交》（三），第 712 页。

④ 《中华民国重要史料初编——对日抗战时期》第 3 编《战时外交》（三），第 714 页。

内河航行的权利，两国军舰驶入中国领水的权利等项特权；英国交还天津和广州的租界，放弃英籍海关总税务司权；等等。[1]

在美英的影响下，其他在华享有特权的国家也相继宣布放弃在华特权，与中国签订新约。尽管中美、中英新约并不完美，例如英国就拒绝交还香港和九龙，但是应当承认，这些新约的签订，标志着一个世纪以来作为中国对外关系基础的不平等条约体系终于崩溃，标志着在法理上结束了西方列强在中国享有的百年特权，雪洗了中国人民的百年耻辱，使中国从此摆脱了半殖民地的地位，获得了国家的独立，成为国际社会中的平等一员。不仅如此，中国人民以对日本帝国主义的坚决抗争，给世界殖民体系以沉重打击，中国抗日战争成为第二次世界大战后在世界范围内涌起的波澜壮阔的民族解放运动的先声。

中国在国际上获得大国地位的第二个标志，是 1943 年 11 月 22—26 日美、英、中三国首脑出席的开罗会议。

第二次世界大战中后期，以反法西斯同盟的主要大国美国、英国和苏联为主召开了一系列国际会议，共同设计战后新的国际秩序和世界和平蓝图，开罗会议就是其中的重要一环。

开罗会议的第一个重大意义，就在于中国的领土主权得到恢复和保证。在 11 月 23 日美国总统罗斯福和蒋介石的会晤中，罗斯福表示，支持中国关于日本窃取的中国领土满洲、台湾和澎湖列岛必须归还中国的要求[2]，并将其写进中美英三国《开罗宣言》当中。该宣言庄严宣告："我三大盟国此次进行战争之目的，在于制止及惩罚日本之侵略"；"三国之宗旨，在剥夺日本自 1914 年第一次世界大战以后在太平洋所夺得或占领之一切岛屿，在使日本所窃取于中国之领土，例如满洲、台湾、澎湖群岛等，归还中华民国。日本亦将被逐出于其以暴力或贪欲所攫取

---

[1]　详细内容见王铁崖编《中外旧约章汇编》第 3 卷，三联书店 1962 年版，第 1256—1260、1263—1269 页。

[2]　FRUS/1943, *The Conference at Cairo and Tehran*, Washington, 1961, p.324.

之所有土地。"① 这就在国际法上明确承认了包括钓鱼岛在内的台湾是中国领土这一重要的历史事实，使中国的领土完整得到了庄严的国际保证。1945 年 7 月发表的《波茨坦公告》再次宣布：开罗宣言之条件必将实施。

开罗会议的第二个重要意义，在于中国的大国地位再次得到确认。在开罗会议上，中美就中国的国际地位达成的共识，双方一致认为，"中国应取得四强之一的地位，并以平等的身份参加四强小组的机构，参与制订该机构的一切决定"；在有关远东各种问题的安排中，双方决定密切合作。例如：在防御安排上，如有必要可以使用对方的海军和空军基地，以保证战后太平洋地区的安全；在亚洲殖民地问题上，双方一致认为殖民主义将在战后退出亚洲，大多数亚洲国家将实现民族独立，中美两国应共同努力帮助朝鲜、泰国等取得独立地位；特别是对日本的处置问题上，双方同意日本必须无条件投降。② 由此可见，开罗会议标志着中国在国际体系中的角色将发生重要转变。中国作为"四个最主要的参战国"，在战后也将作为四大国之一，在亚太地区及世界秩序的构建中承担责任。另一方面，作为战败国的日本必将被占领和改造。

开罗会议的第三个重要意义，就在于中国已经在事实上参与了战后国际秩序的构建。在开罗会议期间，中国对建立维持战后国际和平的联合国组织的态度相当积极。在蒋介石的指示下，中国代表团成员王宠惠（1881—1958）草拟了有关筹建新的国际组织的四点建议，以供讨论之用：1 在联合国总机构未设置前，由美英苏中成立四国机构，协商四国宣言规定的具体事项；2 四国机构的常设机关设于华盛顿，根据情

① FRUS/1943, *The Conference at Cairo and Tehran*, Washington, 1961, pp.323-325. 中译文见《国际条约集（1934—1944）》，世界知识出版社 1961 年版，第 407 页。由于当时的中华民国是中国的合法政府，故该条约要求日本将"窃取于中国之领土，例如满洲、台湾、澎湖群岛等，归还中华民国"。

② FRUS/1943, *The Conference at Cairo and Tehran*, Washington, 1961, pp.323-325.

况，该机关可以在伦敦、重庆或莫斯科开会；3.四国机构应负筹设联合国总机构之责任；4.联合国总机构的组织，中国政府同意美国的设计，即由11个国家组成一个执行机关，由美英苏中任主席。①

由此可见，开罗会议是中国作为一个大国崛起的重要标志。

中国在国际上获得大国地位的第三个标志，是中国积极参与了联合国的筹建工作。

1944年8月，中国代表团参加了首次筹建联合国的四大国会议——敦巴顿橡树园会议，并积极参与了联合国章程的制定工作。中国政府拟定了《我方基本态度与对重要问题之立场》，其中提出：1.世界和平机构以愈坚强有力为愈宜；2.世界和平机构之全部或一部分应尽早成立；3.凡美、苏、英在世界和平中参与之事项，我国应以平等地位同样参与。该文件还对有关世界和平机构的16个主要问题说明了中国政府的立场。②另外，中国还提出《国际组织宪章基本要点节略》，对21个重要问题阐述了中国政府的主张。③

鉴于苏联以其未对日本作战为借口拒绝与中国代表团同桌讨论问题，美英两国为了尽早取得对德国战争的胜利而迁就苏联，致使中国只参加了会议的第二阶段。但是，中国代表团"为了实现和平，采取了一些积极的措施"，并提出了几点非常重要的建议：第一，应该保证这个组织的所有成员国独立自主及领土完整，反对外来侵略并修改旧条约。这一原则后来在《联合国宪章》中得到了体现。第二，为解决国际争端提出了一项重要原则，即这些国际争端"应根据正义和法律原则加以解决"。正是由于中国在这次会议上提出了这项原则，并最终取得了美国和英国的支持，才使后来的《联合国宪章》写进了"依正义及国际法之原则"解决国际争端这一提法。第三，联合国大会应具有进行调查与做

---

① FRUS/1943，*The Conference at Cairo and Tehran*，p.387.

② 《中华民国重要史料初编——对日抗战时期》第3编《战时外交》(三)，第868—870页。

③ 《中华民国重要史料初编——对日抗战时期》第3编《战时外交》(三)，第875—886页。

出建议的任务，以发展并修改国际法的规范与原则。第四，经济及社会理事会应具有在教育以及其他一些文化问题上促进合作的特殊任务。①上述建议先后得到美、英、苏等国的同意，并作为"中国建议"被吸收进上述三国签署的《关于建立普遍性的国际组织的建议案》之中。该建议案作为四大国一致同意的提案，于 1945 年 5 月 5 日提交旧金山制宪会议审查。它的重要意义在于基本规定了联合国的构成，为旧金山制宪会议奠定了基础。中国代表团在敦巴顿橡树园会议的活动得到了与会美英代表的高度评价，认为"中国代表团成员巧妙而策略地提出自己的看法，为会议的成功做出了贡献，深感钦佩"②。

1945 年 4 月，联合国在旧金山召开制宪会议，根据雅尔塔会议的决定，中国是这次重要会议的四个发起国之一。中国共产党派出自己的代表，与国民政府的代表共同组成中国代表团出席会议，特别体现了代表全中国人民的意志。正如毛泽东（1893—1976）在中共七大所做的题为《论联合政府》的政治报告中所说："中国共产党对于保障战后国际和平安全的机构之建立，完全同意敦巴顿橡树林会议所作的建议和克里米亚会议对这个问题所作的决定。中国共产党欢迎旧金山联合国代表大会。中国共产党已经派遣自己的代表加入中国代表团出席旧金山会议，借以表达中国人民的意志。"③

在这次制宪会议上，中国代表团提出的一些重要建议为大会所接受。第一，针对国际联盟不能有效制止侵略行动的教训，以及敦巴顿橡树园建议案中的不足，中国代表团提出：授权安全理事会当发生紧张情势时在最后决定之前采取临时办法。第二，针对可能发生的破坏和平的国家或发动侵略的国家拒不执行国际法院判决的情况，中国代表团提

---

① 参见 [苏] C. B. 克里洛夫《联合国史料》第 1 卷，中国人民大学出版社 1955 年版，第 54 页；《顾维钧回忆录》第五分册，第 390—391 页。

② 《顾维钧回忆录》第五分册，第 392 页。

③ 毛泽东：《论联合政府》，《毛泽东选集》，人民出版社 1968 年版，第 986 页。

出：授权安全理事会采取办法以实现国际法院的裁决。第三，针对敦巴顿橡树园建议案中要求非联合国会员国承担维护和平的义务但未提这些国家的权利问题，中国代表团提出：授权安全理事会确定向本组织提出请求的非联合国会员国应当享有的权利。第四，对联合国非常任理事国的选举，中国代表提出"要斟酌地域上的公匀分配"。第五，对于国际托管的目的，中国代表团认为，"托管领土朝着独立的道路发展"。这些建议都反映在《联合国宪章》之中。①

总之，会议期间中国代表团强调国家和种族平等，国家主权和民族独立，积极为弱小国家伸张正义，成为中国在创建联合国的外交活动中的一大特色和独特贡献。中国的国际地位也被与会国一致肯定，中国被确认为联合国安理会的五大常任理事国之一，中文也成为联合国的正式语文之一。从此，中国在国际事务中发挥积极作用得到了长远的保障。

中国成为联合国常任理事国，这就进一步在国际法上确认了中国的大国地位，使中华民族重新自立于世界民族之林。这是100多年以来中国的志士仁人前赴后继孜孜以求的努力结果，也是中国人民浴血奋战而赢得的国家和民族的尊严。毛泽东指出："中国是全世界参加反法西斯战争的五个最大国家之一，是在亚洲大陆上反对日本侵略者的主要国家。中国人民不但在抗日战争中起了极大的作用，而且在保障战后世界和平上将起极大的作用，在保障东方和平上则将起决定的作用。中国在八年抗日战争中，为了自己的解放，为了帮助各同盟国，曾经作了伟大的努力。这种努力，主要地是属于中国人民方面的。"② 这不仅是对中华民族八年抗战在世界反法西斯战争中的地位和作用所做出的最正确的概括，也是对中国为维护和保障战后世界和平的努力所做出的合乎历史事

---

① 参见［苏］C. B. 克里洛夫《联合国史料》第1卷，第44—46、83、84、146页；《联合国宪章》第40、94、11、35、23、76条等。

② 毛泽东：《论联合政府》，《毛泽东选集》，第934页。

实的评价。

当然，必须承认，尽管中国在战时取得了政治大国的地位，但是却不具备一个大国的相应实力，因此也没有真正获得美英苏等国的平等相待。例如，在 1945 年 2 月的雅尔塔会议（即克里米亚会议）上，美、苏在不让中国知晓的情况下就达成了有关远东问题的秘密协定。美国为了让苏联同意在德国法西斯投降 3 个月内参加对日作战，最终满足了斯大林（J.Stalin，1878—1953）提出的条件，签署了《雅尔塔密约》，其中除了日本须将库页岛南部及毗连岛屿和千岛群岛交与苏联之外，有关中国的条件还包括维持外蒙古（蒙古人民共和国）现状，大连商港国际化并保证苏联在这个港口的优惠权益，恢复租借旅顺港为苏联海军基地，中东铁路和南满铁路由中苏合营并保证苏联的优惠权益等等。① 随后美国又迫使中国国民政府接受该协定，苏联则基本按照该协定与中国国民政府签订了实际上并不平等的《中苏友好同盟条约》。该条约恢复了沙俄在日俄战争中失去的权益，严重损害了中国主权。又如，中国抗战胜利后，英国仍拒不交还香港和九龙，美国更是介入中国内战，并依靠 1943 年 5 月中美签订的《关于处理在华美军人员刑事案件换文》以及 1946 年 11 月两国签订的《中美友好通商航海条约》，不仅使在华美军实际享有治外法权，而且使美国获得了多方面的在华特权。之所以如此，除了中国曾长期遭受列强的侵略压迫致使国家积贫积弱这个主要原因之外，还与战时国民党统治集团的专制、腐败、积极反共密切相关。只有在新中国成立之后，中国才逐步摆脱了贫弱状态，中国的世界大国地位才真正得以确立，并成为战后亚太地区国际格局中的重要一极，成为维护战后国际秩序的重要力量。

---

① 《德黑兰、雅尔塔、波茨坦会议》文件集，三联书店 1978 年版，第 258 页。

七

第二次世界大战结束后亚太地区的国际格局，与第一次世界大战后完全不同。欧美列强和日本主宰的国际格局一去不复返。由于冷战的发生而逐渐形成的以美国和苏联两个超级大国为基础相互对峙的两极格局，其侧翼已经延伸到东亚。它的主要表现是：英法的势力已经从东亚无可奈何地撤退，它们留下的"真空地带"由美国填补；日本则处于美国的单独占领之下，受到美国核保护伞的保护，成为一个依附国家；中国的国民政府则一度依靠美国的支持和通过《中苏友好同盟条约》所体现的苏联的支持与共产党打内战。但是，冷战的发生也使中国共产党得到了苏联的支持。于是，借助国际格局大变动的机遇，中国共产党通过三年的解放战争，以最激烈的形式体现了自辛亥革命以来的中国的民族精神，真正完成了民族独立的任务，取得了新民主主义革命的胜利。1949年中华人民共和国的成立，预示着亚太地区的国际格局乃至世界的格局将出现新的变化。

中华人民共和国成立后，新中国的领导人提出"另起炉灶""打扫干净屋子再请客"的外交方针，并不排斥与西方国家打交道，但是在中国内战刚刚结束敌对情绪尚未消解的氛围中，在美苏冷战最为激烈的国际形势下，在中国共产党的意识形态与当时苏联的意识形态有所吻合的情况下，在新中国既要维护民族独立主权完整又要巩固新政权进行经济建设的历史任务面前，新中国的领导人在当时的外交选择极其有限的现实面前，还是提出了"一边倒"向苏联的外交方针，这一方针又被朝鲜战争的爆发而一度得到强化。应当指出的是，从当时世界格局来说，中苏两国在各个方面的支持都是相互的，并不存在一方对另一方施以恩惠的问题，因此"这种一边倒是平等的"，[①] 而且在短期内对巩固中国的新生政权是有利的。但是从长期而言，"一边倒"并不符合中国的长远利益，因为它实际造成了中国外交战略的不平衡，不利于中国同世界各国的普遍交往，特别是不利于中国与世界上最强大的国家美国以及同中国的"一衣带水"的近邻日本的交往。

50 年代中期，中国开始调整自己的外交战略，积极倡导"互相尊重主权和领土完整、互不侵犯、互不干涉内政、平等互利、和平共处"的和平共处五项原则，以及在国家关系中求同存异、大小国家一律平等的原则。和平共处五项原则在 1955 年的万隆会议上得到了亚非国家的赞同，从而开启了中国外交"面向东方"的新局面，在一定程度上摆脱了美苏两极格局的羁绊，使中国赢得了第三世界国家的认可和友谊。另一方面，从 50 年代下半期开始，中苏两党在国际共运、社会主义国家相互关系和对国际形势的判断等一系列重要问题上出现分歧，这种分歧后来发展成一场公开论战，并最终导致两国关系的恶化与分裂。

中苏关系的分裂不仅标志着社会主义阵营的瓦解，而且给两国乃至整个世界带来了相当深刻的政治影响。在中苏关系日益恶化的年代里，中国共产党迈出了力图摆脱苏联模式，探索自己的建设社会主义道路的坚实步伐，中国人民自力更生发奋图强，终于使自己拥有了"两弹一星"，从而使世界政治力量的对比发生了极大变化，中国作为世界的一个力量中心在成长。在此期间，中国的外交取得了巨大成功，这不仅表现在 1971 年中华人民共和国终于恢复了在联合国的合法席位，而且表现在中美关系所取得的突破性进展方面。从中国的角度来说，1971年开启的中美关系正常化进程和 1972 年中日正式建立外交关系，不仅意味着中国终于走出了美苏冷战的阴影，而且表明中国已经把自己的外交活动的舞台从东方扩展到整个世界。在此后一段时间里，中国基本完

---

① 《毛泽东外交文选》，中央文献出版社、世界知识出版社 1994 年版，第 279 页。

成了与欧洲、大洋洲和非洲国家的建交过程，外交活动全面开展。

到 60 年代末 70 年代初，整个世界的形势再次发生了不同于战后初期和 50 年代的大变化。在美苏两极之外，世界出现了以欧共体代表的西欧、中国和发展为经济大国的日本等新的力量中心。

从中国自身来看，在整个 70 年代，中国的变化十分明显。70 年代前半期，虽然有中美、中日关系的正常化，但中国最高领导人对国际形势的基本分析是：由于两个超级大国越来越激烈地争夺世界霸权，使世界大战日益逼近，因此时代的主题是战争与革命，或者战争引起革命，或者革命制止战争。但是随着中国外交的全方位突破性发展，这种以战争与革命来看待世界发展大势的主张实际上已经难以为继了。

随着国内"文化大革命"的结束，以 1978 年中国共产党十一届三中全会为标志，中国进入了改革开放的新时代，与此同时，中国的对外政策也开始了引人注目的调整，直至 1985 年才基本结束。① 这一调整的最重要特征和基本精神是：第一，对国际形势的发展趋势和时代主题的认识发生了重大变化，逐步放弃了以往坚持的大规模世界战争不可避免的观点，提出和平与发展已经成为当代世界主题的正确论断。1985 年 3 月邓小平（1904—1997）指出："现在世界上真正大的问题，带全球性的战略问题，一个是和平问题，一个是经济问题或者说发展问题。和平问题是东西问题，发展问题是南北问题。"② 第二，中国对国际问题的认识不断深化，在与世界各国的交往中，提出要根据世界的发展趋势和自身的利益要求，以及根据事情本身的是非曲直来决定自己的政策和处理与其他国家的关系，不再以社会制度和意识形态划线，并实行真正不结盟的独立自主外交政策。第三，承认现存世界是多样化的，各国之间既

① 笔者认为，在 1978 年十一届三中全会召开时，当时的中国领导人就已经对和平与发展的世界大势做出了正确的判断，如果仍然以战争与革命来看待当时的国际形势，是既不可能改革也不可能开放的。
② 《邓小平文选》第三卷，人民出版社 1993 年版，第 105 页。

有矛盾斗争，也有互相依赖；在处理一系列国际问题时，国家之间特别是大国之间存在着共同利益，因此需要也可以进行合作；但是也要反对霸权主义。在经济建设方面，中国也确立了"独立不是闭关自守，自力更生不是盲目排外"的方针。从此，这些基本精神就成为中国外交的指导思想。与此同时，中国积极融入世界经济体系，综合国力不断增长。

冷战结束后，整个国际安全形势发生了很大变化，一方面发生世界大战的可能性更小，另一方面原来在冷战掩盖下的民族、宗教、领土等因素则成为局部冲突的主要根源，而美国作为唯一超级大国的霸权主义也有所发展。在这种情况下，中国积极参与建设国际政治秩序。首先，中国进一步深化了对建立国际安全机制的认识，即除了各国要共同遵守和平共处五项原则之外，中国与其他国家特别是同大国之间也要建立某种安全对话机制，以保持经常的信息沟通，达到相互理解并最终达到相互信任的目的。于是，从 20 世纪 90 年代中期开始，中国进一步开展全方位外交，与各大国首脑会晤增多，倡导并建立了各种不同层次的战略伙伴关系。这些战略伙伴关系，为冷战后中国与各大国关系及其与周边各国关系的进一步良性发展奠定了基础。其次，中国以联合国为平台，积极推行多边外交，高度重视联合国在国际事务中的地位和作用。作为安理会常任理事国，中国认真履行有关职责，于 1990 年正式参加了联合国维和行动，并成为安理会出兵最多的国家之一，为维护国际和平与安全，推动重大地区冲突的公正合理解决做出了贡献。同时，为了解决人类共同面临的一系列重大国际问题，中国广泛参加联合国各专门机构的工作，广泛参与多边经济、社会领域的各项活动，促进国际合作。在 2000 年举行的联合国千年首脑会议期间，在中国的倡议下，联合国五个常任理事国的首脑成功举行了历史上的首次会晤。"9·11"事件发生后，中国明确谴责国际恐怖主义，支持在联合国框架内解决问题。1993 年朝鲜核问题出现后，中国推动六方会谈，发挥了独特而重要的作用，进一步在世界面前树立了负责任的大国形象。不仅如此，中国还为国际秩序注入新的理念。2005 年，在联合国成立 60 周年庆典上，中国领导人系统阐述了"建立持久和平、共同繁荣的和谐世界"的新思想。这一思想的提出，不仅是中国古代"天下大同"的崇高理想在全球化条件下的新发展，也进一步发展了联合国坚持的和平与发展的宪章精神。2010 年，中国提出当今时代的潮流是和平、发展、合作；2012 年又提出构建和平、发展、合作、共赢的国际关系，以推动和谐世界的发展。

八

今天，在亚太地区的国际舞台上，美国、中国、日本都是发挥重要作用的大国。在这三国中，美国在该地区仍然是唯一超级大国，拥有政治、经济和军事的最大力量。保持亚太地区的和平与稳定，坚持二战后形成的国际秩序，不允许日本重新走上军国主义道路而引起日本与该地区曾遭受日本侵略之苦的各国关系的持续紧张，是符合美国的根本利益的。

中国虽然已经获得了巨大发展，但还不具有全面而足够的力量取代美国在该地区的地位，中国也没有这种打算。中国在可持续发展自己的道路上还有很长的路要走，需要和平、安定的外部环境。在中美关系方面，两国在维护二战后亚太地区的基本国际秩序及和平与稳定方面，也有共同利益；在经济全球化时代，两国也已经形成了密不可分的既竞争又合作的经济关系。

日本是世界第三大经济体（需要说明的是，尽管中国的国民生产总值已超过日本，但是从人均 GDP 和整个国家的经济实力来说，中国与日本仍相差很远）。第二次世界大战后，在冷战的环境中，美国通过《旧金山和约》和《日美安保条约》，扶植日本，使日本成为对付中国并间接对付苏联的前哨阵地；但日本也因此成为一个在军事上依附于美国的国家，直到今天也没有改变这种依附地位。美国在中日钓鱼岛争端升级并存在发生战争的巨大风险时所做出的《美日安保条约》第五项适用于钓鱼岛的表态，既有针对中国可能动武的一面，也进一步强化了日本对美国的依附地位。还应该看到，日本在战后半个多世纪以来，已经被改造成一个实行资本主义民主制度国家的现实，应当相信多数日本民众尽管不一定都对中国友好，但也并不希望日本回到军国主义甚至对外发动战争的状态，而且在中、日经济关系中，中国是日本最大贸易伙伴，日本是中国最大进口对象国，经济联系十分密切。

从亚太地区的这种基本国际格局出发，作为 GDP 位居世界前三位的美中日三国，应该成为推动亚太地区和平与发展、合作与共赢的正能量。

"9·11"事件后的国际格局 *

　　冷战后形成的"一超多强"的国际格局是否随着"9·11"事件结束了？国际格局是否正朝着美国的单极世界发展？这是目前国内外学术界十分关注的问题。本文试图通过透视历史的较长时段和"9·11"恐怖袭击后事态的发展来探时这一问题，并得出"一超多强"的国际格局并未因此而发生根本改变的结论。

一

　　国际格局的演变是一个较长期的过程，要经过国际关系特别是大国关系发生一系列变化的量化积累后，才会发生质变。

　　1815 年维也纳会议在欧洲形成的"欧洲协调体制"以及以欧洲大国势力均衡为代表的、以西欧为中心的国际格局，实际上是在经历了第二次世界大战之后，才被美苏两极格局所代替的。在此期间，欧洲的均势由于德国与意大利的统一而受到强烈的震动，而此后由德国和奥匈帝

＊　本文首发于《中国社会科学院院报》2002 年 6 月 11 日第 42 期，后收录在《"9.11"后的大国战略关系》（国际会议论文集），中国社会科学出版社 2003 年版。

国组成的同盟国和以英国、法国与俄国组成的协约国这两大帝国主义集团的形成以及第一次世界大战，则是欧洲各大国势力失衡的结果。但是，即使是当时被称为"结束一切战争"的第一次世界大战，也未能在根本上改变欧洲的世界中心地位。

两次世界大战之后的凡尔赛体系，可视为以英法为代表的战胜国力图恢复和维护旧的欧洲大国均势的产物，其依旧维持着欧洲的世界中心地位。两次世界大战之间，美国和苏联逐渐崛起，对以欧洲为中心的国际关系格局造成致命的冲击；与此同时，德、意等欧洲法西斯国家从内部对凡尔赛体系进行着持续的挑战与破坏，而日本则在东方对美国主导的华盛顿体系进行着挑战。各大国的力量对比不断消涨变比，使欧洲的世界中心地位摇摇欲坠。第二次世界大战导致了欧洲的彻底衰落，并使美国和苏联成为国际体系中举足轻重的超级大国，从而使以欧洲为中心的国际格局一去不复返，建在雅尔塔体系之上的，以美、苏为首的两极格局开始形成。

国际格局经历了大约130年的时间才发生了质的变化。

战后，科学技术迅猛发展，非殖民化进程不断深化，世界经济一体化进程加速，两大阵营进行着激烈竞赛……这一切导致世界历史的发展速度明显加快。因此，两极格局的存在时间大大缩短，仅仅存在40多年。此间，国际体系也经历了一系列重大的变化。一方面，国际关系的大格局呈现出两极对峙状态。冷战爆发，柏林危机，朝鲜战争，中美长期对抗以及中苏关系的恶化。东西方关系的有限缓和与核军备竞赛的加剧，古巴导弹危机，越南战争，中东战争……另一方面，在两极格局中又孕育成长着使国际格局走向多极化的力量中心：西欧走向复兴，中国作为一个核国家的崛起，日本成为一个经济和政治大国，第三世界国家在国际政治舞台上的作用不断发展……直到冷战结束之前，这种多极化的发展趋势仍在继续。

随着1990年苏联解体，世界进入了"后冷战"时期。在1991年至 2001 年 "9·11" 事件爆发的前 10 年中，同样发生了些影响国际格局的重要事件：苏联解体，海湾战争，俄罗斯的困境，北约东扩以及科索沃战争，欧盟的形成，联合国的改革和维和行动，上海合作组织的建立，第三世界的动荡与地区冲突的加剧……这些事件再次引发地缘政治格局的巨大变化和大国力量的消长，国际格局呈现出 "一超多强" 的趋势。

这 10 年国际关系的发展有三点值得注意：1. 经济全球化的迅速发展。2. 美国作为唯一超级大国地位的确立。3. 各大国和地区，包括美国、俄罗斯、欧盟、中国、日本之间的关系尽管出现了诸多问题，但相对来说其关系的发展趋向于稳定与合作。可以说，冷战孕育的世界政治多极化发展趋势并没由于冷战的结束而停止。

二

"9·11" 恐怖袭击不仅针对美国的政治、经济和军事中心，而且针对美国民众的心理。不过，这次袭击并未动摇美国的政治制度和经济制度（经济衰退是暂时的），更未动摇美国民众对其社会的信心，特别是美国通过在阿富汗战争的胜利，证明了它是唯一能够在全球范围内采取军事行动的国家。因此，阿富汗战争在一定程度上加强了美国的超级大国地位。

但是，面对反恐怖主义斗争的长期性、复杂性以及行动方式和地域范围的不确定性，美国要领导全球反恐联盟，就不得不改变单边主义做法，寻求不同层次的多边合作。因此，在 "9·11" 袭击以后所进行的打击恐怖主义的斗争中，人们看到了美国正在恢复多边主义的种种迹象：联合国安理会在美国的要求下及时对恐怖袭击进行了讨论并通过了支持反对恐怖主义的决议；北约自成立以来首次引用相互防御 5 条款，宣布对美国的袭击就是对北约 19 个成员国的袭击，并协助美国空防，40 个国家给予美国空中过境权或飞机着陆权；北约、东盟、伊斯兰会议组织、美洲国家组织都表示了支持美国反对恐怖主义行动的宣言；美国则第一次明确表示支持建立巴勒斯坦国……这一切表明一个全球性的反恐联盟的形成（这里所指的联盟并非传统意义上的结盟，而是指面对共同的敌人时各国所表现出来的斗争方向的一致性以及以不同形式对这一斗争提供的支持）。这个联盟中的国家和地区不同程度的作为，不仅是美国在阿富汗战争中迅速取得胜利的前提条件，也是其不可缺少的重要保证。

到目前为止，美国的战略目标仍然放在反对恐怖主义之上，其具体目标是要继续摧毁全球范围内的恐怖主义网络。反恐这一主题使大国之间的合作有了新的动力核基础。但是，各国在反恐问题上的合作，并不是从美国的利益出发的，而是从各国自己的根本利益出发的，是否在美国打击所有它认为是恐怖主义的目标中都会进行合作，取决于各国对各自国家利益的判断，而这种判断或多或少地都会影响美国的决策和行动。实际上，这种不同的声音已经存在：欧盟和中国都强调在反恐战争中要发挥联合国安理会的作用，不同意把反恐战争扩大到阿富汗以外的地区，欧盟还决定加快其快速反应部队的建设，以便进一步加强自己在国际事务中的作用；俄罗斯则力图通过与美国的有限合作恢复和加强其大国地位，争取在国际事务、欧洲事务中发挥更大的作用，而在是否要打击伊拉克的问题上也强调发挥联合国的作用；一些阿拉伯国家对美国打击伊拉克忧心忡忡……因此我们完全有理由说，美国再强大，也不能单枪匹马地扫除国际恐怖主义。从这个意义上来说，反恐战争在加强美国"一超"地位的同时，并未改变"一超多强"的国际格局，世界基本力量对比并未发生质的变化，多极化的趋势并未停止发展。

三

正确认识"9·11"事件对中美关系所产生的影响，对我国制定新世纪的外交战略具有重要作用。

"9·11"事件和阿富汗战争促使美国朝野开始对传统的安全观念和安全战略进行调整，把防范和打击恐怖主义作为国家安全和对外战略的首要目标，在外交上则以是否反对恐怖主义作为划分敌友的标准，并将防御本土视为美国国家防御战略的第一要务。我们在五角大楼发表的《四年防务评估报告》中看到了这种调整。

从美国的战略与外交的调整中，我们至少可以得出以下两点看法。

第一，尽管中美双方对恐怖主义的定义及反恐战争的目标和范围在认识上存在差距，但是，由于双方都把国际恐怖主义视为共同的敌人，两国在打击恐怖主义方面便具有共同的目标和共同的利益，而目前美国又将打击恐怖主义作为其国家安全战略的头等大事，这便为中美两国搁置其他矛盾和分歧，更多地强调双方合作提供了现实基础。

第二，只要反恐斗争持续下去，两国在这一领域中的合作就会继续下去，中美关系的改善和发展也将会继续下去。对于这一点，我们应当有足够的信心。

但是我们必须看到，尽管中美在反对国际恐怖主义领域存在着利益的交汇和实际的合作，但是，这种合作并没有导致美国减少在诸如人权、军控和台湾问题上对中国施加的压力和牵制；美国单方面退出《反导条约》，执意要发展导弹防御系统，又为全球的战略稳定增加了另一个不确定因素。另外，我们从《四年防务评估报告》中也可以看出，美国在反对恐怖主义这一现实的威胁的同时，依然把中国和俄罗斯等地区大国视为其安全的潜在威胁；美国通过阿富汗战争在中亚形成的长期军事存在，也增加了中国对美国战略意图的担忧。

面对"9·11"事件所带来的复杂多变的国际形势，中国在坚持以经济建设为中心的同时，仍然要坚持以国家利益为最高原则来处理国际问题，因此必须继续遵循邓小平同志提出的二十四字方针：冷静观察，站稳脚跟，沉着应付，韬光养晦，善于守拙，决不当头，并将其作为处理外交事务的基本态度。

在当前处理中美关系的问题上，要注意区别美国在反恐斗争中其国家安全的正常的合理需要与其霸权主义的冲动；要密切注意阿富汗战争所导致的中亚地缘政治格局的变化，但不轻易断言这场针对阿富汗的战争只是美国围攻中国战略计划的一部分，即避免对美国在中亚的军事存在进行过头的评估；在对待美国要打击伊拉克等国的问题上，要努力争取发挥联合国的作用；在其他中美有分歧的问题上，要坚持进行心态平和的接触与谈判，通过让双方不断加深对彼此的了解，使分歧不断缩小，使矛盾逐步得到缓解。

文明视域下的西欧区域政治、
战争与国际关系体系的发展 *

在世界历史发展进程中，近代早期西欧民族国家的产生和国家主权意识的不断发展，引起了欧洲区域政治的巨大变化，伴随这种变化而来的大规模战争所引起的国际关系体系从欧洲向全球的扩展，以及国际关系体系自身的不断发展变化，是人类文明持续进步的标志。本文拟从文明发展的视角，初步勾勒现代国际关系体系从欧洲的建立到发展为全球体系的基本过程，以就教于方家。

一、民族国家的诞生和国家主权意识的发展

现代意义的国际关系发生在具有主权性质的民族国家出现之后。15—17 世纪，随着资本主义生产关系的逐步建立、市场和经济中心的逐渐形成，西欧政治生活的一个重要变化是出现了民族君主国（national monarchy）①，它们作为现代民族国家（nation-state）的早期形

---

* 原刊于刘文明主编《文明研究》第一辑：《多元文明与区域变迁》，浙江大学出版社 2014 年版。

① 一些学者认为，当时多数欧洲国家尚非民族国家，而只是以专制君主为中心运作的王朝国家（dynasty-state），其特点是专制国王把自己视为国家和民族的化身与象征，其行为

态，不断否定教皇和神圣罗马帝国的权威，不断加强王权和国家主权意识，并推动着以基督教会和世俗封建制度联合统治的欧洲区域政治向现代国家之间关系的有序发展。

中世纪的西欧是基督教会和世俗封建主联合统治的政治秩序。基督教因法兰克王国的皈依而成为西欧最主要的统一的精神信仰；以封君封臣封土为特点的西欧封建社会，却在政治上处于分裂割据状态。那时，并没有"民族"和现代"国家"的概念，英格兰、法兰西、德意志、意大利、西班牙和葡萄牙等词汇，更多地意味着地理范围，而非国家。国王们虽然是贵族们的封君，但王权是"神授"的，因此在上帝面前，国土也不过是上帝的一级封臣。由于世俗政权需要教会认可其政权的合法性，教会也需要依靠世俗政权的支持和保护，罗马教会与世俗政权关系密切。但双方也有不断的冲突。教会权力与世俗国王的权力此消彼长。到13世纪初，教皇权力达至鼎盛，不仅基本实现了对西欧教会的集权统治，而且在世俗政治文化领域和日常生活中也拥有巨大影响。当时所有的西欧基督教徒都属于天主教会，所有受过教育的人都使用拉丁语，大多数人认为自己首先是基督教徒，其次是某一地区如勃艮弟或康沃尔的居民，只是最后，如果实在要说的话，才是法兰西人或英吉利人。在那时，无人知晓民众应忠实于国家，也无人感到他们的命运依赖民族的命运。① 即使是当时的有识之士，也只认为自己是在同某位君主

本质是维护自己的王朝利益，在这些王朝国家中，法国国王路易十四和路易十五的话最具有典型性，前者认为他"代表整个民族"，后者认为"主权只存在于我个人之中"。参见 Hans Kohn, *The Idea of Nationalism*: *A study in its Origins and Background*, New York: The Macmillan Company, 1945, p.200. 但是应该指出，在当时的社会条件下，社会各阶级仍然把王权看作是民族和国家团结统一的象征，这是没有疑问的。参见 Orest A. Ranum, *National Consciousness*, *History and Political Culture in Early-Modern Europe*, Baltimore and London: Johns Hopkins University Press, 1975, pp.56-59.

① 参见 B. C. Shafer, Nationalism, *Myth and Reality*, New York: Harcourt, Brace and World, 1955, p.61；Hans Kohn, *Nationalism*: *Its Meaning and History*, Princeton: D. Van Nostrand, 1955, p.10.

的权利和政策保持一致，而不是同国家的权利和政策一致。甚至生活在17—18世纪的德国著名作家歌德也同样如此，他曾在自传中写道："我们全都支持腓特烈大帝，但是普鲁士与我们何干？"① 这句话很有代表性，典型地反映了生活在德意志统一之前的歌德对君主而非对民族或国家的个人情感。

随着社会经济的发展，城市市民越来越厌恶封建混战和僧侣贵族的操控，希望借助国王的权力保持城市的自治和商业的自由；文艺复兴运动和世俗教育的兴起以及大学的创办，使罗马法的地位上升，罗马法中关于世袭君主是公共权力的唯一合法代表的规定，为专制王权提供了理论根据；宗教改革的展开，不断提升西欧社会的人文精神；国王对开辟新航路的支持，也有利于王权的强化。因此，到15世纪，一些西欧国家的君主开始自称"朕"，并被臣民尊称为"陛下"。与此同时，各国的君主都获得了一些控制本国教会的特权，特别是推荐主教候选人的权力。教皇只有借助世俗君主的力量，才能勉强维持自己的地位。罗马教皇和教会的权力逐渐衰落，拉丁语失去了基督教语言的地位，各国开始用本民族语言作为正式语言，民族教会的出现成为趋势，专制王权不断强化。

虽然专制王权在客观上有利于资本主义的发展，但是这种专制王权毕竟是封建性的，其封建本质又决定了它和资本主义之间有不可避免的矛盾。资本主义的发展需要自由的市场和有效保护产权的法律体系，专制君主则视国家为私产，其统治专断独行、随心所欲，甚至对资产者横征暴敛；资产阶级希望国家成为对外争夺市场、进行殖民扩张的利器，但专制君主却将国家拖入好大喜功的王朝战争。然而正是这些王朝战争却使建设强大民族国家和强调民族国家利益至上的意识不断强化，

---

① 转引自汉斯·J.摩根索《国家间的政治——为权力与和平而斗争》，杨岐鸣等译，商务印书馆1993年版，第144页。

国家主权的理论应运而生。

1577 年，法国人让·博丹（1530—1596 年）发表《论共和国》一书，第一次系统论述了国家主权的概念，认为主权是一个国家"对公民和臣民的不受法律限制的最高权力"；国家主权具有至高无上的绝对性、永久性和不可转让性；主权对内是国家的最高权力，对外是代表本国的独立于其他民族或国家的权力，主权所代表的国家是国际关系中的主体。荷兰人雨果·格劳修斯（1583—1645 年）第一次提出主权国家是国际法主体的观念，奠定了国际法的基础；他在 1625 年出版的《战争与和平法》巨著，使近代国际法成为一门独立的学科。格劳修斯认为，国际法的最终目的是寻求国际和平，尽量减少战争的破坏；国家和国家之间的矛盾和争端不一定都诉诸武力，而应当通过和平方式解决；有必要建立一套能够在国家关系中带来理性和秩序的裁决机构，等等。这些观念反映了一种以"秩序"来取代"战争世纪"① 期间困扰欧洲的混乱状态的愿望，应视为欧洲区域文明的重要发展。

二、三十年战争与欧洲区域国际关系体系的形成

在形成现代国际关系体系的过程中，1618—1648 年的"三十年战争"是一场关键性的战争。但是发生在 1494—1559 年间的"意大利战争"，也有其重要作用。

意大利在罗马帝国灭亡后，日益四分五裂。到 15 世纪末 16 世纪初，威尼斯共和国、米兰公国、佛罗伦萨共和国以及那不勒斯王国和教皇国等五个城市国家已经以不同的统治形式强化了国家政权。1454 年，

---

① 大致从 16 世纪中叶至 17 世纪中叶，欧洲发生了各种为了宗教信仰以及在宗教的外衣下为贸易、领土乃至国际力量平衡而战的国内战争和国际战争，因此这一时期也被一些学者称为"战争世纪"。

上述五国签订《洛迪和约》①，约定维持各自的领土现状，互不侵犯，任何一国侵犯他国，都会受到其他四国的共同制裁，因此这一条约被视为外交政策均势原则的范例，该条约的五国结构也被称为"意大利国际体系"或"微型国际体系"。这一体系成为后来结束三十年战争的威斯特伐利亚体系的先声。与此同时，在欧洲已经出现的常驻外交使节制度也发展起来。

1494 年发生的以法国、英国、西班牙和奥地利为主、其他欧洲国家也席卷其中的"意大利战争"，打破了意大利的和平与均势。这场战争断断续续地进行了 66 年。1559 年，主要在法国、英国（包括英格兰和苏格兰）和西班牙之间签订了结束这场战争的《卡托—康布雷奇和约》②，削弱了教皇和神圣罗马帝国的影响，意大利也遭衰败；与此同时，该条约强化了建立强大民族国家的努力方向，开启了以王朝国家为基础的近代国际关系模式，"均势"思想得以传播，常驻外交使节制度几乎推广到整个中西欧，推动了外交过程的合法化，欧洲的国际关系即将走出中世纪。

1618—1648 年的"三十年战争"，以德意志为主要战场，几乎把当时所有的欧洲国家都卷了进去，是世界近代史上第一次大规模的欧洲战争。战争爆发的根本原因，在于当时罗马教廷和神圣罗马帝国相结合的神权政治已经不能适应资本主义生产关系的发展，新教力量日益强大并开始否认罗马教廷的正统地位。与此同时，国家和主权至上的观念继续扩展。在这样的背景下，各国纷纷卷入德意志的新教同盟（法国、丹麦、瑞典、荷兰、英国）和天主教同盟（神圣罗马帝国、德意志天主教诸侯、西班牙）的争斗之中。它们先是为信仰而战（因此这场战争也被

---

① 该条约最初由米兰、威尼斯和佛罗伦萨签订，不久那不勒斯和教皇国加入其中，该和约也称为"意大利联盟"。

② 该和约除了规定签约目的是保持普遍的和平之外，还对宗教事务、保障正常贸易活动、皇室联姻以及领土变更等做了规定。

称为宗教战争），以后又抛开宗教的外衣为各自的国家或准国家的利益
而战，即为领土、王位、霸权而战。在战争的最后阶段，战争完全变成
了一场在德意志的土地上进行的国际战争。

战争的残酷性和持久性使各国的君主普遍意识到只有确立一个包
括共同利益、规则和单一价值观的国家关系体系，才能阻止各自的利益
继续受到损害。① 交战双方从 1643 年起就开始和谈，谈判在德意志威
斯特伐利亚省的两个城镇明斯特和奥斯纳布鲁克举行，直到 1648 年 10
月才分别签订了两个条约，史称《威斯特伐利亚和约》，主要涉及三个
方面的内容：

第一，对欧洲各国的领土做了不同程度的变更。荷兰（尼德兰联
省共和国）和瑞士成为独立国家；法国、瑞典、德意志帝国内部几个大
诸侯如勃兰登堡、萨克森、巴伐利亚等的领地都有所扩大；奥地利哈布
斯堡王朝失去大量领地。

第二，通过重申"教随国立"原则，规定了神圣罗马帝国的宗教
关系。每个德意志邦都有权决定其宗教信仰；路德教、加尔文教和天主
教拥有平等地位和权利；帝国内的新教诸侯和天主教诸侯地位平等，在
帝国法庭中双方法官人数相等。由此，根据世俗原则解决了帝国的宗教
争端。

第三，规定了德意志的国家体制。德意志各个诸侯国享有自由行
使领土权、审议帝国事务投票权、外交自主权（但对外结盟不得针对皇
帝和帝国）；在立法、征税、征兵、宣战及媾和等重大问题上，帝国皇
帝必须服从由帝国境内所有主权国家组成的议会的决定。由此确认了德

① 关于这场战争的损失看法不一：有人认为死于战争的德意志人口占当时人口的 69%，
从 1300 万减到 400 万，大约 12000 个城镇和乡村毁于战争；有人认为仅就波西米亚而
言，它的 35000 个左右的村庄就只遗存了 6000 个；大约 40 万军人死于战斗。Kalevi J.
Holsti, *Peace and War, Armed Conflicts and International Order 1648—1989*, Cambridge：
Cambridge University Press，1991，pp.28-29.

意志境内的 300 多个邦均成为主权国家。

威斯特伐利亚和会及其所签订的《威斯特伐利亚和约》，对国际关系体系和近代国际法学的发展具有重要影响。一般认为，该和会及其签署的和约形成了威斯特伐利亚体系。该体系的基本内容包括以下几个方面：

第一，它开创了用国际会议的形式解决国际争端，结束国际战争的先例。以后这种结束国际争端和战争从而恢复和平的外交形式便成为惯例。

第二，它通过承认德意志各诸侯国的主权与领土，以及承认新教和天主教享有同等权利的方式，打破了罗马教皇神权统治体制的世界主权论，实践了从文艺复兴时期就已经出现的一些国际关系的基本原则，即国家主权平等、国家领土和国家独立等原则，并将这些原则规定为近代以来国家关系的基本准则，也是近代国际法的主要原则。从此，世俗王朝国家的统治体制得到加强，民族国家开始登上国际政治舞台。

第三，它创立并确认了国际法中缔约国对条约必须遵守、违约国应被视为和平的破坏者，其他缔约国对违约国可以进行集体制裁的原则，使之成为国际法的基本原则。

第四，它把已经出现的国家之间常驻外交使节制度固定下来，在国家之间设立常驻外交代表机关和外交使团。这一制度首先在欧洲普遍实行，为主权国家之间经常性的交往提供了制度上的便利。

另外，和约对战俘待遇和信仰自由的规定，也表明了对人权的关怀和人类文明的进步。

威斯特伐利亚体系是欧洲在经过"三十年战争"的洗礼后形成的人类历史上第一个具有现代意义的国际关系体系。它确立了国家关系中国家主权的独立性、统一性、不可分割性；强调了国际条约的神圣性并规定对违约国可以实施集体制裁；开创了召开国际会议解决国际争端恢复和平的先例；建立了外交使团制度。这一切在人类历史上都具有划时代的意义，表明了以王权为代表的民族国家开始取代基督教的神权，成为国际关系的主体，一个以正式邦交形式和召开国际会议为互动模式的国际关系体系在欧洲初步形成。与此同时，它所确立的有关国家主权和国家关系的这些基本原则，也成为"现代国际法发展的起点"①。

但是威斯特伐利亚体系还不具有全球性国际关系体系的特点和色彩，它所展现的更多的还是欧洲区域的主要以奥地利、普鲁士、瑞典、英国、法国和荷兰（当时为尼德兰联邦，包括现在的荷兰与比利时地区）为代表的"多极均势"为特点的国际秩序。更为重要的是，该体系并没有建立有效的冲突解决和处理机制，尽管它"创造了一种和平"，但是它只是"创造了一种用以保证特殊的和平而不是普遍的和平的秩序"②，它所带来的和平，只是大国之间的暂时和平，并不能避免它们之间发生战争。还必须指出的是，该体系所规定的国家主权原则，却不适用于欧洲以外的国家（甚至不适用于东欧、东南欧地区），特别是对那些尚未形成民族国家的地区，欧洲国家是以征服、占领和殖民那些国家和地区为原则的，这也标明了该体系的强权政治色彩和历史局限性。

三、拿破仑战争与欧洲国际关系体系向全球的扩展

威斯特伐利亚体系的建立，使欧洲各国之间形成了一种相对"多极均势"，各国的实力虽有差异，但基本处于势均力敌的状态。但是欧洲仍然内斗不断，在以后的 100 多年里，经过多次局部战争，欧洲各国的实力发生着消长变化。到 18 世纪末，瑞典、荷兰、西班牙、葡萄牙已不是大国，波兰已不存在，活跃在欧洲政治舞台上的是英国、法国、

---

① Leo Gross, *The Peace of Wastphalia*, *1618—1648*, The American Journal of International Law, Vol.42, No.1, Jan., 1948, pp.20-41.

② Kalevi J. Holsti, *Peace and War*, *Armed Conflicts and International Order 1648—1989*, p.40.

俄国、奥地利和普鲁士。与此同时，随着资本主义经济生活的日益国际化，欧洲列强凭借坚船利炮，迅速向外扩张，把世界其他地区变成欧洲的殖民地或半殖民地，逐渐形成了欧洲的世界中心地位。

但是欧洲内部并不平静。资本主义的发展强化了欧洲各国对现实国家利益的追求，人权的理念和民主共和的思想猛烈冲击着专制主义的旧体制。这一切最终导致了1789年法国大革命的胜利，同时也打破了威斯特伐利亚体系所构建的欧洲"多极均势"结构。拿破仑帝国的不断扩张威胁了各国的生存，一时形成了法国一强主宰欧洲大陆的形势，于是英国与俄国、普鲁士、西班牙、奥地利等国先后组织了6次反法同盟，最终使拿破仑帝国解体，法国波旁王朝得以复辟。随后列强便通过召开和会的方式结束战争，恢复欧洲的和平与均势，确立拿破仑战争以后新的国际关系格局。

1814年5月在维也纳召开的和会，包括了欧洲所有的主权国家（除了信奉伊斯兰教的土耳其）。由于拿破仑卷土重来，战胜国在组织第7次反法联盟的同时，也相互妥协，于1815年6月9日，也就是滑铁卢战役的前9天，签署了维也纳会议的《最后议定书》，主要内容包括两大方面：

第一，调整拿破仑战争后欧洲各国的疆界，重新划定了欧洲的政治版图。按照"正统主义原则"，恢复法国、西班牙、葡萄牙、瑞典、荷兰等旧王朝，法国恢复到1790年的疆界；以小国和弱国如波兰、芬兰、丹麦等国的领土，对荷兰、俄国、瑞典、英国、奥地利、普鲁士进行补偿；奥地利、普鲁士和其他33个德意志邦、4个自由市组成德意志邦联，德意志的分裂状态进一步固定化；承认瑞士联盟为永久中立国，等等。

第二，讨论并决定了一些带有普遍性的国际问题。通过《关于取缔贩卖黑人奴隶的宣言》，原则上禁止贩卖黑人奴隶的营业；通过《关于河流自由航行的规章》，制定了国际河流航行的"开放"制度；通过

《关于外交代表等级的章程》，规定了外交人员位次和外交语文。①

拿破仑重新夺取政权的行动，引起战胜国的担忧，为了确保维也纳会议的成果，防止法国再度爆发革命或再次对欧洲整体均势构成威胁，战胜国列强采取了三个后续行动。其一是俄国、奥地利和普鲁士于1815年9月20日在巴黎签订《神圣同盟条约》，宣布三国根据基督教教义，相互保证欧洲的正统统治。到1815年底，除了英国、罗马教皇国和奥斯曼土耳其之外，其他欧洲国家都加入了该同盟。其二是英国、俄国、奥地利和普鲁士于11月20日签订《第二次巴黎和约》②，条件苛刻，规定法国割地赔款，退还战争中掠夺的珍贵艺术品，并由盟国在法国北部和东部驻军。第三是英国、俄国、奥地利和普鲁士于11月20日签订《四国同盟条约》，规定：维护战胜国与法国签订的条约；任何一方如遭到法国攻击，各盟国将出兵6万人加以援助；缔约国为了本国的安定和繁荣，为了维持欧洲和平，定期召开会议，以便磋商其共同利益。条约有效期为20年。该条约具有军事同盟性质。1818年法国加入该同盟，使其演化为五国同盟，具有持久联盟的性质。

维也纳会议的《最后议定书》《神圣同盟条约》《第二次巴黎和约》和《四国同盟条约》，建立的欧洲新的政治军事及其领土的平衡，被称为维也纳体系③。维也纳体系是继威斯特伐利亚体系之后历史上第二个

---

① 过去欧洲外交公文通用拉丁文。路易十四以来，法语因法国的强大而成为欧洲外交中的通用语文。但根据维也纳会议最后议定书第12款声明，以后各国在谈判和缔约时，仍有权使用以往外交关系中所使用的语文。

② 1815年5月30日，反法同盟与法国复辟的波旁王朝签订和平条约，称《第一次巴黎和约》，因各方都已衰弱，战胜国为使法国政局稳定，无意进一步削弱法国，故该条约媾和条件宽大，没有割地赔款与外国驻军等内容。

③ 1814年3月英国、俄国、奥地利、普鲁士为最后战胜拿破仑一世签订的攻守同盟条约《肖蒙条约》，已经在其秘密条款中对战后欧洲的政治结构和某些重大的领土归属问题做出一些规定。这些规定在维也纳会议上基本得到确认。故一些学者也把《肖蒙条约》及其后签订的《第一次巴黎和约》都纳入维也纳体系之中。参见 Kalevi J. Holsti, *Peace and War*, *Armed Conflicts and International Order 1648—1989*, p.116.

具有现代意义的国际关系体系。该体系有三个突出特点：

首先，它是一个五极均势结构，它依靠英国、法国、俄国、奥地利和普鲁士这五个列强的实力均衡共同维持着欧洲的稳定。在这个结构中，英国以其在制海权、殖民地、工业、贸易和金融等领域的优势，几乎达到了全球霸权的程度；俄国则依靠扩张所得的辽阔领土以及其军事力量和政治权势的增长，成为当时最强大的横跨欧亚大陆的国家。意大利和德意志仍然处于分裂状态，这种状态，是上述五国形成均势的必要保证。

其次，它开始用"会议外交"的方法，通过上述五大国定期举行国际会议，对列强各自的利益和矛盾进行仲裁与协商解决，从而保持欧洲的协调，维护大国的利益、和平与均势。这一体制也被称为"欧洲协调"①，亦称"共管均势体制"②。可以看出，这是一种大国合作的体制，它既是对威斯特伐利亚体系所开创的通过会议解决争端的精神的继承，也是一种创新，即希望通过集体安全来避免战争。在此后大约100年的时间里，尽管欧洲仍然不乏战争，"欧洲协调"机制也不断被削弱，然而欧洲没有发生过如拿破仑战争那样的大战也是事实，从而使资本主义得以迅速发展。因此，体现"欧洲协调"的"会议外交"，是维也纳体

---

① R.W. Seton-Watson. Britain in Europe，1789—1914：A Survey of Foreign Policy，Cambridge：Cambridge University Press，1938，p.48；Gordon A. Craig and Alexander L. George，Force and Statecraft，Diplomatic Problems of Our Time，Oxford：Oxford University Press，1990，pp.43-51.

② 一位美国学者认为，这种"共管协调体制"要求欧洲大国遵守维持欧洲平衡和安宁的两项原则：一、各大国要克制自己在欧洲扩张领土的野心，固然不是完全克制，但起码要避免发生大规模的战争；二、当大陆内部的动乱或各国相互矛盾的要求即将引起战争时，所有大国就会共同努力以和平的方式解决争端，通常的办法是举行由各国代表参加的会议。各大国正是通过这种松散的共同管理方式，使均衡、克制和合作成为拿破仑战争后40年中欧洲政治的标志。见〔美〕迈克尔·曼德尔鲍姆《国家的命运：19世纪和20世纪对国家安全的追求》，军事科学院外国军事研究部译，军事科学出版社1990年版，第4—5页。

系留给后世的遗产。

第三，强权政治是该体系的一大特色。列强在会议上并不考虑民族和民主的原则，不仅在欧洲大陆恢复了旧的专制制度，而且通过战胜国对战败国财产的瓜分，通过任意安排小国的领土、摆布小国的命运，满足了列强的领土野心，并初步建立起一个新的欧洲大陆的均势。然而，法国大革命和拿破仑战争，不仅是欧洲早期民族国家从民族君主国向现代民族国家转变的重要转折点，也是现代意义上的民族主义和民主政治得以大发展并开始了向全欧洲以及世界其他地区传播的标志。因此从长远来说，该体系的这些安排是不可能长久的，它所确定的政治版图必将被改变。

从总体来看，维也纳体系仍然是一个欧洲列强讨价还价求得妥协的国际体系，而且由于该体系内部的重重矛盾而决定了它的不稳定性。但是维也纳体系在国际关系史上具有十分重要的地位。第一，在19世纪已经形成的以欧洲为中心的国际格局之下，维也纳体系已经具有一定的世界性，是欧洲区域的国际体系向全球的扩展，也可视为第一个世界性的国际关系体系；但是世界其他地区是作为欧洲列强侵略和资本扩张的对象而进入这个体系的，因此只具有从属性。第二，该体系的缔造者们至少建立了一种定期会晤进行协商的程序以应对形势的变化，这种"定期会晤进行协商的思想表明，各大国在决策过程中，已经将兼顾考虑多种因素的作用制度化了"①。这种制度化的安排，是一种监督和控制潜在的国际冲突的机制，从而使该体系在力图维护集体安全方面比威斯特伐利亚体系前进一步。② 第三，"均势"原则已经成为指导后世制

---

① Kalevi J. Holsti, *Peace and War*, *Armed Conflicts and International Order 1648—1989*, p.135.

② 一些西方学者认为这种"会议外交"是19世纪国际和平组织的最初萌芽，但是却没有以正式的国际组织的形式将其制度化。参见［美］迈克尔·曼德尔鲍姆《国家的命运：19世纪和20世纪对国家安全的追求》，第5—6页。

定外交战略和外交政策，维护国际关系体系内均衡结构的经典性原则。第四，它对各国外交代表等级的规定，至今还被作为外交惯例而广泛运用。

但是，任何的"实力均衡"都是相对的，而不平衡则是绝对的。维也纳体系维持了大约100年，它既没有消除各国的扩张野心，也没有停止它们之间的争斗。19世纪中叶以英法为一方，以俄国为另一方为争夺奥斯曼帝国遗产而进行的克里米亚战争，以及此后接连爆发的法、意对奥地利的战争，普奥战争和普法战争，是列强用武力改变欧洲政治版图和实力分布的重要表现，并使该体系严重动摇。随着意大利与德国为创建民族国家而进行的统一战争，随着第二次工业革命带来的资本主义经济的迅速发展以及向垄断资本主义过渡，西欧列强的实力对比终于发生了巨大变化。美国的崛起和要求对美洲事务的独占控制以及东亚日本的崛起，则从欧洲外部对维也纳体系构成挑战。列强竞相对外扩张瓜分世界，矛盾不断尖锐。于是各国为了自身利益的需要，逐渐结成"三国同盟"（德国、奥匈帝国和意大利）和"三国协约"（法国、俄国和英国）两大对立的军事集团，并制造了一系列政治危机和军事冲突，最终导致了1914年第一次世界大战的爆发，维也纳体系也荡然无存。

四、第一次世界大战与第一个
全球国际关系体系的建立

1914—1918年的这场首先开始于欧洲并以欧洲为主要战场的战争，深植于帝国主义的土壤之中，发生在世界已经形成一个互相关联的整体的时代，以争夺世界霸权为交战双方的目标，因此使它从一开始就具有影响整个人类社会生活的总体性和牵动全球的世界性，成为人类历史上第一次世界大战。

作为人类历史上的第一场全球战争，第一次世界大战是一个历史转折点。这场主要由于欧洲列强的争斗而引发的世界性战争，却从根本上动摇了欧洲的世界中心地位，实际结束了欧洲的全球霸权时代，并预示了未来世界的发展趋势。

与欧洲的逐渐衰落形成鲜明对照的是美国与苏联的不断崛起。美国的参战不仅完全改变了交战双方的力量对比，使这场战争进入了真正的全球阶段，而且意味着当欧洲力量耗尽之时一个强国的出场，从而使国际力量的中心开始从欧洲向大西洋彼岸转移。[①] 不仅如此，美国还把自己对战后世界的看法，即威尔逊总统提出的《世界和平纲领》即"十四点计划"强加给欧洲，并与欧洲分享战后世界秩序规划者的角色，从根本上结束了"欧洲协调"的国际关系体系。另一方面，1917年爆发的十月革命和苏俄的诞生，第一次将社会主义从理想变成了现实，打破了资本主义的一统天下，并从欧洲内部对它的世界支配地位提出了挑战。与此同时，殖民地人民也高举起"民族自决"的旗帜掀起了战后第一次民族解放运动的浪潮，使扩大到极限的欧洲殖民体系开始了不可逆转的解体过程。于是，美国与苏俄这两个几乎同时崛起但又主张不同制度的力量不断发展，并将追随它们的力量集合在各自的旗帜之下，使19世纪争雄世界的欧洲列强相形见绌，使以美、苏为两大力量中心的两极格局初露端倪，尽管它在当时还很不清晰。

第一次世界大战结束后，战胜国立即根据帝国主义强权政治原则，通过对战败国缔结和约的办法安排战后的世界。1919年6月28日在巴黎和会上签订的《协约及参战各国对德和约》即《凡尔赛条约》，以及与奥地利签订的《圣日尔曼条约》（1919年9月10日），与保加利亚

---

① 早在大战爆发前的1914年7月29日，美国驻伦敦大使沃尔特·H.佩奇就致函威尔逊总统说："如果真的发生一场大战，欧洲的进步将遭受重大挫折，而美国领导世界的时代会提前到来。"［英］马丁·吉尔伯特《二十世纪世界史》第一卷上册，周启朋等译，陕西师范大学出版社2000年版，第357页。

签订的《纳伊条约》（1919 年 11 月 27 日），与匈牙利签订的《特里亚农条约》（1920 年 6 月 4 日），与土耳其素丹政府签订的《色佛尔条约》（1920 年 8 月 10 日）和与土耳其凯末尔政府签订的《洛桑条约》（1923 年 7 月 24 日），构成了凡尔赛体系。它的主要内容包括三个方面：

第一，规定德国及其各盟国应当承担战争罪责，并据此严惩战败国。包括：重划德国、奥地利、保加利亚、匈牙利和土耳其的疆界，军事占领莱茵兰并设立非军事区，德奥永远不得合并，维持海峡地区的非军事化和国际共管；限制德国和其他战败国的军备，德国等战败国必须向协约国支付巨额赔款，其经济生活受到后者的限制与监督；瓜分德国的全部海外殖民地给英、法等国，将德国在中国山东的一切非法权益和胶州湾租借地全部移交给日本。

第二，有限承认民族自决权。鼓励奥匈帝国、德意志帝国、奥斯曼帝国和俄罗斯帝国境内的各民族独立，支持波兰复国，承认捷克斯洛伐克、南斯拉夫、土耳其等国家的独立并划定它们的边界、承认奥地利与匈牙利分立。

第三，建立以《国联盟约》为基础的、包括国际常设法院、国际劳工组织等在内的国际联盟作为维护世界和平的主权国家的国际组织。国际联盟实行决议的"全体一致"原则；要求各国裁减军备；对殖民地进行委任统治。

凡尔赛体系标志着第一次世界大战结束后列强经过近 5 年的时间，终于在欧洲、远东和非洲建立了战后资本主义的新秩序。但是战胜国并未达到建立战后全球新秩序的目的，于是胜利者特别是英、美、日之间的新一轮角逐便更多地围绕着凡尔赛体系所未能完全涉及的远东及太平洋地区而展开。1921 年 12 月—1922 年 2 月，美、英、日、中、法、意、比、荷、葡九国在美国的主持下召开华盛顿会议并缔结了一系列条约，包括《美英日法关于太平洋区域岛屿属地和领地的条约》（简称《四国条约》），《美英日法意关于限制海军军备条约》（简称《五国海军条约》），

《中日解决山东悬案条约》及《附约》，以及《九国关于中国事件应适用各原则及政策之条约》（简称《九国公约》），这些条约形成了华盛顿体系。

华盛顿体系的主要内容包括两个方面：

第一，协调列强在亚太地区的关系并限制海军军备。包括：美、英、日、法彼此协商解决它们在该地区的争端并废止英日同盟；规定美英日法意的主力舰总吨位的比例和最高限额，对它们在该地区的军事基地做出限制。

第二，协调列强的对华政策。日本在保留诸多特权的情况下将胶州德国旧租借地归还中国；在尊重中国主权与独立及领土与行政完整的前提下，确认列强将"门户开放""机会均等"作为共同侵略中国的基本原则。

华盛顿会议签订的各项条约修改和补充了《凡尔赛条约》中的一些条款，解决了巴黎和会上没有解决的一些问题，通过战胜国之间的暂时协调，在亚太地区形成了新的国际关系结构，被称为华盛顿体系。

凡尔赛—华盛顿体系也有几个突出的特点：

第一，该体系是第一个真正的全球性国际关系体系。它的建立，标志着第一次世界大战的战胜国在全球范围内基本完成了对战后列强关系的调整和对世界秩序的重新安排，反映了20世纪的世界已经形成了一个息息相关的整体的现实，具有真正的世界性。

第二，该体系是第一个涵盖世界各大国的多极体系。它呈现的是以英、法为代表的西欧、美国、日本、苏联等国际行为体为代表的多极结构，并留有欧洲大国均势的痕迹。在这个多极结构中，英、法代表的西欧还是具有比较决定性的力量，他们是凡尔赛体系的制定者和监督执行者，支配着世界上第一个国际政治组织国际联盟，对全球事务具有决定性的发言权；美国是华盛顿体系的主要规划者和潜在保证者，在亚太地区拥有较大影响；日本虽然在华盛顿体系下受到一定限制，但其扩张野心不变，也是国际事务中一个有影响的力量；苏俄／苏联虽然长期被排除于国际事务之外，但仍然是一个决定性的成员，是一个不容忽视的国际力量，并以独特的方式对该体系的形成和实际运作产生着巨大影响①；亚非拉各国的民族民主运动也在发展。

第三，该体系建立了世界上第一个希望维护世界和平与安全的主权国家的国际组织——国际联盟，是史无前例的国际政治的重大发展。国际联盟是对威斯特伐利亚体系开创的、维也纳体系发展的以"会议外交"的形式商讨国际问题、解决国际争端机制的继承和进一步创造，即希望建构一个能够成功处理所有未来的国际冲突的和平秩序②，因此它是国际关系体系的重要创新，而《国际联盟盟约》也标志着国际法的重要发展。

第四，强权政治贯穿其中。战胜国片面追求民族国家的绝对利益，使该体系存在严重的内在矛盾和致命弊端，主要包括：1. 对战争罪责的确认不当。作为一场两大帝国主义军事集团共同发动的战争，战胜国却要求德国等战败国承担战争罪责，不可避免地导致了德国广泛而深刻的极端民族主义和复仇主义，这种情绪最终为希特勒所利用。2. 对民族自决的实施有限。在标榜民族自决的原则之下，以战胜国的利益为根本出发点处理领土和民族问题，引发了新的民族矛盾；与此同时，在处理殖民地问题时仍然维护以英、法为代表的殖民帝国的利益，践踏着自威斯

---

① 尽管苏俄被排斥在巴黎和会之外，但是正如威尔逊的传记作者、曾参加巴黎和会的新闻秘书 R. S. 贝克尔所说："俄国问题对巴黎会议的影响是深刻的，没有莫斯科就不能理解巴黎。虽然布尔什维克和布尔什维主义在巴黎不曾有代表，但经常都是强有力的因素。……俄国在巴黎起了比普鲁士更重要的作用。"苏俄的作用还可以从英国首相劳合—乔治在巴黎和会上反对法国削弱德国的要求表现出来，他担心一个过分苛刻的对德和约将促使德国倒向布尔什维主义。Ray S. Baker, *Woodrow Wilson and World Settlement*, New York, Doubleday, Page and Co., 1922 (reprint by Kessinger publishing, 2007), Vol.2, p.64, Vol.3, p.454.

② Kalevi J. Holsti, *Peace and War, Armed Conflicts and International Order 1648—1989*, p.208.

特伐利亚体系中所确立的国家主权平等、国家领土和国家独立等国际关系的基本原则。3.对制裁侵略不具效力。国联盟约所规定的形成决议的"全体一致"原则（或称"普遍一致"原则，"普遍否决权"），实际使国联在防止和制止侵略战争方面缺乏有效的制约机制，失去了对侵略采取任何有效行动的可能性，不仅对受侵略国家的保护软弱无力，而且无法制止战争的发生①；国联对苏联和德国等重要战略力量长期排斥以及美国始终不是国联的成员并退回到对欧洲事务的孤立主义立场，处于殖民地或半殖民地状态的广大亚非地区仍然处于国际政治的边缘，使该体系缺乏普遍性和稳定性。这一切导致战后的和平既短暂又脆弱。因此，从本质上讲，作为帝国主义重新分割世界、维护战胜国利益的凡尔赛—华盛顿体系是一个孕育战争的体系。

凡尔赛—华盛顿体系的确没有带来永久的和平与安宁，仅仅20年之后，更大规模的战争就再度来临，而这一次则是由德、意、日等法西斯国家发动的。第二次世界大战不仅使人类在物质上和精神上蒙受了前所未有的巨大劫难，而且彻底宣告凡尔赛—华盛顿体系的终结，为建立新的国际关系体系奠定了基础。

五、第二次世界大战与第二个全球国际关系体系的确立

第二次世界大战最直接最深刻的结果，是欧洲作为传统力量中心

① 《联合国史》的作者埃文·卢亚德深刻地指出，国际联盟关于保护其他受到侵略的国家的承诺是纯粹自愿的，因此极其软弱无力，而且没有任何价值。参见 Evan Luard, A History of the United Nations, V.1: The Years of Western Dominations, 1945—1955, New York: Palgrave Macmillan, 1982, p.6. 国联对日本侵略中国的"九一八事变"的处理就是明证。但是应当指出的是，国联在促进社会福利方面做了一些工作，并对国际秩序和国际组织的运作提供了经验。

的彻底衰落和美国与苏联这两个欧洲侧翼大国的真正崛起，从而最终改变了世界范围内的力量对比。以欧洲大国均势为中心的传统的国际政治格局完全被战火所摧毁，取而代之的是美苏对峙的两极格局。这个新的两极格局的基石，就是第二次世界大战中后期由反法西斯大同盟的主要领导人通过多次会谈所达成的一系列协定而确立的雅尔塔体系；而两极格局的外在表现，则是美苏在战后逐渐形成的"冷战"态势。

雅尔塔体系的主要内容有四大方面：

第一，打败德、日法西斯，在两国彻底铲除法西斯主义和军国主义，防止法西斯主义东山再起。主要包括：

1. 制定具体打败德、日法西斯的战略战术。

2. 在打败德国和日本法西斯以后，盟国对德国（包括柏林）的分区占领与管制；美国对日本的占领；在政治、经济、军事、文化、意识形态等各个方面消灭法西斯主义的影响；以及对德国赔偿的原则规定和对战犯的审判决定。

第二，重新绘制战后欧亚地区的政治版图，特别是重新划定德国、日本、意大利等法西斯国家的疆界及其被占领地区的归属与边界。主要包括：

1. 在欧洲：盟国（美、英、苏、法四国）分区占领德国和柏林；关于波兰的疆界（以奥得—西尼斯河为德国和波兰的边界，苏联和波兰的边界大致与寇松线一致）和临时政府组成的协议；英国和苏联关于东南欧的百分比协议；对奥地利、芬兰、保加利亚、罗马尼亚、匈牙利等国家也分别做了处置。

2. 在亚洲：通过中、美、英三国 1943 年 12 月 1 日发表的《开罗宣言》，宣布日本所窃取的中国之领土，例如满洲、台湾、澎湖列岛等，归还中国；在 1945 年 7 月 20 日中、美、英发表的《波茨坦公告》中重申《开罗宣言》的条件必须实施，日本的主权必将仅限于本州、北海道、九州、四国及盟国所决定之诸小岛之内；通过关于苏联对日本作战条件的秘密协定，满足了苏联对外蒙古、库页岛南部、千岛群岛和旅顺大连的要求；苏联则承诺同"中国国民政府签订一项中苏友好同盟协定"，并支持美国的对华政策和整个亚太战略，让美国控制中国和单独占领日本；朝鲜实行国际托管，以后独立（战后美国和苏联分区占领朝鲜，以北纬38°线为界）。

第三，建立联合国组织，作为协调国际争端、维持战后世界和平的机构。联合国的核心机构安理会的表决程序实行"雅尔塔公式"，即"大国一致原则"，以美国、苏联、中国、英国、法国五大国为核心，以联合国为主导，保护中小国家的安全，维持世界和平。

第四，对德国、日本、意大利的殖民地以及国际联盟的委任统治地实行托管计划，在世界范围内提倡和平、民主、独立的原则，承认被压迫民族的独立权利。

雅尔塔体系具有自己的特点。

第一，雅尔塔体系的最大特点，在于它不是由清一色的资本主义国家建立的（这与凡尔赛—华盛顿体系完全不同），而是在经历人类历史上第二次规模更为宏大的战争之后主要是由资本主义国家美国、英国和社会主义国家苏联共同建立的，中国在其中发挥了自己的作用。因此，它不但真正结束了由欧洲大国主宰世界的局面，而且凸显了美国和苏联这两个不同社会制度的超级大国在国际政治中的决定性影响。这也决定了雅尔塔体系是一个美、苏两极均势结构，但是两极的战略力量只是相对平衡。

第二，雅尔塔体系以建立和维持战后的世界和平为主要目标[1]，战后的历史发展证明，尽管存在长达40多年的冷战和各种局部战争，但

---

[1] 联合国的缔造者之一、前美国总统罗斯福在1945年2月6日的雅尔塔会议的第三次会议上认为，大同盟建立联合国这一国际安全组织的任务是至少保证50年的和平。参见《德黑兰、雅尔塔、波茨坦会议文件集》，三联书店1978年版，第166—167页。今天这一目标已经得到实现。

是就世界范围来说，这一目标已经实现。不仅如此，和平共处原则也已经成为指导国际关系的基本原则。这是人类文明的巨大进步。

第三，雅尔塔体系提倡和平、民主、尊重基本人权、民族自决、促进全球经济、社会、文化和福利发展等原则，体现了二战结束之时已经开始显现的人类呼唤世界和平与要求共同发展的时代特征和应当完成的历史任务，对战后世界的和平、民主、独立、发展有很大作用。它推动了民族独立运动的发展，消灭了帝国主义殖民体系，使193个民族独立国家自立于世界之上，这也是人类历史与文明的巨大进步。从一定意义上说，雅尔塔体系决定了战后世界和平与发展的主题。

第四，作为该体系重要组成部分的联合国，是国际组织的进一步发展。它以维护世界和平，防止和制止侵略战争为根本宗旨，具有普遍性和权威性，从政治上实现了"以欧洲为中心的世界体系向一种真正的全球性体系的平稳过渡"[1]，体现了国际政治的民主化进程；安理会及其五个常任理事国的"大国一致"原则，从内部机制上赋予联合国前所未有的权威性和生命力，使和平解决争端和制裁侵略都具有更大的可操作性和强制力量，并对侵略和潜在的侵略形成威慑，从而使集体安全有了比较切实可行的保证。[2]

第五，强权政治依然是雅尔塔体系的一大特色。它建立在美苏战时军事实力均势的基础之上，是美英苏三大国出于对各自利益的现实考虑和对战后世界安排的长远打算，在进行了长期的讨价还价之后相互妥协的产物。当它们对东欧、巴尔干、中国以及远东其他地区进行安排的时候，既不与当事国协商，也不考虑当事国的利益。这种大国强权政治的烙印，与19世纪拿破仑战争之后欧洲列强所确立的欧洲协调机制，

---

[1] 转引自李铁城《联合国50年》增订本，中国书籍出版社1995年版，第52页。

[2] 应该指出的是，2003年3月，美国不顾法、德、俄等国的反对，绕开联合国安理会，单方面发动了伊拉克战争，这是一个非常危险的违反《联合国宪章》的行动。也表明了联合国的机制仍然存在缺陷，即无法制止超级大国的单边行动。

以及第一次世界大战后战胜国确立的凡尔赛—华盛顿体系是有共同之处的。它极大地伤害了当事国的民族感情，埋下了以后不和的种子。与此同时，该体系在实际上成为美英苏谋求势力范围的产物，成为冷战发生后所形成的两极格局的地缘政治基础。

但是还必须指出的是，雅尔塔体系形成的两极格局是不对称和不完全的。首先，鉴于苏联的经济实力始终远逊于美国，因此在双方对立的整个历史时期中，冷战对苏联的伤害程度远远甚于对美国的伤害程度。其次，两极格局也未能囊括所有的国家和地区，随着战后非殖民化进程的不断深化和发展中国家政治经济的发展，以及西欧、中国和日本实力的增长，在两极格局中不断生长出多极的力量。另外核威慑的制约因素也不可低估。这一切最终使雅尔塔体系和平演变。当苏联作为一个超级大国以自行坍塌的方式最后消失时，冷战得以终结，雅尔塔体系也成为历史的陈迹。

但是，作为雅尔塔体系重要组成部分的联合国继续存在。联合国作为当代世界主权国家所组成的政府之间的最大和最重要的国际组织，尽管存在着各种问题，但是仍然集中代表了当代世界的国际政治秩序，体现着国际格局多极化的发展方向，因此在国际政治舞台上起着不可替代的作用，而《联合国宪章》也是国际关系制度化、规范化、秩序化的不朽的国际法文献。进入 21 世纪以来，联合国在执行《联合国宪章》，在和平解决国际争端，促进世界的和平与发展方面仍然功不可没。它对国际无政府状态的干涉，对经济落后地区的援助，对教育文化事业的关注，对经济社会可持续发展的理念，反映了历经战乱的人类理性正在做出正确的选择：较量、敌对、冲突、战争将趋于缓和，竞争、交流、合作、共赢将日居主导。这一切正是人类社会进一步走向文明、走向成熟的标志。

国际联盟与第一次世界大战后的国际秩序 *

    国际秩序是指在一定的历史时期内，国际社会主要战略力量之间围绕某种目标和依据一定规则相互作用运行的机制，是指处理国与国之间关系的准则和行为规范。① 近代以来，随着资本主义生产方式的形成、确立和发展，欧洲的民族国家在连绵不断的战争中兴起，经济联系日益紧密，主权意识愈加明确，国际关系也逐渐走出中世纪。以 17 世纪威斯特伐利亚体系② 的建立和19世纪维也纳体系③ 的建立为标志，可以看到人类在建立新型国际关系和国际秩序方面的不断努力。第一次世界大战后建立的国际联盟，是一战后建立的凡尔赛—华盛顿体系的重要组成部分，也是战后国际秩序的典型代表。

    国际联盟是人类经过一场空前的"大战"④ 之后建立的第一个由主

---

* 本文原刊于《中国社会科学》2015 年第 7 期。

① 徐蓝：《20 世纪国际格局的演变——一种宏观论述》，《历史教学》2013 年第 10 期（下半月刊），第 3—13 页。

② 威斯特伐利亚体系是 1648 年欧洲在经历了 30 年战争后建立的第一个具有现代意义的国际关系体系。它确立了国际关系中国家主权的独立性、统一性、不可分割性，开创了召开国际会议解决国际争端恢复和平的先例，但没有建立有效的解决和处理冲突的机制。

③ 有关维也纳体系的内容，详见本文第一部分。

④ 1939 年以前，人们从未使用"第一次世界大战"这个术语，而是将 1914—1918 年的战争称为"大战"（The Great War），直到 1939 年的大战在欧洲再次来临，才有了第一次世界大战这个术语。

权国家组成的常设国际组织，是 20 世纪国际政治的重大发展。学术界自其诞生之日起就开始了对它的研究。[①] 国际学术界的研究主要集中在国际联盟对国际法发展的影响、美国在筹划战后世界新秩序和建立国际联盟中的作用、国联在寻求集体安全方面的努力、对国联历史的整体考察、国联与各大国之间的关系，以及国联各分支机构的活动等方面。[②] 国内学术界对国际联盟的认识和研究，主要集中在中国人对国联的认识与活动参与、美国和英国在建立国联时的政策、国联在九一八事变中的表现，以及国联对国际政治发展的影响等方面。[③]

[①] 国际联盟于 1920 年建立，而国际政治学作为一门独立的学科，也正式形成于 20 世纪 20 年代，这并不仅仅是巧合，而是与国际联盟为代表的国际政治的发展密切相关。

[②] 如：John Eugene Harley, The League of Nations and the New International Law, New York City: Oxford University Press, 1921; Alfred Zimmern, The League of Nations and Rule of Law, 1918—1935, London, New York: THE MACMILLAN Co., 1936; Lloyd E.Ambrosius, "Woodrow Wilson, Alliances, and League of Nations", TheJournal of the Gilded Age and Progressive Era, vol.5, no. 2, Apr., 2006, pp.139-165; George W. Egerton, "Collective Security as political myth: Liberal Internationalism and the league of Nations in Politics andhistory," The International History Review, vol.5, no. 4, Nov., 1983, pp.496-524; F.P.Walters, A History of TheLeague of Nations, vols.2., London, New York, Toronto, Oxford University Press, 1952 (华尔脱斯：《国际联盟史》上下卷，汉敦、宁京、封振声译，商务印书馆 1964 年版); George Scott, The Rise and Fall of the League of Nations, London: Hutchinson & Co LTD. 1973; F. S. Northedge, The League of Nations, Its Life and Times, 1920—1936, Leicester: Leicester University Press, 1986; Stephen Pierce Hayden Duggan, The League of Nations, the Principleand the Practice, Boston: The Atlantic Monthly Press, 1919 (Read Books, 2008; Hardpress Publishing, 2012); George W. Egerton, "The Lloyd George Government and the Creation of the League of Nations", The AmericanHistorical Review, vol.79, no. 2, Apr., 1974, pp.419-444, 等等。

[③] 《顾维钧回忆录》第一分册，中国社会科学院近代史研究所译，中华书局 2013 年版（本书由中华书局 1983 年初版，经过修改错误、增加照片后，于 2013 年再版），第 153—154 页；唐启华：《顾维钧与北京政府对国际联盟的参与（1919—1922）》，载金光耀主编《顾维钧与中国外交》，上海古籍出版社 2001 年版，第 86—112 页；韩莉：《新外交·旧世界——伍德罗·威尔逊与国际联盟》，同心出版社 2002 年版；徐蓝：《英国与九一八事变》，《北京师范学院学报》1989 年第 6 期，第 24—33 页；刘建武：《有关日本侵占东北后国际联盟调处的几个问题》，《抗日战争研究》1992 年第 1 期，第 95—109 页；

可以看出，国内外学术界对国际联盟的研究已经有许多重要的研究成果，但是，把国际联盟与一战之后国际秩序联系起来进行研究的论述尚不多见，特别是国内学术界对国联的研究还有较大的拓展余地。本文力图在前人研究的基础上，通过对这一国际组织的产生背景和过程的勾勒，以及对国联盟约的文本分析，对国际联盟所代表的第一次世界大战后的国际秩序进行论述，以就教于方家。

国际联盟的起源

国际联盟作为一战后世界上第一个由主权国家组成的常设国际组织，并不是政治家凭空臆想出来的，而是一战的战胜国根据时代的发展和自身的需要，在吸收 19 世纪的欧洲协调体制以及其他国际组织的运作机制的基础上创建的。

19 世纪初，打败拿破仑帝国的战胜国英国、俄国、奥地利、普鲁士和复辟的法国召开维也纳会议。会议根据强权政治原则，通过战胜国对战败国财产的瓜分，任意安排小国领土、摆布小国命运，满足了战胜国瓜分领土的野心，重新划分了欧洲的政治版图，建立了维也纳体系。该体系依靠英、俄、法、奥、普的实力均衡共同维持着欧洲的稳定与和平，成为一个五极均势结构。在这个五极结构中，英国因其在各方面优势地位明显，几乎成为全球霸权。意大利、德意志则依然处于分裂状态。上述状态是五国形成均势的必要保证。

吴于廑、齐世荣主编：《世界史》（全 6 卷）现代史编上册，高等教育出版社 1994 年版，第四章第三节；李一文、马风书编著：《当代国际组织与国际关系》，天津人民出版社 2002 年版，第一章第二节；于琳琦：《国际联盟的历程》，黑龙江人民出版社 2003 年版；李铁城：《联合国宪章与国联盟约的历史比较》，《世界历史》1992 年第 5 期，第 2—11 页。等等。

此外，为防止大国因意图称霸欧洲大陆而爆发新的大规模战争，欧洲国家开始采用"会议外交"的方式，即通过定期国际会议的形式对列强间的矛盾及利益纷争进行仲裁与协商，以保持欧洲的协调，维护大国的利益、和平与均势。这一机制也被称为"欧洲协调"，[1] 亦称"共管均势体制"。这一机制要求欧洲大国遵守维持欧洲安宁与平衡的两项原则：其一，是各大国要克制在欧洲扩张领土的野心，尽量避免发生大规模战争；其二，当欧洲大陆的内乱或国家间争斗即将引发战争时，各大国要努力以和平的方式解决争端。其做法通常是举行国际会议。于是，这种合作共管方式使均衡、克制与合作成为拿破仑战争后 40 年的欧洲政治的标志。[2]

可以看出，为应对形势的变化，维也纳体系的缔造者已初步建立了一种定期会晤协商的程序。这表明，大国决策已兼顾多种因素并将其制度化了。[3] 有学者认为，这种制度化安排是对潜在的国际冲突进行监督和控制的一种机制，实际上已成为当时管理欧洲国际关系事务的重要国际机构，[4] 尽管 19 世纪后半期出现的一系列局部战争不断削弱"欧洲协调"机制，然而欧洲没有发生如拿破仑战争那样的大规模战争也是事实，从而使资本主义得以迅速发展。这种"会议外交"也成为 19 世纪国际和平组织的最初萌芽。[5] 由此可见，尽管"欧洲协调"还不具备正

---

① R. W. Seton-Watson. Britain in Europe，1789—1914：A Survey of Foreign Policy，Cambridge：Cambridge University Press，1938，p.48；Gordon A. Craig and Alexander L. George，Force and Statecraft，Diplomatic Problems of Our Time，Oxford：Oxford University Press，1990，pp.43-51.

② 迈克尔·曼德尔鲍姆：《国家的命运：19 世纪和 20 世纪对国家安全的追求》，军事科学院外国军事研究部译，军事科学出版社 1990 年版，第 4—5 页。

③ 参见 Kalevi J. Holsti，Peace and War，Armed Conflicts and International Order 1648—1989，Cambridge Studies in International Relations，Cambridge：Cambridge University press，1991，p.135.

④ Ibid.，pp.135-136.

⑤ 参见迈克尔·曼德尔鲍姆《国家的命运：19 世纪和 20 世纪对国家安全的追求》，第 5—6 页。

式国际组织的形式和机构，对各国是否参加会议也没有约束力，但在力图维护欧洲的均势与安全方面，还是比威斯特伐利亚体系更胜一筹。

然而，任何的"实力均衡"都是相对的，而实力的不平衡则是绝对的。在维也纳体系维持了约一个世纪后，它既没有消除欧洲各大国的扩张野心，也没有停止它们之间的明争暗斗。随着19世纪六七十年代后欧洲列强实力对比的变化，美国的崛起和要求对美洲事务的独占控制以及东亚日本的崛起，从欧洲外部对维也纳体系构成挑战。列强竞相对外扩张瓜分世界，矛盾不断尖锐，最终把一个在欧洲历史上屡见不鲜的暗杀事件演变成一场"大战"。与此同时，以"欧洲协调"为其主要特征的维也纳体系也荡然无存。尽管如此，体现"欧洲协调"的"会议外交"，仍然是维也纳体系留给后世的遗产。

国际联盟的另一个参照物，是已经运作多年的国际行政组织。

19世纪随着工业革命向前推进，一些国际机构便根据行业的需要建立起来，其目的是促进各行政部门之间的国际合作，解决纠纷，并拥有监督成员国该行政部门的权力，如1865年建立的国际电报联盟、1973年成立的国际气象联盟、1874年创立的万国邮政联盟、1875年的国际度量衡组织、1883年成立的国际保护工业产权联盟，等等。这些组织，也被称为"国际行政组织"或"国际行政联盟"。到1914年，这样的组织已经有30多个。此外还有一些非官方的国际团体，如1864年建立的国际工人协会（即第一国际）、1889年的第二国际和各国议会联盟，以及许多有关宗教、科学、文学、体育的团体。

这些国际组织的运作有一些共同特点。第一，它们建立了比较完善的常设机构，包括由全体成员国组成的大会和由部分成员国组成的理事会，以及类似国际秘书处的机构，如国际电报联盟设立的总秘书处。这三级机构一直为以后的各类国际组织所效仿。第二，在长期的发展过程中，它们制定和改进了各种程序规则，如各机构的投票程序，多边条约的起草、通过和生效程序等。第三，它们的工作仅限于行政技术事项，并不具有政治上的任何约束力。但是，这些国际组织的成立和运行具有重要意义，它们不仅规范和维护了相关的行政与行业之间的行为和利益，而且为以后新的主权国家政府之间的常设国际组织的成立和运作奠定了基础。

另外，自 17 世纪格老秀斯出版《战争与国际法》一书以后逐渐发展起来的近代国际法，特别是一直缓慢而不断发展的通过仲裁方法和平解决国际争端的观念，以及和平主义运动，也成为国际联盟起源的有机组成部分。1815 年至 1900 年间，提交仲裁的国家之间的争端和分歧达两百次左右，其中绝大多数案件的争执双方都适当执行了仲裁员的仲裁；而且这些提交仲裁的问题，没有一件成为以后战争的起因。[1]1899年和 1907 年的两次海牙和平会议，分别签订了《和平解决国际争端公约》，规定"各缔约国承认仲裁是解决一般属于法律性质的争端和特别关于国际条约的解释或使用的争端的最有效、同时也是最公允的方法"[2]。不仅如此，出席 1899 年海牙和平会议的 26 国还签署了设立常设仲裁法院的公约。[3]1903 年，英国与法国缔结条约，同意以仲裁方法解决所有不影响它们的重要利益、独立、荣誉或第三国利益的法律性质的争端。这一做法为其他许多国家所效法。

19 世纪的反战运动与世界和平运动也有所发展。1815 年，第一个和平协会在纽约成立，此后数年间，伦敦、日内瓦、巴黎也成立了类似的协会。这些和平协会的会员谴责一切战争，甚至包括自卫战争，并举行国际会议扩大他们的影响。[4]1889 年在巴黎召开了第一届国际议员

---

① 参见华尔脱斯《国际联盟史》上卷，汉敖等译，商务印书馆 1964 年版，第 13—14 页。

② 劳特派斯修订：《奥本海国际法》下卷第一分册，王铁崖等译，商务印书馆 1981 年版，第 18 页。不过公约未能规定签字国在承担仲裁方面的任何义务。

③ 1902 年开始工作的常设仲裁法院至今仍然存在，它独立于其他国际组织之外，截至 2000 年该公约有 89 个签约国，其国际局设在海牙。见联合国网址、国际法院网址：http://www.un.org；http://www.icj-cij.org。

④ 参见华尔脱斯《国际联盟史》上卷，第 15 页。

大会和世界和平大会，并出版了奥匈帝国女作家、和平运动的先驱贝莎·冯·苏特纳的反战长篇小说《放下武器》，在世界上引起了很大反响。① 以后世界和平大会多次举行，成为大战前最重要的国际和平运动；国际议员大会后来改名为"国际议员联盟"，吸收各国议会中支持和平运动的议员，总部设在伯尔尼，大战前每年举行一次会议；它与两年后成立的国际和平署（总部也设在伯尔尼），成为这一时期最重要的国际和平组织。1895 年发明家诺贝尔在将其 920 万美元的遗产设立诺贝尔奖金时，列上了一项和平奖，并于 1901 年开始颁授。一般来说，诺贝尔和平奖成为对那些为和平做出突出贡献者的最高奖励。②1911 年，美国钢铁企业家安德鲁·卡内基设立了总额为 1000 万美元的卡内基和平基金会，主要用于资助战争与和平方面的研究，美国的大部分和平组织都获得过该基金的资助。据统计，到大战爆发前，欧美国家约有100 万人参加过包括为和平募集资金、宣传和平并游说政客在内的和平活动。③

　　但是，在第一次世界大战前越来越狂热的帝国主义、民族利己主义、沙文主义和军国主义宣传面前，要求和平的呼声十分微弱，不足以对现实政治产生重大影响，而当时的大多数政治家和军事家也信奉用战争手段解决争端，因此，当 1914 年 8 月欧洲各国为一个具体的国家之间的争端而宣布参加到这场帝国主义的战争时，我们看到的是聚集在这些国家首都的人群欢呼雀跃，是支持政府进行战争的所谓"爱国主义"

---

① 贝莎·冯·苏特纳是诺贝尔的老朋友，她的小说出版后，据说诺贝尔致信贝莎，称那是一部"值得景仰的杰作"。据研究，诺贝尔之所以设立和平奖，也是受到她的和平运动的影响并由她促成的。1891 年贝莎创立了奥地利和平组织，她本人也于 1905 年获得诺贝尔和平奖。

② 需要指出的是，诺贝尔和平奖也由于评委的政治偏见发给了一些并不应该获得这一殊荣的人。

③ Sandi E. Cooper, Patriotic Pacifism: Waging War on War in Europe, 1815—1914, Oxford: Oxford University Press, 1991, p.8.

喧嚣。

然而，正是第一次世界大战，才将建立国际联盟提上了议事日程。

1914 年爆发第一次世界大战之时，资本主义大国已发展到垄断阶段，即帝国主义阶段，交战方均以重新瓜分世界和争夺全球霸权为最终目标。这就使得这场战争从一开始就具有双重性，即牵动全球的世界性和影响整个人类社会生活的总体性，成为人类历史上前所未有的"大战"。但是，战争的发展进程却出人意料。大战爆发之初，各国的文官政府主要考虑的是如何及时应战，以避免削弱自己，壮大对手；军方则仍然停留在 19 世纪的战争思维上，以为靠一两次关键性的战役便高下立见，就像当年的拿破仑战争或普法战争那样。但由于时代背景的变化，战争的发展轨迹却完全与各国决策者的主观意愿背道而驰：长期阵地战的僵局摧毁了他们速战速决的侥幸心理，长期消耗的总体战又将各国的全部国力及其殖民帝国也卷入其中，使整个社会基础受到了空前重创。

大战的爆发和战争的长期化，使全世界饱受战乱之苦的普罗大众对和平社会有强烈的期待，导致世界和平运动大大发展。与此同时，几乎所有交战国和中立国的政治家认为，"欧洲协调"已崩溃，应建立一个国际常设组织来防止战争爆发。1915 年 5 月英国成立的"国际联盟协会"（League of Nations Society）[①] 和几乎在美国同时成立的由前总统威廉·塔夫脱领导的"实现和平联盟"（League to Enforce Peace）都主张建立这种组织。政府的一些官员在支持本国进行战争的同时，也间接支持建立国际联盟的思想。例如，当时的英国首相赫伯特·阿斯奎斯和外交大臣爱德华·格雷不仅在公开演说和秘密通信中，并且通过非正式

---

① 国际联盟这个名称在 1914 年还不出名，到 1915 年春就已经很流行了。它可能是从已经用了多年的法国名词 Société des Nations（国际联合会）修改而来的，这个名词是曾于 1895—1896 年担任过法国总理的勒翁·布尔日瓦 1908 年出版的一本书的书名。见华尔脱斯《国际联盟史》上卷，第 23 页注释①、21 页注释②。

鼓励英国的"国际联盟协会"的行动表示支持组织国际联盟的主张。① 正如曾任国际联盟副秘书长的华尔脱斯所说："各国必须找出某种办法来保证以后不会再有这种事发生。这就是促使国际联盟成立的有效的原动力和动机。这个运动的确是由于憎恨战争的情绪所引起的，但它不是一个和平主义者的运动。与此相反，它在各处都根据这样一个信念，就是防止战争的任何有效体系都必须得到爱好和平国家的联合力量的支持。"②

英美等国关于建立国际联盟的讨论

建立国际联盟的讨论主要是在英国和美国之间进行的。

美国参战前，英美两国对建立新的世界秩序并没有具体的考虑，但是对建立国际联盟已经有了一定的共识，尽管它们的出发点并不相同。英国之所以首先向美国提出战后建立国际联盟的一个重要原因，是希望为美国参战寻找一个令人满意的理由。1915 年 9 月 22 日，英国外交大臣格雷致信美国总统威尔逊的密友兼顾问豪斯上校。格雷在信中问到，总统会对一个旨在削减军备、和平解决争端的国际联盟有多大兴趣？"总统会提出建立一个国际联盟吗？ 如果任何国家违反协定，或在有争端时定要诉诸武力解决的情况下，联盟将把各国联结在一起，共同抗之。"③ 当时的美国尚未参战，以中立的立场调解欧洲的冲突，④ 因此，威尔逊既要继续在战争中保持中立，又希望战后建立国际

---

① 参见华尔脱斯《国际联盟史》上卷，第 23—24 页。

② 华尔脱斯：《国际联盟史》上卷，第 23 页。

③ 参见亨利·基辛格《大外交》，顾淑馨等译，海南出版社 1997 年版，第 199—200 页；H. F. Hinsley, British Foreign Policy under Sir Edward Grey, Cambridge：Cambridge University Press，1977，p.474. 后者引用的原文较前者更详细些。

④ 大战爆发前夕和战争爆发后，豪斯上校曾以私人身份多次到欧洲调解欧洲各国的冲突。但是美国的既要保持中立不承担任何义务，又要对交战双方进行调解而实际参与欧洲

联盟。1915 年 12 月 24 日，威尔逊在给豪斯的关于调解的指令中，第一次提到国际联盟："我们只关心未来的世界和平，只对此作出保证。唯一可能的保证是（A）陆军和海军的裁军以及（B）一个确保每一个国家都反对侵略和维持海上绝对自由的国际联盟。"[1]1916 年 5 月 16 日，威尔逊在给豪斯的信中，再次申明美国关于战后国际联盟的基本观点，即国际联盟应该是通过多国合作来防止战争和侵略的国际组织，其要点是保证主权独立和领土完整。[2] 由此可见，美国的本意是通过集体安全来维护战后的世界和平。

但是，英国并不接受集体安全原则，而是坚持传统的以欧洲协调和均势来维持战后的国际秩序。例如，1917 年初，英国战时内阁（War Cabinet）和帝国战时内阁（Imperial War Cabinet）的秘书莫里斯·汉基（Maurice Hankey）[3] 准备了一个提供内阁讨论的文件，其中确定了战争爆发以来已经出现的有关建立未来国际组织的三种选择：1. 包括建立"一个类似'促进和平联盟'（League to Enforce Peace）那样的国际组织"；2. 构建"一个 1815 年以后形成的以'欧洲协调'（Concert of Europe）为特征的联盟"；3. 简单的回归"一个势力均衡性质的组织"。[4] 在这三种选择中，完全看不到美国所希望的集体安全的影子。

1917 年 4 月 7 日，美国终于放弃中立立场，参加到协约国一方对

事务的矛盾态度，使交战双方都不可能接受美国的调解，美国的调解也决不可能成功。1917 年 1 月 31 日，德国通知美国政府它决定进行无限制潜艇战，标志着美国调解的彻底失败。

[1] Charles Seymour ed., The Intimate Papers of Colonel House, vol. 2, Boston & New York: Houghton Mifflin, 1926, pp.109-110.

[2] Charles Seymour ed., The Intimate Papers of Colonel House, vol. 2, pp.296-297, note.1.

[3] 莫里斯·汉基在英国政府中担任过各种重要的秘书职务，在政策制定过程中拥有很大的影响和权力。关汉基的生平，参见 Stephen Roskill, Hankey: Man of Secrets, vol.2, London: Collins, 1970, 1972.

[4] George W. Egerton, "The Lloyd George Government and the Creation of the League of Nation," AmericanHistorical Review, vol. 79, no.2, Apr, 1974, pp.419-444, p.421.

德奥集团作战。于是，对美国政府来说，建立国际联盟就成为美国作为参战国的主要战争目标之一。1917 年 11 月 7 日俄国爆发的十月革命和列宁提出的"和平法令"，则从另一个方面促使英、美等国对战后国际秩序的考虑具体化。

十月革命后的第二天，布尔什维克就提出了列宁起草的"和平法令"。该法令建议所有交战国立即停战，并宣布俄国退出战争，要求进行和平谈判，并宣布了布尔什维克的民族自决权思想，要求立即缔结和平条约。由于协约国没有回复苏俄政府的要求，苏俄便开始与德国谈判。

在这种情况下，英国和美国的领导人也被迫在战争目的上表态，以树立起自己的和平形象。正如当时英国联合内阁的首相劳合－乔治在其回忆录中所说："俄国工人政府的态度对我们的工厂工人产生了干扰。所以我们认为需要就协约国的战争目的发表一个详尽的、精心制定的和权威性的声明，以便消除公众的疑虑。"[1]

1918 年 1 月 5 日，劳合－乔治在与工会代表见面时，发表了关于战争目的的声明。他表示，英国的作战目的之一就是"通过建立某种国际组织来设法限制军备的负担和减少战争的危险"[2]。1 月 8 日，美国总统威尔逊也在国会众参两院联席会上发表了建立"世界和平的纲领"，即阐明美国作战目的的"十四点"原则，其中他特别强调最后一点——"为了大小国家都能相互保证政治独立和领土完整，必须成立一个具有特定盟约的普遍性的国际联盟"，并认为"这是达到永久和平的全部外

---

[1] Lloyd George, The Truth about the Peace Treaties, vol. 1, London：V. Golla, cz, 1938, p.67.

[2] 这篇讲演的全文，见 Lloyd George, The War Memoirs, Vol. V, London：Ivor Nicholson & Watson, 1936, pp.2515-2527. 其中还谈到恢复比利时独立、阿尔萨斯和洛林归还法国、俄国问题以及民族自决权等问题。实际上，劳合－乔治为了选举的需要，曾经向选民承诺"把国际联盟变成现实"。Trevor Wilson, The Downfall of the Liberal Party, 1914—1935, Ithaca, NY：Cornell University Press, 1966, p.145.

交结构的基础"。另外，"十四点"中的第1点至第4点也与国联的计划
密切相关，即：公开外交；海上自由，只有通过国联的行动才能进行封
锁；消除贸易壁垒；裁减军备。[①] 在这里，威尔逊再次强调了集体安全
原则。接着，英、法、美继续研究并分别制定了组织国际联盟的方案。

到巴黎和会召开前，英国对建立国际联盟的问题已经形成了一些
重要文件，包括1918年3月20日提出的费立摩尔报告[②]，12月16日南
非国防部长史末资将军发表的小册子《国际联盟：一个切实的建议》，[③]
以及12月17日公布的罗伯特·塞西尔勋爵的"塞西尔方案"。[④] 这些
文件反映了英国政府对国际联盟的一些重要考虑：1. 国际联盟的建立是
为了保障和平；2. 国联应包括绝大多数国家，但不包括战败国；3. 如果
有关各方愿意，应该通过大国仲裁解决国际争端；4. 在争端经仲裁员或
仲裁会议考虑之前，签约国不应进行战争，无论如何不应该对遵守仲裁

① "十四点"及美国官方对它的注解，见齐世荣主编《世界通史资料选辑·现代部分》第
一分册，商务印书馆1998年版，第3—12页。有关第一次世界大战后期协约国和美国
围绕苏俄与德国媾和及和平问题展开的外交活动和斗争，详见齐世荣《论1917年底至
1918年初真假和平的斗争》，《世界历史》1982年第1、2期，分别见第1—7、48—55页。

② 罗伯特·塞西尔曾任英国外交部政务次官和联合内阁封锁大臣，后受封为子爵，是英
国负责起草国联方案的主要负责人，他先后制定了几个方案。1917年11月又成立了
以费立摩尔勋爵为首的、包括外交家、律师和历史学家的委员会，以塞西尔的方案为
基础展开工作。参见华尔脱斯《国际联盟史》上卷，第29、34页；George W. Egerton,
The Lloyd George Government and the Creation of the League of Nation, p.428. 英国的考
虑，还 可 参 见 Kenneth Bourne and D. Cameron Watt ed., British Documents on Foreign
Affairs (BDFA): Reports and Papers from the Foreign Office Confidential Print, Part II:
From the First to the Second World War, Series J: The League of Nations, 1918—1941,
vol. 1, Britain and the League of Nations, 1918—1941: Attitudes and Policy, University
Publications of America, 1992, pp.299-301.

③ BDFA, Part II: Series H: The First World War, 1914—1918, Vol. 4, The Allied
and Neutral Powers: Diplomacy and War Aims, IV: July-November 1918, University
Publications of America, 1989, pp.247-250.

④ George W. Egerton, The Lloyd George Government and the Creation of the League of
Nations, p.433.

裁决或会议报告的任何签约国进行战争；5. 如果有任何签约国破坏它所做的保证，其他国家应该认为它们对这个国家处于战争状态，它们将联合采取陆军的、海军的、财政的以及经济的手段，去阻止对盟约的破坏；6. 与非签约国之间的争端，也应以同样的方法解决；7. 裁减军备；8. 对俄罗斯帝国、奥匈帝国和奥斯曼土耳其帝国的殖民地实行委任统治；9. 国际联盟的组织体系和决策机制，包括在国联建立行政院和一个常设秘书处来处理日常行政事务；10. 大国会议是国联的轴心，举行大国首脑和外交部长会议处理威胁世界和平的问题；11. 在行政院中大国要占有绝对优势，等等。

可以看出，英国的方案仍然不主张集体安全，它不仅将战败国排除在外，也没有各国相互保证领土完整和政治独立的内容，英国希望建立的是一个大国讨论与仲裁的国际机构，这恰恰是 19 世纪的大国势力均衡的遗产。在关于殖民地的委任统治方面，该方案并不包括德国的殖民地，其目的是排除英国在战后获得德国殖民地的障碍。

在法国，以勒翁·布尔日瓦为领导的法国委员会也提出了自己的国联草案。其内容包括：通过仲裁解决国际争端；对破坏盟约国家实行各种制裁；设立一个拥有常设总参谋部的总司令；初步提出了一个常设组织的设想，如要求全体成员国每年开会一次，并任命一个较小的机构，对其赋予某些有限的秘书任务等。①

美国的国联方案出台较晚。美国在提出国联方案之前推动的泛美盟约的谈判，对其后来提出的国联盟约方案具有直接的影响。1914 年底至 1916 年底，美国在与拉美国家进行的断断续续的泛美盟约谈判的过程中，提出了重要的集体安全主张：美洲各共和制的政府共同且相互

---

① 参见华尔脱斯《国际联盟史》上卷，第 34 页。但是，法国关于建立一支国际军队或成立一个国际参谋部的建议，遭到了英美的一致反对。他们害怕这个参谋部会落到法国元帅福煦手中，因为他们不同意福煦对德国的过于强硬的态度。见让—巴蒂斯特·迪罗塞尔《外交史（1919—1978）》上册，李仓人等译，上海译文出版社 1982 年版，第 60 页。

保证政治独立和领土完整；以和平方式解决一切边界及领土争端；如果
发生争端的双方无法自身解决，须先将争端提交一个国际委员会，该委
员会将对争端进行为期一年的调查，如果调查仍然不能解决问题，则通
过仲裁方式解决；美洲国家不得允许在其领土内装备反对其他国家的革
命武装，并禁止以军火接济邻国和反政府的革命者。①

美国参战后，陆续提出了几个有关国联的重要文件，包括 1918 年
夏天的"华盛顿草案"、1919 年 1 月 8 日和 18 日威尔逊的两个"国联
盟约巴黎草案"。② 这些文件是在美国自己主张的基础上，吸收了英国
的一些思想而形成的。主要内容包括：1. 支持成立国际法庭；2. 以仲裁
作为解决国际争端的主要方法；3. 提出全面封锁作为制裁手段，并同
意用武力去实施封锁；4. 坚持国联成员国相互保证领土完整与政治独
立；③ 5. 同意在保证领土完整和政治独立的同时，在民族自决的原则下
进行必要的领土调整，但对领土调整要进行补偿；6. 各国军备必须裁
减，裁军由行政院直接负责；7. 规定行政院由大国外交代表和少数几个
小国的代表组成，并提出通过大国的一票否决权而使大国能够在行政院
中起到领导作用；8. 将德国的前殖民地包括在委任统治之中，同时强调
在委任统治地区实行门户开放、"种族平等"和"宗教信仰自由"政策，

① Charles Seymour ed.，The Intimate Papers of Colonel House，vol. 1，Boston & New York：
Houghton Mifflin，1926，pp.207-234. 该著作收录了 1915 年 11 月的泛美盟约草案 1917
年 4 月美国参战，终止了泛美盟约的谈判。

② 这三个文件分别见 Charles Seymour ed.，The Intimate Papers of Colonel House，vol. 4，
Boston & New York：Houghton Mifflin，1928，pp.27-36；Arthur S. Link，ed.，The Papers
of Woodrow Wilson，vol. 53，November 9，1918-January 11，1919，Princeton，NJ：
Princeton University Press，1986，pp.678-687；The Papers of Woodrow Wilson，Vol. 54，
January 11-February 7，1919，Princeton，NJ：Princeton University Press，1986，pp.138-
148.

③ 美国代表团内部对威尔逊的国联原则存在异议，例如国务卿蓝辛就不同意相互保证政治
独立和领土完整，希望以强制仲裁取代保证。因此威尔逊在第二个巴黎草案中，曾一定
程度上考虑了蓝辛的意见，把原来的相互保证政治独立和领土完整改为"反对外来侵
略"。但威尔逊最终坚持将相互保证政治独立和领土完整写进了盟约中。

等等。可以看出，美国仍然主张集体安全。

1919 年 1 月 18 日，巴黎和会正式开幕。1 月 22 日，经过英美协商，确定了盟约起草委员会的组成，其中英、美、法、意、日五个大国各派出 2 名代表，其他小国共派出 5 名代表，美国总统威尔逊为该委员会的主席，从而使大国主宰了国联盟约的起草。①

1 月 25 日，会议就建立国际联盟问题做出决议：1. 为了维持参战国目前会议所要达到的世界安定，必须建立一个国际联盟来促进国际合作，保证公认的国际义务的实施和提供防止战争的保证。2. 这个联盟的建立应该作为总的和平条约的不可分割的一部分，凡相信可以促进它的目标的文明国家都可以参加。3. 国联会员国应该定期举行国际会议，并应设立一个常设的组织和秘书厅在会议休会期间处理国联的事务。②

威尔逊总统对巴黎和会抱有很大希望。他在赴欧洲前曾对当时中国驻华盛顿的公使、参加巴黎和会的中国代表团成员顾维钧"反复申述他在著名的'十四项原则'中论述过的原则，他说，要想世界永久和平，必须有一个新秩序。不应再用老一套的外交方式来解决战争问题，战胜国不应要求割地赔款；应该废除秘密外交，应该通过建立维护世界和平的组织来创立新秩序"③。但是，面对协约国之间错综复杂的秘密条约、面对一定要通过德国割地赔款而彻底削弱德国的法国政府、面对希望维护势力均衡的英国当局，威尔逊的打算不可能全部实现。

从 2 月 3 日起，国联委员会召开一系列会议，讨论以英、美两国国联盟约草案为基础的联合提案。各主要战胜国都力图使自己的利益体现在盟约当中。美国主张允许德国和小国加入国联，指望它们由于在经济

---

① 盟约起草委员会中包括中国代表顾维钧。小国代表抗议大国代表过多，又吸收了 4 个小国的代表，使小国代表增加到 9 人。
② 华尔脱斯：《国际联盟史》上卷，第 39 页。
③ 顾维钧：《顾维钧回忆录》第一分册，中国社会科学院近代史研究所译，中华书局 2013年版，第 160 页。

上依赖美国而采取追随美国的政策，以体现美国的集体安全原则，还要求由国联管理德国的前殖民地和前奥斯曼帝国的领地，对抗英、法独占殖民地的政策，达到利用这一国际组织实现世界领导权的目的。英国仍然希望国联成为几个大国之间仲裁纠纷的体现势力均衡的组织，用以维护其殖民帝国的利益。法国规定德国不得加入国联，并极力要求得到大量战争赔款和吞并盛产煤、铁的德国萨尔地区，还要求在国联建立一支国际部队，设立国际总参谋部指挥这支部队，监督各国兵力并在必要时采取军事行动，企图通过由法国控制这支部队争霸欧洲，防止德国卷土重来。日本不仅要求得到德国在中国山东的利权，还要求吞并德国在太平洋上的岛屿（包括美国坚持不让的关岛），并要求把种族平等列入盟约，以使日本能无阻碍地向西方移民。意大利则要求吞并阜姆。其他一些恢复或新成立的国家如波兰、捷克斯洛伐克、南斯拉夫等，也都提出领土要求。一些拉丁美洲国家还希望把门罗主义写进盟约。于是，在国联委员会中各国为了实现自己的目的而展开了讨论甚至是十分激烈的争吵，威尔逊则为了国联的顺利成立，对各国的要求都做出一定的让步。直到 4 月 28 日，威尔逊才代表该委员会提出国联盟约的最后文本。但这个文本已经与威尔逊最初的构想有了很大差别。

1919 年 4 月 28 日，巴黎和会通过了国联盟约，并把它列为《凡尔赛条约》和对奥地利、匈牙利、保加利亚各国和约的第一部分内容。1920 年 1 月 20 日《凡尔赛条约》生效，国际联盟正式成立。当时的会员国是 44 个，战败国和苏俄暂被排除在外，以后发展到 63 个。但是对国际联盟的诞生贡献良多的美国却始终没有加入国联。

尽管在创建国际联盟的整个过程中，美国总统威尔逊起了很大作用，但美国在"十四点"中的许多想法并没有体现在包括《国际联盟盟约》的《凡尔赛条约》中，这就引起了美国统治集团内部的争吵。曾一度支持威尔逊国联计划的共和党领袖亨利·凯博特·洛奇，尤其反对盟约的第十条，而该条款恰恰是威尔逊始终坚持的集体安全条款。该条款规定："联盟会员国担任尊重并保持所有联盟各会员国之领土完整及现有之政治上独立，以防御外来之侵犯。如遇此种侵犯或有此种侵犯之任何威胁或危险之虞时，行政院应筹履行此项义务之方法。"洛奇等人认为，这样的安排使美国承担了更多的义务，可能使美国的外交受到国联的控制，不仅可能使国联染指门罗主义所划定的美国的势力范围，而且最终将引导美国陷入与欧洲事务相关的义务与环境之中，甚至把美国拖入一场情非所愿、与自身重要利益和安全无涉的战争。威尔逊则重申，正在出现的国际秩序不是恢复军备和结盟的旧世界，而是所有国家都应当为其他国家的集体防卫做出贡献的新秩序；此外，他还强调指出如果没有第十条，整个国联的国际主义大厦将难以自立。[①] 但是，最后共和党还是操纵参议院，以国联盟约没有体现美国的战略目标，却使美国承担了许多义务，从而损害了美国的利益为主要理由，拒绝批准威尔逊已经签了字的《凡尔赛条约》，也拒绝加入国际联盟。[②]

[①] William C. Widenor, Henry Cabot Lodge and the Search for an American Foreign Policy, University of California Press, 1980, pp.326-327；Robert James Maddox, William E. Borah and American Foreign Policy, Louisiana State University Press, 1969, p.62；孔华润（沃沦·I. 科恩）主编：《剑桥美国对外关系史》下，张振江、王琛等译，新华出版社2004年版，第58页。

[②] 美国国会不批准《凡尔赛条约》的主要原因还有两点。一个是大选之前的党派之争，面对共和党控制的国会，批准条约并不容易；另一个是对巴黎和会对中国山东问题的处理不满。1919年7月18日参加巴黎和会的中国代表团团长陆征祥电外交部报告其事曰：近日美国上议院关于山东问题争辩甚力，前日开会，某议员至谓与日本宣战亦所不惜，断不能因日本以不入国际联合会，一再要挟，遂将中国数百万之友邦人民，让与日本，义气激昂，深堪钦佩。顾维钧也在其回忆录中写道："中国的抗议和拒签则在舆论界和参、众两院议员中间得到普遍支持。换言之，美国人民对国联盟约的愤懑原已郁积心头，而和会未能对中国山东问题公平处理一事，无异于对此火上浇油"，"我深信，美国，特别是如果共和党在1920年的选举中获胜的话，不管对国联盟约如何，必将寻求某种有利于中国的办法来修改山东条款。"见王芸生编著《六十年来中国与日本》第7册，三联书店1980年版，第355页；中国社会科学院近代史研究所译《顾维钧回忆录》第一分册，第201、203页。

以国际联盟为代表的一战后的国际秩序

第一次世界大战的战胜国以《国际联盟盟约》[①] 为国际法的主要依据，从组织机构和组织职能两大方面，构建了战后的国际秩序。

首先，为了保证这一新建的国际政治组织能够正常运转，并及时而有效地处理世界范围内的重要事务，国际联盟健全了它的主要组织机构和定期召开会议的制度，并对其主要组织机构的职能和决策机制做出规定。

盟约规定：国联的主要机构是会员国全体代表大会，行政院和常设秘书处，这是一个三级体制。代表大会每年9月在日内瓦召开常会一次，必要时可召开特别会议。每个会员国所派代表不得超过3人，但只有1票表决权。行政院由美、英、法、意、日五个常任理事国[②] 和经由大会选出的四个非常任理事国（后来增加到9个）组成，每年至少开会一次，后改为每年开会四次。代表大会和行政院有权处理"属于联盟行动范围以内或关系世界和平之任何事件"（第三条第三款），其决策机制是："除本盟约或本条约另有明白规定者外，凡大会或行政院开会时之决议应得出席于会议之会员国全体同意"（第五条第一款），即"全体一致"原则，或曰"普遍一致"原则、"普遍否决权"。常设秘书处由行政院指定的一位秘书长领导，负责准备大会和行政院的文件、报告和新闻发布工作。

其次，规定了建立国际联盟的主要目的和达到这些目的的手段。

[①] 本文所引《国际联盟盟约》的内容，均见《国际条约集（1917—1923）》，世界知识出版社1961年版，第266—276页，以下不再注明。

[②] 由于美国最终未加入国联，所以国联行政院实际上只有四个常任理事国。后来德国于1926年加入国联并成为常任理事国。

从《国际联盟盟约》来看，建立国际联盟的主要目的有三个。

一是维持战后世界的和平与安全，这也是建立国际联盟的根本目的。盟约宣称，国联成立的宗旨在于"为增进国际间合作并保持其和平与安全起见，特允承受不从事战争之义务"（序言）。为了保证这一目标的实现，盟约坚持了美国主张的集体安全原则，规定了会员国应尽的主要义务与职责。包括：

1. 裁减军备。规定会员国"承认为维持和平起见，必须减缩各本国军备至适足保卫国家安全及共同履行国际义务的最少限度"；行政院承担组织裁军的工作，"应在估计每一国家之地理形势及其特别状况下，准备此项减缩军备之计划，以便由各国政府予以考虑及施行"（第八条第一、二款）。

2. 维持和平。为了维持和平，会员国有义务尊重并保持所有联盟各会员国之领土完整及现有之政治上独立，以防御外来之侵犯（第十条）；如果有任何战争或战争威胁，联盟"应采取适当有效之措施以保持各国间之和平"（第十一条）；如果发生争端，应将争端提交仲裁，或依司法解决，或交行政院或大会审查（第十二、十三、十五条），并对破坏盟约而进行战争的国家采取经济、军事、政治上的制裁（第十六条）。①

3. 公开外交。会员国要"维护各国间公开、公正、荣誉之邦交"，任何国联会员国所订立的条约或协议应送秘书处登记并由秘书处从速发表，凡是各国之间订立的与国联盟约不符合的条约均应废止（前言、第十八条第一款、第二十条）。

---

① 盟约第十六条并没有出现对违反盟约从事战争者实行"制裁"的字眼，而是使用了"立即与之断绝各种商业上或财政上之关系，禁止其人民与破坏盟约国人民之各种往来，并阻止其他任何一国，不论其为联盟会员国或非联盟会员国之人民与该国之人民财政上、商业上或个人之来往"，以及"遇此情形，行政院应负向关系各政府建议之责，俾联盟各会员国各出陆、海、空之实力组成军队，以维护联盟盟约之实行"等字句。

4.国联有权监督出于对某些国家公共利益之考虑的军械军火的贸易（第二十三条丁款）。

二是管理前奥斯曼帝国领地和德国前殖民地的委任统治制度。

盟约规定了"委任统治"制度，把前奥斯曼帝国的领地和德国的前殖民地委托给国联，由国联再把它们委任给英、法、比、日等主要战胜国进行统治。国联依据这些地区"人民发展之程度、领土之地势、经济之状况及其他类似情形"而将它们分为三类：第一类包括原属奥斯曼帝国的阿拉伯领土，虽然"其发展已达可以暂认为独立国之程度"，但还不能自立，故暂由受委任国给予"行政之指导及援助，至其能自立之时为止"。第二类包括德国在中非的前殖民地，由受委任国"负地方行政之责"，但要担保当地的信仰及宗教自由，并保证其他会员国在该地区"在交易上、商业上之机会均等"。第三类包括德国过去在西南非洲的殖民地和在太平洋上的岛屿属地，受委任国可将它们作为本国领土的一部分，根据本国法律进行管理。盟约还规定，无论是哪一种委任统治，"受委任国须将委任统治地之情形向行政院提出年度报告"；国联成立了常设委任统治委员会，"专任接收及审查各受委任国之年度报告，并就关于执行委任统治之各项问题，向行政院陈述意见"（第二十二条）。但是对于这三类地区何时才能独立，并未做出明确规定。

三是国联成员国的其他义务和责任。

盟约规定：成员国应努力"确保公平、人道之劳动条件"；承允对委任统治地的土著保持公平的待遇；应采取必要的办法，"确保并维持会员国交通及过境之自由，暨商务上之平等待遇"；应"努力采取措施，以便在国际范围内预防及扑灭各种疾病"，鼓励、促进在国内设立志愿者红十字会并与之合作（第二十三条甲、乙、戊、己款，第二十五条）；国联有权监督有关贩卖妇女、儿童，贩卖鸦片及危害药品等各种协定的实行（第二十三条丙款）。

为达到上述目的，国联成立了一些附属机构，包括国际劳工组织、财政经济组织、交通运输组织、卫生组织、难民组织、国际常设法院六个常设机构处理上述问题，还成立了知识委员会等专门委员会以及许多辅助机构，以处理国际范围内的其他问题。

国际联盟的出现不仅反映了 20 世纪的世界已经成为一个息息相关的整体的现实，更表达了人类在经历了一场空前浩劫的大战之后对世界和平的追求与向往。作为世界上第一个主权国家的政府之间组成的常设国际组织，国际联盟是史无前例的国际政治和国际法的重要发展，是各国维护和平、努力用协商和仲裁方式解决国际争端的理念的继续实践。它在推进国际社会有序化，促进国际合作，伸张中小国家正当诉求，以及促进人权与社会福利、改善劳工劳动条件和待遇等方面所做的有益工作，都是人类社会取得的文明进步，并成为人类社会的共同财富，对现代国际组织的运作与发展亦具有重要的影响和深远的意义。正如华尔脱斯所说："国联不论在成功或失败的时候，始终以宪章的形式体现了人类向往和平和一个合理组织起来的世界的热望。"[1] 英国史学家 E.H.卡尔也认为，国际联盟的"主要宗旨是确保维持和平；它建立国际劳工组织以规定劳工的状况；还建立了对德国放弃的殖民地的政府委任统治制度。1919 年以后，这些机构和制度便成为新的国际秩序的正常的和基本的组成部分了"[2]。

但是，国际联盟是在一场帝国主义战争之后，作为由战胜国对战败国的媾和条约的组成部分而建立的，因此国联盟约所规定的"为促进国际合作，保证国际和平与安全，承担不从事战争之义务"的宗旨，主要是为了维护以英法为代表的战胜国的既得利益和它们所建立的"国际新秩序"，这是国联的本质，并由此带来了国联与生俱来的缺陷和弱点。

---

[1]　华尔脱斯：《国际联盟史》上卷，第 6 页。

[2]　E. H. Carr, International Relations between the Two World Wars 1919—1939, p.5. 也可见中译本《两次世界大战之间的国际关系 1919—1939》，徐蓝译，商务印书馆 2009/2010 年版，第 3 页。

这些缺陷和弱点也是那个时代的产物。

首先，盟约在保持和平、维护集体安全的机制上存在巨大漏洞。这里主要指出三点。

1. 盟约在裁减军备方面的规定是空泛的，对各国政府都没有真正的约束力。事实上列强对此也不予理睬，反而时时以国家安全的需要和实行所谓的"国际义务"为由而不肯裁军。因此，尽管自国联成立后就将裁军列入了议事日程并成立了裁军委员会专事裁军工作，但是由国联主导的裁军断断续续进行了十几年而毫无进展，无果而终。①

2. 盟约在制止战争方面存在严重漏洞，主要有二。

第一点，盟约对国联成员国发动战争留有余地，使制裁发动战争者成为空话。盟约规定，"倘联盟会员国间发生争议，势将决裂者，当将此事提交仲裁或依司法解决，或交行政院审查"（第十二条第一款），"行政院应尽力使此项争议得以解决"（第十五条第三款），"倘争议不能如此解决，则行政院经全体或多数之表决，应缮发报告书，说明争议之事实及行政院所认为公允适当之建议"（第十五条第四款）；但同时规定，"联盟会员国并约定无论如何，非俟仲裁员裁决或法庭判决或行政院报告后三个月届满以前，不得从事战争"（第十二条第一款），"如行政院除争执之一方或一方以上之代表外，不能使该院理事一致赞成其报告书，则联盟会员国保留权利施行认为维持正义或公道所必需之行动"（第十五条第七款）。这些规定就意味着所有国联会员国在遵守了三个月的延迟后（即提交争端三个月后）仍然有权进行战争。在这种情况下，盟约所规定的对不顾仲裁或国际法庭判决或行政院审查后提出的报告书而发动战争的会员国实施制裁（第十六条第一款），便成为一句空话，

---

① 1922 年 2 月 6 日英、美、法、意、日五国在华盛顿会议上签订的《五国海军条约》，对五国的主力舰总吨位和航空母舰的总吨位规定了限额，对英、美、日三国在亚太地区的军事基地做出了限制。该条约可视为 20 世纪大国之间的第一个裁军协议，但它并不是国联工作的结果。

从而给侵略者以可乘之机。

第二点，国联的决策机制存在严重问题。前文已经提到了国联大会和国联行政院形成决议的"全体一致"原则，但同时又规定，"如行政院报告书除争执之一方或一方以上之代表外，该院理事一致赞成，则联盟会员国约定彼此不得向遵从报告书建议之任何一方从事战争"（第十五条第六款）。后者实际上又包含了行政院的一致同意规则的主要例外情况，即争执各方所投的票数不计算在一致同意票之内这一极重要的规则。① 但是这两项规定，不仅使大会和行政院的决策机制矛盾，导致这两个机构的权限分不清楚，而且容易使二者相互掣肘，无法有效工作，还可能使操纵国联的列强对条文做出任意解释，使国联实际失去对侵略行为采取任何有效行动的可能性，因为任何一个会员国都可以阻挠关于制裁侵略的决议通过，同样使制裁侵略的规定成为一句空话。这一根本机制上的问题，不仅使国联无力保护受到侵略的国家，更无法制止战争的发生。② 1931 年日本侵略中国的"九一八事变"及其国联对这一侵略事件的既不援助中国也不制裁日本的做法，特别能够说明这个问题。九一八事变发生后，中国政府将其诉诸国联，但是国联或是要求中日双方撤军，或是呼吁双方尽量避免形势恶化，或是慢吞吞地派出调查团，直到 1933 年 3 月日本炮制的伪"满洲国"宣布成立，国联始终没有谴责日本是侵略者。不仅拒绝对其制裁，更拒绝援助中国，实际上是在鼓励日本不断扩大侵略。国联维护世界和平这一重要的宗旨成了一纸空谈。③ 曾任

---

① 华尔脱斯：《国际联盟史》上卷，第 61 页。这一规定，可视为对美国曾经提出的"一票否决权"的一种有限采纳。

② 《联合国史》的作者埃文·卢亚德深刻地指出，国际联盟的关于保护其他受到侵略的国家的承诺是纯粹自愿的，因此极其软弱无力，而且没有任何价值。Evan Luard, *A History of the United Nations*, vol.1: *The Years of Western Dominations*, *1945—1955*, New York: St. Martin's Press, 1982, p.6.

③ 有关国联对"九一八事变"的处理，参见拙著《英国与中日战争 1931—1941》，北京师范学院出版社 1991 年版，第二章。该书于 2010 年由首都师范大学出版社再版。

英国首相的温斯顿·丘吉尔在其回忆录中对国联在九一八事变中的无所作为甚至偏袒日本的处理方式提出批评，认为"正当世界局势非常需要国际联盟的活力和力量的时候，国际联盟在道义上的权威却显出缺乏任何实质的支持"[1]。

还要特别指出的是，在殖民主义仍然存在、殖民地和半殖民地人民无权做出决定、而殖民地宗主国视殖民地事务为自己的国内事务的年代，更无法制止战争。换句话说，"国联盟约给战争造成机会，这不仅在当事国不在场就不能对一个争端做出一致判断的情况，而且还在于争端的起因被判定属于争端一方的国内司法权限范围的情况下"[2]。

其次，国联的权力极为有限，大国强权政治依然主导国际秩序。盟约规定，"国际协议如仲裁条约或区域协议类似门罗主义者，皆属维持和平，不得视为与本盟约内任何规定有所抵触"（第二十一条）。尽管美国最终没有加入国联，但这一对美国的让步，使国联对美国视为其势力范围的中南美洲不能发挥自己的作用。例如，当1926年尼加拉瓜政府指责墨西哥政府涉嫌支持尼加拉瓜的政治反对派并将墨西哥告上国联时，美国政府立即向尼加拉瓜派出了一支舰队，借口是要保护美国人和外国人的生命和财产，而国联则接受了美国的这种暗示，即维持中美洲的和平与秩序不是国联本身需要关心的事情。又如：尽管1922年的埃及已经是一个独立国家，但由于它刚刚摆脱英国的殖民统治而独立，因此被排除在国联成员国之外。同时，国联也没有将埃及和英国之间的争端作为国际争端来处理。此外，对于一战后划归意大利统治的蒂罗尔的奥地利人所受到的不公正待遇，以及德国境内的犹太人所受到的迫害，国联也无权过问。

第三，盟约标榜要实行公开外交，但是并未废除战胜国之间此前

---

[1]　丘吉尔：《第二次世界大战回忆录》第1卷上部第一分册，第130页。

[2]　E. H. Carr, *International Relations between the Two World Wars 1919—1939*, p.90.

订立的各种秘密条约，相反，在战胜国对战败国和约中的许多条款，恰恰是这些秘密条约的体现。例如，在巴黎和会上，英美等国为兑现第一次世界大战期间与日本签订的秘密条约，包括英、日共同瓜分一些太平洋德属岛屿、英国承认日本有权继承德国战前在中国山东特权的《英日密约》，美国承认日本在华有"特殊利益"、日本承认美国对华"门户开放、机会均等"政策的《兰辛—石井协定》，便不顾中国的正当要求，强行做出了把德国在中国山东的利权给予日本的决定。又如，对前奥斯曼帝国领地和德国前殖民地的委任统治国的选择，也与大战期间协约国于1915—1917年达成的一系列瓜分"奥斯曼帝国遗产"的秘密协定和备忘录①，以及日俄秘密协定和英日密约等直接相关。因此国联盟约所标榜的公开外交，实际上变成了对世界舆论的一种欺骗。

第四，国联的委任统治制度，是帝国主义列强在战后世界被压迫民族风起云涌的反帝反殖斗争的形势下，被迫对旧有的殖民体系进行的改造。它反映了时代的进步，但并没有改变殖民统治的实质。之所以如此，正如 E. H. 卡尔所说，因为在"实际上，受托国在多大程度上能宣称他们代表国联行动，是令人怀疑的。这些讨论中的领土是由德国和土耳其割让给协约国和主要参战各国的，它们负责选择委任统治国。国联批准了委任统治条款，并接受来自受托国的有关在它们保护之下的那些领土状况的年度报告。但是国联的作用仅仅限于温和的批评。因为国联并未转让这种托管权，但是显然它也不能取消委任统治。对被委任统治

---

① 1915 年 3 月，英法俄三国以相互交换备忘录的形式，秘密达成瓜分土耳其的协定，规定战争结束后英法获得土耳其所属的阿拉伯地区领土，俄国则拥有对君士坦丁堡、黑海海峡和马尔马拉海诸岛屿的所有权，但君士坦丁堡应开辟为自由港，并保证商船在海峡的自由通行。1916 年，在经过英法谈判和英法俄谈判之后，三国进一步把美索不达米亚和巴勒斯坦划入英国的势力范围，把叙利亚和南部小亚细亚划入法国的势力范围，把亚美尼亚和库尔德斯坦划入俄国的势力范围；1917 年英法又将整个小亚细亚半岛的地中海沿岸划归意大利，这样土耳其就只剩下小亚细亚半岛的中部和东北部地区了。

的领土的主权归属于哪里的问题,是一个解决不了的法律难题。"① 在这种情况下,委任统治国就把被它们委任统治的领土当作不同程度的殖民地来对待,特别是在第三类委任统治地,其殖民地的性质更为明显。

第五,由于美国始终拒绝加入国联②,苏联长期被拒之门外,日本、德国和意大利相继退出,不受盟约的约束,国联并不具有真正的普遍性和权威性,从而使集体安全更加有名无实。

第六,国联成立的财政经济组织,由来自不同国家的专家组成财政经济委员会,该委员会每年在日内瓦开会,并指导国联秘书处的财政和经济部门的工作,还负责发行和监督国联发行的各种公债。1920 年和 1927 年,该委员会分别召开过涉及大战后的财政金融重建的财政金融会议和涉及减少关税及其他贸易壁垒的经济会议,但成效不大。因此,尽管该委员会为经济领域中的合作提供了一个新的运作模式,列强却未能建立起第一次世界大战后的新的国际经济秩序,这也从一个重要方面反映了列强的矛盾与短视。

四、结 语

第一次世界大战后,战胜国通过国际联盟所建立的战后国际秩序是残缺不全的。这个国际秩序无法完成维护战后世界和平的宗旨与任务。它对日本发动侵华战争束手无策,对纳粹德国的扩军备战反应乏力,对意大利侵略阿比西尼亚(今埃塞俄比亚)的制裁半心半意,对被侵略国家的支持缺乏诚意,因此国际联盟在保卫世界和平方面没有做出应有的

---

① E. H. Carr,*International Relations between the Two World Wars 1919—1939*,p.16.

② 美国虽然没有参加国联,但是至少参加了国联附属机构国际劳工组织,常设国际法院和知识合作组织的一系列活动,并出席了所有有关军备问题的会议和大多数有关经济和商业问题的会议。

贡献，实际变成了维护战胜国利益的"战后新秩序"，反而在客观上助长了侵略。第二次世界大战的爆发标志着一战后建立的国际秩序的彻底破产，国际联盟也名存实亡。1946年4月19日，国际联盟正式宣布解散。

就在国际联盟正式解散之前，在国联的基础上重建的代表第二次世界大战后国际政治新秩序的联合国已经于1945年10月24日正式成立。在创建联合国的过程中，联合国的缔造者将"维持国际和平及安全；发展国际间以尊重人民平等权利及自决原则为根据之友好关系；促成国际合作，以解决国际间属于经济、社会、文化及人类福利性质之国际问题，增进并激励对于全体人类之人权及基本自由之尊重"等内容写入宪章，体现了二战结束之时人类呼唤世界和平与要求共同发展的时代特征和应当完成的历史任务。而且，宪章第一次把维护和平与解决社会发展和经济发展问题紧密地联系在一起，彰显了其缔造者深刻的战略思考。不仅如此，联合国所规定的和平解决国际争端和制裁侵略的机制，并以"大国一致"原则将制裁侵略的权力集中于安理会，也反映了二战结束时的世界政治力量对比，体现了大国的协调与合作，从内部机制上有利于保证集体安全。另外，联合国所规定的对德、日、意的殖民地和国际联盟的委任统治地实行国际托管计划，以及其实施的结果，使联合国关于在进入21世纪的时候不再有殖民制度的目标也基本实现。特别要指出的是，联合国之所以维护了战后世界70年的整体和平并促进了全球的经济与社会发展，正是因为克服了国际联盟的一些重要缺陷，才成为维护二战后国际秩序、推动世界和平与发展的重要国际机构。对于国联的缔造者之一、英国的罗伯特·塞西尔子爵的那句名言"国联死亡了，联合国万岁"，① 我们当做这样的理解。

---

① 华尔脱斯：《国际联盟史》下卷，第407页。这是罗伯特·塞西尔子爵在1946年4月8日国际联盟大会上所作简短演说的结束语。后来他担任英国联合国协会终身荣誉主席。

试论雅尔塔体系对战后国际关系的影响 *

　　第二次世界大战中后期，反法西斯大同盟的主要领导人所建立的雅尔塔体系，对战后的世界产生了极大的影响。本文拟对这些影响进行初步分析，以就教于读者。

一

　　第二次世界大战之后，美国一跃而成为雄踞资本主义世界之首的经济、军事和政治大国。在经济上，它是唯一因战争而大发其财的国家，当战争结束时，它的黄金储备已达 200 亿美元，几乎占世界总量 330 亿美元的 2/3；美国生产的各种产品占世界总量的 1/3；它的船舶总吨位占世界的一半。在军事上，在欧战结束时，美国的武装部队人数高达 1200 多万，国防预算超过 800 亿美元。它的陆军仅次于苏联，海军已在全球居于远超英国皇家海军的至高地位，制空权更为优越，可以向世界各地快速输送兵员。到 1946 年，美国军队已经在遍布世界的 56 个国家驻扎，到 1947 年，它已在海外建立了 484 个军事基地。它还在战

---

　　* 本文原刊于《历史教学》2002 年第 5 期。

后初期垄断着原子武器。① 在政治上，美国已把整个西欧置于它的保护与控制之下，一度不可一世的日本也成了它的手下败将，于是美国渴望领导世界的欲望难以按捺。早在二战后期，罗斯福总统就表明了这种思想，1944 年 10 月 21 日他在美国外交政策协会发表的关于美国外交政策的讲演中说："吾国因拥有道义、政治、经济及军事各方面之力量，故自然负有领导国际社会之责任，且随之亦有领导国际社会之机会。吾国为本身之最大利益以及为和平与人道计，对于此种责任，不能畏缩，不应畏缩，且在事实上亦未畏缩。"② 在罗斯福准备于 1945 年 4 月 13 日杰斐逊日的讲演稿中，罗斯福写道："强大的力量要承担重大的责任……我们作为美国人并不打算拒绝接受我们的责任。"③

另一方面，在战争中以经受严峻考验而令盟国刮目相看的苏联，虽然在经济上逊于美国，但军事、政治亦十分强大，它拥有世界上最强大的陆军，整个军事实力仅次于美国；它收复了战争中的失地，还兼并了一些其他国家的领土，从而改善了西部的战略环境；它进一步使整个东欧处于自己的控制之下，与西方相对而立；再加上苏联在反法西斯战争中做出的重大贡献和显示出的巨大能量，使它在全世界赢得了很高的威望，于是国际关系的大格局就从传统的以欧洲为中心并支配世界的时代逐渐过渡到美苏对峙的时代。这个新的两极格局的基石，就是第二次世界大战中后期由"三巨头"罗斯福、丘吉尔和斯大林通过一系列重大

---

① 参见保罗·肯尼迪《大国的兴衰——1500—2000 年的经济变迁与军事冲突》，求实出版社 1988 年版，第 439 页；《战后世界历史长编》（1947 年），上海人民出版社 1977 年版，第 1 页；戴维·霍罗威茨《美国冷战时期的外交政策》，上海人民出版社 1974 年版，第 63—64 页；乔治·马立昂《美帝国主义的扩张》，世界知识出版社 1953 年版，第 16—17 页。

② 法学教材编辑部审定：《国际关系史资料选编》下册（1945—1980），武汉大学出版社 1983 年版，第 67—68 页。

③ 关在汉编译：《罗斯福选集》，商务印书馆 1982 年版，第 522 页。由于罗斯福于 4 月 12 日逝世，该讲稿未及发表。

的国际会议达成的一系列协议所确立的雅尔塔体系。

雅尔塔体系的内容主要有以下四个方面：1.打败德、日法西斯，并在两国彻底铲除法西斯主义和军国主义，以防止法西斯主义东山再起。主要包括：（1）具体制定打败德、日法西斯的战略战术。（2）在打败德、日法西斯以后，盟国对德国（包括柏林）的分区占领和美国对日本的占领，在政治、经济、军事、文化、意识形态等各个方面消灭法西斯主义的影响，德国的赔偿，以及对战犯的审判。（3）在世界范围内提倡和平、民主、独立的原则。2.重新绘制战后欧亚地区的政治版图，特别是重新划定德国、日本、意大利等法西斯国家的疆界及其被占领地区的归属与边界。主要包括：（1）在欧洲：盟国（美英苏＋法）分区占领德国和柏林及德国赔偿的原则规定；关于波兰的疆界和临时政府组成的协议；英苏关于东南欧的百分比协议。（2）在亚洲：通过关于苏联对日作战条件的秘密协定，满足了苏联对外蒙古、库页岛南部、千岛群岛和旅顺大连的要求；苏联则承诺同"中国国民政府签订一项中苏友好同盟协定"，并支持美国的对华政策和整个亚太战略，让美国控制中国和单独占领日本；朝鲜实行国际托管，以后独立（战后美苏分区占领朝鲜，以北纬38°线为界）。3.建立联合国组织，作为协调国际争端、维持战后世界和平的机构。联合国的核心机构安理会的表决程序实行"雅尔塔公式"，即"大国一致原则"，以美苏中英法五大国为核心，以联合国为主导，保护中小国家的安全，维持世界和平。4.对德、日、意的殖民地以及国联的委任统治地实现托管计划，原则上承认被压迫民族的独立权利。

从雅尔塔体系的建立背景和内容来看，该体系同样具有大国强权政治的深深烙印。它建立在美苏战时军事实力均势的基础之上，是美英苏三大国出于对各自利益的现实考虑和对战后世界安排的长远打算，在进行了长期的讨价还价之后相互妥协的产物。当它们对东欧、巴尔干、中国以及远东其他地区进行安排的时候，既不与当事国协商，也不考虑当事国的利益。例如，在雅尔塔会议上讨论苏波边界问题时这一点表现的十分明显，莫洛托夫在回忆中对此有生动的描写："我们坚持（斯大林提出，我支持）要有一个独立的，不敌视我们的波兰与我们接壤。就边界问题谈判时过去也曾争论过，'寇松线'和'里宾特洛甫—莫洛托夫线'问题。斯大林说：'随便叫什么都成！但我们的边界走向只能这样！'丘吉尔反驳道：'但是，利沃夫历来不是俄国城市！''可华沙曾经是'，斯大林平静地答道。"① 在巴尔干问题上，丘吉尔和斯大林只用半张纸上的百分比协议就决定了罗马尼亚、希腊、南斯拉夫、匈牙利、保加利亚等国家的命运，以致连丘吉尔本人当时都担心这种做法会受到指责而想把这张纸条烧毁。② 在对待苏联参加对日作战的问题上，斯大林和罗斯福、丘吉尔之间更没有什么共同打击法西斯的正义，只有政治交易。早在德黑兰会议期间，斯大林就提出了在远东拥有不冻港的要求，并明确提到了大连和旅顺口。对此罗斯福和丘吉尔并未表示异议，而且丘吉尔还大谈世界的命运必须集中掌握在强大国家的手中，而"我们三国正是这样的国家"。斯大林则暗示当苏联积极参加远东的军事行动以后，将提出更多的具体要求。③ 在雅尔塔，斯大林直截了当地要求恢复在日俄战争中俄国失去的在中国和远东的领地和特权，并且对罗斯福说，如果接受苏联的条件，那么苏联人民就会明白，苏联为什么参加对日战争。他还强调，重要的是有一项由总统、丘吉尔和他本人签署的文件，上面写明苏联参加对日作战的目的。由于罗斯福在会前已经了解了

---

① 《莫洛托夫秘谈录——与莫洛托夫140次谈话（菲·丘耶夫日记摘编）》，社会科学文献出版社1992年版，第68页。该书在第68—69页上有一段莫洛托夫回忆在波茨坦会议上斯大林关于寇松线的话，有误。实际上这些话是在雅尔塔会议上说的。参见《德黑兰、雅尔塔、波茨坦会议文件集》，三联书店1978年版，第181—182页。

② 丘吉尔在《第二次世界大战回忆录》第六卷上部第二分册第336—339页有关于这次谈判的生动记述。这张纸条上写明：在罗马尼亚俄国势力占90%，在希腊英国（与美国一致）势力占90%，南斯拉夫和匈牙利双方各占50%，在保加利亚俄国势力占75%。

③ 参见沈志华提供的档案资料，SD07887，三国政府首脑在1943年11月30日午餐时的会谈。

苏联的条件，因此他几乎是不加思索地基本同意了斯大林的要求，并很快和丘吉尔一起与斯大林背着他们的中国盟国达成了秘密的书面协议。在该协议中，不仅规定以保持中国领土的一部分——外蒙古现状的形式允许其独立，保持苏联在国际化的商港大连的优惠权益，苏联租借旅顺口作为其海军基地，中苏共管中东铁路和南满铁路并保证苏联的优惠权益，而且罗斯福还答应采取措施让蒋介石同意这一协议。① 从以上实例可以看出，雅尔塔体系所带有的这种强权政治的烙印，与凡尔赛—华盛顿体系是有共同之处的。它极大地伤害了当事国的民族感情，埋下了以后不和的种子。

但是，作为对第二次世界大战结束后的和平安排，雅尔塔体系具体运作的结果，也是它带给我们这个世界的最直接最有影响的后果，却是美、苏对峙下的冷战。它持续了40多年，构成了二战后近半个世纪中国际关系的主旋律。

二战结束前，确信美国将成为世界上最强大的国家的罗斯福对战后世界的考虑，是以美国为首的"四警察"思想，即希望把美英苏中的战时同盟关系发展为战后由美国领导的大国合作关系，以维持世界和平。这在1942年1月1日签署《联合国家宣言》时就表现得很明显，第一步是先由美、英、苏、中四国签署，第二天再交由其他22个国家签字。在这种思想指导下，罗斯福并不主张划分势力范围。然而在雅尔塔会议前和会议期间，正是苏联的军事地位和政治威望处于反法西斯战争以来的顶峰期，战争打出了一个唯一能与美国抗衡的苏联，而社会主义越出一国连成一片的前景也已十分明显，因此罗斯福在设计战后的世界蓝图时就决不能无视这一他并不愿意看到的严酷事实。由于他把战后的美苏合作看成是落实战后世界安排的关键，于是他愿意做出

① 见沈志华提供的档案资料，SD09473，1945年2月8日15时30分苏联人民委员会主席和美国总统会谈记录；SD09488，1945年2月11日苏联、美美利坚合众国和大不列颠签订的雅尔塔秘密协议。

一些让步，当然主要是以其他国家的利益做交易，以换取苏联的合作。苏联要求的最关键部分就是要在它的周边地区，特别是在东欧建立它的"安全带"，也就是要明确地划分属于苏联的势力范围。在这种情况下，双方最后达成的妥协就是战争即将结束时美苏的实际军事控制线：在西方，它从卢卑克到的里亚斯特；在南方，到外蒙古（今蒙古人民共和国）与中国东北地区；在东方，从南库页岛、千岛群岛到朝鲜的 38°线，直到中国的旅大港。这样，双方也就在实际上划分了各自的势力范围。① 这种形势恰恰就是以后美苏形成的两极格局的地缘政治基础。

由于美苏两国的社会制度不同，对外政策本来就有很大差异，因此当反法西斯战争胜利之后，美苏面临的共同敌人消失，大同盟的基础不复存在之时，美国的全球扩张战略与苏联的保障国家安全战略便针锋相对，迎头相撞。

战后的美国，挟其世界头号强国的实力地位，以及在经济上向全球扩张的需要，其"领导世界"的意识大为膨胀，要求在世界事务中独占鳌头。杜鲁门总统声称美国是"经济世界的巨人"，"全世界应该采取美国制度"，"不管我们喜欢与否，未来的（国际）经济格局将取决于我们"。② 为此，美国不仅在战争结束前及战后迅速填补了德意日的战败而留下的"权力真空"，尽力在西欧、中南欧、日本、中国等地扩大了自己的势力范围，还通过联合国以确保在大国合作控制世界中美国的主导作用。

另外，为了恢复世界经济的有序发展，结束自第一次世界大战以来，特别是 30 年代大萧条以来的国际货币关系的混乱状态，建立稳定

---

① 尽管罗斯福在 1945 年 3 月 1 日向国会报告雅尔塔会议的讲话中仍然反对划分势力范围，但是他同时也不得不承认这一事实的存在。见《罗斯福选集》，第 514—515 页。

② 托马斯·帕特森等：《美国外交政策》下册，中国社会科学出版社 1989 年版，第 601 页；杨生茂主编：《美国外交政策史》，人民出版社 1991 年版，第 437 页。

的国际货币体系，以适应第二次世界大战后世界经济发展的要求，在经过美、英等有关国家的艰苦谈判之后，终于成立了国际货币基金组织和世界银行，从而建立了"布雷顿森林体系"。这两个机构均实行"双挂钩一固定"制度（美元与黄金挂钩，各国货币与美元挂钩，美元与黄金的比价固定为 35 美元等于 1 盎司黄金），并按资金的份额决定各国投票权的大小，实际为股份最多的美国所操纵，并在很大程度上成为美国推行其对外政策的工具。接着，为了改变两次世界大战之间的年代中各国实行的贸易保护主义政策所造成的国际贸易的无序状态，形成开放的贸易自由化环境，在美英等国的主导下缔结了"关贸总协定"，[①] 从而促进了世界经济相对稳定的自由化发展。然而，同样由于美国是当时经济实力最强大的国家而在其中占有特殊地位。

不仅如此，美国还把苏联看成它实现世界霸权，确保建立以自由资本主义为基础的全球体系的最大障碍，因此认为对苏联实行的政策"必须是一种长期的、耐心而又坚定的、警惕地遏制俄国对外扩张倾向的政策"[②]。

战后的苏联则最为关心它自己的安全，特别是西部边界的安全。鉴于苏联历史上遭受的几次大规模的入侵都是来自西部，斯大林便力图把东欧这条入侵苏联的危险走廊变成保卫苏联的安全地带。在这一点上，斯大林是非常坚决的。当"三巨头"在雅尔塔会议上讨论波兰问题时，斯大林就明确指出："波兰问题对俄国人不仅仅是个荣誉问题，而且是个安全问题……因为苏维埃国家一些极为重要的战略问题都与波兰有关"；"波兰问题对苏维埃国家来说是一个生死攸关的问题。"[③]1952 年

---

① 1995 年 1 月 1 日，"世界贸易组织"（WTO）正式成立，1995 年与"关贸总协定"共存一年，1996 年 1 月 1 日"世界贸易组织"成为全球经济贸易组织，"关贸总协定"不再存在。

② 乔治·凯南：《美国外交》（增订本），世界知识出版社 1989 年版，第 94 页。

③ 《德黑兰、雅尔塔、波茨坦会议文件集》，第 181 页。

斯大林对印度大使说："苏联只关心自身的安全和建立一条由对苏友好国家组成的缓冲带。"① 正是在这样的战略指导下，苏联在东欧已经获得的势力范围内加强控制，确保对苏友好，并在德国、中近东、日本、中国等关键地区和美国的扩张发生了极大矛盾。

与此同时，不同的意识形态对双方的决策者也产生了重要影响。美国的政治精英们无不认为美国的意识形态是最优越的，美国的民主制度和自由的价值观是至高无上的，应当向全世界移植。这一点，霍普金斯说得很清楚："努力利用我们的外交力量去推进和鼓励在全世界建立民主政权。我们不应该害怕向世界表明我们的立场，那就是要求世界上的人民都享有建立一个真正民选政府的权利。我们坚信，我们的具有生命力的民主政体是世界上最好的政体。"② 无论是罗斯福政府还是杜鲁门政府之所以都坚持要在东欧实行民族自决，让当地的人民选择自己的政府，是因为他们认为，"苏维埃共产主义是自由的主要威胁，美国具有无可争辩的责任去同它斗争"，③ 而"支持自由选举的政策，其目的便是对苏联在东欧的行为进行直接挑战"。④

同样，苏联作为信仰共产主义的国家，在其对外政策中也具有明显的意识形态的考虑。正如斯大林在 1945 年 4 月对南斯拉夫共产党代表团所说："这次战争和过去的不同；无论谁占领了土地，也就在那里强加他自己的社会制度。凡是他的军队所能到达之处，他就强加他自己的社会制度。不可能有别的情况。"⑤ 另外，由于斯大林坚持认为战争是

---

① 华庆昭：《从雅尔塔到板门店》，中国社会科学出版社 1992 年版，第 234 页。这虽然是在朝鲜战争中苏联不出兵的实际说明，但同样说明了苏联的安全战略。

② 张小明：《冷战及其遗产》，上海人民出版社 1998 年版，第 9 页。

③ 麦克尔·H. 亨特：《意识形态与美国外交政策》，世界知识出版社 1999 年版，第 163 页。

④ 林恩·埃瑟里奇·戴维斯：《冷战的开始：苏美对东欧的争夺》（Lynn Etheridge Davis, The Cold War Begins：Soviet-American Conflict over Eastern Europe.），普林斯顿大学出版社 1974 年版，第 386—387 页。

⑤ 米洛凡·吉拉斯：《同斯大林的谈话》，世界知识出版社 1989 年版，第 85 页。

垄断资本主义的必然产物，[1] 因此对西方国家极不信任。

可以想象，在这种相互对立的情况下，以划分美苏势力范围为基础的雅尔塔体系的各项主要协议实施的结果，就必然是导致分裂，而不是继续合作，必然是导致冷战斗法，而不是真正和睦相处。不仅如此，双方在扩张中都求助于意识形态的力量，从而使意识形态的对抗也在贯彻各自的战略中突显出来。美国在全球扩张中从意识形态出发，把苏联控制的势力范围看作是共产主义的扩张，把各国的共产党看成是苏联操纵的"第五纵队"，甚至把殖民地半殖民地的民族解放运动也视为苏联扩张主义的阴谋，高喊着美英有义务和责任捍卫西方世界，于是"保卫'自由世界'免受共产主义影响，成了美国无论是在欧洲还是在亚洲和中美洲的对外政策的主要目标"[2]。与此同时，苏联在扩张中，虽有扩张社会主义的成分，但也确有为自己的行动打上国际主义的旗号以显其高尚的意图。基辛格认为，斯大林的"最高原则还是装上共产主义意识形态的苏联国家利益"，此话不无道理。[3] 因此，美苏在战后的对抗中就涂上了重重的意识形态色彩。这种色彩在丘吉尔号召英语世界结成同盟对付共产主义威胁的"铁幕"演说中，在杜鲁门主义所谓"美国对共产主义暴君扩张浪潮的回答"的表述中，在日丹诺夫在共产党情报局成立会议上所做的关于世界已分裂为两大对立的"帝国主义阵营"和"反帝国主义的民主阵营"的报告中，是再清楚不过的了。

我们已经看到，持久的冷战不仅带来了政治上的绝对对立，而且使意识形态的差异变得竟然如水火一般的不能相容。对立的双方曾一度失去了一切对话的可能，当年曾同仇敌忾抗击法西斯的痕迹荡然无存。

---

[1] 斯大林在 1946 年 2 月 9 日在莫斯科的选民大会上发表的演说。全文见《斯大林选集》下卷，人民出版社 1979 年版，第 488—500 页。

[2] 汉斯·摩根索：《国际纵横策论——争强权，求和平》，上海译文出版社 1995 年版，第 442 页。

[3] 亨利·基辛格：《大外交》，海南出版社 1997 年版，第 353 页。

人们一度也用这种极为对立的眼光来看待一切政治、经济、文化、价值观念甚至于科学方法，似乎两极对立成了一种思维的定势。而敌对的双方就在这种今天看来是极不自然的思维方式中，几乎是不可思议地相互争斗了几十年。

二

但是，不能否认的是，作为第二次世界大战这场反法西斯正义战争的产物，雅尔塔体系反映了二战以后的世界现实，并具有相当的历史进步性。这些历史进步性对战后世界产生了积极的影响。这些影响并没有随着冷战的终结而消失，而是留给冷战后的世界以及新的千年世纪的宝贵遗产。

首先，由于雅尔塔体系是建立在美苏的力量对比相对平衡的基础之上，因此双方的决策者都认识到要尽力避免冲突，要争取以和平的方式解决争端，于是和平共处便实际成为它们指导相互关系的行为准则，并第一次将苏联和美英两种不同社会制度国家之间的和平共处原则正式纳入了国际关系体系。这一点对战后的世界影响很大：第一，从总体来说，它共同制约了美国与苏联在产生任何争端时的行为方式，即双方不是以战争手段，而要用和平手段、协商谈判来解决处理。因此，二战后特别是冷战时期，美苏之间虽有多次冷战对抗，但双方之间始终没有发生过热战，这便形成了冷战的最基本的特征：它既是战争，又是和平。也就是说，在东西方的紧张对峙包括在局部战场上的冲突始终不断的情况下，冷战中的两个主要角色美国和苏联之间从未发生过直接的军事对抗，从而在整体上维持了世界的和平状态。第二，有利于社会主义事业的发展。由于规定了两种社会制度国家的和平共处，因此虽然西方仍时时存颠覆苏联之心，但是不能再采取巴黎和会时的那种明目张胆的武装干涉手段，而要用和平手段。这在战后苏联的国际威望空前提高，军事政治势力已达到中东欧和远东的情况下，有利于欧亚的一系列社会主义国家的产生。

其次，雅尔塔体系在"控制战争"方面也有其不可忽视的作用。它将昔日的战争策源地德国、日本、意大利等法西斯国家转变为资产阶级民主国家，从而埋葬了发动世界大战的重要根源。它所确立的联合国安理会的"大国一致原则"，使任何一个大国要想发动战争特别是世界大战都受到约束。在《联合国宪章》中特别规定了自卫权，联合国安理会授权或采取的军事行动权，以及为争取民族自决权而进行的武装斗争外，明确规定了禁止使用武力的概念，这是国际法在制止战争方面的重大发展。第二次世界大战结束后进行的纽伦堡国际军事法庭对纳粹战犯的审判，以及远东国际军事法庭和中国审判战犯军事法庭对日本战犯的审判，是对上述国际法规定的重要实践。它们采取进步的法律观点，确认了侵略战争是最大的国际性犯罪，宣告了国际正义与和平的不容破坏。正如纽伦堡国际军事法庭美方首席起诉人罗伯特·H.杰克逊所说："对全世界来说，纽伦堡法庭判决的重要性并不在于它怎样忠实地解释过去，它的价值在于怎样认真地儆戒未来。"[1]1974 年 4 月 14 日，联合国大会最终通过了有关侵略定义的第 3314 号决议，规定"一个国家使用武力侵犯另一个国家的主权、领土完整或政治独立，或以与《联合国宪章》不符的任何其他方式使用武力"便是侵略，而且"侵略"的定义"绝不得解释为以任何方式扩大或缩小《宪章》的范围，包括《宪章》中有关使用武力为合法的各种情况的规定在内"，从而明确了使用武力的含义并保留了合法的自卫权利。[2] 至此，人类终于在战争方面完善了自己的行为规范。

---

① P. A. 施泰尼格尔编：《纽伦堡审判》上卷，商务印书馆 1985 年版，第 2 页。

② 王铁崖主编：《国际法》，法律出版社 1995 年版，第 620 页。

当然，必须指出的是，发端于战争之中，为了军事需要而发展起来的先进军事科学技术，不仅把常规战争全面推到了登峰造极的地步，而且由于核武器的出现而使人类第一次面临着核战争的毁灭性前景。因此无论是自觉还是不自觉，"在一个已经经历过两次世界大战并学会如何用核武器发动总体战的时代，维护和平已成为所有国家关心的首要问题"①。尽管战争并未从地平线上永远消失，局部常规战争有时亦相当激烈，但核武器的出现的确改变了战争的观念，和平需要以全人类的力量加以维护也逐渐成为人类的共识。各国人民与政府的维护和平、控制战争的意识都上升到了空前的高度，成为制约爆发大战特别是核战争的基本因素。

第三，雅尔塔体系所提倡的和平、民主、独立的原则，对战后世界的和平、民主、独立、发展有着极大的作用。从一定意义上说，它决定了战后世界和平与发展的主题。在《关于被解放的欧洲的宣言》中明确指出，要"致力于全人类的和平、安全、自由与普遍的福利"，要按照民主的原则解决获得解放的各国人民的迫切的政治与经济问题。② 在《联合国宪章》中规定，要"发展国际间以尊重人民平等权利及自决原则为基础的友好关系"。这些都不是说说而已的空洞口号。它们体现在对战败国的处置，并使之非法西斯化和政治经济民主化方面，也体现在给予被压迫民族的民族自决权和国家独立的支持方面，以及被托管地区的独立与自治方面。就这些方面来说，我们不妨与第一次世界大战后战胜国所建立的凡尔赛体系做一比较。凡尔赛体系根本不重视健全魏玛共和国的民主化进程，而是从战胜国的绝对利益出发，一味强迫它接受"有罪"之说，致使德国人民把战败带来的一切不幸统统归之于这个共和国，从而最终导致了纳粹的上台；对殖民地虽宣称给以民族自决

① 汉斯·摩根索：《国际纵横策论——争强权，求和平》，第32页。

② 这一宣言是雅尔塔会议公报的第五部分，全文见《国际条约集（1945—1947）》，世界知识出版社1959年版，第108页。

权，不过口惠而已，委任统治只是另一种殖民统治的形式。在凡尔赛体系下，战胜国只顾保护自己的和平与既得利益，不顾世界和平的维持。由此我们可以看出，雅尔塔体系与凡尔赛体系有着根本的不同。如果说凡尔赛体系是孕育了另一次世界大战的体系（这种看法无疑是正确的），那么对雅尔塔体系则不能做出这样的结论。

不仅如此，在雅尔塔体系演变而来的两极格局中，同时也蕴育着一个多极化的世界。

在雅尔塔体系下，欧洲特别是西欧在衰落中走向复兴。二战使欧洲遭受了灭顶之灾，它在地理上、政治经济制度上和意识形态方面都被一分为二，"被战火摧毁的幻灭的欧洲，匍匐在华盛顿和莫斯科的直接或间接的影响之下"，① 用戴高乐的话来说，欧洲"没有在这场赌博中抓到一张大国的王牌"。这种形势与人们所熟悉的 19 世纪和 20 世纪初欧洲全球霸权的格局实在是惊人的相反。当时，全世界的人们都已习惯于欧洲列强对整块整块的大陆进行瓜分，甚至认为这就是国际事务正常秩序的一部分。而这时发生的情况却恰恰相反：欧洲本身被外来的两个大国苏联与美国划分成东、西两大势力范围，无论欧洲的大国还是小国愿意与否，在决定其外交政策的时候，都不仅要考虑自己的国家利益和历史传统，也必须考虑东西方对峙这一重要因素；与此同时，欧洲的殖民地也纷纷起来造反，奋力摆脱宗主国的控制，并进而引发了"全球大分裂"。如果说第一次世界大战给欧洲带来的创伤使德国历史学家奥斯瓦尔德·施宾格勒感叹"西方的没落"的话，那么更多的人在目睹了第二次世界大战带来的更大的创伤之后则直截了当地认为二战后的欧洲已经死亡。

战后的西欧，处于美苏两极之间，依靠与美国的结盟和援助维持

---

① C. E. 布莱克：《再生：第二次世界大战以来的欧洲史》（Cyril E. Black, Rebirth: A History of Europe since World War II.），科罗拉多 1992 年版，第 48 页。

自己的生活方式，没有一个西欧国家可以担当欧洲复兴的重任，只有走联合之路。正是认识到这一点，战后的德国（联邦德国）和法国才决心消除长期困扰它们的纷争，摆脱束缚它们近一个世纪之久的宿怨，彻底和解。战后第一届西德总理阿登纳认为："法、德两国之间的良好关系就是任何一种欧洲联合的核心内容。"① 法国外长罗贝尔·舒曼也认识到："应该创造一种能使德国充满活力而又不对其邻国构成威胁的环境。"② 他认为，把法德两国的煤钢生产置于一个"高级机构"的领导之下，"由此而建立起来的统一生产，将使一个问题变得十分明白，那就是在法德之间任何战争不仅仅都变得不能想象，而且在物质上是不可能的"③。于是，他们从经济上的煤钢联营入手，启动了西欧的联合进程。西欧的联合，既是战后经济发展的必然趋势，也是国际政治斗争的要求，更是西欧的一种历史的觉悟。如果没有西欧各国对民族国家独立发展的必要尊重与支持，就不会有欧洲的真正联合；同样，如果没有对各民族国家绝对主权的必要而适度的限制，也不会有今日的欧洲联合。西欧的联合是一场通过经济合作和平实现的革命，为人类首先提供了一个区域化发展的实例。这一实践是欧洲历史的重要发展。正如欧洲联盟副主席里昂·布里坦爵士所说："欧洲联盟的实践是史无前例的，它未来的发展就像一次没有固定航标的远航，一次伟大的探险。"④ 不仅如此，西欧的联合还最终使西欧成长为相对独立于美苏两极之外的另一个世界级的力量，成为促进国际格局向多极化发展的动力之一。

与此同时，以中国的政权更迭为标志，亚太地区的变化同样翻天

---

① 康拉德·阿登纳：《阿登纳回忆录》第3卷，上海人民出版社1975年版，第3页。
② 皮埃尔·热尔贝：《欧洲统一的历史与现实》，中国社会科学出版社1989年版，第94页。
③ 约翰·平德编：《联合的大厦——欧洲共同体》，辽宁教育出版社、牛津大学出版社1998年版，第1页。
④ 1996年11月16日在北京大学历史系主办、欧洲联盟委员会驻华代表团资助的"欧洲历史上的分与合学术讨论会"上的讲话。

覆地。在雅尔塔会议上，希望获得苏联的合作以共同支持蒋介石在中国的领导地位，反对中国共产党对这种领导地位的挑战，是罗斯福之所以基本同意斯大林要求恢复俄国在日俄战争中失去的在中国东北的权益的重要原因之一。于是，美国、苏联和中国国民党相互协调了它们之间的政策，联手对战后的中国政治格局做出了安排，即中国东北和新疆地区成为苏联的势力范围，长城以南部分成为美国的势力范围。在这一安排中，实际将中国共产党置于从属于中国国民党的地位。但是，中国共产党清醒地认识到自己的处境，制定了正确的战略思想和斗争策略，充分利用国民党与苏联之间脆弱的同盟关系，利用国民党政府和苏联的关系所折射出来的美苏之间的矛盾，发展自己的力量。这样，在国际政治舞台上美苏冷战不断展开的同时，我们也看到在中国的政治舞台上中国共产党及其领导的武装力量的日益壮大，并最终夺取了政权，根本改变了雅尔塔体系所确立的亚太地区的政治格局。尽管在此后相当长的一段时期内中华人民共和国以"一边倒"的外交方针卷入了冷战的漩涡之中，但不可否认的是，它的国际政治经济地位也在坚决反对超级大国的强权政治和霸权主义的斗争中不断得到提高，不仅形成了自己的发展道路，而且成为国际事务中最不能被忽视的力量，从而极大地改变了国际力量的对比。当 1971 年 10 月 25 日中华人民共和国终于恢复了它在联合国内的一切合法权利的时候，全世界也看到了一个潜在大国在国际政治舞台上的崛起。今天，行进在改革开放中的、奉行独立自主和平外交政策的中国，正在作为保障亚洲和世界和平的重要大国，在积极参与建设国际政治经济新秩序的过程中尽到它责无旁贷的义务。

放眼亚非拉，伴随欧洲衰落的是新老殖民主义的式微和殖民体系的土崩瓦解，一系列民族独立国家矗立于世界民族之林。在第二次世界大战的隆隆炮火声中，为了彻底打败法西斯主义，罗斯福与丘吉尔于 1941 年 8 月发表的《大西洋宪章》宣布："尊重各民族自由选择其所赖以生存的政府形式的权利。各民族中的主权和自治权有横遭剥夺者，两国俱欲设法予以恢复。"① 苏联也发表声明表示支持，这给了殖民地人民的斗争以进一步的鼓舞。与此同时，与宗主国的士兵并肩作战的崭新战斗经历也进一步打开了殖民地人民的眼界，极大地提高了他们的觉悟，从朦胧的民族意识发展到独立和平等要求。于是，第二次世界大战之后，随着亚非拉地区经济的发展和民族主义思想意识更为广泛地传播，以及整个殖民主义体系的空前衰落，不可阻挡的卓有成效的民族革命浪潮席卷了欧洲所有殖民地，使非殖民化进程不仅完全不可逆转，而且速度不断加快。正如美国学者汉斯·科恩所说："自1945年以来的20世纪，已成为有史以来整个人类接受同一政治观念，即民族主义的第一个时期。"② 其结果是形成了20世纪最为壮观的第二次民族主义浪潮。在这次浪潮中，一些国家的政治家们动员了不同语言、不同宗教、不同社区的人民，发动了共同抵御外来势力，改变共同的被奴役命运，创立多民族的现代民族国家的斗争。于是，在短短20年间便使当年那些幅员辽阔的欧洲殖民帝国七零八落，全部消失，一百多个民族独立国家在这些帝国的废墟上拔地而起，以惊人的速度结束了欧洲自15世纪就开始构筑的世界殖民体系。今天，189面庄严绚丽的国旗在联合国的广场上飘扬，这是人类历史极其巨大的进步，也是20世纪的一个最伟大的划时代的变化。

不仅如此，这些获得独立的民族国家还使世界力量对比发生了深刻的变化，对战后的国际关系产生了重大影响。随着冷战在欧洲的展开并向东亚的扩展，在亚洲和非洲新独立的民族国家中产生了不愿意依附于两极格局任何一方的中立主义势力，这种势力随着冷战的不断展开而发展和联合，并通过1955年在万隆召开的亚非会议，第一次显示了自己的力量，而60年代出现的不结盟运动和"七十七国集团"的不断发

---

① 《国际条约集（1934—1944）》，世界知识出版社1961年版，第337—338页。

② 汉斯·科恩：《民族主义：它的意义和历史》（Hans Kohn, Nationalism：Its Meaning and History.），普林斯顿1955年版，第89页。

展壮大，则成为第三世界人民在国际政治经济舞台上冲击大国强权政治的民主力量。他们在要求和平解决国际争端，强调发挥联合国的作用，要求国际经济关系民主化等方面，扮演着越来越重要的角色。但是耐人寻味的是它们中的某些国家和地区也成为战后滋生局部热点战争与国际争端的温床。

产生于二战即将结束之时的联合国，作为战后最大最有影响的国际组织，既与国际联盟有着较为密切的历史渊源与联系，又有着根本的区别。国际联盟作为世界上第一个以维护和平与安全为宗旨的国际组织，反映了20世纪的世界已经发展为一个息息相关的整体的现实，是史无前例的国际政治的重要发展。但是国联的政治实践却否定了它所标榜的基本宗旨：它并不具有真正的普遍性，美国始终不是它的成员，苏联长期被拒之门外，日本和德国相继退出，不受约束；它作为英法等大国的工具，热衷于维护英法的利益，在保卫世界和平方面没有做出应有的贡献，反而在客观上助长侵略，最后自己也只有死路一条。然而联合国却完全不同。它在国联的基础上进行了前所未有的更高水平的实验。针对第二次世界大战对人类社会的大浩劫，它向世界提出了一个严峻的问题：如何避免使"后世再遭今代人类两度身历惨不堪言之战祸"？正是为了回答这个问题，反法西斯盟国一起筹建了联合国。它的诞生，顺应了时代发展的潮流，是战时盟国共同规划战后和平的雅尔塔体系的一项重大成就。今天已经包括189个国家参加的联合国的普遍性和广泛性自不必说，而且几十年来，尽管它也犯过种种错误，特别是在全面冷战的年代里，它曾在某种程度上成了一台由美国操纵的、苏联不断使用否决权的难以正常运转的机器，一度背离了联合国的宗旨，但是它在解决地区争端，维护地区和平，促进社会发展、人权以及非殖民化的进程等方面，仍然发挥了重要作用。随着冷战的缓和与终结以及世界朝多极化方向的不断发展，联合国在执行《联合国宪章》，在和平解决国际争端，促进世界的和平与发展方面更是功不可没。它对国际无政府状态的干涉，对经济落后地区的援助，对教育文化事业的关注，反映了历经战乱的人类理性正在做出正确的选择：较量与敌对将趋于缓和，竞争与交流将日居主导。今天，在维护世界和平与发展方面，联合国的作用应当得到进一步的加强。

综上所述，我们完全有理由说，正是在雅尔塔体系实际运作而导致的美苏对峙的两极格局之下，世界发生了更为深刻的变化。它蕴育了两极解体的力量，蕴育了在政治、经济、文化、意识形态、价值观念等方面的相互宽容态度，蕴育了世界格局多极化的发展方向。

后冷战国际关系的发展轨迹 *

20 世纪 80 年代末 90 年代初，以苏东剧变为标志，持续 40 多年的冷战终于结束。苏联作为一个超级大国的自行坍塌，使国际力量对比严重失衡。但是几乎与此同时出现的是经济全球化的浪潮，而冷战过程中已经显现的世界多极化趋势也在曲折中发展。自二战结束以来人类社会就向往的世界和平与社会发展，更为突出地成为时代的主题和世界人民的共同追求。

一、经济全球化潮流浩荡

（一）经济全球化的现实图景

经济全球化也就是世界经济一体化，它是一个发展过程，也是一个客观现实。尽管在理论上对于经济全球化还没有一个统一严格的定义，但是一般认为它至少包括两个基本含义：其一是指生产要素在世界范围内跨国界自由流动的不断加深，以寻求最佳配置；其二是指这些流动要遵守一定的共同规则。

---

* 本文原刊于《浙江学刊》2006 年第 3 期。

经济全球化作为一个历史发展过程，最早可以追溯到 15、16 世纪新航路的开辟和资本主义在西欧的兴起。从此，资本主义生产方式逐渐打破了农业经济时代的地方狭隘性，表现出一种外向的、突破国界的限制并走向全球的趋向。但是只有到 20 世纪 80 年代，各国经济才真正相互渗透和相互依存，趋于一体。正是在这种情况下，作为反映这一客观现实的"全球化"（Globalization）一词才被频频使用，而联合国秘书长加利也在 1992 年的联合国日（10 月 24 日）宣布：真正的全球化的时代已经到来。

90 年代以来经济全球化已经成为强劲的时代潮流，其主要表现是：

第一，以高科技为基础的生产带来了全新的国际生产分工体系，使其更加专业化和精细化，使产品的零部件和生产阶段具有越来越明显的可分性，使每个国家能够发挥其技术、劳动力成本竞争的优势。例如，波音公司生产飞机的零部件就来自十几个国家和地区；著名的电力和自动化技术集团 ABB 公司的总裁说过，"ABB 公司四海为家，是许多个国家的公司在世界范围内协作的联盟"。

第二，贸易国际化程度空前扩展。不仅世界贸易增长速度超过历史上的任何时期，而且世界贸易的增长率高于世界生产的增长率。1985—1995 年，世界贸易额平均增长约 5.5%，为同期世界生产平均增长率的 2 倍。另外，国际贸易出现新变革，高科技产品在出口中所占比重逐步提高，知识产权在世界贸易中越来越重要，各国对世界市场的依赖程度不断提高。

第三，国际投资迅速增加，范围遍及全球。1983—1995 年，国际直接投资年均增长 17.2%，大约是国际贸易年增长率的 1 倍。国际投资格局发生重要变化，发达国家投向发展中国家的资金数量增加，比重上升。从 80 年代到 1996 年，发展中国家吸引外资总量的比例从 25% 上升到 37%，促成了新兴资本市场的崛起。

第四，金融国际化程度日益提高。资金的交易额空前巨大，运作方式不断创新。互联网和"电子货币"的发展，使各国金融外汇市场瞬间沟通，处于 24 小时的全天候运行状态。

第五，跨国公司作为推动全球化的主要载体和承担者，在数量和规模上急剧增长，不仅控制着 90% 的生产技术和 75% 的技术转让，而且在对外投资方面也占到发达国家直接对外投资的 80%。近年来，一些发展中国家的跨国公司开始崛起，越来越多的大跨国公司迫于激烈竞争而实行跨国联合或并购重组，从而进一步加速了经济全球化进程。

如果说企业是经济全球化的主要动力，那么国际经济组织则在这个进程中起了推动和规范作用，这特别体现在 1995 年世界贸易组织的正式成立之上。

随着经济全球化进程的加速，二战后建立的关贸总协定的历史局限性日益突出：作为非正式生效的国际条约，关贸总协定从法律体系看是不统一不完整的；它的"例外条款"和一些"灰色区域措施"使合法与不合法的认定基准模糊；它的相对狭窄的管辖范围不能满足知识经济发展的要求，于是世贸组织应运而生。

世界贸易组织的成立标志着二战后建立的多边贸易体制迈进了"世界贸易法"的新里程。尽管它未能完全摆脱贸易大国的控制并面临全球发展的各种新问题，但是它能够通过法制化的协调与协商管理，通过全球资源的最佳配置实现世界经济的可持续发展。实际上，从关贸总协定和世贸组织的发展来看，尚无一个缔约方和成员方因为加入该组织后而引起该国经济的衰退，反而是加快了其经济的发展，这正是该组织不断扩大和发展的重要原因。

经济全球化的加速发展，同样对以国际货币基金组织和世界银行为代表的国际金融机构提出了新的问题和挑战。一方面，它们的作用日益重要。例如，到 1998 年，大约 90 个国家受基金组织的各种形式调整计划的影响，而世界银行则进一步将提供和组织的长期贷款投向发展中国家，以资助它们兴建某些建筑周期长、利润偏低，但又为该国经济和社会发展必需的建设项目；另一方面，它们在加强各国经济合作，应付金融危机，稳定金融秩序和管理国际资本流动方面力不从心，特别是基金组织的加权投票制①和贷款额与借款国在该组织中份额相联系的规定，使之一直更有利于发达国家的利益；它还通过在贷款时附加限制性条件而使发展中国家牺牲部分经济主权，因此国际社会要求其改革的呼声日益升高。

还必须指出的是，经济全球化是一把"双刃剑"，它在加快世界经济发展的同时，也在全球范围内扩大了贫富差距。一方面，发达国家在全球生产总值中占有 86% 的份额，在出口市场上占有 82% 的份额，它们的国民生活水平进一步提高；另一方面，虽然一部分发展中国家经济得到发展，但是大部分发展中国家仍然贫穷落后，全球仍有 13 亿人口生活在绝对贫困线以下。另外，全球化在创造更多的增长财富的机会的同时，又增加了经济失控的风险，1994 年墨西哥的金融危机，1995 年巴林银行的倒闭，1997 年东南亚的金融危机都证明了这一点。

因此，对主权国家来说，经济安全已经提升到十分重要的地位。发达国家如果不能有效地控制经济全球化的消极因素，最终会影响自身的发展；发展中国家在使自己进入世界经济主流的同时，也要清醒地看到它所带来的巨大挑战，并采取积极主动的措施趋利避害。特别值得注意的是，现行国际经济秩序中不适应全球化的方面已经不断暴露出来，并迫使人们反思国际经济"游戏规则"的公正性与合理性。越来越多的有识之士已经认识到：发达国家和发展中国家应当共同推动国际经济秩序的调整与改革，为建立一个在权利与义务平衡基础上的公平合理的国际经济新秩序而努力。

---

① 加权投票制度，是指每个成员国的投票权与其在基金的配额，即向基金的认股份额成正比。根据布雷顿森林会议，每个成员国有基本投票权 250 票，另外每增加相当于 10 万美元的配额，便增加 1 票。

（二）区域经济集团化的发展

区域经济集团化是指在特定区域内的若干国家或地区，为了对内加强经济合作，对外增强竞争能力以促进经济发展，通过签订条约或协定组建一定形式的区域经济合作组织，谋求区域内资源的最佳配置，形成各国经济政策和区域经济体制的某种程度的统一。

90 年代以来，区域经济集团化已成为不可逆转的潮流。一方面，原来已经建立并且成效较大的区域性经济集团在已有的基础上进一步发展，如 1993 年正式成立的欧盟和 90 年代扩大的东盟；另一方面，新的区域经济集团大量涌现，据世贸组织的报告，到 90 年代中期，全球已经建立区域性组织 109 个，其中 1/3 是在 1990 年以后的 5 年里建立的。据统计，几乎所有国家都参加了某项区域一体化计划，一些国家甚至参与了多项一体化安排。例如，美国和加拿大既是 1994 年生效的北美自由贸易区的成员，也是 1989 年成立的亚太经合组织的成员。另外，根据 1995 年世界银行的《世界发展报告》，1993 年属于世界上 7 个区域经济一体化组织的 69 个国家的国内生产总值已占全球国内生产总值的 96% 以上。

总之，经济全球化与区域经济集团化同步发展。尽管后者还带有某种程度的排他性和贸易保护主义色彩，但是随着区域之间合作的不断开展以及这些合作对全球化进程的进一步推动，上述的消极影响必将逐步得到克服。

二、国际格局多极化在曲折中发展

冷战结束之时，美国曾认为由其领导的国际关系体系的“单极阶段”终于到来了。但是，在经历了 90 年代的巨大动荡和不断调整之后，到 21 世纪初，自冷战时期就出现的国际格局多极化趋势已经明显呈现出"一超多强"的发展态势。

（一）美国谋求领导世界的全球战略调整

苏东剧变和冷战的终结以及海湾战争的胜利，使美国朝野不少人士认为，不仅"超越遏制"战略取得了成功，而且在这"百年一遇的机会"面前，只有美国具备领导世界的力量，于是建立"世界新秩序"的主张频频出现在美国领导人的讲话中。

1991年布什总统为《国家安全战略报告》所写的题为"世界新秩序"的序言中阐述了它的基本含义：世界所展示的机遇，使美国可以"按照自己的价值观和理想建立一种新的国际体系"，"在实现这一目标中，美国的领导是必不可少的"；建立世界新秩序的目的是为了维护美国的国家利益和安全，因此美国必须保持稳定的地区性均势以阻止某些大国追求地区性支配地位的可能，促进通过外交途径解决地区性争端；促进发展自由民主制度作为人权、经济和社会进步的最可靠的保证；援助反击威胁民主制度的侵略、高压统治、造反、颠覆、恐怖主义和非法毒品走私，同时支持促进经济发展和社会政治进步的援助、贸易和投资政策。

可以看出，"世界新秩序"是美国在冷战后提出的国家大战略的长期目标。它以美国在国际事务中的领导地位为核心，以美国的价值观和理想为指导，以建立一个符合美国利益的"稳定和安全的世界"为具体目标，最终建成"美国治下的和平"。

为了实现世界新秩序，布什政府进行了全方位的战略调整。

在安全与防务方面，其战略重点从冷战时期的以遏制共产主义蔓延和阻止苏联侵略转向以解决地区性冲突来"维持地区均势"，目的是"防止出现会对世界秩序形成威胁的新对手，防止任何有敌意的强国统治一个其资源将足以产生全球性力量的地区"。为此，90年代美国的军事战略要以"全球威慑、应急反应"为核心，在保持强大的现代化核威慑能力的同时，通过在美国认为至关重要利益的地区、特别是欧洲、东亚和中东保持美国的前沿军事存在，并通过调整其联盟战略特别是北约的战略，提高美军的应急能力。

在政治与外交方面，以新干涉主义为指导对外交政策进行调整。主要包括：在美国的领导下建立新的集体安全体系和伙伴关系，利用联合国和其他国际机构和地区组织，强制干预国际事务，甚至使用武力；突出军备控制和制止毁灭性武器扩散的重要性，加强已有的军控机制，并将不扩散作为判定一国国际行为优劣的标准，对美国认为有核扩散嫌疑的国家实施制裁；把在全球促进民主和人权作为一项基本国策，公开宣传人权高于主权，而且将其与美国的对外援助挂钩。

在经济方面，把提高综合国力、保持国际竞争力作为国家安全的重要目标，为此在1992年的《美国复兴日程》中提出"战略性全球经济和贸易政策"，包括建立北美自由贸易区，完成全球贸易谈判，建立跨大西洋和太平洋的自由贸易协定网络等，以期进一步推动自由贸易体制，为美国增加新的市场和就业机会。

1992年民主党人比尔·克林顿成为美国总统，1994年提出"参与和扩展战略"，这成为冷战后美国第一个全球战略的正式名称，并于1995年以美国《国家安全战略报告》的形式发表。所谓"参与"，主要包括两个内容：1. 强调美国的领导将使世界走出险滩并抓住机遇，美国在国外的积极参与和领导可以改变世界；2. 美国的参与必须谨慎选择，保护美国的利益。所谓"扩展"，是指"扩大这个世界自由市场民主制国家组成的自由大家庭"。可以看出，"参与和扩展战略"是布什政府为建立"世界新秩序"而进行的战略调整的继续和另一种表述。2000年克林顿政府发表《新世纪国家安全战略报告》，这是"为一个新的世纪探索具有前瞻性的国家安全战略"，它提出要在一个"动态的和不确定的、其间充满了各种各样的威胁和挑战"的安全环境中坚持"参与和扩展战略"。

2000 年，共和党人乔治·W. 布什（小布什）以极其微弱的多数当选为美国总统。2001 年 9 月 11 日，发生恐怖主义分子劫机撞向纽约世贸中心、造成大厦爆炸起火并最终坍塌、近 3000 人罹难的重大恶性事件。"9·11"事件是美国在和平时期遭受的最严重的恐怖主义袭击，它证明美国并不安全。

这次事件使美国的外交战略发生了引人瞩目的变化。2002 年小布什政府发表《美国国家安全战略报告》指出：美国现在面临的最严重的危险来自极端主义和技术的结合，并认为专制政权与恐怖主义同样危险；由于已经形成网络的恐怖主义分子获得大规模杀伤性武器的可能性增大，为了应付不测，美国将建立导弹防御系统，并在必要时单独采取行动向对手发动先发制人的打击；"9·11"事件根本改变了美国与其他大国的关系，为它们的合作提供了新的机遇。因此该战略为美国设定的三大任务是：通过打击恐怖主义和专制政权来保卫和平，通过在各大国之间建立友好关系来维持和平，通过鼓励各大洲自由开放的社会来扩展和平。

"9·11"事件后，美国于 2001 年 10 月发动了阿富汗战争，推翻了塔利班政权并打击了基地组织。2003 年 3 月，美国发动了伊拉克战争并推翻了萨达姆政权。与此同时，美国与其他大国包括中国的关系逐渐改善。

与美国的战略调整密切相关的是北约的战略调整。1991 年北约首脑会议通过《联盟新战略概念》文件，标志着北约新战略正式出台。该战略包括军事和政治两个方面，旨在把北约转变为一个政治军事组织。

在军事上，提出以在欧洲地区预防冲突、处理危机和解决地区冲突为主的"全方位应付危机"的"快速反应"战略，在 1992 年召开的欧安会上还决定，北约可以在欧安会和联合国的授权或允许下，参与北约防区以外的军事维和行动。这个决定实际解除了北约自建立以来不能在其域外采取行动的限制，为北约介入波黑战争和欧洲以外的冲突提供了依据。1998 年 2 月爆发科索沃危机，北约在没有联合国授权的情况下对南联盟的军事设施进行了打击。在政治上，提出"融合欧洲"战略，即将昔日的对手融合进北约的框架中，最终实现北约东扩并建立以北约为主导的欧洲安全体系。1999 年和 2004 年，捷克、波兰和匈牙利，以及罗马尼亚、保加利亚、斯洛伐克、爱沙尼亚、斯洛文尼亚、拉脱维亚和立陶宛成为北约的成员。

1999 年，在纪念北约成立 50 周年的会议上发表了《联盟的战略概念》文件。该文件作为北约 21 世纪战略的新构想，其核心内容是：1. 通过强调美欧在价值观上的一致性来提升北约的政治地位，并把北约的"集体防御"改为"捍卫共同利益和共同价值观"；2. 北约可以在其成员国以外地区（乃至欧洲以外地区）采取军事干预行动，其中包括对付大规模杀伤性武器的扩散、恐怖活动、民族矛盾的爆发和地区冲突等一切被认为是可能危及北约安全的威胁；3. 删掉 1991 年文件中关于"依据联合国宪章的基本原则"这一句，使其军事行动无须取得安理会授权，增加了采取行动的自由度。

（二）欧洲一体化和欧洲的新格局

1991 年欧共体签署《马斯特里赫特条约》，对即将建立的欧盟做出三大规定：建立经贸与货币联盟；建立司法与民政事务方面的合作机制；逐渐采取共同的外交和安全政策，以便"在国际舞台上弘扬联盟的个性"，并第一次表示要使欧盟获得防务能力和手段的愿望。因此《马约》的上述规定便形成了欧盟的大支柱，其中第三点清楚地说明欧盟希望在多极世界中占有一极的位置。

科索沃战争和美国在解决这一问题时所处的主导地位，促使欧盟将共同外交与安全政策发展为共同防务政策。2000 年欧盟签署《尼斯条约》并通过《欧洲安全和防务政策报告》，决定 2003 年前组建自己的"6 万人的快速反应部队"。同时，欧盟各国积极推进军事改革，加强军工合作，扩大合并规模。如法国、英国和意大利的航天航空公司合并，成为世界第二大航天和军工集团，在制造飞机、导弹系统、反舰装置等方面可与美国同类公司相匹敌。2003 年 3 月 31 日，欧盟部队正式接替在马其顿的北约部队，首次在欧洲地区执行军事维和任务，是欧盟在共同防务方面迈出的重要一步。当然，由于在共同防务问题上的难度远甚于经济的一体化和政治的合作，欧盟要达成真正的一致还需要相当长的时间，在伊拉克战争前后欧盟国家特别是英国与法德之间的意见分歧就充分说明了这一点。

欧盟面临的另一个新问题便是中东欧国家加入的问题。1995 年和 2004 年，欧盟相继接纳奥地利、瑞典和芬兰，以及马耳他、塞浦路斯、波兰、捷克、匈牙利、拉脱维亚、立陶宛、爱沙尼亚、斯洛文尼亚和斯洛伐克，使其成员国扩大到 25 个。欧盟的东扩不仅带来新的市场和更大的安全、稳定和繁荣，而且一个以欧盟为核心的大欧洲将在国际事务中发挥越来越重要的作用。

（三）举足轻重的俄罗斯

随着苏联的解体，继承了苏联遗产主要部分的俄罗斯作为新的国际法主体登上国际舞台。面对全新的国内外形势，在推动国内政经体制转轨的同时，俄罗斯的对外政策也几经调整。这种调整经历了向西方"一边倒""多极化外交"和"务实外交"等不同的阶段。

俄罗斯独立之初至 1993 年，主要实行向西方"一边倒"的外交政策。这一政策的实质是以西方的政治经济模式为价值取向全面改造俄罗斯社会，力图消除与西方的对抗并融入西方，争取得到更多的西方援助。于是从 1992 年起，俄罗斯对内推行"休克疗法"和大规模私有化改革，对外积极谋求与西方发达国家建立"战略伙伴"关系，并于 1993 年与美国签署了《第二阶段削减战略武器条约》，俄罗斯同意全部销毁其战略武库中的陆基多弹头洲际导弹，而美国则在舰载和机载核武器方面做出让步。但是西方所应允的经济援助却口惠而实不至，1992年提出援助240亿美元，实际兑现了150亿美元，1993年提出430亿美元的援助计划也只有50亿美元到位。特别是1993年开始酝酿的北约东扩，实际将俄罗斯置于潜在敌人的位置上。俄国内对一边倒向西方的政策普遍不满，要求调整外交政策的呼声日益增高。

1993年，俄罗斯外交政策开始有限调整。主要内容是：对美国在波黑问题上的政策和对利比亚的制裁提出不同意见；把与独联体国家的关系提上日程，要求西方承认俄罗斯对维护该地区的和平与稳定"负有特殊责任"；在一定程度上强化"东方外交"，重新定位对韩国、中国、印度、朝鲜、蒙古、越南等国家的关系，体现"双头鹰"特征；明确反对北约吸收东欧国家，使北约不得不暂时推迟东扩。这些调整为后来的多极化外交调整奠定了基础。

1996年俄罗斯正式提出世界正在向多极化过渡的思想，在叶利钦总统的国情咨文中都把建立多极化的国际关系体系作为俄罗斯对外政策的目标。于是，俄罗斯在加速推进独联体一体化的同时，通过1996年中俄哈吉塔五国在上海形成的元首会晤机制（后发展为上海合作组织）来维护中亚的和平、安全与稳定，并与欧盟、东欧国家、中国、印度、拉美、非洲展开了全方位外交活动。

2000年新总统普京在继续进行"多极化外交"的同时，抛弃了不切实际的"超级大国"情结，实行战略收缩，明确提出外交为发展经济增强国力服务，在国际事务中既坚持独立立场，又执行最大限度地避免冲突的方针，特别是不同美国对抗。例如："9·11"事件发生后，俄罗斯在美国推翻阿富汗塔利班政权的军事行动中提供了必要的援助；在美国宣布退出1972年的《反弹道导弹条约》后，普京发表电视讲话指出，美国的退约行为是"错误的"，但俄罗斯拥有独立的导弹防御系统和足够的导弹进攻能力，因此"美国退约不会对俄罗斯国家安全构成威胁"。

但是，伊拉克战争爆发前，俄罗斯表示不会支持任何"将直接或间接导致爆发伊拉克战争的决定"，"如果有必要，莫斯科可能会行使否决权"，显示了俄罗斯反对美国单边主义的立场；俄罗斯还希望由联合国监督伊拉克的重建工作。普京外交被称为"务实外交"，其实质是使俄罗斯在国际事务中最充分地发挥作用。

（四）谋求政治大国的日本

冷战结束后，日本继续在国际事务中追求大国地位，主要表现在以下方面。首先，日本要求成为联合国安理会的常任理事国。1991年日本正式提出这一愿望，从此便成为日本外交的重要目标。但是，日本作为二战中的战败国要实现这一目标，就必须要促成联合国同意删除《联合国宪章》中的"敌国条款"。日本至今仍在为此而努力。

其次，要求修改《日本国宪法》，摆脱第9条的限制①，使日本成为"普通国家"（或"正常国家"），这也是日本要成为常任理事国所必需的。90年代日本通过派出自卫队参加多国部队在海湾的扫雷行动，以及向柬埔寨、莫桑比克、中东等地派出2000多人次的自卫队执行任务，实际突破了这一限制。1997年日美签订《新防卫合作指针》，引入概念模糊的"日本周边事态"，将日美安保体制的地理范围扩大到整个亚太地区。"9·11"事件发生后，日本迅速通过《恐怖对策特别措施法案》及其他相关法案，使日本首次实现了战时向海外派兵。2004年日本正式向伊拉克派遣了自卫队从事人道援助重建活动，进一步突破了宪法第9条的限制。因此，国际社会十分关注日本的修宪意图，担心日本要重

---

① 1946年5月开始实施的《日本国宪法》第9条规定，日本"永远放弃以国权发动的战争、以武力威胁或武力行使作为国际争端的手段"，为达到这一目的，日本"不保持陆海空军及其他战争力量，不承认国家的交战权"，并且要将国家的防卫力量保持在自卫所需要的最小范围内，不向"海外派兵"。正由于有这一条提供的法律保证，日本才在战后得以重返国际社会，实现经济腾飞，因此该宪法也被称为《和平宪法》。

新成为军事大国。

第三，推行"大国外交"，力图在国际舞台上发挥大国作用。为此，日本发展与中国、韩国及东南亚国家的经济关系，介入朝鲜核危机的解决，积极参加亚太经合组织和东盟地区论坛的活动，并且以西方的价值观念为基础，以日美关系为基轴，加强日欧关系，构筑美、欧、日三极结构。

但是，能否通过深刻的反省彻底摆脱其历史问题的束缚，在真正取信于周边国家的基础上发挥更大的国际作用，能否坚持和平发展路线，是日本在21世纪必须解决的外交课题，也是日本能否成为被国际社会承认和尊重的政治大国的关键。

（五）继续改革开放的中国

苏东剧变对中国的改革开放政策造成很大冲击。但是在邓小平"冷静观察、沉着应付、稳住阵脚、韬光养晦、有所作为"的战略方针指导下，中国经济持续增长。2001年中国正式加入世贸组织，向世界表明了进一步改革开放的决心和信心。2003年"神舟五号"飞船实现了载人航天飞行，使中国成为世界上第三个航天大国。到2005年，中国经济总量已排名世界第六，贸易额为世界第三。在此期间，中国积极参加亚太经合组织的活动，在1997年亚洲金融危机时保持人民币不贬值，显示了中国在世界经济领域的高度负责与合作态度。

冷战结束后，国际安全形势变化很大，一方面发生世界大战的可能性更小，另一方面原来在冷战掩盖下的民族、宗教、领土等因素已经成为局部冲突的主要根源。在这种情况下，中国对建立国际安全机制的认识有了进一步深化，即除了各国要共同遵守和平共处五项原则之外，中国与其他国家特别是同大国之间也要建立某种安全对话机制，以保持经常的信息沟通，达到相互理解并最终达到相互信任的目的。于是，从90年代中期开始，中国进一步开展全方位外交，与各大国的首脑会晤增多，并与俄罗斯、美国、欧盟、法国、德国、英国、东盟、日本、中亚各国、加拿大、墨西哥、韩国等建立了不同层次的战略合作伙伴关系。

与此同时，中国积极推行多边外交，高度重视联合国在国际事务中的地位和作用。作为安理会常任理事国，中国认真履行有关职责，为维护国际和平与安全，为推动重大地区冲突公正合理的解决做了大量工作，展现了中国的大国风范。另外，为了解决人类共同面临的一系列重大国际问题，中国广泛参与多边经济、社会领域的各项活动，促进国际合作。在中国的倡议下，在2000年举行的联合国千年首脑会议期间，五个常任理事国的首脑成功地举行了历史上的首次会晤。

"9·11"事件发生后，中国明确谴责国际恐怖主义，支持在联合国的框架内解决问题。在解决朝核危机问题上，中国发挥了独特而重要的作用，进一步树立了负责任的大国形象。

三、任重道远的联合国

冷战的结束使联合国摆脱了美苏对抗的制约，大国关系发生了巨大变化并加强了国际安全领域中的合作，也使许多热点问题在联合国的直接参与推动下取得了突破性进展，一半以上的国家间冲突在联合国的调解下得到解决。但是后冷战出现的许多新问题和新变化，都对联合国提出了更高的要求。人们期待着联合国能在维护世界的和平与发展、建立国际新秩序方面发挥更大的作用，并为此而将联合国机制的改革提到了议事日程。

（一）联合国的维和行动

所谓联合国的维和行动，是指根据安理会或大会决议，由联合国所从事的，向冲突地区派遣不具有强制力的军事人员以恢复和维持和平的行动。维和行动不仅是联合国最成功的创新活动之一，更成为联合国集体安全制度下的重要机制之一。据统计，从 1948 年到 2005 年，联合国共采取了 60 项维和行动，其中 1948—1988 年（第一代维和行动），共实施 17 项；1989 年至今（第二代维和行动），共实施 43 项。这些维和行动不仅是使局部战争逐步降级和控制冲突恶性升级的十分有效的手段，而且以既非和平又非武力的独特方式使安理会的影响伸展到冲突的当地。目前正在进行的维和行动有 16 项，"蓝盔"已成为维护和平的使者，寄托着冲突地区人民对和平的渴望。

第二代维和行动具有一些新的特点：第一，维和逐步转向以介入国内冲突为主；第二，维和的强制因素增加，维和人员的伤亡也明显增加；第三，维和超出传统的单纯军事行动的范围，被委派执行当地重建与复兴的多重任务；第四，大国在维和行动中扮演越来越重要的角色。

第二代维和行动既有成功的经验，也有挫折和教训。1992—1995 年在马其顿的维和行动是联合国维和史上第一次预防性行动，它遏制了周边国家的战火向马其顿蔓延，使马其顿成为炮火纷飞的前南地区的一片"和平的绿洲"；1992—1993 年在柬埔寨的维和行动促成了有关各方的和解，组织和监督了当地的大选，帮助柬埔寨人民重建起一个合法的国家机构，使柬埔寨的和平基本得到实现。但是 1992—1995 年在索马里的行动既未达到预定目标又伤亡惨重。但是实践证明，维和行动是联合国对国际和平与安全最重要的持久的贡献，21 世纪的国际社会仍然需要联合国的维和行动。

（二）国际裁军与军备控制

联合国自成立以来一直重视裁军和军备控制，曾分别于 1978 年、1982 年和 1988 年召开三届裁军特别联大，并于 1969 年、1979 年和

1990 年宣布三个裁军十年，号召国际社会通过裁军实现真正的和平与安全。但是在冷战时期联合国的工作中，裁军是其最棘手、最少成效的领域。

冷战结束后，国际裁军与军控格局也向多极化转变，其主要目的也从重点防止美苏爆发核战争和在欧洲发生大规模常规战争转变为重点防止大规模毁灭性武器的扩散、制止地区军备竞赛、防止地区武装冲突和限制常规武器转让等等。因此联合国在裁军和军控领域的影响明显加强并取得重要进展。其中有：1993 年包括中国在内的 100 多个国家在巴黎签署了《关于禁止发展、生产、储存和使用化学武器及销毁此种武器的公约》，于 1997 年 4 月正式生效；1995 年联大以协商一致的方式，同意无限期延长 1970 年生效的《核不扩散条约》，同时强调加强对条约的审查制度；1996 年联大通过《全面禁止核试验条约》并在联合国开放签署。①

近年来，联合国日益关注防止大规模杀伤性武器扩散、核裁军、防止外空军备竞赛、地雷、小武器等问题，为全球安全做出了贡献。

（三）全球经济和社会发展

推动全球经济社会发展是《联合国宪章》的重要宗旨之一。在这方面，联合国的最重要的贡献，是它在半个多世纪中所形成的丰富的发展思想和发展战略。从 20 世纪 60 年代起，联合国连续发起四个"十年国际发展战略"，其中最重要的是 90 年代确立的从环境保护与发展协调一致的原则引申出的可持续发展战略这一全新的发展观。

---

① 美国签署了该条约，但是 1998 年 5 月和 6 月印度和巴基斯坦相继进行核试验之后，美国参议院于 1999 年 10 月拒绝批准该条约，使该条约未能生效。中国对印、巴进行的核试验进行了严厉谴责，并与安理会其他国家一道通过决议，要求两国停止核试验，立即无条件加入《核不扩散条约》和《全面禁止核试验条约》，反映了国际社会的潮流与共识。

1992 年联合国环境与发展大会通过《21 世纪议程》，提出环境与发展不可分割，要为保护地球的生态环境、实现可持续发展建立"新的全球伙伴关系"的主张。1997 年联大通过《发展纲领》，指出发展与和平是密切相关的两个问题，应当受到同样的重视。2000 年联合国千年首脑会议确定了千年发展目标，向贫困、疾病、环境污染等发展问题宣战。千年发展目标已成为国际发展合作里程碑式的文件。

（四）联合国的改革

二战结束时建立的联合国带有那个时代的特点也带有那个时代的缺点，显然不能完全适应后冷战时期出现的新挑战，因此国际社会要求联合国改革现行机制的呼声日益高涨。

联合国的改革异常复杂，主要集中在三个方面：1. 机构改革。主要是精简机构，提高工作效率。2. 改组安理会。包括扩大安理会的组成，增设常任理事国，使之具有广泛的代表性并能反映国际力量结构的变化。3. 加强联合国从事预防性外交、建立和维持和平的能力。

从 1992 年起，加利秘书长首先精简和改组了秘书处，减少了不必要的官僚层次。1995 年，加利又提出全面改革计划，以裁减费用，加强内部监督为重点。1997 年安南秘书长提出《革新联合国：改革方案》报告，被称为"一揽子改革方案"并被第 54 届联大通过。但是涉及须经全体成员国讨论和同意的安理会的改革至今仍然在讨论之中，特别是增加常任理事国的席位这一关键问题，尚未取得一致意见。

安理会改革的焦点集中在两个问题上。其一是安理会的扩大。一些发达国家如德国和日本强调自己的实力和对国际社会的贡献，要求成为常任理事国，一些发展中国家认为不能把安理会变成"富国俱乐部"，要求按地域增加发展中国家的成员；其二是改革安理会的决策程序，关键是常任理事国的否决权。许多国家主张限制甚至取消否决权。

五大国对安理会扩大问题的态度并不相同，但是有一个共同点，就是都要保持自己在安理会的地位不变，并主张新增常任理事国不一定拥有否决权。中国支持联合国的改革与安理会的扩大，但反对仓促行事；对于那些在《宪章》中被确定为"敌国"的国家成为常任理事国，应看其对发动二战的侵略行为的认罪态度；否决权是历史的产物，既有保持大国均势的现实主义考虑，又有保持大国合作实行集体安全的理想主义成分，到目前为止，仍基本符合世界政治的现实情况和多极化的发展方向，因此在现阶段既不能取消，也不能扩大，而是应当作出一些防止滥用否决权的规定，同时也反对绕开联合国而擅自采取军事手段解决争端。

值得指出的是，在联合国千年首脑会议上，五个常任理事国的首脑已经庄严承诺："在进入21世纪之际，将致力于确保联合国更加强大、更加有效、更有效率"，将"与全体会员国一道加强联合国的作用、维护安理会的权威、捍卫《联合国宪章》的宗旨和原则"。因此，人们有理由相信，联合国将会通过改革而不断自我完善，从而使国际关系进一步走向体制化。在这个国家之间的相互依存关系日益加强的世界里，这也是联合国不可回避的历史使命。

四、地区冲突及其解决途径

冷战结束后，国际形势中的不稳定因素增加，并引发了一些新的地区冲突与局部战争。但是，这些冲突和战争并没有发展成大规模的区域性战争，更没有发展成世界大战，从发展趋势来看，国际社会更可能通过政治与和平的手段来解决它们。

柬埔寨问题自1978年越南在苏联的支持下出兵柬埔寨以后，柬埔寨问题就成为牵动国际局势的热点问题。中、苏、美、越、柬、法、联合国和东盟等多方经过相当复杂的谈判之后，终于在1991年10月签署了《巴黎柬埔寨和平协议》。该协议作为一个地区冲突通过国际间的合作得以和平解决的成功范例而载入史册。

波黑内战与科索沃战争随着南斯拉夫社会主义联邦共和国的解体，波黑境内的穆斯林、塞尔维亚人、克罗地亚人在波黑是否独立的问题上意见分歧，民族矛盾激化，最终导致了大规模内战。1995 年根据美国提出的一揽子方案并在美国的主持下，南联盟塞尔维亚、波黑和克罗地亚三方在美国代顿空军基地达成了《波黑和平协议》，将波黑分为各占 51% 和 49% 的穆克联邦和塞尔维亚共和国组成的联邦国家，并由北约在波黑部署 6 万名维和部队。《代顿协议》结束了战后欧洲历史上最复杂而残酷的战争，为波黑带来了和平。

在波黑局势趋于稳定之时，南联盟境内科索沃地区阿尔巴尼亚人和塞尔维亚人之间的冲突却不断激化，并导致科索沃危机爆发。1999年 3—5 月北约在未经安理会授权的情况下，对南联盟进行了持续 78 天的轰炸。6 月 10 日安理会通过决议，决定实施《朗布依埃协议》的基本要点；北约停止对南联盟的轰炸；南联盟军队完全撤出科索沃后全面停止军事行动。6 月 12 日，以北约为主导的维和部队进驻科索沃。科索沃危机终于在联合国的参与下获得解决。

阿富汗战争

90 年代，居住在阿富汗受到塔利班政权保护的恐怖主义组织"基地"组织在其领导人本·拉登的领导下，涉嫌参与了一系列针对美国的恐怖袭击，并参与了"东突厥斯坦"伊斯兰运动在中国新疆、车臣恐怖主义分子在俄罗斯和伊斯兰极端主义分子在中亚国家的恐怖主义分裂活动。"9·11"事件发生后，美国认定此事件为"基地"组织所为，并在得到国际社会的同情和支持下，于 2001 年 10 月发动了推翻塔利班政权的战争。战后在联合国的参与下，阿富汗成立了以卡尔扎伊为总统的政府，2004 年 1 月阿富汗大国民会议通过了战后的首部宪法。尽管新政权还面临许多问题，但是它毕竟是在阿富汗建立的一个当地政权并正在对国家进行和平重建。

海湾战争与伊拉克战争

1990年伊拉克大举入侵科威特并宣布将其吞并，引起各国舆论哗然，举世震惊。美国出于战略利益考虑，在开展频繁外交活动的同时，向海湾大规模集结兵力。在伊拉克反对做出一切退让之后，1991年美、英、法、意、加、沙特和科威特等多国部队对伊拉克发动了42天的军事行动，恢复了科威特的独立和主权。

"9·11"事件发生后，美国公开将推翻伊拉克萨达姆政权作为继阿富汗战争后第二阶段的反恐目标。2003年在未经安理会授权的情况下，美国以伊拉克拥有大规模杀伤性武器为由，与英国发动了对伊拉克的战争并推翻了萨达姆政权。这场战争显示了布什政府在对外政策中采取单边主义的行动倾向。

2004年美军逮捕了伊拉克前总统萨达姆·侯赛因。2005年伊拉克组成了过渡政府，10月通过了新宪法，12月举行了议会选举。伊拉克制宪过程的进展，反映了该国人民人心思变，人心思定，人心思和的心愿。但是美英在伊拉克的军事占领并不顺利，频频遭遇恐怖袭击，美军死亡人数已经超过战时，而且美国发动对伊战争的理由正在遭到质疑。

中东和平进程举步维艰

海湾战争结束后，美国企图通过解决阿以冲突在中东建立以美国为主导的和平，并确定以安理会决议为基础，即以"土地换和平"的原则建立中东的全面和平。1993年，巴以在奥斯陆就加沙地带和杰里科先行自治问题达成协议。

1995年，以色列总理拉宾被犹太极端分子阿米尔所杀害，中东和平进程受挫。2000年，以色列利库德集团领袖沙龙突然进入耶路撒冷东区的阿克萨清真寺"访问"并宣布耶路撒冷是以色列"永久的统一首都",引发了巴勒斯坦人的"阿克萨大起义",双方流血冲突不断。2001年,沙龙成为以色列总理,巴勒斯坦激进势力的"人体炸弹"和沙龙政府的以暴易暴,以及后来建立"隔离墙"的政策使形势继续恶化。

2003年,美国在伊拉克战争结束、阿巴斯就任巴勒斯坦总理的情况下,提出美国草拟的、以彻底解决巴以冲突和帮助巴勒斯坦建国为最终目标的中东和平"路线图"。2004年11月11日阿拉法特逝世,随后沙龙艰难启动了单方面撤离加沙的行动。2006年1月4日沙龙患病住院,生命垂危,中东和平之路仍相当遥远。

朝核危机与六方会谈

90年代,围绕朝鲜发展核技术并在接受核查问题上与美国的矛盾,曾于1993年爆发第一次朝核危机。虽然在中国的斡旋下两国签订了《框架协议》使第一次朝核危机得以化解,但是美国承诺的核电站建设进展缓慢,朝鲜则秘密恢复核计划。

"9·11"事件发生后,美国将朝鲜列为"邪恶轴心国""失败国家",并追究朝鲜秘密恢复核计划的"违约责任",朝方始则否认,后则承认确有其事,于是美国停止每年对朝鲜提供50吨重油,而朝鲜则重新启动核设施。2003年朝鲜又宣布退出《核不扩散条约》,美国则以大规模军事演习、向日本韩国增派军事力量相威胁。朝核危机再次爆发。

伊拉克战争打响后,朝鲜表示有意接受美国主张的多方会谈,但宣布自己已经拥有核武器,对此美国表示"决不容忍",韩国、日本、俄罗斯也都表示反对。中国作为朝鲜的近邻,主张维护朝鲜半岛无核化,但朝核问题要通过对话和平解决,要维护半岛的和平与稳定,并解决朝鲜对安全的担忧。由此可见,维护朝鲜半岛的无核化,通过外交手段和平解决朝核问题已成为有关各方的共识。

于是,从2003年8月开始,美、朝、中、韩、日、俄已经在北京进行了四轮旨在解决朝核问题的六方会谈，第五轮六方会谈第一阶段会议也于 2005 年 11 月在北京闭幕，但目前尚未就何时召开第二阶段会议达成一致意见。

五、和平与发展的时代主题

在迄今为止的人类历史长河中，世界大战是 20 世纪才出现的现象。二战结束后，尽管发生了冷战和各种局部热战与冲突，但是 60 年来无大战也是一个基本的事实，在经济全球化与世界多极化的发展大潮中凸现出来的是和平与发展的时代主题。

时至今日，经济全球化的进程已不以人的意志为转移，各国的经济生活中已经形成了你中有我，我中有你，不可分割的局面。在国际竞争日趋激烈之时，国际合作也成为必须之事。正是这种相互依存的国际经济关系，形成了呼唤和维持世界和平的重要因素。

发端于战争之中，为了军事需要而发展起来的先进军事科学技术，不仅把全面常规战争推到了登峰造极的地步，而且由于核武器的出现而使人类第一次面临核战争的毁灭性前景，因此维护和平已成为所有国家关心的首要问题。尽管战争并未从地平线上永远消失，局部常规战争有时亦相当激烈，但和平需要以全人类的力量加以维护也逐渐成为人类的共识。

人类在付出两次世界大战的巨大代价之后，越来越希望通过外交手段来解决国际争端。伴随着冷战的发展、缓和与结束，妥协方式也越来越成为解决国际纠纷的常规手段。90 年代以来，这种妥协的实例比比皆是：联合国的大多数决议，欧洲联合的进程，世贸组织对争端的解决，中美关系的改善，亚太经合组织的不断发展，一些地区和国家武装冲突的政治解决……今天，妥协意味着任何国家都不能以自己的意志强加于人，意味着参加谈判的国家在捍卫自己的核心利益的同时，必须承认和照顾谈判对手的合理利益，意味着谈判双方在各自所希望得到的东西之间实现某种有取有予的平衡，意味着反对和抵制国际关系中的任何霸权主义、强权政治和单边主义倾向，反对动辄使用武力或以武力相威胁。妥协是斗争结果的另一种形式。

二战结束以来，由于长期保持和平的国际环境，世界范围内的经济、政治、社会、科技、文化等各方面都获得了惊人的大发展。尽管发展极不平衡，但是不可否认，这种发展已经极大地改变了世界的面貌，使人类文明进入了一个全新的阶段。当今世界，资本、技术、信息的高速流动进一步加深了各国之间的相互依存程度，只有在和平的情况下多国分工协调合作，才能实现可持续发展，已经成为各国人民和政府的又一共识。

但是，和平需要维护，发展需要继续。今日之世界并不太平，恐怖主义危害加大，各种局部冲突和战争此起彼伏，大规模杀伤性武器还在危及人类的安全，核威胁依然存在，核扩散也在继续，传统安全因素和非传统安全因素相互交织；与此同时，跨国犯罪猖獗，南北差距拉大，环境污染与生态失衡，资源枯竭与能源危机，人口爆炸与粮食短缺，毒品、艾滋病和禽流感……这些足以使我们这个蓝色星球毁灭的各种难题已经摆在了人类面前。这些问题，超越了任何一国的利益，也非任何一国所能解决，不管它是多么的强大。实际上，世界各国在解决这些问题方面有着共同的利益，而这个共同利益则应当反映在超越特殊的国家利益的共同政策之上。正由于此，各国政府和人民应该更加理性地运用自己的聪明才智，抛弃种种极端的观念和单边主义的政策，携手攻破一个个难题。唯有如此，才能保持世界的整体和平，实现各国人民的共同发展。

中国与战后国际秩序的关系演变：
回看历史启示未来 *

第二次世界大战已经结束近 70 年，战争后期反法西斯大同盟建立的以雅尔塔体系为代表的战后国际政治秩序和以布雷顿森林体系"三驾马车"（国际货币基金组织、世界银行和关贸总协定）为代表的战后国际经济秩序，虽然经历了国际形势的巨大变化，其自身也有过多次改革，但是它们所代表的战后国际秩序的基本原则，仍然主导着今天的国际关系。然而，当我们回看历史的时候，我们就会发现，中国作为积极参与构建战后国际秩序的国家，与这一国际秩序的关系却经历了从构建者之一到被排斥者和挑战者再到参与建设者的不同寻常的变化。这些变化是怎样发生的？对中国与国际社会未来关系发展又有着怎样的启示作用？

自从民族国家出现以来，大国就是建立国际秩序的主要力量，决定着国际秩序的基本内容，大国之间的力量对比发生重大变化以及具有全局性的国际事件，是推动国际秩序演变的决定性因素。从历史上看，17 世纪经历三十年战争后以法国、瑞典、奥地利、普鲁士、西班牙、英国、俄国为主构建的威斯特伐利亚体系，19 世纪经历拿破仑战争后

---

* 本文原刊于《近代史研究》2013 年第 6 期。

以英国、法国、俄国、奥地利、普鲁士为主构建的维也纳体系，第一次世界大战后以英国、法国、美国、意大利和日本为主构建的凡尔赛—华盛顿体系[①]，均是当时大国力量相对平衡的产物。通过这样的历史长镜头，我们可以看到，第二次世界大战使大国的力量再次发生了重要的甚至是根本性的消长变化：欧洲国家被彻底削弱，美国和苏联真正崛起为超级大国，原本被列强欺辱的中国则通过全国的坚持抗战，不仅赢得了国家的独立，更赢得了与美国、苏联、英国一起构建战后国际秩序的四大国之一的国际地位。从 1942 年的《联合国家宣言》、到 1943 年的修订新约和开罗会议、再到 1944 年筹建联合国的敦巴顿橡树园会议和1945 年联合国制宪会议，我们都看到了中国的身影和发挥的重要而独特的作用。中国在参与构建战后国际秩序的过程中，不仅废除了列强对中国的不平等条约体系，在国际法上明确了日本窃取于中国的领土，如东北、台湾、澎湖群岛等都将归还中国，使中国的领土完整得到了庄严的国际保证，而且成为联合国的五个常任理事国之一，为中国在国际事务中发挥积极作用奠定了基础。另一方面，尽管那时的中国仍然贫弱，也积极参与了战后国际经济秩序的建设，成为布雷顿森林体系的创始国之一。

1949 年新中国的诞生，带来了中国与国际秩序之间关系的巨大变化。尽管新中国的领导人提出"另起炉灶""打扫干净屋子再请客"的外交方针，并不排斥与西方国家打交道，但是在中国内战刚刚结束敌对情绪尚未消解的氛围中，在美苏冷战最为激烈的国际形势下，在中国共产党的意识形态与当时苏联的意识形态有所吻合的情况下，在新

[①] 需要指出的是，尽管当时的苏俄被排斥在外，但也以独特的方式影响了该体系的建立。曾作为威尔逊总统的助手之一参加巴黎和会的新闻秘书 R. S. 贝克尔（R.S.Baker）写道："俄国问题对巴黎会议的影响是深刻的，没有莫斯科就不能理解巴黎。布尔什维克和布尔什维主义虽然在巴黎不曾有代表，然而经常都是强有力的因素。……俄国在巴黎起了比普鲁士更为重要的作用。" R. S. Baker ed., *Woodrow Wilson and World Settlement*, Vol.2, New York, 1922, p.64.

中国既要维护民族独立主权完整又要巩固新政权进行经济建设的历史任务面前，新中国的领导人在当时的外交选择极其有限的现实面前，还是提出了"一边倒"向苏联的外交方针，这一方针又被朝鲜战争的爆发而一度得到强化，使中美两国在很长一段时间内不能发展正常的国家关系，反而陷入尖锐对抗，中国也被西方国家排斥在国际体系之外。

现在回看起来，从1949年到"文化大革命"结束，我们可以看到中国与战后国际秩序关系发展的两个方面。

一方面，中国作为一个被排斥者，在"四海翻腾云水怒、五洲震荡风雷激。要扫除一切害人虫，全无敌"的革命豪情鼓舞下，以一个批判者和挑战者的姿态，坚决反对"帝修反"，批判两个超级大国控制的或由西方主导的国际秩序，前者如联合国，后者如三大国际经济组织，主张建立国际政治经济新秩序。

另一方面，我们也看到三个比较突出的现象。

第一，中国积极倡导"互相尊重主权和领土完整、互不侵犯、互不干涉内政、平等互利、和平共处"的和平共处五项原则，以及在国家关系中求同存异、大小国家一律平等的原则，与战后国际政治秩序的代表——联合国所提倡的维持世界和平与安全，尊重基本人权和自决原则，加强国际友好合作，促进全球经济、社会、文化和福利发展等理念是有其一致性的。也正因为如此，和平共处五项原则在1955年的万隆会议上得到了亚非国家的赞同，从而开启了中国外交"面向东方"的新局面，在一定程度上摆脱了美苏两极格局的羁绊，使中国赢得了第三世界国家的认可和友谊。今天，和平共处五项原则不仅成为中国奉行独立自主和平外交政策的基础，也被世界上绝大多数国家所接受，成为规范国际关系的重要准则。

第二，中国在批判现存国际秩序的同时，一直要求恢复在联合国的合法权利。尽管这一诉求在当时主要是为了维护新中国作为主权国家的合法国际地位、维护中国的主权和领土完整及民族、国家的尊严并反对霸权主义，但也从一个侧面表明了中国并不反对联合国所代表的国际政治秩序。当 1971 年中国恢复了在联合国的合法权利并开启了中美关系正常化进程时，当 1972 年中日正式建立外交关系时，中国的外交舞台就从东方扩展到了整个世界，而中国本身也正在走出冷战的阴影，对外政策进入了全面发展时期。在此后一段时间里，中国基本完成了与欧洲、大洋洲和非洲国家的建交过程，并以鲜明的反对美苏两个超级大国的霸权主义的姿态出现在联合国舞台上，特别注意倾听、反映发展中国家的声音。中国在外交方面的这些突破性进展，也为以后的改革开放奠定了基础。从上述两点来看，我们可以说，中国作为一个被排斥在国际体系之外的大国，却实际成为战后国际秩序的积极倡导者和认真实践者。

第三，在经济方面，出于众多因素，如冷战特别是朝鲜战争造成的西方对新中国的长期敌对和封锁、向苏联学习的计划经济模式、中苏关系恶化后中国的更为封闭的经济体制等等，都使中国与市场经济为运转规则的国际经济体系联系甚少。实际上，在当时的情况下，中国既不可能进入战后的国际经济秩序，也没有进入的途径。与此同时，中国将后者视为资本主义的国际经济旧秩序，与第三世界国家一起强烈要求建立国际经济新秩序。

另外还要指出的是，在 20 世纪 70 年代前半期，中国最高领导人对国际形势的基本分析是：由于两个超级大国越来越激烈地争夺世界霸权，使世界大战日益逼近，因此时代的主题是战争与革命，或者战争引起革命，或者革命制止战争。这也使中国对西方发达国家主导的战后国际经济秩序避而远之。

随着国内"文化大革命"的结束，以 1978 年中国共产党十一届三中全会为标志，中国进入了改革开放的新时代。与此同时，中国的对外政策也开始了引人注目的调整，直至 1985 年才基本结束。① 这一调整的最重要特征和基本精神是：第一，对国际形势的发展趋势和时代主题的认识发生了重大变化，逐步放弃了以往坚持的大规模世界战争不可避免的观点，提出和平与发展已经成为当代世界主题的正确论断。1985 年 3 月邓小平指出："现在世界上真正大的问题，带全球性的战略问题，一个是和平问题，一个是经济问题或者说发展问题。和平问题是东西问题，发展问题是南北问题。"② 第二，中国对国际问题的认识不断深化，在与世界各国的交往中，提出要根据世界的发展趋势和自身的利益要求，以及根据事情本身的是非曲直来决定自己的政策和处理与其他国家的关系，不再以社会制度和意识形态划线，并实行真正不结盟的独立自主外交政策。第三，承认现存世界是多样化的，各国之间既有矛盾斗争，也有互相依赖；在处理一系列国际问题时，国家之间特别是大国之间存在着共同利益，因此需要也可以进行合作；但是也要反对霸权主义。在经济建设方面，中国也确立了"独立不是闭关自守，自力更生不是盲目排外"的方针。从此，这些基本精神就成为中国外交的指导思想。

在这些全新观念的指导下，我们看到中国与国际秩序的关系发生了巨大变化，即中国的角色发生了从被排斥者和挑战者到成为参与建设者的转换。冷战结束之后，中国作为参与建设国际秩序者的作用更为明显。

冷战结束后，整个国际安全形势发生了很大变化，一方面发生世界大战的可能性更小，另一方面原来在冷战掩盖下的民族、宗教、领土等因素则成为局部冲突的主要根源，而美国作为唯一超级大国的霸权主

---

① 笔者认为，在 1978 年十一届三中全会召开时，当时的中国领导人就已经对和平与发展的世界大势做出了正确的判断，如果仍然以战争与革命来看待当时的国际形势，是既不可能改革也不可能开放的。

② 《邓小平文选》第 3 卷，人民出版社 1993 年版，第 105 页。

义也有所发展。在这种情况下，中国积极参与建设国际政治秩序。首先，中国进一步深化了对建立国际安全机制的认识，即除了各国要共同遵守和平共处五项原则之外，中国与其他国家特别是同大国之间也要建立某种安全对话机制，以保持经常的信息沟通，达到相互理解并最终达到相互信任的目的。于是，从 20 世纪 90 年代中期开始，中国进一步开展全方位外交，与各大国首脑会晤增多，倡导并建立了各种不同层次的战略伙伴关系。这些战略伙伴关系，为冷战后中国与各大国关系及其与周边各国关系的进一步良性发展奠定了基础。其次，中国以联合国为平台，积极推行多边外交，高度重视联合国在国际事务中的地位和作用。作为安理会常任理事国，中国认真履行有关职责，于 1990 年正式参加了联合国维和行动，并成为安理会出兵最多的国家之一，为维护国际和平与安全，推动重大地区冲突的公正合理解决做出了贡献。同时，为了解决人类共同面临的一系列重大国际问题，中国广泛参加联合国各专门机构的工作，广泛参与多边经济、社会领域的各项活动，促进国际合作。在 2000 年举行的联合国千年首脑会议期间，在中国的倡议下，联合国五个常任理事国的首脑成功举行了历史上的首次会晤。"9·11"事件发生后，中国明确谴责国际恐怖主义，支持在联合国框架内解决问题。1993 年朝鲜核问题出现后，中国推动六方会谈，发挥了独特而重要的作用，进一步在世界面前树立了负责任的大国形象。不仅如此，中国还为国际秩序注入新的理念。2005 年，在联合国成立 60 周年庆典上，中国领导人系统阐述了"建立持久和平、共同繁荣的和谐世界"的新思想，进一步发展了联合国坚持的和平与发展的宪章精神。2010 年，中国提出当今时代的潮流是和平、发展、合作；2012 年又提出构建和平、发展、合作、共赢的国际关系，以推动和谐世界的发展。

在经济领域，面对西方发达国家主导的经济全球化浪潮，中国重新审视国际经济秩序，从"发展是硬道理"出发，正确评估经济全球化的机遇、风险与挑战，采取有效措施，在国内主动将以往的计划经济体制向社会主义市场经济体制转变；在国外积极主动地加入到国际经济体系当中。1980 年中国恢复了在国际货币基金组织和世界银行中的合法席位；1982 年中国第一次派代表团以观察员身份列席了关贸总协定缔约方大会，1986 年中国正式提出恢复在关贸总协定缔约方地位的申请，从此复关谈判长达 10 年，从 1995 年开始，中国的复关谈判转为"入世"谈判，并于 2001 年 11 月成为世界贸易组织的成员。

经过 30 多年的发展，中国已经不仅仅是战后国际经济秩序的参加者，在参与建设国际经济秩序中也迈出了小小的一步。例如，在国际货币基金组织中，2011 年中国人担任了该机构的副总裁，2013 年中国的份额将从第六位上升到第三位；在世界银行中，已经有了中国人任副行长的记录；2010 年中国的经济总量已居世界第二位。记得在 2003 年，当中国首次以组织、策划、发展者的身份参与世界上第一个全球性经济发展宣言时，该宣言的主要参与制定者、诺贝尔经济学奖获得者劳伦斯·罗·克莱因（Lawrence R. Klein）曾经说，这是"中国第一次在世界经济舞台上扮演领导者的角色"[①]。此话虽然过誉，但说明了中国从服从规则、实行规则到参与制定规则的角色的转变。

战后中国与国际秩序关系的发展变化，至少带给我们这样的启示：在经济全球化和世界多极化的发展潮流中，无论是要发展自己、还是要建立国际政治经济新秩序，都要在战后国际秩序的框架下渐进而复杂地进行。中国已经清醒地认识到，战后国际秩序是由一系列国际组织、国际协议、国际规则和国际惯例组成的，它们主要是由发达国家主导的，对发展中国家不够公平。但是这种状况说到底是由经济力量决定的，谁的综合国力强大谁的发言权就大，因而使发达国家享有实际否决权，改变并非易事，彻底推倒重建更不可能。唯有在现存国际秩序中利用已有的规则来维护国家主权、享有应得利益、不断发展自己，才是中国对外

---

① 刘箴、杨连成：《全球化需要全球性规则》，《光明日报》2003 年 11 月 6 日，C4 版。

关系的最佳选择。实际上，改革开放以来中国与国际社会之间的关系发生的一个最鲜明也是最深刻的变化，就是中国领导人以坚定的政治勇气和敏锐的战略眼光，自觉开启了中国重新进入现存国际体系和国际秩序的进程，并使自己逐渐成长为一个政治上和经济上的世界大国。今后中国也将继续沿着这条道路走下去，继续参与建构国际新秩序。

十九世纪中期至二十世纪初的
美国与澳门关系*

　　自 16 世纪中叶葡萄牙人租居澳门以来，澳门凭借其优越的地理位置和相对宽松的管理，逐渐发展成一个国际贸易商港。鸦片战争前，澳门既是东西方贸易的中转基地，更是外国人在华唯一的长期居留地。因此，澳门在东西方文化交流的历史画面中，有着相当重要的位置。国内外学者对澳门历史地位的研究，已经有许多成果问世；近年来，学术界对美国与澳门早期关系的研究，也有新的重要研究出版。[①] 笔者拟借鉴

---

* 本文原载于《澳门研究》2015 年第 2 期（总第 77 期）。

① 在国外，新近出版的著作有 Yuf Hao，Jianwei Wang，*Macau us·China Re/*，Maryland：Lexington Books' 20 Ⅱ。在澳门有陈青：《澳门之路：美国企业进入对澳门的影响》，澳门商报国际传媒集团有限公司 2008 年版。在国内也有一些论著出版，如：查灿长：《转型、变项与传播：澳门早期现代化研究（鸦片战争至 1945 年）》，广东人民出版社 2006 年版；林广志、夏泉、林发钦主编：《西学与汉学：中外交流史及澳门史论集》，上海古籍出版社 2009 年版；汤开建、颜小华：《美国长老会传教士早期澳门活动述略》，《中南民族大学学报》（人文社会科学版）2006 年第 1 期；颜小华：《美国传教士娄礼华及其笔下的近代澳门与香港》，《兰州学刊》2006 年第 7 期；高黎平：《晚清美国传教士在澳粤的翻译活动》，《韶关学院学报》（社会学科版）2006 年第 8 期；曾嵘：《十九世纪上半期在澳门的美国女性的日常生活：以夏洛特·洛（1809—1859）为例》，硕士学位论文，中山大学，2006 年；王毅耘：《澳门社会中的美国因素：平行外交理论框架内的探讨》，博士学位论文，中国人民大学，2008 年；贺雪平：《早期美国人眼中的澳门》，硕士学位论文，中山大学，2010 年；[澳]杰弗里·c.冈恩（Geoffrey c，Gunn）：《澳门史（1557—1999）》，秦传安译，中央编译出版社 2009 年版；崔志海：《美国政府与清末禁烟运动》，《近代史研究》2012 年第 6 期，等等。

已有的研究成果，梳理早期美国与澳门在经济和文化上的一些关系，敬
请方家指正。

一、美国与澳门关系的展开

在中美关系的早期历史上，澳门具有举足轻重的地位。早在美国
独立战争结束后的第二年，即 1784 年 2 月 22 日，美国就派遣一艘商船
前往中国，并特地将这艘船命名为"中国皇后号"（Empress of China）。
该船于 8 月 25 日抵达澳门，从而开启了中美交往的历史。①1843 年 7
月 23 日，美国派出首任驻华公使顾盛（Caleb Cushing）出使中国，他
于 1844 年 2 月 27 日到达澳门。同年 7 月 3 日，顾盛和耆英在澳门望厦
村的一个观音庙里签订了中美关系史上第一个条约——《望厦条约》，
自此到 1862 年美国在北京设立公使馆之前，美国公使馆一度临时设在
澳门。

回溯美国与澳门关系的历史性起始，是为了表达两个观点：第一，
美国与澳门关系的展开，是因为美国要通过澳门，与中国建立联系。无
论是经商、传教还是建立外交关系，澳门只是一个中转站，最终的目的
地是其身后的中国大陆。第二，澳门之所以能成为东方贸易的重要国际
商港，成为西学东渐的桥头堡，是因为澳门有其独特的区位优势。这种
区位优势可以形象地概括为"不远不近"：即地理位置上"不远"，但在
中央政府对澳门的管控上来说则"不近"。具体而言，澳门在东方贸易
中的重要性乃因其紧邻广州这一中国传统贸易大港而获得的。清初广州
一口通商体制确立后，澳门便作为广州的"副港"得以发展。洋商在广

---

① 据说这次商业冒险以 12 万美元的投资获得了 30% 的利润。Clarence L.Ver Steeg，
"*Financing and Outfltting of the First United States Ship to China*"，Pacific Historical
Review，Vol. 22，No.1（1953），pp.1-12.

州的活动虽然受到诸多限制，但早在明朝末年葡萄牙人即于澳门居住并获得了一定的自治权，历史的因循使清政府对澳门的管控比较宽松。为了屏蔽西方对广州的影响，清政府勒令洋商在非贸易时期在澳门"住冬"，"夷妇"只能在澳门活动，不得进入广州。葡澳当局攫取澳门的管理权后，清政府更加鞭长莫及。

第一次鸦片战争后，中国门户洞开，这对澳门产生了极大的冲击。不过，澳门这种"不远不近"的优势依然存在，只不过其内涵和表现形式有了很大的变化，甚至是本质性的变化。在美国与清朝建立直接外交关系后，澳门开始丧失作为与清政府发展关系的中转站或基地的作用。相反，美国因顾忌与清政府的关系，或者在清政府的请求下，其政策往往对澳门不利，诸如废除苦力贸易和鸦片贸易等。香港、广州、上海等港口陆续开埠，使澳门在对外贸易方面急剧衰落。1880 年澳门进出口贸易货值总额为 23855078 澳门葡元，1892 年则为 27915868 澳门葡元，增长十分缓慢，这种情况到 20 世纪初仍没有很大改善。[1] 与此同时，传教士的活动也陆续向这些新的港口转移，以期更有利地向内陆发展；传教机构、教会学校、一些西文报刊也陆续迁出澳门。

为了回应这些变化，澳门经济开始进行转型。澳门的经济一方面由面向海外转向面向内陆，尤其是粤西海岸与西江流域这一"粤西南经济圈"，[2] 另一方面则依靠鸦片贸易、苦力贸易、博彩业等偏门产业充实财政。

---

[1] 朱偰：《澳门之过去与将来》，《国风》1933 年第 3 卷第 10 期；缪鸿基、何大章：《澳门地理》，广东省立文理学院出版组 1946 年版，第 75 页。

[2] 查灿长：《转型、变项与传播：澳门早期现代化研究（鸦片战争至 1945 年)》，广东人民出版社 2006 年版，第 116 页。

二、美国与澳门偏门产业的关系

澳门经济的转型使鸦片走私、苦力贩运和博彩业等产业迅速发展原因之一，也是由于其"不远不近"的优势。自开埠以来，为了逃避关税、官员盘剥和各种严苛的限制措施，澳门与珠三角地区的走私贸易一直比较猖獗。澳门在国际贸易中的地位虽让位于香港，失去了独占优势，但澳门、广州、香港之间的交通仍非常便利，其区位优势依然存在。在走私贸易中，除英国的省港澳轮船公司外，美国轮船也参与其中，如"以卡斯蒂洛为船长的美国轮船'星火'号每周三次航行于广州、黄埔、金星门和澳门之间"①，这些往返于省港澳的内河轮船之营运问题，成为"需要（美国——引者注）领事关注的美国人的活动之一"。当美国轮船与英国轮船发生竞争时，要"为他们争取到美国政府庇护"。② 同时，广州、上海等通商口岸虽陆续开埠，但这些口岸容易受到民众排外活动和动荡局势的影响。例如，1852 年民众因反对苦力贸易而发生骚乱后，"澳门很快便成为贩卖苦力出洋的最大港口"；③ 在太平天国运动和义和团运动期间，澳门也成了传教士等洋人战争避祸和休养避暑之地。④ 尤其是澳门对外贸易衰落后，葡澳当局对这种鸦片走私、苦力贩运活动持默许甚至宽纵的态度，相比起清政府对广州、厦门等口岸的管控，以及港英政府对香港的管控，澳门这种宽松的环境优势

---

① *An Anglo-Calendar for 1855*, p.84. 转引自聂宝璋编《中国近代航运史资料（第一辑）》（上册），上海人民出版社 1983 年版，第 238 页。

② E.Griffin, *Clippers and Consuls*, 1938, p.140. 转引自聂宝璋编《中国近代航运史资料（第一辑）》（上册），上海人民出版社 1983 年版，第 149 页。

③ 陈翰笙主编：《华工出国史料汇编》第四辑，中华书局 1981 年版，第 399 页。

④ 吴宁：《美南浸信会澳门活动考述（1836—1937）》，林广志、夏泉、林发钦主编《西学与汉学：中外交流史及澳门史论集》，上海古籍出版社 2009 年版，第 120—140 页。

十分明显。香港于 1868 年禁止苦力贸易后，几乎只有澳门一地继续进行苦力贩卖，无疑成为这一特种贸易的中心。[1]

澳门经济这种面向内陆的转型，既有利也有弊。澳门的进出口贸易主要面向中国内地，容易受到国内局势的影响，而鸦片走私、苦力贩运和博彩业等偏门支柱产业，也会随着国内局势和政策转变而变化。以博彩业为例：1875 年，广东官府禁止在该省进行"闱姓"赌博活动，遂使澳门得以开设"闱姓"彩票，专擅其利；1885 年，广东官府一度开放赌禁，"澳门垄断'闱姓'博彩的地位被废除"，当年上缴葡萄牙的财政款项便从 353000 银元大幅减至 36000 银元。[2] 至于鸦片走私和苦力贩运等非法贸易，也由于损害了清政府的统治而遭到禁止和打击。对澳门来说，这种打击自然是"雪上加霜"，使其不能作为中转站而在中国与美国等西方国家的关系中获利。此外，美国等国因为顾忌与清政府的关系，往往会配合其打击澳门的非法贸易活动。19 世纪末至 20 世纪初，美国与澳门关系的一个重要方面，就是处理苦力贩卖和鸦片走私问题。

对于苦力贸易，美国实际上持两方面的态度。一方面，美国根据自身的利益需要，积极参与这场掳掠人口的"苦力贸易"活动。美国经济的发展和中西部的开发，特别是 1848 年加利福尼亚金矿的发现，使美国急需修建横贯大陆东西海岸的大铁路。为了满足这种劳动力的需求，美国资本家除了招引大批欧洲劳工外，也到中国拐骗大批廉价的劳动力，即中国劳工。19 世纪 40 至 80 年代，约有 30 万的华工先后被掠贩到美国，他们对开发美国西部做出了巨大的贡献。1877 年，美国政府承认加利福尼亚和太平洋沿岸各州的资源，由于利用中国人的廉价

---

[1]　查灿长：《转型、变项与传播：澳门早期现代化研究（鸦片战争至 1945 年）》，广东人民出版社 2006 年版，第 133 页。

[2]　"闱姓"赌博活动是猜估科举考试中榜者的名字的一种赌博活动，清末流行于两广，是中国的一种早期彩票。详细见《1887 至 1891 年拱北关贸易报告》，莫世祥、虞和平、陈奕平编译《近代拱北海关报告汇编（1887—1946）》，澳门基金会 1998 年版，第 26 页。

劳动力而获得迅速的开发和发展，而中国人入境的结果是大大地增进了美国西部的物质繁荣。① 另一方面，一些美国人对"苦力贸易"持反对态度，澳门作为苦力贩卖的主要基地，自然首当其冲。1867 年 3 月 18 日，美国驻华公使蒲安臣（Anson Burlingame）在致国务卿威廉·西华德（William Seward）的信件中写道："被严峻的规章出了中国各口岸的华工贸易掮客，在澳门找到了安身之处，而且澳门现在已经成为这行生意的中心。"② 反对苦力贸易的美国人，主要出于几点考虑：其一，罪恶的苦力贸易"既违背基督教义，又违反人道"，美国人直接参与其中，是"对我们国家的尊严来说是污辱"。③1856 年 1 月 10 日，美国驻华公使伯驾（peter Parker）在写给美国驻中国通商口岸领事的通知中说："回顾中国苦力贩运的历史，在过去几十年中，就美国或其他国籍船只载运情况而言，充满了违法、不道德、使人憎恶和不人道的暴行，同以往年代的非洲奴隶贸易极为相似。有些还超过'大西洋中段航道'的恐怖。"④

其二，美国驻华公使列卫廉（William Bradford Reed）等人之所以"密切注意"这一问题，更在于他们不愿因为美国人参与这一贸易而损及美国与清政府的关系。中国民众对苦力贸易极为愤慨，"中外商民相视若仇，几致激成事端"。但是，广东地方当局乃至清政府均无法直接

---

① 陈翰笙主编：《华工出国史料汇编》第四辑，中华书局 1981 年版，第 239—240 页。

② *China Despatches*，Vol.XXIV，NO.130. 转引自姚贤镐《中国近代对外贸易史资料》第二册，中华书局 1962 年版，第 878 页。值得注意的是，正是这位公使在 1868 年与清政府订立的《中美天津条约续增条款》，当中订明"大清国与大美国切念民人前往各国，或愿常住入籍，或随时来往，总听其自便，不得禁阻为是"。这样，美国就取得了掠贩中国人的"合法权利"。于是，美国在中国各地设立"招工机构"，任意招募华工。详见王铁崖《中外旧约匯编》第一册，生活·读书·新知三联书店 1957 年版，第 262 页。

③ 《美国首席检察官布莱克给国务院的信》，转引自陈翰笙主编《华工出国史料汇编》第三辑，中华书局 1985 年版，第 83 页。

④ Jules Davids，*American Diplomatic and Public Paper：The United States and China：Series I：The Treaty systerm and the Taiping Rebellion. 1942—1860*，Scholarly Resources，1973，p.16.

向澳葡当局施压，因此只能向各国驻华公使馆施压，并冀望通过外国领使向澳葡当局施加影响。如 1859 年美国投机商在广州黄埔一带停泊商船拐骗华工，但在广东民众的强烈反对下，当时的两广总督劳崇光曾向美国公使华若涵提出六次抗议，要求将所拐华工交出，而美国商人却连夜把部分"苦力"转移到澳门。① 随后，美国驻澳门领事小奈伊在致澳葡政府的公函中说，"美国公使阁下认为，这个问题有损于贵我政府同中国政府的关系"。②

其三，美国朝野对苦力贸易最激烈的批评来自以反对非洲黑奴贸易闻名的废奴主义者。一些出版物尖锐地指出，大部分运送苦力的船只并非为南方蓄奴州的公司所有，而是反奴情绪正炽的北方各州商人所有。废奴刊物《解放者》（*Liberator*）称这项活动为"新式奴隶贸易"，参与的商人要么是伪君子，或者更恶劣，是南方（蓄奴）的支持者。③在国内废奴运动浪潮的推动下，1862 年 2 月 19 日，美国国会通过《禁止美国公民使用美国船舶从事苦力贸易法案》，林肯总统签署了这项法案后，美国由此成为第一个禁止这项贸易的西方国家。但是，这一法案有很大的局限性，它并不禁止美国商人利用其他国家的船只从事苦力贸易，事实上，美国商人也从来没有停止过这一活动。

此外，大量华工的到来与美国本地工人产生了竞争，也有政客欲借此积累政治资本，将华工问题发酵成为一个美国的全国性问题。19 世纪 70 年代至 20 世纪初，美国的政治、经济情况发生变化，不再需要大批中国劳动力，因而改变了对华工的政策，掀起了一股强烈的排华浪潮。排华问题成了这一时期清政府与美国政府交涉的最重要的议题之

---

① 梁碧莹：《美国与中国的"苦力"贸易：兼论十九世纪中国旅美"苦力"华工》，《中山大学学报》（哲学社会科学版）1985 年第 1 期。

② 《美国驻澳门领事小奈伊致澳门政府会议公函》，1860 年 1 月 23 日。转引自陈翰笙主编《华工出国史料汇编》第三辑，中华书局 1985 年版，第 209 页。

③ [美] 埃里克·杰·多林：《美国和中国最初相遇：航海时代奇异的中美关系史》，朱颖译，社会科学文献出版社 2014 年版，第 297 页。

一。对澳门来说，苦力贸易也由此走向衰落。

鸦片贸易也是这一时期美国与澳门关系中的另一主要问题。鸦片走私在澳门一直存在，美国人参与其中，获利甚巨。不过，随着鸦片交易合法化，其他外国商人的经营成本降低，导致竞争加剧，美国的份额迅速下降。到了 19 世纪 80 年代末，美国人已经完全退出鸦片贸易。虽然仍有不少美国商人从事此项活动，但更多的人则担心鸦片贸易带来的白银外流会影响美国商品的销售。福布斯指出："如果能废除鸦片贸易，毫无疑问，制造品可以卖得更多，完全可以弥补损失，因为中国会有更多的可支配现金，也会有更多的产业去支付这些产品。"[1]

与此同时，大量的鸦片膏从澳门流向旧金山，以及后来美国的殖民地菲律宾。鸦片作为 19 世纪最主要的一种麻醉品，在南北战争和美西战争期间大量使用，以缓解伤员的疼痛。加上受在美华工吸食鸦片的影响，鸦片成瘾逐渐扩散到白人阶层。以 1883 年为例，该年输入澳门的鸦片总数为 9295.2 担，输出至澳洲及旧金山的鸦片膏为 2779.2 担，[2]其中又以销往旧金山为最。从澳门向旧金山出口的精制鸦片业务直到 1909 年 4 月 1 日才终止，这项业务占澳门鸦片包税区经营者总贸易额的 70%。[3]

随着 19 世纪末 20 世纪初美国反麻醉品运动的兴起，美国政府和相关人士也注意到远东的鸦片问题。[4]同时，随着菲律宾成为美国的殖民地，当地华人的鸦片吸食问题也成为其治理的一个重要问题。[5]1903 年，美国组织了一个委员会，专门调查菲律宾周边国家和地区的鸦片贸易和

---

① [美] 埃里克·杰·多林：《美国和中国最初相遇：航海时代奇异的中美关系史》，朱颖译，社会科学文献出版社 2014 年版，第 285 页。

② 姚贤镐：《中国近代对外贸易史资料》第二册，中华书局 1962 年版，第 857 页。

③ [澳] 杰弗里·C. 同恩（Geoffrey C.Gunn）：《澳门史（1557—1999）》，秦传安译，中央编译出版社 2009 年版，第 124 页。

④ 崔志海：《美国政府与清末禁烟运动》，《近代史研究》2012 年第 6 期。

⑤ 崔志海：《美国政府与清末禁烟运动》，《近代史研究》2012 年第 6 期。

吸食问题,并逐步推出了一些禁止鸦片贸易和吸食的法令。1906 年 7 月,菲律宾鸦片调查委员会会员、大主教布伦特给罗斯福总统写信,建议"鸦片问题应通过国际行动来解决……邀请英国、法国、荷兰、中国和日本的代表共同调查远东的鸦片问题"。中国民众对鸦片流毒自然深恶痛绝,尤其是清末"新政"时期,在朝野舆论的一再呼吁下,清政府自 1906 年 9 月始颁布了一系列的禁烟上谕和法令,并与英国等相关国家进行禁烟交涉,以解决外国人在租界内公开销售鸦片等问题。①

1908 年 5 月,美国国务卿罗脱(Elihu Root)代表总统,建议国会发起远东鸦片会议,认为虽然美国一直致力于避免美国公民追随中国人吸食鸦片,并运用了各种可能的办法禁止菲律宾使用鸦片,但"由于这个问题涉及广泛而复杂的贸易关系,因此,如果没有商业大国的一致行动和鸦片泛滥的东方国家人民的合作,要有效地解决这个问题是不可能的"②。最终,万国禁烟会议于 1909 年 1 月 1 日得以在上海举行,会上通报了澳门等地的毒品和禁毒情况。之后,为了使"上海禁烟会议决议具有国际有效性并得到国际的认同",在美国的建议和联络下,又于 1911 年 12 月在海牙举行了第一次海牙国际鸦片会议。会议通过的《鸦片国际公约》规定:"与中国有约国家将与中国政府一道采取必要措施,避免将生熟鸦片……私运中国及他们在远东的殖民地和在中国占领的租借地。"直到 1936 年,主要在美国的压力下,葡萄牙当局压制了鸦片专营的运作,涉及交易的某些官员被定罪或被解职,就连澳门总督也被迫辞职。③

---

① 苏智良:《一九〇九年上海万国禁烟会研究》,《历史研究》2009 年第 1 期。

② "*Message from the President,7th May 1908*",in U.S. Department of state (ed.),*Papers Relating to the Foreign Relations of the United States (1908)*,Washington:Government Printing Office,1912,pp.88-89.

③ 崔志海:《美国政府与清末禁烟运动》,《近代史研究》2012 年第 6 期。

三、美国传教士在澳门的活动

晚清时期，中国与西方贸易不断发展，西方列强企图在中国进行经济、政治和文化扩张。在此过程中，美国基督新教传教士也来到中国，并以澳门和广州为落脚点展开传教活动。1830 年，第一批来华美国传教士裨治文（Elijah Coleman Bridgman）和雅裨里（David Abeel），由美国海员教友会及美国海外宣教委员会（American Board of Commissioners for Foreign Missions，又称美部会）指派前来广州。1833 年，同一组织派出的传教士卫三畏（Samuel wells Williams）到达澳门，成为第一个在澳门进行传教的美国传教士，并配合广州的裨治文等人展开活动。至 1839 年鸦片战争前，裨治文已经有六位美国同事，[①] 而陆续进入澳门的美国长老会传教士则有十几位。[②]

然而，在鸦片战争前，清政府明令禁止基督新教传教士的传教活动，即使对远离朝廷的澳门和广州也不例外。因此，美国传教士不得不秘密传教，他们"关门，而且经常是锁门"地为中国人举行宗教仪式。[③] 由于语言交流的困难和中美两国迥异的文化背景，他们的传教并不能吸引中国人。为了与中国信徒进行更好的交流，他们在传教过程中，不得不将重心转移到开办印刷所、出版翻译成中文的传教书刊、设立医馆、兴办教育，以及参与中美外交事务活动等间接服务的手段上，

---

① 澳杰弗里·C.冈恩（Geoffrey C. Gunn）：《澳门史（1557—1999）》，秦传安译，中央编译出版社 2009 年版，第 129 页。

② 吴义雄的著作中有美国长老会早期抵达澳门的传教士名录。详见吴义雄《在宗教与世俗之间——基督教新教传教士在华南沿海的早期活动研究》，广东教育出版社 2000 年版，第 525 页。

③ [美] 韩德：《中美特殊关系的形成——1914 年前的美国与中国》，项立岭等译，复旦大学出版社 1993 年版，第 28 页。

以达到传播基督教义的最终目的。

1832 年，裨治文在广州创办了一份《中国丛报》月刊（旧译《澳门月报》或《中国文库》）。裨治文通晓汉语，卫三畏具有印刷技能，他们两人担任编辑和主要撰稿人。该刊物的内容涵盖中国的政治、经济、语言文学、宗教文化、天文地理、自然科学、中外关系、亚细亚各国状况等。1839 年，该刊物易地迁往澳门，成为美国传教士在澳门出版的第一份杂志。1844 年，该刊物迁往香港，然后又迁回广州。自创刊到 1851 年停刊期间，该刊物成为向传教士和其他人士提供有关中国事务信息的独一无二的视窗。① 除了创办《中国丛报》，裨治文还翻译和出版了不少有关中国文化、世界史地类的书籍，例如他于 1841 年在澳门出版的《广东方言撮要》(*Chinese Chrestomathy in the Canton Dialect*，又称《广东方言读本》《广东语模范文章注释》等)，该书以中英文对照的形式，介绍中文、商务、机械、建筑、农业、矿产等事项，几乎包罗万象。此外，裨治文还将中国的《三字经》《千字文》《孝经》等翻译成了英文。

为了便于传教，早在鸦片战争前，卫三畏就在澳门创立了"布鲁因印刷所"(The Bruin press)，主要负责刊印《中国丛报》和宣传宗教内容的小册子。他不仅是《中国丛报》的重要撰稿人，还在 1848 年出版了他本人撰写的《中国总论》(*The Middle Kingdom*)，其副标题是"中华帝国的地理、政治、教育、社会生活、艺术、宗教及其居民概观"。该书是一部两卷本的著作，凡 23 章，对中华帝国的政治、经济、外交、文化、历史、地理、教育、艺术以及宗教等方面做出系统性的论述。从某种意义上说，该书是美国第一部关于中国的百科全书，是当时美国研究中国最早且最具权威性的著作，堪称早期美国传教士在中国做

---

① ［美］韩德：《中美特殊关系的形成——1914 年前的美国与中国》，项立岭等译，复旦大学出版社 1993 年版，第 30 页。

出的东学西译的典范。为了方便来华传教士和其他外国人在华传教和参与西学翻译、传播等文化活动，卫三畏还编译出版了《简易汉语课程》（*Easy Lessons in China*，1842，又称《拾级大成》）、《官方方言中的英汉用词》（*An English and Chinese Vocabulary in the Court Dialect*，1844，又称《英华韵府历阶》）、《中国地志》（*A Chinese Topography*，1844）、《中国商业指南》（*Chinese Commercial Guide*，1844）、《英华分韵撮要》（*A Tonic Dictionary of the Chinese Language in the Dialect*，1856）《汉英拼音字典》（*A Syllable Dictionary of the Chinese Language*，1874）等，这些书籍被外国人视为研究中国的必备工具书，[①] 卫三畏因此被称为美国的"汉学之父。"

鸦片战争后，美国长老会的传教士也从事印刷工作。1844 年 2 月，长老会传教士麦嘉缔牧师（Divie Bethune Mccartee）和印刷工柯理一起来到澳门，并带来了印刷机器和中英文字模，这批机器和字模成为澳门美国长老会印刷所的基础。该印刷所经过几个月的准备后很快便投入使用，该年 6 月已经印制出一批传教教材。[②] 翻译介绍西方的医药知识并开办医馆，是美国传教士为了传教而进行的一项重要活动。1835 年，美国第一位医疗传教士伯驾（peter Parker）在广州开设了"广州眼科医局"；1838 年，他在澳门也开设了眼科医院，这是美国传教士在澳门开设的第一家医院。该医院除了治疗眼疾外，也治疗其他各科疾病。1838 年，美国南浸礼会传教士罗孝全（Issachar Jacox Roberts）来到澳门，他将一本英文的西药小册子（Domestic Medicine）译成中文，书名为《家用良药》。该书于 1850 年在广州出版，虽然内容只有 40 页，但

---

① 1856 年，卫三畏在第二次来华后辞去了传教士之职，专任美国驻华公使馆秘书和翻译，他曾任《中美天津条约》谈判的翻译，并担任过代办，完全投身于美国对华的外交事务。汤开建、颜小华：《国长老会传教士早期澳门活动述略》，《中南民族大学学报》（人文社会科学版）2006 年第 1 期。

② 汤开建、颜小华：《国长老会传教士早期澳门活动述略》，《南民族大学学报》（人文社会科学版）2006 年第 1 期。

却是外国新教传教士在中国译介的最早之西医西药出版物之一。① 此外，麦嘉缔牧师来到澳门后，也在香港医院进行过一段时间的医学学习和传教工作，然后在澳门行医。

开办以传播基督教义和西学为目的的西式学堂，是外来传教士在澳粤两地的另一项重要活动。1839 年勃朗（R.s. Brown）在澳门创立的"马礼逊学校"（Morrison School）是美国传教士在澳门开办的第一所西式学堂。他否定晚清时期的教育，结合中国的汉语，拟定了一套传播基督教义和西学知识的课程，包括代数、几何、生物、地理、化学等，力图将西方的教育模式移植到中国。同年，美国浸礼会派遣来华传教士叔未士夫妇（J. L. Shuck）在澳门开办了一所义校。1844 年，抵达澳门的美国长老会传教士哈巴安德（A. p. Happer）也开办了一所男子寄宿培训学校，从事教育兼传教工作。该校最后录取的学生有 27 人，并用英语教学。后来，这所学校随哈巴安德迁往广州。此外，一些美国传教士运用自己的汉语技能，为美国的一些公司和外交部门工作，充当翻译，甚至成为外交官。例如，传教士伯驾在 19 世纪 50 年代初的两年就曾担任了美国驻华代办。②

传教士的一个重要工作，是向美国介绍中国的情况。娄礼华（Walter Macon Lowrie）是鸦片战争后来华的美国长老会传教士，他在澳期间对当时的港澳社会进行了详细的描写和刻画，不仅成为当时美国人了解中国的一个途径（尽管这个途径相当片面），也成为今天研究近代港澳社会的一份珍贵历史文献。关于这个问题，国内学者已有专门研究，这里不再赘述。

---

① William Warder Cadbury, *At the Point of a lancet：One Hundred Years of the Canton Hospital, 1835—1935*, Shanghai：Kelly and Walsh Ltd, 1935, p.280. 转引自高黎平《晚清美国传教士在澳粤的翻译活动》，《韶关学院学报》（社会学科版）2006 年第 8 期。

② ［美］韩德：《中美特殊关系形成——1914 年前美国与中国》，项立岭等译，复旦大学出版社 1993 年版，第 21 页。

结　语

梳理自 1784 年"中国皇后号"抵达澳门至 20 世纪初的这段美国与澳门的历史，不难发现，澳门由于其地理位置和管理体制上"不远不近"的优势，在中美早期关系史上影响重大。鸦片战争前，美国立足澳门，得以在贸易、传教和外交上逐渐向中央王朝靠近；鸦片战争后，由于澳门的鸦片贸易、奴隶贩卖等损害了清政府和美国的利益，双方合作共同扼制乃至禁止了这些非正当贸易的在澳发展。美国在澳门的上述活动，是使澳门成为中西贸易和文化交流中心的原因之一。但是，需要指出的是，无论是美国的商贸活动，还是早期美国传教士在澳门所做的工作，其最终目的，都是开拓中国大陆的市场，并逐渐博得中国人的信任，由此为他们逐渐接受基督教乃至接受美国的价值观铺平道路。因此，美国的商人、传教士乃至政府一直关注中国大陆，一有机会即向大陆进发。由于清政府一直对西方国家在中国的经济活动，以及基督教在大陆的传播采取或明或暗的限制措施，因此，为了赚取利润的美国商人、企业家、政客以及传教士便成为美国对华门户开放政策的重要支持力量，并具有持续不衰的影响力。其中，传教士对该政策形成的影响不能低估。

美国获得世界领导地位的历史轨迹 *

美国获得世界领导地位的过程是曲折的。美国之所以能够在 20 世纪逐渐取代英国成为世界的霸权国家，除了其经济、军事实力经过两次世界大战而不断增强外，其理念上的相对先进性也不可低估。本文仅就美国主张建立一个"开放的世界"和"集体安全原则"谈一些不成熟的看法。

19 世纪末，美国成为世界第一经济强国，而其经济发展成就是在没有海外殖民地的情况下取得的，这一点，与当年拥有大量殖民地的英国和法国完全不同。但是，作为一个以市场经济为基础的世界最大的经济体，美国要想进一步发展，有两个考虑。一是美国也要设法获得海外殖民地。1898 年美国与老殖民帝国西班牙之间发生的第一场帝国主义战争——美西战争，就是以获得海外殖民地为目的的，其结果是美国获得了原西班牙的殖民地古巴、波多黎各、关岛和菲律宾等；二是在当时世界已经被基本瓜分的情况下，美国更希望并需要让英法等殖民帝国打开其殖民地和势力范围的大门，以利于美国进入并获得利益。也就是说，美国需要一个开放的世界。这一打算的具体表现，首先就反映在美国的对华"门户开放"政策上。

---

* 本文原刊于《美国研究》2016 年第 1 期。

美国在占领菲律宾后，进一步将其在海外发展的方向选择为中国。1899 年 9 月 6 日，美国国务卿海约翰首次提出对华"门户开放"政策，要求在承认和维护列强在华租借地和势力范围中的特殊权益的基础上，保证各国机会均等、自由贸易，使各国在华的势力范围对美国的商品开放。1900 年 7 月 3 日，面对义和团运动的高潮和八国联军准备进攻京、津之际，海约翰再次强调"门户开放"政策："美国政府的政策，是在寻求一种解决，使中国获得永久安全与和平，保持中国的领土与行政完整，保护各友邦受条约与国际法所保障的一切权利，并维护各国在中国各地平等公正贸易之原则。"这第二个"门户开放"照会，意在使整个中国的市场对美国开放。

但是，美国的政策并没有立即获得列强的积极回应。以英国为例，英国是在华列强中拥有最大利益的国家，在第一次世界大战前，一直消极对待"门户开放"政策。1899 年 11 月 30 日英国政府在回答海约翰的"门户开放"照会时，曾以英国同意"门户开放"要"以其他有关国家也做同样的声明为条件"而使美国碰了个软钉子。日本也表示，它同意实行中国"门户开放"的政策，但要以其他列强接受这项建议为条件。但是美国并没有就此放弃对它的努力。

第一次世界大战给了美国机会，也使美国深入地考虑了战后国际秩序的问题。1918 年 1 月 8 日美国总统伍德罗·威尔逊提出的被称为"世界和平的纲领"的"十四点原则"，集中体现了美国对战后国际秩序的设想，是美国企图冲出美洲、争夺世界霸权的总纲领，也是其希望领导世界的第一次重要宣示。威尔逊在其中提出战后的世界应当是一个开放的世界，这就将原本针对中国的对华"门户开放"政策扩大到了全世界范围之内；他还要求成立一个具有特定盟约的普遍性国际联盟，使大小国家都能相互保证政治独立和领土完整，并认为这是达到永久和平的全部外交结构的基础。由此，我们既可以看到海约翰两次提出"门户开放"政策的影子，也看到了美国有关通过集体安全维护门户开放和世界和平的主张。

实际上，美国的这两个主张都具有一定的历史进步性。一个开放的世界对 19 世纪欧洲那种占有殖民地、划分势力范围的全球体系做出了一个新的突破，它既符合美国经济向全世界发展的需要，也符合世界经济走向全球化的趋势。与此同时，美国要求大小国家都能相互保证政治独立和领土完整，这是形成一个开放的世界的必要条件，也在一定程度上顺应了民族国家独立发展的潮流。美国认为，只有否定旧欧洲的"欧洲协调"和"势力均衡"政策，实行集体安全，才可能实现世界的开放与和平。

但是，美国的主张在第一次世界大战后并没有获得完全的成功。在安排战后世界的巴黎和会上，美国的勃勃野心遭到了竭力保持并扩大既得利益的英、法、日等国的顽强抵抗。由于美国在争霸斗争中最具关键作用的军事实力方面尚不能与英法相抗衡，而威尔逊在国会中又未能得到多数人的支持，因此面对具有丰富外交经验的英法政治家们，美国受到了很大挫折。美国既没有批准《凡尔赛条约》，也拒绝参加国联。然而，在随后召开的华盛顿会议上，列强却对美国对华"门户开放"政策表示了至少是表面上的一致接受，这就是《九国公约》。在此次会议上，列强确认并同意把"门户开放""机会均等"作为它们共同侵略中国的基本原则，美国的"门户开放"政策终于得以实现。还需要说明的是，当时的中国政府也正是充分利用了美国提出的要求保证中国政治独立和领土完整的主张，迫使日本将中国山东的主权归还了中国。

第一次世界大战后，威尔逊关于建设一个"开放的世界"和"集体安全原则"都遭受了挫折，其表现就是第二次世界大战的爆发。然而，正是第二次世界大战造就了美国在全球范围内的最强大的政治、经济、军事实力，使美国认为自己有能力领导世界，能够作为一个世界领袖来建构、来支撑第二次世界大战后的国际秩序。正如罗斯福总统在第二次世界大战后期所说："吾国因拥有道义、政治、经济及军事各方面之力量，故自然负有领导国际社会之责任，且随之亦有领导国际社会之机会。吾国为本身之最大利益以及为和平与人道计，对于此种责任，不能畏缩，不应畏缩，且在事实上亦未畏缩。"

两次世界大战使维持世界经济发展的货币金融关系和贸易关系一片混乱。为了恢复世界经济的有序发展，在美国的主导下，从金融、投资、贸易三个方面重建国际经济秩序，这就是以国际货币基金组织（IMF），世界银行和关税及贸易总协定（GATT）为三大支柱的国际经济秩序结构，即布雷顿森林体系，亦称布雷顿森林制度。美国希望通过该体系的建立，保证一个开放的世界。今天，这三大机构虽经多次改革，关贸总协定也早已被世界贸易组织所取代，但应该承认，它们仍然是保证世界开放的国际经济秩序的主要代表。

另一方面，第二次世界大战的爆发，使以国际联盟为代表的旧的国际政治秩序结构彻底崩溃。随着战局的不断发展，国际政治的分野也日渐清晰；苏联和美国的相继参战，使这场原本主要由中国和英国坚持进行的反法西斯战争终于进入了真正的全球阶段，而新的国际政治秩序结构也在战争中孕育。当1942年1月罗斯福用自己创造的"联合国家"来代替"协约国"，并亲自设计了由美国、英国、苏联和中国提前一天签字的签名方式来签署美国提出的《联合国家宣言》的时候，"四大国"便正式出现在联合国家之中，这不仅在实际上"反映了新的联合国家联盟后面的真正均势"，而且表明了美国要在其中担当领导责任的强烈欲望。因此，《联合国家宣言》的发表和以美英苏中为核心的联合国家反法西斯大同盟的形成，实际预示着战后一种新的国际秩序结构的诞生。它将以一个新的国际组织——联合国为代表，并成为建立联合国的法律与外交结构的基础。

第二次世界大战后成立的联合国，以"维持国际和平及安全；发展国际间以尊重人民平等权利及自决原则为根据之友好关系；促成国际合作，以解决国际间属于经济、社会、文化及人类福利性质之国际问题，增进并激励对于全体人类之人权及基本自由之尊重"等为其根本宗旨，发出了人类在经过又一场更为惨烈的大战之后要求世界和平与共同发展的时代心声；《联合国宪章》把维护和平与解决社会、经济发展问题紧密地联系在一起，更彰显了其缔造者深刻的战略思考。不仅如此，《联合国宪章》所规定的和平解决国际争端和制裁侵略的机制，并以"大国一致"原则将制裁侵略的权力集中于安理会，也反映了第二次世界大战结束时的世界政治力量对比，体现了大国的协调与合作，从内部机制上有利于保证集体安全，是人类文明进步的体现。当然，美国也借此机会，将自己的利益最大化，确立了自己的世界霸权，尽管这种霸权一直受到来自各方面的挑战。

第 二 部 分

理 论 探 讨

从列宁的和平共处思想到
和平共处五项原则 *

列宁的和平共处思想，是无产阶级革命理论的重要组成部分。半个多世纪以来，这一思想经受了国际风云变幻的考验并取得了重大胜利。中国共产党和中国政府一贯坚持列宁的和平共处思想，并在实际斗争中提出了著名的和平共处五项原则，从而丰富和发展了它的内容。几十年来，和平共处五项原则一直是我国用以指导自己同各国之间关系的基本原则。今天，和平共处五项原则也必将成为建立国际政治经济新秩序的基础。本文试图从历史与现实的角度，论述列宁的和平共处思想与和平共处五项原则之间的继承、发展关系，加深理解中国共产党和中国政府提出的和平共处五项原则的基础上建立国际政治经济新秩序的主张。

一、列宁和平共处思想的形成和发展

早在十月革命之前，列宁就指出，由于帝国主义时代资本主义经

---

*　本文原刊于《北京师范学院学报》（首都师范大学学报·社会科学版）1991 年第 6 期。

济政治发展不平衡规律的作用，"社会主义不能在所有国家内同时获得胜利。它将首先在一个或者几个国家中获得胜利，而其余的国家在一段时间内将仍然是资产阶级或资产阶级以前时期的国家"①。列宁的这一论断在新的历史条件下，揭示了社会主义革命的客观规律。从这一思想出发，列宁认为全世界向社会主义过渡，将经历一个历史时期，社会主义同资本主义这两种社会制度将在长时间内同时存在。② 这样就产生了社会主义国家对于不同社会制度的国家，包括对资本主义国家的关系如何处理的问题，也就是共处问题。虽然和平共处与共处是两个不同的概念，但二者之间毕竟有着密切的联系，没有共处就无从提出和平共处问题，因此正是列宁的社会主义革命理论为和平共处思想提供了理论前提。不仅如此，列宁还进一步指出，只有工人阶级领导的国家才可能实行和平政策。1917 年 9 月列宁为党中央起草的决议草案中指出："只有工人阶级才能在夺取政权以后，在实际上而不是口头上执行和平政策。无论在什么军事形势下……工人阶级还是会立即向各国人民提出公开的、明确的、公正的媾和条件，工人阶级能够代表全体人民做到这一点"；"主张在公正的条件下，即在没有兼并（没有侵占），没有赔款的条件下缔与和约。"③ 正是基于上述思想，列宁在十月革命胜利后制定了苏维埃国家的第一个对外政策的纲领性文件——"和平法令"。

1917 年 11 月 8 日，全俄工兵代表苏维埃第二次代表大会通过了列宁亲自起草的"和平法令"，这一法令拟定了苏维埃共和国与资本主义国家相互关系的方针、形式和方法。在这个卓越的文件中，苏俄政府谴责了帝国主义战争，表明了准备以任何方式同资本主义国家进行关于缔结停战及和平条约谈判的愿望；阐述了社会主义国家和平外交政策的

---

① 《列宁选集》第 2 卷，第 873 页。
② 参见《列宁全集》第 2 版，第 37 卷，第 188 页。
③ 《列宁全集》第 2 版，第 32 卷，第 145 页。

根本立场和原则要求，即不割地、不赔款、正义、民主的和平；对兼并行为下了精确定义："认为凡是把一个没有明确而自愿地表示同意和希望归并的弱民族或小民族并入一个大国或强国，就是兼并或侵占别国领土，不管这种强制归并发生在什么时候，不管这个被强制归并或强制留在该国疆界内的民族的发达或落后程度如何，也不管这个民族是居住在欧洲还是居住在远隔重洋的国家，都是一样。"① 从而宣布了反对帝国主义侵略的严正立场和民族一律平等的原则。

"和平法令"还宣布废除秘密外交，公布并废除秘密条约，要求公开谈判，建议交战国政府立即开始和谈并呼吁各国人民干预战争与和平问题。"和平法令"掀开了世界外交史上崭新的一页。但是由于协约国集团对苏俄的武装干涉，"和平法令"未能立即实现。然而，就在红军已经粉碎了高尔察克，对邓尼金的战争还在进行的 1919 年 9 月，列宁就预见到，随着战争的胜利，国际关系即将出现"社会主义国家和资本主义国家共存的时期"。② 同年 12 月 2 日，列宁在全俄苏维埃第七次代表大会的《关于国际问题的决议草案》中指出，苏俄"希望同各国人民和平共处，把自己的全部力量用来进行国内建设"，这是在苏俄党和政府的决议中第一次使用"和平共处"的提法。不仅如此，苏俄还在同主要资本主义国家进行空前激烈的生死决战的同时，采取了一系列外交措施争取同其他国家和平共处。1917 年，苏俄就同日本、英国、丹麦、瑞典等国代表举行了建立贸易关系的谈判。1918 年 3 月 31 日，在苏俄最高国民经济委员会下设立了对外贸易委员会，它授权拟定与资本主义国家建立商业经济联系的计划。同年 12 月 13 日，苏俄驻瑞典全权代表沃罗夫斯基在拜会瑞典外交大臣时明确表示，苏俄"对自己的北方各邻国也愿意奉行友好睦邻政策"③。1918 年 10 月，苏俄外交人民委员契切

① 《列宁选集》第 3 卷，第 341 页。
② 参见《列宁全集》第 2 版，第 37 卷，第 188 页。
③ 尼古拉·茹可夫斯基：《苏俄早期外交家的故事》，世界知识出版社 1984 年版，第 73 页。

林致函苏俄驻德大使越飞，要他在可能的情况下声明，"我们除了希望同所有的人和睦相处外，别无更多要求"①。总之，即使在反对协约国武装干涉的同时，列宁和苏维埃政府也不仅设想过国家转入和平建设阶段，而且高举和平旗帜，提出与各国人民和平共处。

1921—1924年，是列宁和平共处思想的重要发展时期。列宁不仅多次具体阐述了和平共处思想，而且苏俄政府也为此采取了一系列重大的措施。1920年2月，美国《纽约晚报》记者访问列宁，当问到列宁对亚洲的计划是什么时，列宁回答："和对欧洲的一样：同各国人民和平共居，同正在觉醒起来要求过新生活，过没有剥削，没有地主，没有资本家，没有商人的生活的各国工人和农民和平共居。"当记者问到苏俄同美国保持和平的基础是什么的时候，列宁十分明确地答道："请美国资本家不要触犯我们，我们是不会触犯他们的。我们甚至准备用黄金向他们购买运输和生产用的机器、工具及其他东西。而且不仅用黄金买，还要用原料买。"② 这是列宁第一次较为准确具体地表述了不同社会制度国家的和平共处思想，即建立以互不侵犯为前提，以互通有无，进行商品贸易为主要内容的和平往来的国家关系。1920年6月，在全俄中央执行委员会会议上，契切林对和平共处的可能性和必要性做了进一步分析，他说："我们的口号过去是而现在依然是同样的一个，即同其他各国政府和平共处，无论他们是什么样的政府。实际情况的本身使我们和其他各国有必要在工农政府和资本主义各国政府之间建立长久的关系。"③

在这一时期内，和平共处思想之所以能得到发展，并具有了现实可行性，是客观形势发展的结果，也是布尔什维克党科学地分析了国际

---

① 尼古拉·茹可夫斯基：《苏俄早期外交家的故事》，第374页。
② 《列宁全集》第2版，第38卷，第158页。
③ 楚巴梁：《苏联为和平共处而斗争的四十五年》，载齐世荣等选译《苏联历史论文选辑》第2辑，三联书店1964年版，第53页。

形势后得出的正确结论。

首先，在苏俄和资本主义世界之间形成了某种均势，尽管这种均势还极不稳固。就资本主义国家来说，到 1920 年，他们发动的武装干涉苏俄的战争已连遭失败，苏维埃的大部分领土已从武装干涉者及其支持的白匪军手中解放出来。英、法、美已从苏俄北部、西部、南部撤出了它们的军队和军舰。与此同时，资本主义世界发生了战后第一次经济危机，使主要资本主义国家自顾不暇。因此尽管它们亡苏之心不死，但是再组织反苏军事行动显然已力不从心。这时英美法等国都有少数人承认苏俄是消灭不了的势力。英国首相劳合·乔治首先表示愿意同苏维埃政权的代表们谈判。他在 1919 年 11 月 8 日说，他希望在这个冬天过去之后，"能提供一个机会使世界列强在那个大国（按指苏俄）促进和平与协调"①。1920 年 1 月 16 日，协约国最高会议不得不宣布解除对苏俄的封锁，准许同俄国进行有限制的贸易。就欧洲来说，自 1918 年开始的欧洲无产阶级革命已进入低潮。布尔什维克党原来认为帝国主义战争结束后西欧就会开始社会主义革命，欧洲主要国家就会建立社会主义制度的局面并未出现。革命形势的这种变化使列宁和布尔什维克党认识到，"我们预言过的国际革命正在向前发展。但是，这种前进运动并不是我们所期望的那种直线运动"②。国际形势中出现的这种相对均势，为和平共处政策的实行提供了前提条件。

其次，苏维埃俄国逐步结束了内战，进入了经济恢复时期。作为唯一的社会主义国家，苏俄需要打破国际上的孤立局面，赢得尽可能长期的和平国际环境，进行社会主义改造和建设。争取与资本主义国家和平共处，通过谈判和其他和平方式解决彼此间的争端。同时，战后经济的残破、物质的匮乏、技术的落后也迫使苏俄积极设法打开与发达国家

---

① ［英］安德鲁·罗斯坦：《和平共处》，伦敦 1955 年版，第 54 页。

② 《列宁全集》第 2 版，第 42 卷，第 40 页。

进行经济技术交流的渠道，建立正常的外交与经济关系，这对苏俄是必要的，也是有利的。资本主义国家方面则为了摆脱经济危机，被迫停止封锁。而且苏俄的广阔市场、丰富的原料也使他们不得不接受和平共处，同苏俄建立贸易和外交关系。正如列宁所说："有一种力量胜过任何一个跟我们敌对的政府或阶级的愿望、意志和决定。这种力量就是世界共同的经济关系。正是这种关系迫使他们走上这条同我们往来的道路。"①

第三，伴随着经济危机，资本主义世界的政治危机也接踵而来。西方资本主义国家内部的阶级斗争和彼此之间的矛盾，例如英、法、意、美之间，大小国家之间，特别是战胜国和战败国之间的矛盾也急剧尖锐起来。这就为苏俄利用这些矛盾，达到和平共处的目的提供了现实可能性。

从1920年到1924年，苏俄采取了一系列措施实行和平共处的外交政策。它积极同周边各国建立了和平共处的睦邻关系，与波兰、波斯（今伊朗）、阿富汗、土耳其缔结了友好条约。在此期间，为了吸引外国资本和技术开发俄国的自然资源，经营某些工厂企业，苏俄于1920年11月决定采取"租让制度"，并公布了"租让法令"。接着又把对外贸易作为争取与资本主义国家和平共处的突破口。1921年3月16日，英苏签订了贸易协定。英国作为世界上最大的贸易国家，在整个资本主义世界的政治经济活动中占有举足轻重的地位，因此英苏贸易协定就为苏俄同其他资本主义国家建立贸易关系打开了通道。1921年和1922年上半年，苏俄先后与德国、意大利、挪威、奥地利、瑞典、捷克斯洛伐克等国签订了双边贸易协定。尽管这些协定还只涉及经济领域，但由于它们都在实际上承认了苏俄政府的贸易垄断权，因此促进了苏俄与整个资本主义世界的来往，最终迫使资本主义各国承认苏俄是国际经济和政治

---

① 《列宁全集》第2版，第42卷，第332页。

生活中不可缺少的一员。1922年1月，它们终于不得不正式邀请苏俄政府参加解决欧洲复兴问题的热那亚会议。

热那亚会议是苏俄争取与资本主义国家和平共处的一次重大的外交实践。无产阶级国家在历史上破天荒第一次在重大的国际会议讲台上宣布了自己的对外政策原则。苏俄代表团代理团长契切林在会上明确宣布："俄国代表团坚持共产主义原则的观点，同时承认，在目前旧社会制度与新社会制度有可能并存的历史时代，代表这两种所有制体系的各个国家之间的经济合作，对于普遍的经济复兴来说是绝对必要的。……俄国代表团在这里并不是要宣传自己的理论观点，而是为了同各国政府和工商界人士在互惠、平等、完全的和无条件的承认的基础上建立事务关系。"① 在会议期间，苏俄积极开展和平外交，并与德国订立了"拉巴洛条约"。规定两国立即恢复外交、领事关系，根据互利原则调整彼此的商务和经济关系，互给最惠国待遇。这一条约体现了"这两种所有制的实际平等"，② 是不同社会制度国家共处的范例。热那亚会议是列宁和平共处外交政策的光辉胜利。自此，不同社会制度国家之间的和平共处开始为世界所承认。1924年，世界上出现了与苏联的"建交热"。到1925年底，已有22个国家与苏联建立了外交关系。苏联与资本主义国家之间签订的各种条约和协定共有40多个，形成了不同社会制度国家长期和平共处的局面。

列宁的和平共处思想并不意味着在原则性的政治问题上让步，一味讲无原则的和平。概括起来，这一思想包括以下基本内容：

第一，由于社会主义制度和资本主义制度的根本对立，社会主义国家必须对资本主义国家的干涉危险提高警惕。列宁告诫说："全体工人农民都应当好好领会的一个教训就是要时刻戒备，要记住我们是被那

---

① ［英］安德鲁·罗斯坦：《和平共处》，第35—36页。

② 参见《列宁全集》第2版，第43卷，第190页。

些公开表示极端仇恨我们的人、阶级和政府包围着的。必须记住，我们随时有遭到入侵的危险。"[1] 深刻揭露资本主义的本质，充分估计到国际反动势力对社会主义国家的干涉、颠覆和破坏，是列宁和平共处思想的重要组成部分。

第二，和平共处是靠斗争得来的。历史经验证明，只有经过严酷的政治军事较量，资本主义国家才可能与社会主义国家和平共处。十月革命胜利后，苏俄立即向交战国建议媾和，但资本主义国家却用血腥的反苏武装干涉回答苏俄的和平建议。直到苏俄人民对这一侵略行径进行了坚决反击并取得了胜利之后，他们才被迫讲和。

第三，和平共处是有原则、有条件的。列宁曾多次明确提出互不侵犯和互不干涉内政是和平共处的政治基础；不同制度国家之间的经济关系要建立在正常交往、互通有无的互利原则之上。[2] 他还指出，和平共处的首要条件是双方必须有愿望和诚意。[3]

第四，和平共处并没有取消斗争，斗争将在政治、经济、意识形态各个领域中表现出来。这一点资产阶级分子并不掩饰。劳合·乔治曾在 1920 年说："我们使用武力不能恢复俄国。我相信，我们借助于商业便可以达到这一目的，并拯救俄国。"劳合·乔治政府的贸易大臣罗伯特·霍恩（签订英苏贸易协定的英方代表）于 1921 年 10 月说："消灭俄国布尔什维主义的妙计，是由私人通过贸易方式渗透到这个大国。"英国统治集团的喉舌《泰晤士报》发展了这个观点，它在 1921 年 3 月 23 日指出："贸易协定是同布尔什维主义斗争的最好办法。"[4] 列宁正确地预见到这个问题。他在和平共处的局面出现之后便指出，帝国主义对苏俄采取的战争行动"在形式上虽然较少带有军事性质，但在某些方

---

[1] 《列宁全集》第 2 版，第 42 卷，第 325 页。

[2] 参见《列宁全集》第 2 版，第 37 卷，第 200—201、38、158—160 页。

[3] 《列宁全集》第 2 版，第 40 卷，第 320 页。

[4] [英] 弗·格·鲁汉诺夫斯基：《英国现代史》，三联书店 1979 年版，第 83—84 页。

面对我们来说却更严重更危险。"① 在谈到租让制时他强调："毫无疑问，每一项租让仿佛都是一场新的战争，不过这是在另一个领域内即在经济领域内进行的战争。"② 他一再告诫，实行租让当然会带来资本主义习气，腐蚀农民。因此"应该加以注意，应该处处用自己的共产主义影响加以抵制"，并深刻指出，"这也是一场战争，是共产主义和资本主义两种方式、两种形态、两种经济的军事较量，我们一定能够证明，我们更有力量。"③ 列宁的这些论断，对于今天执行改革开放政策的社会主义国家来说，仍然是十分宝贵的启示。

二、和平共处五项原则是列宁
和平共处思想的坚持和发展

第二次世界大战结束后，经过解放战争的巨大胜利而屹立于东方的中华人民共和国，在中国共产党的领导下，在对外关系中坚持和贯彻了列宁的和平共处思想，并随着国内国际形势的变化，提出了著名的和平共处五项原则，从而发展和丰富了列宁的思想。

和平共处五项原则的提出有其深刻的国际国内背景。一方面，社会主义中国诞生时的国际国内环境，为中国开展和平外交提供了有利条件。第二次世界大战结束后，在欧亚两洲形成了社会主义阵营。中华人民共和国的成立改变了世界社会主义和资本主义的力量对比，大大加强了社会主义的力量。而资本主义的力量则大为削弱，世界殖民体系开始瓦解，亚非民族解放运动蓬勃发展，这种国际形势成为我国开展和平外交的有利因素。但是，随着战争硝烟的散去，在第二次世界大战中经济

① 《列宁全集》第 2 版，第 11 卷，第 2 页。
② 《列宁全集》第 2 版，第 11 卷，第 167 页。
③ 《列宁全集》第 2 版，第 40 卷，第 77 页。

和军事实力空前膨胀的美国，成为资本主义世界的霸主，它建立北大西洋公约组织，推行杜鲁门主义，开始了以美苏争夺为核心的东西方对抗的冷战时期。尽管美苏争夺的重点在欧洲，但美国亡我之心不死，又在朝鲜挑起局部"热战"，还同亚洲一些国家订立军事同盟条约，直接威胁到我国的安全。在这种形势下，中国为了争取社会主义建设的和平国际环境，揭露帝国主义的侵略政策和战争政策，在坚决保家卫国的同时，也有必要坚持和平共处的外交方针，把它作为同任何国家建立外交、进行经济合作的准绳和处理国际关系的依据。另一方面，中国同刚刚从殖民主义统治下解放出来的其他国家有共同的经历、处境和愿望。尽管社会制度不同，但在相互关系中，都有互相尊重主权和独立，互不干涉、侵犯，以平等地位开展经济合作的共同要求。中国首先与这些国家建立和平共处的关系，也是反对殖民主义斗争的需要和对民族解放运动的有力支持。

出于上述情况，把和平共处应当遵守的原则加以高度概括，使之更加具体化和更加明确，就成为迫切的需要。正是在这样的背景下，周恩来总理在 1953 年 12 月中国和印度就中国西藏地方问题举行谈判时首先提出了著名的和平共处五项原则，并得到了印度的赞同。1954 年 4 月 29 日，在中、印签订的《中华人民共和国和印度共和国关于西藏地方的通商和交通协定》中第一次明确宣布，双方把互相尊重领土主权、互不侵犯、互不干涉内政、平等互利、和平共处这五项原则作为指导两国关系的准则。同年 6 月，中印、中缅总理分别发表联合声明，确认五项原则作为处理国际关系的普遍指导原则。1955 年 4 月，在有中国参加的亚非 29 国会议即万隆会议上，周恩来总理又提出了著名的"求同存异"主张，终于使会议通过了和平共处友好合作的十项原则。它实际上是五项原则的引申和进一步具体化。这是社会主义国家第一次在国际会议上同其他社会制度的国家确定有约束力的相互关系原则。

从 60 年代到 70 年代，中国高举和平共处五项原则的旗帜，与一些爱好和平的国家和人民共同努力奋斗，使这一原则成为许多国家指导国际关系的准则，在国际政治上的影响日益扩大。就中国来说，中国先后同亚非一些国家签订了以和平共处五项原则作为相互关系的指导原则的友好条约，并按照这一原则同一些邻邦在互谅互让的和平协商基础上解决了历史遗留下的边界问题。就其他国家来说，许多国家在签订解决彼此之间的政治争端协定时，也把和平共处五项原则的主要内容，如"尊重主权和领土完整""不干涉内政"等写了进去。例如1973年越南和美国签订的《关于在越南结束战争、恢复和平的协定》就是如此。另外，一些国际组织宣告的宗旨和通过的宣言也以不同的方式把和平共处五项原则的精神吸收进去。例如1961年9月在南斯拉夫举行的第一次不结盟国家会议发表的最后宣言中，就认为和平共处的原则是代替"冷战"和可能发生的全面核战争灾难的唯一办法。1964年的第二次不结盟国家会议最后通过的纲领更要求联合国把和平共处的原则法典化。

尤其需要指出的是，在1972年2月发表的《中美上海联合公报》中，白纸黑字地把和平共处五项原则全部写了进去。它向全世界宣布："中美两国的社会制度和对外政策有着本质的区别。但是，双方同意，各国不论社会制度如何，都应根据尊重各国主权和领土完整、不侵犯别国、不干涉别国内政、平等互利、和平共处的原则来处理国与国之间的关系。国际争端应在此基础上予以解决，而不诉诸武力和武力威胁。美国和中华人民共和国准备在他们的相互关系中实行这些原则。"美方还表示对中国关于台湾的立场"不提出异议"。中美关系的正常化无疑是中国坚持和平共处五项原则的一次巨大胜利。不仅如此，这一原则在中日关系中也得到了体现。1972年9月，中日两国政府签署的中日邦交正常化的《联合声明》宣布：两国政府同意"在和平共处五项原则的基础上"建立两国间持久的和平友好关系。1978年8月签订的中日《和平友好条约》的第一条就重申了这一内容。由此可见，第二次世界大战后，继承列宁的和平共处思想、立足于正义、有利于维护世界和平与国际安全的和平共处五项原则，已被公认为指导不同社会制度国家关系的普遍准则。

和平共处五项原则不仅是列宁和平共处思想的继承，而且是在新的历史时期内对这一思想的发展。这主要体现在中国共产党和中国政府不但把和平共处五项原则用于不同社会制度的国家，而且用于相同社会制度的国家，即社会主义国家之间的关系当中。这是因为，社会主义国家固然应当在马克思列宁主义、无产阶级国际主义的共同思想基础上加强团结，相互支持，相互援助，但它们也都是独立自主的主权国家，绝不容许在国家关系中违反平等互利的原则，也绝不允许侵犯兄弟国家的独立主权，破坏他国的领土完整，干涉他国的内政。另外，社会主义国家的建国历史有长有短，国情也各不相同，各国的党和人民必须把马克思列宁主义同本国的实际情况相结合，才能找到本国建设社会主义的道路，而绝不允许把一国的建设道路强加于另一国。因此在一系列社会主义国家出现之后，它们之间的关系应当遵循什么样的原则，就摆在了各国党和政府的面前。中国共产党和中国政府坚持在社会主义国家之间也应当贯彻和平共处的原则，并在 50 年代初得到过苏联党的承认。这体现在 1950 年 2 月签订的《中苏友好同盟互助条约》之中："缔结国双方保证以友好合作的精神，并遵照平等、互利、互相尊重国家主权与领土完整及不干涉对方内政的原则，发展和巩固中苏两国之间的经济与文化关系等。"这种表述虽然与后来提出的和平共处五项原则有些出入，但实际内容大致是相同的。这正是列宁关于和平共处思想在新时期的发展。以后，国际共产主义运动中出现了不正常的状况。1956 年波、匈事件之后，中国政府明确提出和平共处五项原则也应适用于社会制度相同的国家。1956 年 11 月 1 日，由周恩来总理审定的中国政府的声明指出："社会主义国家的相互关系就更应该建立在和平共处五项原则的基础上。"这一重大的思想原则经受了时间的考验。今天，中苏关系实现正常化的基础仍然是这五项原则。

同列宁的和平共处思想一样，和平共处五项原则也有其深刻的内涵。首先，五项原则是不可分割的，不能只强调最后一项原则——和平共处，而违反前四项原则。其次，在殖民国家和殖民地附属国之间不能和平共处，因为和平共处的前提条件是国家与国家之间的平等关系，只能在独立国家之间进行。殖民地附属国必须摆脱殖民主义统治，获得独立地位，才谈得到同以前的宗主国和平共处。第三，革命是各国人民内部的事情，作为社会主义国家，要在道义上支持民族解放、民族独立运动和人民革命运动，但决不插手干涉。任何干涉他国内政的行为都不符合和平共处五项原则。

三、和平共处五项原则是建立国际
政治经济新秩序的基础

当人类进入 90 年代的时候，国际形势正在发生着巨大的变化。旧的世界格局已经打破，新的格局尚未形成。在这个新旧格局交替的过渡时期，国际形势的特点是变化不定，难以捉摸，并会发生一些意想不到的事件。那么在建立新的国际政治经济新秩序的过程中，什么原则是各国应该共同遵守的原则呢？中国共产党和中国政府的回答是：和平共处五项原则。

早在 1988 年 10 月，邓小平同志在接见一位外国朋友时就提出了在和平共处五项原则的基础上建立国际政治经济新秩序的主张，对这一原则的国际普遍适用性做了进一步强调。此后中国共产党和中国政府曾一再重申这一主张。在庆祝中国共产党成立七十周年大会上的讲话中，江泽民同志再次郑重宣布："我们要同世界各国和各国人民一道，为在和平共处五项原则基础上建立国际政治和经济新秩序，做出积极的贡献。"这是中国共产党和中国政府根据战后世界格局的变化和对国际形势的深刻分析得出的正确结论。

在和平共处五项原则的基础上建立国际政治经济新秩序是当前变幻的国际形势发展的要求。近年来，世界已经进入了战后新的历史阶段，第二次世界大战后形成的以美苏为首的两大集团长期对峙、冷战的旧的格局，即"雅尔塔体制"，随着 1989 年东欧政局的剧烈变化以及 1990 年 10 月 3 日德国的统一而告解体，新的力量中心正在东方和西方崛起。西欧不仅从整体上说足以与美、苏分庭抗礼，统一后的德国也必将成为世界一强而引人注目。在东方，日本的经济势力不断增长，谋求政治大国地位的趋势日益明显。中国不仅拥有巨大的潜力，十年来改革开放振兴的伟大成就也已举世公认。另外，第三世界各国的集体政治影响也不可忽视。世界的多极化趋势正在加速发展，超级大国再也难以垄断国际事务了。面对当前国际风云变幻、世界格局变动的形势，以强权政治、霸权主义为特征的旧的国际秩序已不能适应要求，以和平共处五项原则为基础建立国际政治经济新秩序正是这种新的国际形势发展的需要。不仅如此，新形势的发展也为在和平共处五项原则的基础上建立国际政治经济新秩序提供了前提条件。其一，世界多极化趋势的发展，越来越否定着不平等的霸权主义和集团政治，为在国际关系中切实执行和平共处五项原则提供了国际条件。其二，世界新技术革命的飞速发展以及各国为发展本国经济，实行对外开放，使世界经济跨国化的趋势正在迅速发展，集团化的进程也在加快。以欧洲统一大市场、美加自由贸易区和东亚经济合作圈为主的世界经济格局将逐渐形成，新的更高层次的竞争将更加激烈。同时，各国各地区之间经济的互相渗透、互相依存的趋势也日益加强，各国经济形成了"你中有我，我中有你"的局面。任何企图垄断一切或闭关锁国都是不可能的，只讲单方受益，不讲平等互利也是行不通的。这种形势为在和平共处五项原则的基础上建立国际政治经济新秩序提供了现实可能性。

此外，必须着重指出的是，当今的世界并不太平，众多不稳定的因素依然存在，因此必须坚持把和平共处五项原则作为建立国际政治经济新秩序的基础，才能促进世界的和平与稳定。美国仍然是军事上和经济上最强大的超级大国，苏联虽然发生了巨大的变化，国内矛盾重重，国力下降，但到目前为止在军事上依然是唯一能同美国抗衡的国家。在地区冲突方面，局部热点战争还时时发生，特别是不久前在海湾爆发的战争更成为牵动世界全局的大事。当今的世界并不安宁。在经济方面，南北经济发展的失衡日益严重，债务、饥荒、贸易保护主义限制成为发展中国家面临的三大突出问题。尤其是一些发达国家和国际金融组织对提供经济援助提出种种政治条件，对第三世界国家施加政治压力，使这些国家的经济状况更加恶化。这种不正常、不合理的情况如果发展下去，不仅对发展中国家是严重的灾难，也不利于发达国家的经济增长。

最不可忽视的是，在国际关系中以大欺小、以强凌弱、干涉别国内政、把自己的意识形态和价值观念强加于人的现象仍经常发生，资本主义对社会主义的和平演变战略继续发展。

和平演变战略，就是西方垄断资产阶级利用非战争的方法，使社会主义国家逐步演变成资本主义国家的战略。这一战略思想的萌芽可以追溯到杜鲁门政府时期。1947 年 3 月 12 日，美国总统杜鲁门在国会特别联席会议上发表了关于援助希腊和土耳其的演说，声称美国援助希、土是"对于世界自由及世界和平之投资"，是为了扼杀"极权政权之种子"。[1] 后来他在自己的回忆录中进一步说明，他的这篇被称为"杜鲁门主义"的咨文，是"美国对共产主义暴君扩张浪潮的回答"，"是美国外交政策的转折点"。[2] 艾森豪威尔总统及其国务卿杜勒斯是 50 年代西方资产阶级鼓吹实行和平演变战略的代表人物。艾森豪威尔在他的回忆录中声称他早就提倡"人民对人民的直接交流"，说他曾研究并草拟了

---

[1] 齐世荣主编：《当代世界史资料选辑》第一分册，北京师范学院出版社 1990 年版，第 94 页。

[2] [美] 哈里·杜鲁门：《杜鲁门回忆录》第 2 卷，三联书店 1974 年版，第 121 页。

一个要求美国和苏联大批交换大学生的计划，因为"有朝一日，一批新人将会在苏联掌权"，他直言不讳地说，美国"要努力争取的正是这一代"①。杜勒斯则于 1953 年 1 月 15 日在国会考虑任命他为国务卿的证词中宣称要用"战争以外的方法"，在"和平的进程"中"解放"社会主义国家的"被奴役的人民"，并强调指出，"那些不相信精神的压力、宣传的压力能产生效果的人，就是太无知了"。②1961 年就任美国总统的肯尼迪进一步发展了和平演变的战略。早在 1957 年 8 月 21 日，当时还是参议员的肯尼迪就在参议院的讲话中表明了他对这个问题的看法，他批评杜勒斯高谈"和平演变"而无具体的措施和计划，致使这一战略流于空话。他提出通过对东欧一些国家提供贷款和其他援助计划的办法，在东欧国家和苏联之间造成更大的裂痕，使这些国家逐渐摆脱苏联的"支配和控制"，"从内部得到西方永远不能从外部得到的成就"。他还重申杜鲁门的主张，即通过文化往来等渠道，向社会主义国家的人民灌输西方的思想和道德原则，并声称这是花钱不多而效果很好的策略。③1961 年 1 月 29 日，肯尼迪在他就任总统后对国会发表的第一篇国情咨文中再次强调要在东欧"灵活地使用经济工具"。④60 年代末至 70 年代出任美国总统的尼克松在打开中美关系的同时，继续推行和平演变的战略。他主张美国"在遏制苏联力量的同时，也可以而且必须大力促使苏联世界内部发生变化。要做到这一点，不能靠喋喋不休的虔诚的谈论……而要靠更有力地推动那些已经在为实现这种变化而工作的力量"，并宣称"西方的希望就在这个变化之中"。⑤

---

① ［美］德怀特·艾森豪威尔：《艾森豪威尔回忆录·白宫岁月（下）·缔造和平（二）》，三联书店 1977 年版，第 462—463 页。
② ［美］杜勒斯：《杜勒斯言论选辑》，世界知识出版社 1959 年版，第 1—2 页。
③ 参见［美］阿兰·内文斯编《和平战略——肯尼迪言论集》，世界知识出版社 1961 年版，第 133—157 页。
④ ［美］肯尼迪：《扭转颓势》，三联书店 1976 年版，第 28 页。
⑤ ［美］尼克松：《领导人》，新华出版社 1983 年版，第 272 页。

70 年代末，一些社会主义国家为了不断完善社会主义制度，相继实行了改革开放的政策。进入 80 年代，改革的浪潮几乎席卷了所有的社会主义国家，并在一些国家取得了重大进展。但是，改革是一项十分艰巨复杂的社会系统工程，它会触及社会各阶层的利益，会不可避免地引起尖锐的矛盾和冲突，加之对这项前所未有的事业缺乏经验，因此在改革的过程中必然会出现一些挫折和失误。但是西方资产阶级对此却幸灾乐祸，认为这是共产主义已经失败的证明。鉴于对形势的这种估计，西方国家加紧通过经济的、政治的、思想的、文化的、宗教的各种渠道，运用民主、自由、人权等资产阶级的理论武器和资产阶级的价值观念，向社会主义国家的各个领域进行渗透和侵蚀，妄图使社会主义国家逐步在经济上私有化，在政治上多元化，在文化和价值观念上西方化，最终把社会主义国家变成西方资本主义世界的成员。美国前总统里根鼓吹"在全球掀起争取自由运动"，英国前首相撒切尔夫人则强调西方应当运用"掌握的现代科技发展的巨大资源"，和平演变社会主义国家。1989 年美国政府又进一步提出了"超越遏制"战略，即"美国现在的目标不仅仅是遏制苏联的扩张主义，我们所谋求的是苏联重新成为国际社会的一员"，它认为，"西方的政策应当鼓励苏联朝着一个开放社会的方向演进"。实际上这一战略就是要更加大胆地在更大规模上对社会主义搞和平演变。

总之，西方垄断资产阶级在确认他们用武力不能铲除社会主义制度以后，没有一天不想用和平演变的方法恢复资本主义的一统天下。今天，他们更是利用社会主义国家的改革开放之机发动和平攻势，企图促使共产主义在 20 世纪结束前实现"大溃败"。历史和现实告诉我们，西方资产阶级对社会主义国家实行的和平演变战略，只能加剧国际间的紧张局势，使国与国之间的关系处于不正常状态。中国共产党和中国政府一贯主张，要处理好国与国之间的关系，只有采取现实主义的态度，承认世界的多样性，坚持和平共处五项原则，让各国人民按照自己的意愿选择自己的发展道路，才能使国际局势真正得到缓和，使国与国之间的关系正常发展。正如邓小平同志所说，经得起考验、能维持和平的是和平共处五项原则。五项原则能够为不同制度的国家服务，能够为发展程度不同的国家服务，能够为左邻右舍服务。① 在当前的国际形势下，只有在和平共处五项原则的基础上建立国际政治和经济新秩序，形成新的国际协调和制约机制，才能减少矛盾、摩擦和冲突，推动历史的车轮向和平与发展的目标前进。

---

① 钱其琛：《变幻的国际形势和中国的外交》，《求是》1990 年第 24 期。

100 年后重读列宁《帝国主义是资本主义的最高阶段》的启示 *

    1916 年 6 月，正当两大帝国主义集团在欧洲进行大规模战争的时候，列宁完成了一本十分重要的著作——《帝国主义是资本主义的最高阶段》（以下简称《帝国主义论》）。该书于 1917 年 9 月，即俄国十月革命前出版。在这本书中，列宁基于马克思历史唯物主义的基本原理，根据无可争辩的资产阶级统计的综合材料和各国资产阶级学者的自白，来说明 20 世纪初期，即第一次世界帝国主义大战前夜，全世界资本主义经济在其国际相互关系上的总的情况，并以此为基础，探讨了世界大战的起源和结果、世界大战与无产阶级革命的关系，以及资本帝国主义存在的一些问题，从而为我们认识当时正在进行的第一次世界大战和国际政治提供了一个全新的视角。今天，在列宁的《帝国主义论》完成 100 周年之际，重温列宁的思想，进一步探讨帝国主义与 20 世纪的一些重大的政治事件之间的关系，仍然具有重要的理论与实践意义。

---

* 本文原刊于《红旗文稿》2016 年第 13 期。

一、帝国主义与两次世界大战

在《帝国主义论》中，列宁对自 19 世纪中期马克思的《资本论》诞生以来，德国、美国、英国、法国等资本主义国家的经济情况进行了深入研究，揭示了生产领域垄断组织的发展，认为"自由竞争产生生产集中，而生产集中发展到一定阶段就导致垄断"，而"生产集中产生垄断，则是现阶段资本主义发展的一般的和基本的规律"。列宁概括垄断资本组织发展历史，指出"19 世纪末的高涨和 1900—1903 年的危机。这时卡特尔成为全部经济生活的基础之一。资本主义转化为帝国主义"。接着列宁论述了银行业的集中与垄断组织的形成过程，阐述了资本主义垄断组织的经营如何必然变成了金融寡头的统治，以及与金融资本的形成密切相关的资本输出问题。列宁还通过大量实例，论述了资本家同盟瓜分世界和主要资本主义大国瓜分世界领土的斗争，并指出，如果列强的实力"由于发展不平衡、战争、崩溃等等"而发生变化，那么这种瓜分"并不排除对世界的重新瓜分"，"资本主义向垄断资本主义阶段的过渡，即向金融资本的过渡，是同瓜分世界的斗争尖锐化联系着的"。①

通过上述考察，列宁指出，20 世纪初，资本主义已经发生重大变化，发展到了一个新的阶段，即帝国主义阶段。他将这些重大变化概括为帝国主义的五个基本特征："（1）生产和资本的集中发展到这样高的程度，以致造成了在经济生活中起决定作用的垄断组织；（2）银行资本和工业资本已经融合起来，在这个'金融资本的'基础上形成了金融寡头；（3）和商品输出不同的资本输出具有特别重要的意义；（4）瓜分世界的资本家国际垄断同盟已经形成；（5）最大资本主义大国已把世界上

---

① 《列宁专题文集·论资本主义》，人民出版社 2009 年版，第 111、112、158、165 页。

的领土瓜分完毕。"在依次对这五大特征做出分析之后，列宁给帝国主义下了一个科学的定义："帝国主义是发展到垄断组织和金融资本的统治已经确立、资本输出具有突出意义、国际托拉斯开始瓜分世界、一些最大的资本主义国家已经把世界全部领土瓜分完毕这一阶段的资本主义。"① 与此同时，列宁还深刻揭示了帝国主义发展的不平衡性。他指出："在资本主义制度下，瓜分势力范围、利益和殖民地等等，除了以瓜分者的实力，也就是以整个经济、金融、军事等等的实力为根据外，不可能设想有其他的根据。而这些瓜分者的实力的变化又各不相同，因为在资本主义制度下，各个企业，各个托拉斯、各个工业部门、各个国家的发展不可能是平衡的。"因此，列宁认为帝国主义就意味着战争："当非洲十分之九的面积已经被占领（到 1900 年时），全世界已经瓜分完毕的时候，一个垄断地占有殖民地、因而使瓜分世界和重新瓜分世界的斗争特别尖锐起来的时代就不可避免地到来了。"②

今天，当我们考察 20 世纪上半期发生的两次世界大战的时候，我们会看到，正是列宁高度概括的帝国主义时代的这些特征，以及帝国主义发展的不平衡性，为资本主义大国的争霸提供了前所未有的动力。两次世界大战都起源于帝国主义。对第一次世界大战的主要交战国来说，它们早在大战发生之前，就竞相奉行殖民扩张、建立庞大帝国的帝国主义政策，并由此而掀起了新的海外扩张狂潮。1880—1914 年，英国、法国、德国、意大利和比利时等国家疯狂卷入对非洲的瓜分之中，并导致 90% 以上的非洲领土落入欧洲列强的统治之下；与此同时，这些国家和日本、美国一道，也同样狂热地在亚洲争夺领土。它们把这种对小国、弱国和前工业化国家的残酷进攻并把它们变成殖民地的帝国主义争斗，看成是为本国的福利和生存，以及在国际上权力增长而进行的

① 《列宁专题文集·论资本主义》，第 176 页。
② 《列宁专题文集·论资本主义》，第 205、209 页。

斗争。当列强之间的实力对比发生重大变化，而它们之间对世界的重新瓜分又不能用谈判来解决问题时，就会兵戎相见。第一次世界大战中的两个主要交战国德国和英国就是如此。后起的德国的跳跃式发展，使它将英国列入"日益衰落的国家"行列，它为英国拥有数倍于自己的殖民地而不满，认为德国不仅应该拥有一个与自己实力相称的殖民帝国，即属于自己的"阳光下的地盘"，而且要在欧洲大陆赢得无可争辩的领导地位。正是德国要成为一个帝国的野心和英国对自己帝国不断衰落的担心之间的不可调和，最终使他们以战争解决问题。因此，第一次世界大战是列强之间的一场帝国主义争霸战，这也是参战各国最终坚决走上拒和之路而一定要分出绝对胜负的根本原因。对第二次世界大战的发动者——帝国主义国家的极端形式法西斯国家来说，这种争霸世界的帝国主义目的更为明显。希特勒曾放言，只有"当一国（种族上最优秀的那一国）取得了完全而无可争辩的霸权时"，世界和平才会到来。墨索里尼所建立的法西斯政权同样奉行帝国扩张与战争政策，他所要争夺的是世界最高统治权。日本法西斯同样如此。1937年发动侵华战争的日本首相近卫文麿认为德国发动大战是正当要求，并宣称日本为了自己的生存也应该像德国一样要求打破现状，并且"从我们自己的前途出发建立新的国际和平秩序"；法西斯分子、20世纪30年代的日本外相松冈洋右，曾提出满蒙是日本的"生命线"的口号；而制造九一八事变的关键人物、关东军高级参谋板垣征四郎则叫嚣："切实拥有支那以增强国力，真正掌握东洋和平之关键，就能完成未来争霸世界的战争准备。"可以看出，希特勒以无限"生存空间"为依托的扩张野心，墨索里尼对"最高统治权"的追求，以及日本要征服亚洲最终争霸世界的目标，都是要用战争的手段与一战的获利者英、法、美等国进行全球争夺。它们的战争目的仍然是帝国主义性质。

因此，列宁关于垄断是世界大战最深厚的根源这一论断，对两次世界大战的起源来说，都是正确而准确的。

二、帝国主义与俄国十月革命

列宁在《帝国主义论》中指出:"帝国主义就其经济实质来说,是垄断资本主义……是从资本主义社会经济结构向更高级的结构的过渡。"[①] 他还进一步指出,在帝国主义时代,生产的社会化与私有经济关系、私有制关系已经变成与内容不相适应的外壳了,如果人为地拖延消灭这个外壳的日子,那它就必然要腐烂——它可能在腐烂状态中保持一个比较长的时期,但终究不可避免地要被消灭。

如果说,第一次世界大战的爆发证明了列宁对帝国主义所下结论的科学性和正确性,那么这场大战的结果也同样证明了列宁关于"帝国主义是无产阶级社会革命的前夜"论断的准确性。[②] 列宁指出:"英德两个金融强盗集团争夺赃物的战争留下的几千万尸体和残废者,以及上述这两个'和约',空前迅速地唤醒了千百万受资产阶级压迫、欺骗、愚弄的民众。于是,在战争造成的全世界的经济破坏的基础上,世界革命危机日益发展,这个危机不管会经过多么长久而艰苦的周折,最后必将以无产阶级革命和这一革命的胜利而告终。"[③] 这里所说的两个"和约",一个是指俄国十月革命胜利后苏维埃俄国与德国等国于 1918 年 3 月 3 日签订的《布列斯特条约》,双方停止战争状态,但苏俄遭受割地赔款的巨大损失。1918 年 11 月 13 日,苏俄宣布废除该条约。另一个和约是指第一次世界大战后英法等战胜国与战败的德国于 1919 年 6 月 28 日签订的《凡尔赛条约》。列宁在评价该条约时指出,这是骇人听闻的、掠夺性的和约,它把亿万人,其中包括最文明的人,置于奴隶地位。帝

---

① 《列宁专题文集·论资本主义》,第 208 页。
② 《列宁专题文集·论资本主义》,第 105 页。
③ 《列宁专题文集·论资本主义》,第 102 页。

国主义的掠夺战争使资本主义的矛盾空前尖锐，加速了无产阶级革命的到来。

实际上，我们已经看到，第一次世界大战最为重要的结果之一，就是在布尔什维克党和列宁的领导下，俄国爆发了十月社会主义革命并取得了成功。

关于十月革命的胜利原因，学术界存在争议。但是，不可否认的是，正是帝国主义的时代背景，为这场革命提供了机遇。帝国主义时代所具有的生产高度社会化和垄断寡头私人占有制之间的矛盾、社会财富越来越集中在少数人手中和广大民众趋于贫困之间的矛盾、帝国主义宗主国与广大殖民地半殖民地人民之间的矛盾，以及帝国主义国家重新瓜分世界的矛盾，使世界酝酿着革命。而历史则选择了沙皇俄国这个帝国主义链条上最薄弱的环节，作为打碎资本主义制度的突破口。从实际情况来看，毫无疑问，第一次世界大战成为沙皇俄国专制制度全面崩溃的导火索。一战的爆发激化了俄国的各种矛盾，诸如现代化的发展进程与沙皇制度腐朽落后之间的矛盾、农民与地主之间的矛盾、工人与资本家之间的矛盾、贵族与资产阶级和沙皇之间的矛盾、俄国各民族之间的矛盾，以及俄国与其他帝国主义之间的矛盾，都在激化，终于造成了革命形势，为十月革命的胜利提供了现实条件。1917年3月8日（俄历2月23日），彼得格勒的女工高喊着"打倒战争！""打倒专制制度！""要面包！""要和平！"走上街头举行示威游行，揭开了二月革命的序幕。这场革命犹如火山爆发，仅用了8天时间就将统治俄国300多年的罗曼诺夫王朝推翻了。然而二月革命后，人们一度期待的自由与和平并未到来，资产阶级临时政府仍然不能解决人民要求的和平、土地、面包和自由，为了垄断资本的利益，为了能够在打赢战争后通过分赃得到奥斯曼帝国的领土，临时政府拒绝结束战争，拒绝把土地平分给农民，而企图复辟君主制的科尔尼洛夫叛乱以及这场叛乱被深受布尔什维克党影响的彼得格勒苏维埃所粉碎，则为十月革命铺平了最后的道路。于是，布尔什维克党和列宁利用大战造成的各种危机，果敢地率领广大群众，举行武装起义，一举推翻了资产阶级临时政府，成功夺取政权，取得了十月革命的胜利。

十月社会主义革命的胜利，把 19 世纪的社会主义理想变成了现实，将曾经是重要的帝国主义国家沙皇俄国变成了与发达资本主义国家并立的社会主义国家，打破了资本主义的一统天下，走上了探索建设社会主义制度的道路，开辟了人类历史从资本主义向社会主义转变的新纪元，是人类文明的巨大进步。与此同时，十月革命的感召和鼓舞不仅引发了德国等欧洲国家无产阶级的革命风暴，而且推动了中国等亚洲国家反帝反封建的民族民主革命运动，最终促使中国等一系列国家走上了社会主义道路。十月革命胜利后，苏联在建设社会主义现代化过程中所进行的艰难尝试，它的成功经验和失败教训，都为经济落后的国家进行现代化建设提供了重大启示。这便是：在这些国家进行社会主义现代化建设是特别困难的，并不存在固定的模式，必须根据国际社会的整体发展和各国的具体情况，依靠不断的改革和社会制度的自我完善，才能取得最后的成功。

三、《帝国主义论》对认识今天资本主义发展的启示

应该承认，第二次世界大战后，资本主义的确发生了重大变化。例如，在二战后相当长的时间内，在主要资本主义国家内部，国家垄断资本主义都有了长足发展，它的一个重要表现就是"福利国家"的普遍出现。为了缓解社会矛盾，维持社会稳定，各资本主义国家建立和完善了社会保障体系，征收累进税和遗产税，改善了社会分配制度。又如，二战后各主要资本主义国家都注重科学技术的发展，利用科学技术不断提高生产力，特别是通过第三次科技革命即信息化革命，推动了经济全

球化，使其自身也获得了更大利润。再如，各资本主义国家为了适应生产力的发展，不断变革生产关系，诸如发展股份公司，将所有权与经营权分离等等，也在一定程度上缓和了社会矛盾。与此同时，国际垄断资本主义也在发展，不断增加的跨国公司成为国际资本输出的重要载体，它们在世界范围内寻找最有利的资源配置方式，追求利润最大化，国际金融交易也成为国际市场中最发达、最活跃的部分；另一方面，为适应国际垄断资本的增长和全球化的需要，资本主义加强了国际协调，不仅使全球经济得到发展，而且比较有效地调控了资本主义国家之间的关系，使之能够和平相处，避免了它们之间发生战争的危险。

当我们今天重温列宁在100年前对帝国主义做出的论断时，会感到某些论断可能不够准确，有与后来的历史发展进程不甚相符的地方，这是不奇怪的。重要的是，我们必须看到，二战后资本主义发生的这些变化，所触及的只是体制，是统治的手段和方法，而资本主义生产的社会化与其私人占有之间的根本矛盾，其维护资本利润和巩固资产阶级统治的根本目标，并没有发生实质性变化。列宁对帝国主义的本质特征和基本矛盾的分析，至今仍然具有现实意义。例如，他对资本主义国家中"金融资本对其他一切形式资本的优势，意味着食利者和金融寡头占统治地位"，以及他对金融寡头统治所产生的寄生性、腐朽性的论述[1]，已经被2008年爆发于资本主义世界的金融危机所证实。另一方面，资本主义推动下的全球化在造就巨大财富的同时，也造成了资本主义社会内部贫富分化的加剧。美国2011年出现的"占领华尔街运动"和今年发生的"民主之春"运动，以及法国今年出现的"黑夜站立"运动都是证明。因此，列宁的《帝国主义论》仍然是我们今天观察、理解和分析资本主义社会存在的基本矛盾十分重要的理论基础。

---

[1] 《列宁专题文集·论资本主义》，第148、210页。

民族主义研究浅议 *

冷战结束后，随着国际形势的急剧变化，世界性的民族主义潮流异军突起，强烈震撼与冲击着转换中的世界政治格局和重组中的国际关系。不管是发达国家还是发展中国家，都不同程度地受着民族主义的困扰。人们不仅看到苏东地区一批新的民族国家的诞生和民族战争的重演，也看到分裂了几百年的西欧正在沿着经济合作与政治联合的地区民族主义方向发展；不仅看到伊斯兰原教旨主义和泛突厥主义一度高潮迭起，向一些国家的现代世俗文官政府挑战，也看到发达国家中出现的一些自称少数人集团的人们开展的争取自我权益的社会运动；而中国则由于90年代国学的复兴，自然也表达了对华夏文明现代化的热忱关怀。

90年代上半期民族主义在世界范围内全方位多层次高扬，不仅引起了国际社会的普遍关注，也引起了国内外学者对它的新一轮探讨，并因此成为90年代中国学术界的热门话题。1992年在香港和1995年于深圳分别召开了以"民族主义与中国的现代化"和"世纪之交的民族主义"为题的两个讨论会，前者的主要研究成果收集在刘青峰主编的《民族主义与中国现代化》① 一书之中，后者的主要研究成果则在"世纪

---

 * 本文原刊于《中国历史学年鉴·1998》，三联书店2000年版。

 ① 香港中文大学出版社1994年出版。

之交的民族主义"标题下分别发表于 1996 年第一、二、三期的《战略与管理》之上，此外，除了《战略与管理》在 1994 年第三、四、五期以"变动中的世界格局与民族主义"为题发表了几组论文外，其他一些杂志也不断刊登了一些引人注目的文章，而北京大学亚非研究所也于1997 年召开了"当今民族主义问题学术讨论会"。一时间，对民族主义的研究几成显学。这种现象如果出现在 80 年代，则是难以想象的。

但是应该看到，民族主义在 90 年代之所以显得特别突出，一个重要的原因是冷战时期社会主义和资本主义两种尖锐的意识形态冲突的淡化，于是水落石出，其实石头本来就存在。今天，另一个值得注意的突出现象是，不同文化、不同制度国家之间的交往不断加强，不仅各大国基于 21 世纪的战略考虑纷纷建立起一系列高层对话和"伙伴关系"，而且近 190 个国家都希望在联合国、世界银行、国际货币基金组织等国际组织的作用下加强协作和共同解决问题，一些因民族主义而引起的地区热点有所降温（尽管也有反复），这必将进一步引导各国民族主义的健康发展。

从对民族主义的探讨中我们发现，它含义宽泛，内容复杂。造成这种既宽泛又复杂的原因，一方面在于它在现实中就是如此，另一方面则是被各种文献搞复杂的，诸如语言学的、历史学的、民俗学的、文化人类学的，以及政治学的，等等。但是，从目前来看，无论是就现实的关注而言，还是就学术本身的发展而言，在民族主义问题上都需要简约思维的方法，根据这种原则，本文就近几年国内有关民族主义研究的一些主要问题予以评价，不妥之处，恳请指教。

一、对民族主义概念的解析

尽管许多学者都发现，把民族主义的所有特征汇集起来，或给民族主义下一个确切的定义是相当困难的事，但是为了说明民族主义的含义并尽可能避免在研究中造成混乱，一些学者还是从词源学、语言学和民族主义的起源方面进行了探讨，并得出了现代民族主义既是意识形态又是实践运动的结论，尽管一些人对前者更为强调。如：王逸舟在《民族主义概念的现代思考》① 中认为，民族主义表达了一种强烈的、通常已经意识形态化了的族际情感，它有时作为一种思想状态，吸引着族内每个个人忠诚和报效热情；它有时变成一种系统化的理论和政策，为实际的民族成长过程提供原则和观念；它有时充当一种运动的口号和象征，起着支持或分裂国家的巨大作用；它还可以有多种变形，一切视具体的条件和场合而决定。

洪韵姗在《关于民族主义小议》② 中认为，民族主义是伴随民族国家的产生和发展而出现并不断壮大，以实现民族利益为终极目标，以民族文化、传统、价值观为凝聚力的一种政治思潮和实践运动。

马瑞映在《论冷战时代的民族主义特点》③ 中认为，民族主义是民族基于同一性的认同，要求独立、统一、自由和发展的思想体系和政治实践。

徐蓝在《关于民族主义的若干历史思考》④ 中指出，民族主义是近代以来民族在其生存与发展过程中产生的，基于对本民族历史与文化的强烈认同、归属、忠诚的情感与意识之上的，旨在维护本民族权益、实现本民族和民族国家的发展要求的意识形态和实践运动。

上述这些看法，为我们考察民族主义的历史、现状和未来提供了相对一致的标准，无论在学术上还是在现实中都可以避免某些不必要的混乱。

---

① 《战略与管理》1994 年第 3 期。

② 《社会科学研究》1997 年第 1 期。

③ 《山西师范大学学报》1997 年第 2 期。

④ 《史学理论研究》1997 年第 3 期。

二、对民族主义发展轨迹的勾勒

由于人们对民族主义的概念有着各种各样的界定，因此对民族主义形态的划分也就五花八门。但是大多数学者实际上还是以政治、经济、文化来划分民族主义形态的，因此对民族主义发展轨迹的勾画也多以此为主，特别是以政治民族主义的发展变化为其论述的主要问题。在这方面，王辑思的《民族与民族主义》[①]、尹保云《民族主义与现代经济的发展》和《论民族主义的发展》[②]、时殷弘《民族主义与国家增生的类型与伦理道德思考》[③]、程人乾《论近代以来的世界民族主义》[④]、陈明明《政治发展视角中的民族与民族主义》[⑤]、张晓刚《民族主义、文化民族主义、第三世界民族主义》[⑥]、徐蓝《关于民族主义的若干历史思考》，以及李宏图《西欧近代民族主义思潮研究》[⑦]等都做了论述，本文不在这里一一赘述，仅综其要点。可以看出，大多数学者都认为，尽管中世纪已有某些民族主义的萌芽，但近代民族主义的发展大致与资产阶级作为新兴社会力量登上历史舞台同步，它一开始就是资产阶级革命时代急风暴雨的产物；18世纪末19世纪初的三大事态：法国革命和人民主权论的学说，德国的浪漫主义和历史主义，工业革命以及其引起的社会大转型，给了民族主义发展以直接的推动力；19世纪是民族主义在欧洲发展并取得胜利的时代，也是西欧民族主义的蜕变时期和东方民族主义

---

① 《欧洲》1993年第5期。

② 分别见《战略与管理》1994年第3期和1996年第1期。

③ 《战略与管理》1994年第5期。

④ 《历史研究》1996年第1期。

⑤ 《战略与管理》1996年第2期。

⑥ 《战略与管理》1996年第3期。

⑦ 上海社会科学出版社1997年版。

的萌芽时期；20 世纪是民族主义在东方取得全面胜利的时代，也是民族主义在世界范围内全方位多元化发展的时代。

在这里值得提请注意的问题是对社会主义条件下的民族主义的论述。大多数学者认为，尽管按照马克思主义的传统观点，民族主义是资本主义的产物，属于资产阶级的思想体系，与社会主义的意识形态和社会制度格格不入，但是 20 世纪世界历史的实际进程却表明，对这种传统观念需要重新审视。

程人乾以原苏联为例，剖析了社会主义条件下的民族主义问题。指出，在社会主义条件下，由于久远的历史原因和复杂的现实因素，不仅社会主义国家内部各民族之间，而且社会主义国家之间，仍存在着民族差异和发展差异，即存在着民族利益的差异，更不用说存在着根深蒂固的民族情感的差异了。正是这种种差异使民族主义在社会主义条件下仍然得以以不同形式顽强地保持着自己的生命力，尽管有时处于潜伏状态，尽管它与社会主义的意识形态和制度并无本质的必然的联系。

尹保云认为，苏联没有"民族主义"，斯大林一边把"民族主义"斥为"资产阶级的"，一边在二战以后采取民族同化政策，这一政策又为戈尔巴乔夫以温和的方式所继承。但是从斯大林到戈尔巴乔夫都是用"俄罗斯的民族主义"充当"苏联的民族主义"，而真正的苏联民族主义始终没有形成。这种没有建立民族主义的情况同捷克斯洛伐克一样，所以在 1985—1989 年改革的刺激和经济困难加剧社会矛盾的情况下，俄罗斯人也是分裂苏联的积极推动力量。

薛衔天在《试论俄罗斯民族主义与苏联解体》① 中进一步指出，俄罗斯民族文化回归，对外事务的民族孤立主义和经济上的民族自立主义相互影响和融合所形成的新的俄罗斯民族主义思想——民族本位主义，是导致俄罗斯脱离联邦，苏联解体的重要因素。

---

① 《东亚中欧研究》1996 年第 3 期。

在经济民族主义的研究中，较有代表性的是江时学的《论拉美民族主义的兴衰》①。作者论述了拉丁美洲民族主义从殖民地时期的"本土主义"到20世纪的"泛拉丁美洲主义"和"经济民族主义"（"发展民族主义"）的发展过程，认为二战后尤其是60—70年代，以国有化和反对美国干涉与控制的拉美经济民族主义呈现出十分强劲的势头，在此期间军人在推动民族主义方面发挥着不容忽视的作用；而80年代末和90年代初以国有企业私有化、积极发展与美国的关系和吸引更多外资为主要内容的拉美经济改革，则向人们提出了需要进一步思考的问题，即如何认识民族主义与依附论之间的关系，以及如何处理民族主义与全球主义的关系问题。

在文化民族主义方面，许多学者以中国为例进行探讨，本文将在后面专题介绍。

三、对民族主义消极作用的分析

在研究过程中，几乎每位学者都对民族主义的"双刃剑"作用，即对民族主义在反对强权政治，培养民主平等意识，增进社会凝聚力，争取民族独立主权，发展民族经济，维护本民族的文化价值观等方面所具有的积极作用，以及在民族分裂与强行民族同化，对外扩张与盲目排外等方面的消极作用给予了论述，特别是对民族主义的消极因素进行了较深入的探讨。

宁骚在《民族与国家》②中对成为民族主义基础的"一个民族一个国家"的理论界定提出疑问，认为以往国内外的许多理论家大多都是

---

① 《战略与管理》1996年第3期。
② 北京大学出版社1995年版。

从国家的民族构成上界定"民族国家",实际上是将它等同于"单一民族成分的国家",但是在现实生活中,绝大多数都是"多民族国家"。一个民族建立一个国家,这只是资本主义上升时期西方思想家为适应国内经济发展而提出的一种理想的国家模式,实际上被人们当作"民族国家"典范的英法等国,其民族构成也并非单一,至于二战后建立的大批新兴民族国家,民族构成更为复杂。于是在理论上便出现了矛盾:一方面认为民族国家已经成为世界性的国家体系,是国家关系和国家法的根本主题;另一方面绝大多数国家又是"多民族国家",而非"单一民族国家"。为了克服这一矛盾,作者认为只有从实际出发,对"民族国家"重新作界定,即所谓"民族国家",就是建立起统一的中央集权制政府的、具有统一的民族的利益以及同质的国民文化的、由本国的统治阶级治理并在法律上代表全体国民的主权国家。在这里,民族构成并非本质内容。因此毛泽东在《中国革命和中国共产党》中在说明"中国是一个由多民族结合而成的拥有广大人口的国家"的同时,强调"中国是一个伟大的民族国家",就不但在学术上而且在现实方面具有重大意义。

尹宝云指出,法国18世纪的民族主义的人权内核(human rights)包括两个方面:社会个人的权力和集团权力,即一个民族一个国家的理想,这两个方面一起构成了早期的"民族自决"理论。但一个民族一个国家的思想是18世纪民族主义思想中的消极因素,它势必导致两个难以解决的问题:一个是领土收复主义,一个是国家内部的种族分离主义。历史上的人口迁移所造成的种族杂居,很难做到一个族体、一个国家,若强行为之必然带来无休止的种族纷争和战争,以人种血缘的纯粹性来规定现代国家,可以说是人类文明的一个倒退。18世纪法国民族主义中的这一消极因素,在欧洲大陆上越往东越是走向极端化,最终发展为20世纪希特勒的种族同质化运动。

时殷弘通过对历史的考察,认为民族主义蕴含着非理性与暴力冲突的倾向。19世纪和20世纪的国际关系史差不多主要由创立和巩固民族国家的斗争构成，而在民族主义激励下的国家增生（即独立国家数目的增加）往往引发战争，通过战争来实现，并播下国家独立后冲突的种子。二战后特别是近几年来的民族分裂、归并及多民族国家的瓦解，有些是非正义的，因为它们主要是为了本民族的自决而侵害了其他民族的正当权益，甚至实行民族压迫和残杀，使族际或国家交往无平等与和平可言。

对民族主义发展轨迹的勾勒和对民族主义"双刃剑"作用的分析，使我们更清楚地认识到，民族主义的确是世界历史进程中最重要、最引人注目的动力之一。凡近现代历史上具有世界性影响的重大政治事态，从宗教改革到法国大革命和拿破仑战争，从德意志统一到两次世界大战的爆发，从二战后殖民帝国的崩溃到苏联的瓦解，几乎无一不与民族主义相关。在当今的冷战后时代，被许多人视为世界政治特征之一的无序倾向，也与民族主义密切相连，因此对民族主义与国际关系的研究，也就成为当前学术界讨论的重要课题。

四、对民族主义和国际关系的阐述

冷战后的今天，世界范围内民族主义的大规模泛化张扬，与塑造新的国际关系和国际格局的要求，与世界经济一体化和人类生活全球化的趋势，形成了十分突出的相悖现象。因此探讨民族主义与国家关系的发展变化的关系，以及民族主义与全球化的关系，也成为许多学者研究的课题。

在民族主义与国际关系发展变化的历史方面，郭少棠在《西方的巨变1800—1980》① 一书中，系统论证了民族国家与国际秩序的关系。

---

① 香港教育图书公司 1993 年版。

指出主权是民族国家建立的基石，同时也是"双刃剑"，既是统摄民族国家"内部"的至高原则，也是主宰民族国家"外部"秩序的关键，只有在一个较诸国家更宽更广的国际体系中，主权国家受到其他国家的尊重，才能体现"主权国"的地位。列国在对等的基础上相互尊重，从主权国家投射出现代的国际关系与国际体系。作者评述了 19 世纪民族国家之间国际关系的建立过程，分析了 1815 年西方创始的、为保证欧洲免于战乱的欧洲协调和实力平衡原则的运作与失败，阐释了 20 世纪西方开始的集体安全的国际政治的运作方式和过程，以及各种类型的国际组织与合作机制的建立对人类走进环球时代的世界秩序的影响，从而勾画出国际政治与国际体系自 19 世纪以降从西方走向世界、不断容纳新独立的民族国家，终于演化成具有环球史意义的国际秩序的历史进程。

在民族主义对现实国际关系影响方面，熊家学《冷战后的民族主义浪潮及其影响》[1] 认为，在民族主义的作用下，一些地区的民族问题得到解决，这对确立公正的国际政治新秩序有一定的积极意义，丰富了国际关系的内容；这次民族主义浪潮对国际战略力量的配置和新的世界格局的形成也将产生重大影响。但是它对世界的和平与发展也带来了严重损害，它加剧了地区冲突，使国际经济合作受到干扰，与世界经济一体化背道而驰，并加剧了逆裁军倾向，还使一系列国际关系的准则：国家主权原则、非战原则、领土与边界不可侵犯原则、不干涉别国内政等原则受到挑战。今天民族主义的这种负面影响更为重要。

在民族主义与全球化方面，张树青《关于当前民族主义现象特征及起因的思考》[2] 指出，全球化带来的不仅是开放、融合与一致，也伴随着某种伤害、筛选与淘汰；全球化是对传统的国际关系，对国家主权及其他权利，对以国界标示人类活动区别的规则的一种深入持久的挑

---

① 《湖南师范大学学报》1996 年第 1 期。

② 《西北史地》1996 年第 3 期。

战。对于一个民族国家来说，地区组织、国际机构数量的增多，规模的扩大以及权利的升级，只能意味着原有的绝对主权、绝对利益的丧失，而作为一种反弹，民族主义的兴起就成为一种必然。当前的全球化无论从哪一方面来说，均带有浓厚的西方色彩，这对于欧美发达国家来说，不仅受冲击较小，甚至在某种程度上处于领导地位，因此往往干涉主义和霸权主义滋生膨胀；但对于欠发达国家来说，这种全球化就不尽然是一个值得高歌迈进的过程，而被其视为对本民族生存的威胁与挑战，因此它招致的显然不可能是应和而是反抗，民族主义就是最有利最方便的唯一反抗武器。

洪韵媚认为，世纪之交的突出特点是世界经济的全球化随着信息技术革命而迅速发展，成为不可阻挡的强劲趋势。世界经济正被几百个全球网络化的跨国公司所控制，这些可以轻易地突破时间、空间、国界、语言、习俗与意识形态的跨国工商企业正在形成一个新的世界经济体系。这种现象正在悄然地腐蚀着民族国家的某些主权，削弱民族国家对本国经济、政治、文化的控制力，影响某些领导的决策。有人断言民族国家的内涵将发生某种变化。民族主义的高涨同全球化的趋势，同解决全人类共同问题的要求是相悖的，是不符合时代的大潮流的，马克思的"挖掉工业的民族基础"的断言正在成为事实。

徐蓝指出，如果我们仅仅把民族主义和世界经济一体化和人类生活全球化看作是相互对立的力量，认为前者加剧分裂，后者促进统一，是过于简单的。实际上，民族主义是资本主义发展的产物和推动资本主义经济从欧洲走向世界的力量，是全球经济一体化的主动力之一。当前经济的全球化之所以未能削弱民族主义，其深层次的原因主要有两点：其一，民族国家作为今天全球一体化的行为主体和参与力量，必然把追求国家利益、增强本民族的发展能力和生存能力作为其行动的出发点和根本任务，而国际经济一体化过程中竞争烈度的不断加强，以及各国为了在竞争中最大程度地获得利益和最小程度地减少损失，以维护国家主权和尊严，必然高举民族主义的旗帜。其二，在旧的国际经济秩序下世界各民族国家之间发展的不平衡性是民族主义长期存在的根本原因。可以说，当前第三世界民族主义的高扬不仅包含着对原有不平等秩序的极大无奈，也是对大国控制世界、垄断各种利益的旧秩序的坚决抗争。

通过对民族主义和国际关系的探讨，可以肯定，今天在建立新的国际政治经济秩序的过程中，民族主义在有效捍卫国家主权、维护国际经济权益、保护本国的生存与发展空间方面，在振奋民族精神和推动民族民主运动方面，其作用是不容忽视的。但民族主义的张扬也必须有一个合理的限度。特别是在和平与发展成为世界历史发展主潮流的今天，对这一问题的强调就更有必要。时代的特征和主题决定了民族主义的消极方面应当也必将会受到更多的限制。

五、关于中国的民族主义问题

在当代中国现代化的进程中民族主义思潮的回归引起了学术界的关注，特别是注意到中国民族主义的文化层面，并对中国传统文化中的天下主义的命运问题，以及儒家文化作为中国传统文化与中国民族主义的关系问题进行了探讨和论述。

盛洪《从民主主义到天下主义》[①] 论证了中国文化传统中天下主义的内涵与近代民族主义的关系。认为中国历史的独特发展道路使中国的文化传统中具有天下主义的内涵，这与欧洲的文化以民族主义为主导不同；近代中国之所以败于西方，其根本的原因是文化上的，即一个天下主义的文化必然要败在民族主义的文化手下；为了民族的生存，近代中国的选择只能是唤起民族主义的意识，而近代中国以抗日战争胜利为最

---

① 《战略与管理》1996 年第 1 期。

高标志的民族主义的"觉醒"，不仅使中国的命运有了根本性的转机，同时也是天下主义的衰落，是为了民族的生存而抛弃了民族的文化；尽管中国人在近代以来转而采用民族主义，但这种民族主义是在天下主义的背景之下的，是具有防御性的包含了天下主义的民族主义。

萧功秦在《民族主义与中国转型时期的意识形态》和《中国民族主义的历史与前景》①两文中，从学理和现实方面，论证了中国当代的现代化可以启用以儒家主流文化为基础的民族主义作为社会凝聚和整合的新资源的问题，并认为由于近代中国，民族主义产生的原因主要是与民族面临生存危机所做出的反应有关，其类型的特点是应激——自卫型民族主义，加之儒学这种主流文化形态，这就决定了 21 世纪中国的民族主义并不具有非理性的狂热性、扩张性和易爆性。作者还认为，中国的历史地理与文化使民族主义所发挥的动员力相当有限；中国作为多民族的国家共同体，使"民族主义"这一词汇的运用将受到相当严格的规定；民族主义的内涵只能继续以"爱国主义"来表达。

皮明勇《民族主义与儒家文化——从梁启超的民族主义理论及其困境谈起》②则对梁启超的民族主义理论以及该理论体系的困境进行了评介。作者认为，梁启超的民族主义理论在近代中国具有代表性，后来的民族主义理论都从此演绎而来；如果说民族主义在将来一定时期内有可能在中国形成一个新的思潮或运动的话，中国传统的主体文化儒家文化则无论从哪个角度来说，都必然会对之产生重要的影响，而且在当今中国，儒家文化在社会的某些层面已经开始恢复发挥自己的整合作用。但作者认为，儒家文化作为一个庞大体系，无论是被当作民族主义所予以保护的对象，还是被当作民族主义的工具，都不是十全十美的，一旦将它与民族主义捆在一起，尤其是被当作目的又被当作手段时，就将很

---

① 《战略与管理》1994 年第 4 期和 1996 年第 2 期。

② 《战略与管理》1996 年第 2 期。

难对它的长处和不足做出理性的选择。儒家文化对民族的整合作用具有一定的功能，但同时也带来了安于守己不思进取等不良的心理素质，这就是梁启超民族主义理论体系的困境带给今天的重要启示之一。

陈方正《民族主义的剖析：起源、结构与功能》[①] 指出，20世纪初中国的民族主义虽然有其弊病，但并非不成功，事实上它所应发挥的最基本功能即建立独立自主国家的功能已经发挥出来了；而且以中国 20—50 年代的表现而论，它所发挥的民族主义其实是惊人的有效，即能够在恶劣的国际环境甚至强大的外力侵略下，达到维持民族凝聚力和维护国家独立与自决的目的。它之所以不足以作为进一步发展文化、经济的基础，是由于中国的民族主义本身有严重的内在限制；它在过去有限度的效能并不是今后继续发展的依据。作者认为，作为一个最早完成了多个阶段民族与文化融合的大国，中国今天最有条件去发展的应该是以一个普世性的政治架构为基础的多民族、多文化、多元国家。

陈少明《民族主义：复兴之道?》[②] 对中国近代历史上以康有为为代表的大同主义与当代中国的改革开放关系进行了论述。作者认为，中国近代史是今天民族主义主张灵感的源泉。近代中国对民族危机的反应有两条不同的路线，一条是以康有为为代表的试图通过制度的改革来满足普遍价值追求的大同主义，即改革主义；一条是以章太炎为代表的通过历史文化的梳理来塑造民族灵魂振奋民族信心的国粹主义，即保守主义，又被当作民族主义，而前者实际上是拯救民族危机的战略。近代以来，正是"改革——大同"的思想路线为中华民族摆脱危机，传统中国走入现代世界起更具体性的作用，这是今日民族主义需要加以考虑的历史前提。作者还认为，民族主义是陷入民族危机时不得已的法宝，但滥用不得；大同主义和民族主义者一样，都希望民族复兴国家强盛，在这

---

① 见《民族主义与中国现代化》。

② 《东方》1996 年第 2 期。

一点上，双方都有一份中国情怀。但具体主张的差别，可以导出不同的结果。提倡大同主义，说到底，是对改革开放方向的不可逆转持一种更支持的立场。

90年代的世界与中国的变迁表明，"民族主义"作为一个跨世纪的话题，其热度远未消退，它对未来世界可能产生的深刻影响已越来越引起人们的重视，因此对它的研究应当也将越来越得到深化。

从"西欧中心史观"到"文明形态史观"和"全球史观"*

——20世纪世界历史的理论、方法与编纂实践

《历史研究》自 1954 年第 1 期发刊，到 2004 年第 1 期的 50 年来，共发表有关世界历史和中外关系史的文章数百篇，从最初重点介绍和研究苏联东欧社会主义国家、国际共运、民族解放运动开始，到今天已经发展到关注世界范围内的、各国各地区的、从古至今的、涉及中外历史的有关重大问题的专题研究。这些成果，不仅真实地记录了半个世纪以来中国世界历史学科的曲折发展历程，而且透过这些文章，我们也看到了中国的世界历史工作者在世界历史的理论和研究方法，以及在世界通史编纂实践方面的发展总趋势——以马克思主义的历史唯物主义和辩证唯物主义为基本指导思想，否定"西欧中心论"，承认文明的多样性，逐步确立"全球史观"，并以全球史观的视角看待各种存在的文明的发展与交往。这里要强调指出的是，这种发展的总趋势，虽与 20 世纪国际学术界的发展并不完全同步，但却基本是同向进行的。

19 世纪的欧洲，处于工业革命的成功和不断发展、社会经济的迅速而巨大进步、殖民扩张的"高歌猛进"、西欧资本主义称霸世界的时

---

* 本文原刊于《历史研究》2004 年第 4 期。

代，因此，在 19 世纪的世界历史研究与世界史的编纂实践中，充满着"西欧中心论"，或可称之为"西欧中心史观"。其代表作品便是德国历史学家利奥波德·兰克（也译为朗克）晚年编著、身后由其弟子根据其遗稿补足的、以拉丁及日耳曼六大民族为主体的七卷本《世界历史》，而"西欧中心史观"也借着兰克的权威广泛地扩散影响。但是兰克及其学派以严格的科学考据方法通过史料的考证研究历史，以及强调在纵横交错的不同时代精神和不同民族及国家的交互影响的网络中把握一个特殊事件，并要通过对特殊事件的研究而上升为普遍观念的总体史的研究视野，至今仍然对中国的世界历史工作者产生着积极影响。

20 世纪的第一次世界大战，对西欧的世界中心地位造成严重冲击，也开始动摇"西欧中心史观"的根基。一些历史学家对"西欧中心论"提出质疑，并开始以新的眼光看待欧洲以外的历史和文明，于是出现了以德国历史学家奥斯瓦尔德·斯宾格勒的《西方的没落》为其奠基者和代表作品的比较文化形态学。斯宾格勒带着宿命论的色彩，开始把世界历史看作是 8 种文化诞生、成长、鼎盛和衰亡的历史。他通过对不同文化的比较，阐释人类社会发展的历史进程，并认为除了西方文化之外，其他文化都已衰亡，而西方文化也在没落。随后英国史学家 A.J. 汤因比在其巨著《历史研究》中继承并发展了斯宾格勒的文化形态史观，并通过对近 6000 年出现过的 26 种文明形态的比较研究，以其著名的挑战和应战学说，揭示了各种文明形态的起源、生长、衰落和解体的一般规律，从而最终确立了文明形态史观（亦称历史形态学）的历史哲学体系。汤因比认为，一切文明在哲学上都是同时代的和同等价值的，因此一切文明形态都是可比的，而西方基督教文明仍然具有"创造性的活力"。汤因比的文明形态史观，虽然在本质上仍然没有摆脱"西欧中心论"，但是他把多种文明相提并论，并认为西方文明最终也会衰落，这在一定意义上又是对"欧洲中心论"的突破。英国当代著名史学家杰夫里·巴勒克拉夫对此有着深刻的评论："正是因为他（按：这里指汤因比）最早发动了对欧洲中心论的猛烈批判（尽管他的全部历史观充满了他所攻击的那种欧洲中心论的'异端邪说'），因而具有解放的作用，这才是他名满天下的主要原因。"①

　　文化/文明形态史观对 20 世纪世界历史研究的影响有三个重要的方面：其一，正如巴勒克拉夫所说，汤因比"提醒那些沉湎于专门领域的研究而迷失方向的历史学家，使他们认识到需要用全面的眼光去看待人类历史的整体"，②从而为"全球史观"的确立和发展开辟了道路；其二，以汤因比的《历史研究》作为撰写真正意义上的世界文明史为开端，文化形态史观也逐渐发展为"文明多元论"，以文明为研究单位的世界通史的写作从此方兴未艾；其三，由于文明囊括人类所创造的所有的物质和精神的伟大成果，因此对于历史工作者来说，无论是全球的宏观视野，还是对每一种文明的具体研究，都需要运用社会科学和人文科学的各种理论和方法，于是，在历史学与其他哲学社会科学各学科之间的界限变得越来越模糊的同时，在对史学工作者提出更高的要求的同时，也促进了历史学各个分支学科在第二次世界大战后的迅速发展。

　　实际上，马克思主义经典作家对全球史观早有阐述。马克思和恩格斯在 1845—1846 年撰写的《德意志意识形态》中已经指出，近代资本主义大工业创造了世界市场，从而"首次开创了世界历史，因为它使每个文明国家以及这些国家中的每一个人的需要的满足都依赖于整个世界，因为它消灭了以往自然形成的各国的孤立状态"，"各个相互影响的活动范围在这个发展进程中愈来愈扩大，各民族的原始闭关自守状态则由于日益完善的生产方式、交往以及因此自发地发展起来的各民族之间的分工而消灭得愈来愈彻底，历史也就在愈来愈大的程度上成为全世界的历史。"

---

① 杰弗里·巴勒克拉夫：《当代史学主要趋势》，杨豫译，上海译文出版社 1987 年版，第 264 页。

② 杰弗里·巴勒克拉夫：《当代史学主要趋势》，第 264 页。

第二次世界大战后，欧洲地位明显衰落，西方建立的殖民体系分崩离析，社会主义意识形态的胜利，从而使"西欧中心论"的世界史体系受到更严厉的批评。由于历史研究不断进步，资料范围不断扩大，科学技术的飞速发展，通讯联络的巨大进步，世界日益密切联系成为一个息息相关的整体。正是世界历史的发展迫使人们去承认"一个世界"的现实，于是历史学家更加意识到要撰写整个世界的历史。

在国际学术界，最早系统提出以"全球史观"撰写世界历史的是巴勒克拉夫。他在1955年出版的论文集《变动世界中的历史学》中，提倡史学研究要"跳出欧洲、跳出西方、将视线投射到所有的地区和所有的时代"；在1978年出版的《当代史学主要趋势》中进一步指出，"认识到需要建立全球的历史观——即超越民族和地区的界限，理解整个世界的历史观——是当前的主要特征之一。"于是，西方史学界在20世纪70—80年代掀起了打破"西欧中心论"的世界历史编纂潮流，使世界历史的编纂学在总体上进入了全球文明史或整体历史的时代。

在20世纪的诸多西方历史学家中，运用全球史观撰写世界历史的最有代表性的人物是美国历史学家L.S.斯塔夫里阿诺斯和美国社会学教授I.沃伦斯坦。前者于70年代在撰写《全球通史》时说明他"研究的是全球而不是某一国家或地区的历史；关注的是整个人类，而不是局限于西方或非西方人"，世界历史是"从全球的而不是从地区或民族的角度讲述历史"，世界历史要探究的是"那些曾对整个世界有影响的力量或运动"。后者以"世界体系理论"作为其世界历史观念，并计划撰写四卷本《现代世界体系》。① 无论这些世界历史著作的研究体系存在什么样的缺陷，我们都可以清楚地看到，全球史观在现代西方史学界关于世界历史的编纂理论和实践中开始居于主导地位。

---

① 目前该书已出版三卷，并被译成中文等多国文字及盲文，中文版由高等教育出版社于1998—2000年出版。

中国的历史学家从中外研究世界历史的各种理论与方法的发展中汲取营养。1949 年商务印书馆出版了周谷城以其一人之力撰写的《世界通史》，该书反对"西欧中心论"，将各大洲和各民族均视为世界历史的一部分，并强调中华民族对世界文明做出的贡献，具有重要的开拓价值。1962 年人民出版社出版了周一良、吴于廑主编的新中国第一部综合性的四卷本《世界通史》，该书以五种社会经济形态作为划分历史阶段的标准，以阶级斗争为纲，以人民群众为主角，比较系统地分时期按国别地叙述了从人类起源到第一次世界大战结束的世界历史的发展，体现了中国学者当时对世界历史的认识和研究水平。它的缺点是受历史条件所限，较严重地受到苏联十卷本《世界通史》的影响。

20 世纪 80 年代以来，"全球史观"在中国的世界历史研究以及世界通史的编纂实践方面得到了进一步的运用与发展，其代表便是吴于廑对世界历史学科本体论的新认识，以及根据这种新认识由吴于虞和齐世荣主编的高等教育出版社于 1991—1994 年出版的六卷本《世界史》（简称吴齐本）。吴于廑指出："世界历史是历史学的一门重要的分支学科，内容为对人类历史自原始、孤立、分散的人群发展为全世界成一密切联系整体的过程进行系统探讨和阐述。世界历史学科的主要任务是以世界全局的观点，综合考察各地区、各国、各民族的历史，运用相关学科如文化人类学、考古学的成果，研究和阐述人类历史的演变，揭示演变的规律和趋向。"[①]

值得注意的是，从文化形态史观发展而来的"文明多元论"，在当代中国也有它的回响。北京大学出版社于 2004 年出版的马克垚主编的三卷本《世界文明史》，以文明作为研究单位，根据各文明生产力的发展变化情况，将各文明划分为农业文明时代和工业文明时代，并以此为

---

① 这是吴于廑为《中国大百科全书·外国历史》（中国大百科全书出版社 1990 年版）撰写的"世界历史"条目中的话，见该书第 1 册第 1 页，该条目也是吴齐本《世界史》的总序。

线索，通过全球的视角将各文明的纵向发展与横向交流进行勾勒，从而展示了七千年人类文明发展的宏观历史画卷。

还需要指出的是，随着中国现代化进程的加速发展，以罗荣渠为代表的"现代化史观"也于 20 世纪 80 年代异军突起。他主张"从宏观历史学的角度，把现代化作为一个全球性大转变的过程，从传统农业社会向现代化工业社会转变的大过程，进行整体性研究"，并认为"现代化史学是关于现代世界的变革与发展进程的整体和分体研究的史学"。①90 年代，他以《现代化新论》和《现代化新论续篇》两部著作，将"现代化史观"具体实践，并因此而成为中国现代化史学的开拓者。

总之，20 世纪和 21 世纪初中外学术界关于世界历史的理论、方法与编纂实践已经表明，无论以什么样的体系和框架撰写世界历史，都要求研究者具有全球的视野，具有历史学和相关社会科学与人文科学的理论和方法论修养以及深切的现实关怀，尽管这是一种相当高的要求。

---

① 罗荣渠：(现代化新论——世界与中国的现代化进程)，北京大学出版社 1993 年版，序言第 2 页；《现代化新论续——东亚与中国的现代化进程》，北京大学出版社 1997 年版，第 29 页。

责任编辑:宫　共
封面设计:源　源

图书在版编目(CIP)数据

求真·求通·立德:徐蓝学术论文集/徐蓝 著. —北京:人民出版
社,2019.5(2022.1重印)
ISBN 978-7-01-020469-7

Ⅰ.①求…　Ⅱ.①徐…　Ⅲ.①国际关系史-文集　Ⅳ.①D819-53

中国版本图书馆 CIP 数据核字(2019)第 037756 号

求真·求通·立德
QIUZHEN QIUTONG LIDE
——徐蓝学术论文集

徐　蓝　著

人民出版社 出版发行
(100706　北京市东城区隆福寺街 99 号)

北京兴星伟业印刷有限公司印刷　新华书店经销

2019 年 5 月第 1 版　2022 年 1 月第 2 次印刷
开本:710 毫米×1000 毫米 1/16　印张:30　字数:417 千字

ISBN 978-7-01-020469-7　定价:81.00 元

邮购地址 100706　北京市东城区隆福寺街 99 号
人民东方图书销售中心　电话 (010)65250042　65289539